历史文献与传统文化丛刊

魏禧年谱

陆勇强◎著

齊魯書社

本成果受2013年广东省学科建设专项资金资助

目　录

凡　例

一、本谱以谱主存世的诗文作品等第一手资料为基础，通过对各类文献中有关材料的搜辑考索、排比参证，尽可能详尽地勾画谱主的行年事迹，其中尤对文学创作、学术活动、政治遭际等，作较为翔实的考订。

二、本谱纪事，采用阴历，但于年份之下注明公历，以便阅读。岁末已入公历新年者，仍入本年。

三、谱文每年记事，均以时间先后为序。一年之内，日期确凿者按日记事；无确凿日期者按月记事；无确凿月份者按四季记事；连季度亦不清者附于年末；年亦不明者，结合相关文献的记述，酌情系于相关之年。

四、谱主交游甚众，而这些人又大多不是历史上的著名人物，事迹鲜为人知。为方便读者能通过社会关系进一步了解谱主起见，谱中对凡与谱主交游的人物，除名号及生平事迹无考者外，皆引述其有关行迹或简历的资料，以供参考。

五、亲属、师友的生卒年月，凡已见于一般工具书者（如《历代人物年里碑传综表》、《清代碑传文通检》、《明清江苏文人年表》、《清代人物生卒年表》等），而又无异说者，不复注明出处；其为一般工具书所不收，或有异说的，则皆注明出处。

六、每年时事不作专门介绍，如与谱主和交游有关之重大事项，则随正文说明之。

七、凡谱主本人的诗文集，如《魏叔子文集》、《魏叔子诗集》等，引用时，均不注明作者。其他文献资料，初见时，均注明作者。

谱 略

魏禧，字冰叔，一字凝叔，号裕斋，学者称勺庭先生。江西宁都人。明末诸生，明亡后隐居金精翠微峰，所居之地名勺庭，故人又称其为“勺庭先生”。为人修干微髭，目光奕奕。

《清史稿》卷四八四《文苑一》：“魏禧，字冰叔，宁都人。”

《清史列传》卷七十《文苑传一》：“魏禧，字冰叔，江西宁都人。”

《皇明遗民传》卷三：“魏禧，字冰叔，号裕斋。一名际昌，学者称勺庭先生。”

魏礼《魏季子文集》卷十五《先叔兄纪略》：“先生讳禧，字凝叔，号裕斋，欲自进于宽裕也。宗派曰际昌。丁丧乱，屏居翠微峰，门前有池，颜其庭曰勺庭，学者称勺庭先生。叔子集行于世，世又称魏叔子云。先征君生五子，其二夭，故以伯叔季行。”

先世以仕宦留居江西，后迁居广昌，历数传至祥公，始自广昌徙居宁都，遂为宁都人。累传至松隐公，松隐公生希简公良宗。嘉靖间岁饥，良宗捐谷万石赈之，朝廷旌其门，赐冠带，名重一时。良宗，叔子高祖也。

《魏季子文集》卷十六《家谱例则》：“吾魏氏自广昌来宁都者，自始祖祥公。而远祖鹤山公（原注：讳了翁）至祥公不过七世，而始开广昌族之祖即鹤山公之次子远四公也。”同书卷十四《明经授中书族兄明之墓志铭》：“吾祖远四公以仕宦留居江西，再徙于株溪。历三世衍为三望。大公居甘竹，二公居竹溪。三公之四世孙祯公迁居宁化清流；祥公迁居宁都。”

《魏叔子文集外篇》卷十八《从叔父笃棐翁墓志铭》：“曾祖希简公，讳良宗。高祖松隐公，讳金秀。……先代以力田致富，至希简公益大。嘉靖间岁饥，捐谷万石赈之，朝廷旌其门，赐冠带。希简公乃建圣旨门，凿石镂人物，丹绿之，高大如五岁儿。门内建高堂广室，落地者千柱，子孙繁衍，邑人呼曰‘圣旨门魏’。门内既析箸，家相尚为豪华。”

曾祖父魏于厚。

《魏叔子文集外篇》卷十八《从叔父笃棐翁墓志铭》：“从叔父笃棐翁，讳纯臣。父崇噩公，讳君悦。祖抑所公，讳于厚。”

祖父魏嘉谟，曾游南太学。

《魏叔子文集外篇》卷十八《从叔父笃棐翁墓志铭》：“抑所公配陈氏生子十人，禧先祖鸣宇公行四，崇噩公行五。数世皆聚族而居。”同书同卷《兄子世杰墓志铭》：“曾大父讳嘉谟，妣刘氏，庶妣黄氏。征君，黄出也。”

《乾隆赣州府志》卷五十三《人物志·孝友》：“魏兆凤，……少以孝闻。弱冠时，父游南太学，病耗至，或为涓日。兆凤曰：‘焉有闻父病而卜吉日者乎?’即日行。”

按，《魏叔子文集外篇》卷十《善德纪闻录叙》云：“禧先征君年十九丧先大父。”魏兆凤生于万历二十五年（1597），据此推算，魏嘉谟当卒于万历四十三年（1615）。

父魏兆凤，字圣期，号天民。明诸生。为人忠孝，淡泊名利，矜气节。明清易代后匿迹山中，剪发为头陀以终。

《道光宁都直隶州志》卷二十二《人物志·处士》：“魏兆凤，字圣期，号天民。邑诸生。天性忠孝，岳岳多大节，居丧哀毁如古礼。散所积财及亲疏贫者，为乡人葬死救患、营婚嫁，修治桥梁、道路。崇祯初，荐举、征聘皆不就。甲申国变，凤率诸子号哭，竟日不食，匿迹山中，剪发为头陀以终。……学者呼兆凤曰征君。”

邱维屏《邱邦士文集》卷十五《天民传》：“天民，取葛天氏之民语，自号曰天民。姓魏氏，宁都南关人。……其生，馆舍前草适生凤，因名曰兆凤，长而字曰圣期。……资敏捷，不好工制举业。每纵观本朝事迹制度，至遇靖难、北狩、议礼诸节，尤慷慨昂首顿挫，为人谈论。至晚年乃著之篇焉。”

王晫《今世说》卷二《德行》：“魏天民教子敬重师傅，饮食必亲视，束脩金必至精者。尝曰：‘人冀子孙贤而不敬其师，犹欲养身而反损其衣食也。”注曰：

"魏名兆凤，字圣期，江西宁都人。为人忠孝，岳岳多大节。"

母曾氏，邑人曾贞我之女，生五子，二子殇，余则叔子兄弟三人。

《魏叔子文集外篇》卷十八《先伯兄墓志铭》："先征君生子五，二、五殇，东房为长，次禧，次礼，并先母曾孺人出。"

《魏季子文集》卷十六《外祖迁葬述》："外祖贞我曾公，崇祯庚午年八月葬长乐里龙须村灶坑。……公实生吾母，母生际瑞、禧、礼三人。公家世忠厚孝友。"

叔子兄弟三人，并以文辞节概闻，而叔子文最名。

施闰章《施愚山集·文集》卷九《魏和公五十序》："宁都魏氏三处士，长曰善伯，仲曰凝叔，季曰和公，并以文词节概闻，而叔子文最名。"

徐世昌《晚晴簃诗汇》卷十二："叔子偕兄际瑞善伯、弟礼和公隐居翠微峰，筑易堂以居，提倡古文实学，一时从风，挽明末陈、艾帖括旧习，进之于古，为西江一代文苑开山。"

兄魏际瑞，原名祥，后改名际瑞，字善伯，号东房。性敏，勇于任事，谙练世故。为文遇意成章，卷舒无定，诗则沉雄激越，气韵特异。

《清史稿》卷四八四《文苑一》："（魏）际瑞，原名祥，字善伯，禧兄。……顺治十七年岁贡生。宁都民乱，赣军进讨，索饷于山砦。际瑞身冒险阻，往来任其事，屡濒于死。际瑞重信义，翠微峰诸隐者暨族戚倚际瑞为安危者三十余年。康熙十六年，滇将韩大任踞赣，当事议抚之。大任曰：'非魏际瑞至，吾不信也！'时际瑞馆总镇哲尔肯所，遂遣之。家人泣劝毋往，际瑞曰：'此乡邦宗族所关也，吾不行，恐祸及。行而无成，吾自当之。'遂往。甫入营，官兵遽从东路急攻。大任疑卖己，因拘留之。大任变计走降闽，际瑞遂遇害，年五十八。……际瑞笃治古文，喜《漆园》、《太史公书》。著有《文集》十卷、《五杂俎》五卷。"

《魏叔子文集外篇》卷十八《先伯兄墓志铭》："伯兄讳祥，……所居房介东偏，又长子，有震之义，因号曰东房。"同书卷八《伯子文集叙》："为文遇意成章，如风水之相遭，如云在天，卷舒无定，得《庄》、《史》之意，然未尝稍有摹仿。……伯子性脱略于事，而人情当世之故，深炼熟识，入于毫芒。"

弟魏礼，字和公，号吾庐。明亡后弃诸生远游，足迹几遍天下，晚居翠微峰顶。年六十六卒。性讷，寡言论，然沉毅刚苦，慷慨好义。著有《魏季子文集》十六卷行世。

《道光宁都直隶州志》卷二十二《人物志·儒林》："魏礼，字和公，兆凤季子。幼时，父命叔兄授之书，予笞詈，弗憾，曰：'兄固爱弟也。'比弱冠，更刻苦自励，学益进，两兄俨然以畏友待之。既弃诸生，乃益事远游，足迹几遍天下。所至必交其贤豪，物色穷岩遗佚之士。……居翠微峰顶，榜曰'吾庐'。著有《季子诗文集》十六卷。"

《清史稿》卷四八四《文苑一》："（魏）礼寡言，急然诺，喜任难事。……年五十，倦游返，于翠微左干之巅搆屋五楹。是时伯叔踵逝，石阁、勺庭久虚无人。诸子各散处，不复居易堂。礼独身率妻子居十七年，未他徙。"

《魏叔子文集外篇》卷十一《季弟五十述》："季更以刚直自见，性讷，寡言论，然往往面折人。急然诺，喜任难事，好倜傥，立节，浮沉于时。……季以布衣游，公卿或折节交之，无所辞，亦间受其馈，然平生未尝事干请。性慷慨，施与乐挥掷，得金辄散尽。"

同书卷八《季子文集序》："曾止山《过日集》言当今布衣诗，和公为第一。予亦谓其沉郁之中，发为孤响，矫顾腾骞，极意雕琢，而朴气不漓。……为人乃沉毅刚苦，勇于义概，虽水火白刃不易其一言。"

姊一人，嫁邑人邱维屏。

《魏叔子文集外篇》卷十七《邱维屏传》："邱维屏，字邦士，宁都河东人，禧之姊之婿也。"

妻谢秀孙，字季兰，同邑谢于教之孙女，通文墨，能诗词，然体弱多病，二十年间辗转床榻。

《乾隆宁都县志》卷六《人物志·列女》："征士魏禧妻谢氏，湖州倅谢于教孙女。性婉娩，喜读书，能诗。禧客死仪真，讣至，谢号恸，跌仆泥涂中，即于是日不食，凡十日卒。"

曾燠《江西诗征》卷八十五《名媛》："谢秀孙，字季兰，宁都州人。适魏叔子禧。夫亡，绝粒而死。"

《魏叔子文集外篇》卷九《娱墨轩遗诗序》："予内人……既以不举子，善病，二十年间，恒转床第。"

按，王昶《明词综》卷十一云："谢季兰，字湘芷，宁都人。魏禧室。"据此，谢氏一字湘芷。又，谢氏存世的作品见诸各类文献，《道光宁都直隶州志》卷三十一《艺文志四》录有谢氏诗三首，其一为《自翠微山望金精》，署名为“凝叔先生正室谢秀孙季兰”；其二为《奉寿勺庭外君四十初度》，署名为“谢秀孙”，以上两首均为五古；其三为七绝，题为《寄外君水庄》，署名为“凝叔先生正室谢秀孙”。《江西诗征》录有谢氏诗三首，其一为《自翠微山望金精》，已见《宁都直隶州志》；其二为五古，题为《池上秋海棠》；其三为七绝，题为《赋得美花香满衣》。另外，《众香词》录有谢氏三首词作：《清平乐·暮春夜感》、《阮郎归·秋夜》、《醉花阴·夏日》。其中《阮郎归·秋夜》又见于《明词综》卷十一。三首词均已收进《全清词·顺康卷》。

妾李氏，江西南城人。

《魏叔子诗集》卷七《纳妾酬朱静庵》：“令女昔曾传络秀，名山今又傍麻姑。”下有原注：“妾姓李氏，南城人。”

按，叔子生前因无子，曾纳婢妾多人。他在《祭亡女文》中云：“吾自抚汝至今十六年，置婢妾人凡四五。”这些婢妾的姓氏、籍贯大都不可考。

无子，以弟魏礼之子世侃为嗣子。

钱林《文献征存录》卷六《魏禧传》：“无子，以弟礼之子世侃为子。”

叔子少聪颖、善病，不乐嬉戏，勤于业。年十一，补县弟子员，冠其曹。年十四，受业名宿杨文彩，尝为杨氏校正其文，杨氏引之为“明镜利剑”。

邵长蘅《邵子湘全集·青门剩稿》卷六《侯方域魏禧传》：“禧年十一，补邑弟子员，试辄冠其曹。”《魏季子文集》卷十五《先叔兄纪略》：“先生为人形干修颀，目光奕奕射人。少孱善病，参术不离口。”

邱维屏《邱邦士文集》卷十三《杨先生墓志铭》：“（先生）所指示弟子，不出县而秀杰者半之，最著者兵部侍郎曾应遴……贡士何玄洁、魏际瑞与其弟县学生魏禧。……先生教门人，最后乃得魏禧。是时禧年十四，先生与客语，去，禧进曰先生失对，对宜云云。先生欣然听禧，禧自是益无所阿。先生乃曰：‘予老无闻，晚乃得凝叔，此为明镜利剑在吾侧，吾固其门人也。’……先生名文彩，字治文，别号一水。”

年二十一，明亡，遂弃诸生，从父隐居，与兄魏际瑞、弟魏礼及李腾蛟、彭士望、林时益、邱维屏、曾灿、彭任结庐金精翠微峰，砥砺人格，研讨经学，切磋诗文，人称“易堂九子”。其间，曾至新城、雩都、赣州，或游览，或授徒，或求医，或拜谒先烈。

《魏季子文集》卷十五《先叔兄纪略》：“迨甲申流贼陷京师，……先生故善病，谢弃诸生服，隐居山中，岁惟清明祭祀一入城而已，因屏去时艺，专古学，教授弟子。”

《魏叔子文集外篇》卷九《费所中诗叙》：“余伏处山中二十年，所交友多持高节笃行，不与世俯仰。”

《道光宁都直隶州志》卷二十二《人物志·儒林》：“甲申后弃诸生，从父隐居翠微峰，与兄祥、弟礼，同邑李腾蛟、邱维屏、彭任、曾灿，南昌林时益、彭士望九人为易堂学。”

《道光宁都直隶州志》卷三十一《艺文志一》彭士望《翠微峰易堂记》：“惟戊、己间聚最久，节序岁腊，会堂上饮食，……春秋祀祖祢，相赞助合馂。平居书名，称友兄弟，如家人礼，子弟亦如之。常易教，不率，与笞，无恒父师。……山居屋有五，‘易堂’为公堂，左右室并列，善伯兄弟左庑，邦士附后。邦士更为土室六七尺，依柳下。右，予、确斋。庑后稍高地，予、确斋更为半丈室三。过塘塍，西，面壁堂室为止山居，力负附，更为书室邻止山。”

年近四十，因惧封己自小，不可以造士，乃出游。足迹数涉江、淮、吴、越间，游辙所至，广交特立独行、奇伟非常之人。当地人士敬重其道德文章，争相与交，户外之屦常满。

《清史列传》卷七十《文苑传一》：“年四十，乃出游，涉江逾淮，于苏州交徐枋、金俊明；杭州交汪沨；乍浦交李天植，常熟交顾祖禹，常州交恽日初、杨瑀；方外交药地、槁木，皆遗民也。”

《魏叔子文集外篇》卷六《上郭天门老师书》：“壬、癸之际，私念闭户自封，不可以广己造大，于是毁形急装，南涉江、淮，东逾吴、浙，庶几交天下之奇士。”同书同卷《与杭州汪魏美书》：“禧闭户穷山，垂二十年，恒惧封己自小，故欲一游吴越，就诸君子以正所学。”同书卷九《费所中诗叙》：“比年，欲游名山大川，交天下奇伟非常人。于是逾江涉淮，南尽吴会，东渡钱塘，大率与山中诸子才相伯仲。”朱彝尊《曝书亭集》卷六十六《看竹图记》：“叔子居易堂读书且二十年，天下无知叔子者，一旦乘扁舟下吴越，海内论文者交推其能，若竹之解于箨而骤干夫烟霄也。”

彭士望《耻躬堂文钞》卷七《魏叔子五十一序》：“比家落，恒破产出游。不交州府，惟身造幽隐荒僻，或老病穷饿几死士，远必致之，与定交，共忧恤。故每出，得士多独行奇才，中吴顾景范，至为之执盖，追随大道中，如昆弟语。离或流涕，引决生死，而远近士归之如流水，望之如泰山乔岳。三百年布衣之盛，未尝有也。”

康熙十七年（1678），清廷下令开博学鸿儒科。叔子被荐，坚以疾辞，未就。后二年，自无锡赴扬州故人约，行经仪真，卒。

《清史列传》卷七十《文苑传一》：“康熙十八年，诏举博学鸿儒，禧以疾辞。有司催就道，不得已，舁疾至南昌就医。巡抚舁验之，禧蒙被卧，称疾笃，乃放归。”

邵长衡《邵子湘全集·青门剩稿》卷六《侯方域魏禧传》：“后二年，赴维扬故人约，舟至仪征，暴心气病，一夕卒，年五十七。”

叔子为人，志气轩豁，负才略，善擘画理势。重然诺，义之所在，则奋不顾身。喜诱进后学，与人和以恕，人故乐亲之。

《耻躬堂文钞》卷七《魏叔子五十一序》：“叔子天性忠孝，年十一即知求友，志气轩豁，重然诺。长益为人倜傥画策，妇人孺子咸任之，曰：‘魏叔在，吾无恐也已。’……家多难，独身任，其冲白刃交前，不废言笑。而为人一本于忠厚，天真烂漫，人乐亲之。”

《魏季子文集》卷十五《先叔兄纪略》：“先生为人形干修颀，目光奕奕射人。……性秉仁厚，宽以接物，不记人之过。与人以诚，虽受绐，恬如也。诱进后学，惟恐弗及。然多奇气。论事每纵横雄杰，倒注不穷。事会盘错，指画灼有经纬，思患豫防，见几于蚤，悬策而后验者十尝七八。义之所在，即撄祸患，勿少恤。”

《魏叔子文集》卷五《复六松书》：“仆于天性骨肉中颇不可解，外此则一腔热血亦欲一用，非用于君，则用于友。悠悠泛泛无所用之，又安能禁宝剑沉埋之恨？”

喜读史，尤嗜《左传》及苏洵文。为文好传布衣独行、节义忠烈事，感慨激昂而又顿宕纡徐。善持议论，多人所未发，凌厉雄健。其文章与侯方域并名于时，又与汪琬齐名，人以侯方域、魏禧、汪琬为清初古文三大家。

《邵子湘全集·青门剩稿》卷六《侯方域魏禧传》：“魏禧稍后出，其文章与方域并名于时。……其生以天启甲子，后方域六岁，然不相识。方域既早殁，而禧名继起，与之埒，故世或称侯魏云。……其为文主识议，凌厉雄健，不屑屑橅拟如世之貌似大家者。遇忠孝节烈事，则益感慨激昂，摹画淋漓。故其所为新乐侯刘文炳传及姜埰、江天一诸传尤工。”

《施愚山集·文集》卷二十八《寄魏凝叔》：“窃闻当世之论文者，多举汪户部钝庵、魏叔子凝叔为二家。……先生之文，原本经传，动关风教，其间层折顿挫有古法，读之改观易听，庶几怀文抱质，有彬彬之概。”

《魏叔子文集外篇》卷二十杨敏芳《四六序》：“魏叔子先生著书百卷，多行于世。大江南北，习古文辞期于可传者，必以叔子为宗。”

《四库全书总目》卷一七三《集部·别集类二十六·尧峰文钞五十卷》：“古文一脉，自明代肤滥于七子，纤佻于三袁，至启、祯而极敝。国初风气还淳，一时学者始复讲唐、宋以来之矩矱。而琬与宁都魏禧、商丘侯方域称为最工，宋荦尝合刻其文以行世。”

邓之诚《清诗纪事初编》卷二“魏禧”条：“为文学三苏，喜传节义事，尤善持议论，多人所未发。世以并侯朝宗、汪琬为三家，不唯志节非禧之比，琬笔嫌弱，而朝宗略无渟洄，视禧坚卓不移，气象万千，不止上下床之别。”

（日）斋藤正谦《拙堂续文话》卷五：“清初之文，如雪苑、湛园、钝翁、竹垞诸子，各成一家，而余尤推魏叔子为第一。叔子之文，雄奇变幻，时出高论，凌厉古人，其精悍不减老苏，而往复呜咽，兼有庐陵风度。虽求之前明三百年间，亦不多见其比。”

以古文之暇间为诗，其诗抒发至性，质朴浑厚，意蕴深远。

《魏叔子诗集》卷首彭士望《叙》：“今叔子古文盛行海内，好之者谓不后庐陵永叔，顾独未见其诗。然自庚子适江南北，交游益广，以古文之暇间为诗。诗益多，与山中之诗错出。而易堂诸子则以其四言为绝调，五七言古次之。大之君父之伦，微而及于禽鸟花木，至性流连，莫穷其际，即作者亦不自知其然，此叔子诗所为悠然独得者也。”

裘君弘《西江诗话》卷十：“冰叔古文宗八家，诗似非其所长。……乃余读《勺庭诗钞》，清真恬雅，篇篇有法。盖叔子天才超绝，养邃而心细，实一代之奇人。凡有所作，伯季间毕竟逊其一筹，不独以古文也。七古尤佳。”

张维屏《国朝诗人征略》卷三：“魏叔子诗苍古质朴，然亦有风致绝佳者。”徐世昌《晚晴簃诗汇》卷十二：“（叔子）诗虽非专家，思深语隽，如幽泉咽涧，迥异尘音。”

著述颇丰，今存者《魏叔子文集》二十二卷、《诗集》八卷、《日录》三卷、《左传经世钞》二十三卷、《左氏韬铃》二卷、《兵迹》十二卷、《兵法》一卷、《兵谋》一卷、《师友行辈议》一卷、《救荒策》一卷、《易义选参》二卷。

《魏季子文集》卷十五《先叔兄纪略》："所著有《古文集》二十二卷、《日录》三卷、《诗》八卷、《二集》若干篇、《左传经世》若干篇。梓其半，皆行于世。制艺若干卷及他杂著，藏于家。"

魏世杰《魏叔子文集·凡例》："叔父著有《尚书余》一卷、《左传经世钞》十卷、《拟奏疏》一卷、《内篇》二卷，俱嗣刻。"《清史稿》卷四八四《文苑一》："（魏禧）著有《文集》二十二卷、《日录》三卷、《诗》八卷、《左传经世》十卷。"

按，魏禧的著述，以《魏叔子文集》二十二卷、《诗集》八卷、《日录》三卷最为重要。康熙年间，列入《宁都三魏全集》，刻印行世，后因遭清廷禁毁，传本甚少。道光二十五年（1845），复有珍溪绂园书塾重刻本。2003 年，中华书局出版了由胡守仁先生主持的校辑整理本《魏叔子文集》。该本以康熙初刻本为底本，参校众本，并且据江西图书馆所藏的抄本《魏叔子文钞》，补入了《全集》本有目无文的《尉佗论》，堪称迄今为止收录魏禧作品最完备者。

《魏叔子文集》整理者在《校点说明》中云：魏禧的著述，除《凡例》所载之外，"还有兵书《兵迹》十二卷及童蒙课本《童鉴》二编等。以上诸种，除《兵迹》收入《豫章丛书》外，余皆未见"。此说略有瑕疵，《左传经世钞》今尚存人间。兹据诸家书目，将魏禧之现存著述及版本胪列如次：

据《中国古籍善本书目》，《左传经世钞》今存二十三卷，有康熙刻本、乾隆十三年（1748）彭家屏刻本。

据《中国兵书知见录》，《左氏韬钤》二卷，现存清抄本，二册，藏军事科学院图书馆。

据《中国丛书综录》，《兵迹》十二卷，现存胡思敬辑《豫章丛书》本。《中国兵书知见录》称此书尚有"民国四年南昌刻本，藏军事科学院图书馆"。然经赵明先生检视，"该馆除《豫章丛书》四册本外，并无另外的刊本"。（《〈豫章丛书·兵迹〉点校说明》）

据《贩书偶记》，《兵法》、《兵谋》各一卷，现存《昭代丛书》本（道光本）、咸丰十年（1860）望云草庐刻本，今《魏叔子文集》卷二收有《兵谋》、《兵法》。

据《中国丛书综录》，《师友行辈议》一卷，现存《昭代丛书》本，今《魏叔子文集》卷四收有《师友行辈议》一文。《救荒策》一卷，现存《墨海金壶》（嘉庆本）本、《守山阁丛书》本、《瓶华书屋丛书》本、《海粟楼丛书》本、《丛书集成初编》本，今《魏叔子文集》卷三收有《救荒策》一文。

据《续修四库全书总目提要》（经部），《易义选参》二卷，乃叔子与魏际瑞、魏礼合著，邱维屏选评，现存光绪二年（1876）翠微峰易堂刻本。2000 年，《四库未收书辑刊》第 3 辑第 1 册据原刊影印。

年　谱

明天启四年甲子（1624）　一岁

正月十三日，叔子生。

《魏季子文集》卷十五《先叔兄纪略》："生于明天启甲子正月十三日。"

是年父魏兆凤二十八岁。

《魏叔子文集外篇》卷十八《从叔父笃棐翁墓志铭》："征君生万历丁酉，年五十有八。"

兄魏际瑞五岁。

谢秀孙生。

《道光宁都直隶州志》卷三十一《艺文志四》谢秀孙《奉寿勺庭外君四十初度》："与君同年生，相隔三千里。先人重旧好，媒妁成佳礼。我生仲夏初，荷花正清美。君辰占早春，寒梅间桃蕊。"

按，谢秀孙后为叔子之妻，参见明崇祯十一年戊寅（1638）谱。

师杨文彩四十岁。

《邱邦士文集》卷十三《杨先生墓志铭》："先生名文彩，字治文，别号一水。先生生万历乙酉岁七月二十三日巳时。"

按，"万历乙酉"为万历十三年（1585），本年四十岁。检《清代人物生卒年表》，杨文彩的生年著录为万历十五年（1587），依据的也是邱维屏所作的这篇墓

志铭，乃作者偶然失检也。

李天植三十四岁。刘参二十九岁。李模二十五岁。恽日初二十四岁。金俊明二十三岁。李世熊二十三岁。李清二十三岁。周茂兰二十岁。理洪储二十岁。陈璧二十岁。朱鹤龄十九岁。汤来贺十八岁。姜埰十七岁。梁以樟十七岁。李腾蛟十六岁。彭士望十五岁。方以智十四岁。雷士俊十四岁。杜濬十四岁。杨彭龄十四岁。黄子锡十三岁。钱澄之十三岁。归庄十二岁。曹溶十二岁。孙默十二岁。王世德十二岁。邱维屏十一岁。俞汝言十一岁。陈大成十一岁。余思复十一岁。盛符升十岁。查士标十岁。谢文洊九岁。宋之盛九岁。胡介九岁。涂斯皇九岁。阎修龄八岁。严沆八岁。邓汉仪八岁。徐崧八岁。施闰章七岁。林时益七岁。任元祥七岁。汪沨七岁。沈昀七岁。李滢七岁。李逊之七岁。徐晟七岁。尤侗七岁。应㧑谦六岁。涂大訒六岁。孙枝蔚五岁。毛先舒五岁。黄熙五岁。宋曹五岁。蒋易五岁。何絜五岁。黄云四岁。封濬四岁。宋实颖四岁。徐枋四岁。顾景星四岁。王畿四岁。曾畹三岁。胡在恪三岁。陈允衡三岁。

孔鼎二十五岁。

《魏叔子文集外篇》卷十二《跋桂山先生手札》："先生长禧二十有五。"

曾应遴二十四岁。

方以智《浮山文集前编》卷九《岭外稿下·曾少司马墓志铭》："公生万历辛丑四月十一日午时。"

按，"万历辛丑"为万历二十九年（1601）。

彭大十六岁。

《邱邦士文集》卷十一《苟全居记》："而吾友彭天若则又异是，夫生而自废，好栖遁。……至于今，天若年五十有五，复弃其峰南之居。……癸卯六月丁巳邱维屏于是乎书。"

按，"癸卯"为康熙二年（1663），是年五十五岁，逆推之，彭大当生于明万历三十七年（1609），本年十六岁。

熊兆行十五岁。

《魏季子文集》卷十四《明兵部职方司主事熊君见可墓志铭》："君讳兆行，……生明万历庚戌年十一月十九日。"

按，"万历庚戌"为万历三十八年（1610）。

袁骏十三岁。

钱谦益《牧斋有学集》卷二十五《吴门袁母吴氏旌节颂十章并序》："有明万历四十二年甲寅，吴县民袁应诏物故，吴妻氏，年二十九岁，生二男子：骏三岁，骕一岁。"

按，"万历四十二年甲寅"，在康熙二十四年（1685）所刻的金匮山房本中作"三十年壬子"。因此，钱仲联先生在校点《牧斋有学集》时，据此文中"今岁癸卯，吴年八十"之语，断定邹镃序刻本"四十二年甲寅"有误，而改为"万历四十年壬子"。据钱仲联先生所改，则袁骏当生于万历三十八年（1910），但《魏叔子文集外篇》卷十八《袁君泰徵同配吴节母合葬志铭》亦载："君少负才，数奇家贫。……万历甲寅春，以醉溺齐女门外，时年二十八。子骏三岁，骕未生。"并引有袁骏自语"先君子有隐德，骏三岁而孤"。叔子此文为应袁氏之请而作（参见康熙十一年谱），文中所叙当不致有误，袁骏当生于万历四十年（1612），本年十三岁。

吴懋谦十一岁。

宋琬《宋琬全集·安雅堂文集》卷一《吴六益诗序》："余与六益同年生也。"

按，据《清史列传》卷七十《文苑传一》，宋琬生于明万历四十二年（1614），以此知吴懋谦本年十一岁。

吴祖锡九岁。

按，据今人何龄修先生《吴祖锡的复明运动》（载《五库斋清史丛稿》）一文的考证，吴氏生于明万历四十四年（1616），本年九岁。

杨国魁七岁。

林时益《朱中尉诗集》卷四《丁未杨元卿邀过五洑看沟桥处，语及其施予之故，遂书之为五十寿诗》。

按，"丁未"为康熙六年（1667），逆推之，杨国魁当生于明万历四十六年

(1618)，本年七岁。

杨敏芳七岁。

《吴嘉纪诗笺校》卷八有《八月十二日寄杨兰佩》，题下有原注："时杨六十初度。"其四云："芦中畴昔数追随，同齿同心人未知。虞夏咏思残照里，兵戈消尽盛年时。""同齿"下有原注："余年亦六十。"

按，据杨积庆《吴嘉纪年表》，吴嘉纪生于明万历四十六年（1618），杨敏芳既与吴嘉纪同年，本年应为七岁。

萧伯升六岁。

《施愚山集·诗集》卷二十《寄萧孟昉》："去年余五十，故人尺素远相存；今年君五十，游子扁舟方出门。"

按，施闰章生于明万历四十六年（1618），故萧伯升当生于明万历四十七年（1619），本年六岁。

曾师度六岁。

《魏季子文集》卷十四《曾益斋墓志铭》："君姓曾氏，讳师度。……君生万历己未月日。"

刘士弘四岁。

《魏季子文集》卷七《刘毅可七十序》："戊辰秋，予遇刘君毅可于西子湖上，时年六十八矣。……予少君八岁，牢落不逮君远甚，兹庚午良月为君七十辰。"

按，"戊辰"为康熙二十七年（1688），"庚午"为康熙二十九年（1690），逆推之，刘士弘当生于明天启元年（1621），本年四岁。

王楫四岁。

《魏叔子文集外篇》卷十一《王汾仲六十岁》："庚申八月，王子六十初度。"

按，"庚申"为康熙十九年（1680），逆推之，王楫当生于明天启元年（1621），本年四岁。

张锡怿三岁。

张永铨《闲存堂文集》卷十《泰安公传》："泰安公讳锡怿，字越九，号弘轩。曾为泰安州守，故称泰安公。王父三陟公于天启壬戌成进士，而公亦生于是年秋八月。"

周筼三岁。

按，《清史列传》卷七十一《文苑传二》称周筼南归，"行至宿迁，卒，年六十五，时康熙二十六年也"。然汪森《周筜谷小传》云："丁卯秋，友人龚主事蘅圃携之南旋，舟抵淮上，卒于徐塘，年六十有六。"（《小方壶文钞》卷六）据此周筼当生于天启二年（1622）。汪森与周筼过从甚密，《周筜谷小传》云："君之与余交也，始于康熙壬子，数同松陵徐膢庵过余。"故汪森当不致误记。

危习生生。

林时益《朱中尉诗集》卷二《癸卯初夏，习生四十初度，作此贻之》："晚稻插秧早稻花，吾子四十无室家。"

按，"癸卯"为康熙二年（1663），逆推之，危习生当生于本年。又，《魏叔子文集外篇》卷九《危习生遗诗叙》："习生与予同年生。"

彭任生。汪琬生。宗元豫生。骆钟麟生。余为霖生。

明天启五年乙丑（1625）　二岁

钱嘏生。

陈瑚《确庵文稿》有《钱梅仙五十赠言十首》，小引云："钱梅仙忍饥诵经，有萁颍之操。五十之年，忽焉已至。念其及门已久，赋诗相赠。震川先生所云生辰为寿，抚今追昔，感慨之意居多者也。词虽鄙陋，敢以请正于四方，立言君子，惟冀锡之诗文，共为表章其素履，瑚亦与有荣施焉。阏逢摄提格之岁律中无射。七十二潭渔父陈瑚启。"

按，文中的"阏逢摄提格之岁"为康熙甲寅年（1674），该年五十岁，逆推之，钱嘏当生于本年。

邱维迎生。

《邱邦士文集》卷七《而康占数序》："有弟而康以训蒙求食于人二十有余年。……今年四十有一。"

按，此文末署"乙巳冬十有二月兄邦士序。""乙巳"为康熙四年（1665），该年四十一岁，逆计之，邱维迎当生于本年。

余光令生。

汤来贺《内省斋文集》卷二十三《余小令五十序》："庚午秋，贺与余岸少孝廉同见知于郑太白、许霞城二师。……是时小令甫六龄。"

按，此"庚午"为崇祯三年（1630），是年六岁，逆推之，余光令当生于本年。又，余岸少即余日登。余日登字岸少，余光令父。崇祯三年成举人，以文名忤时忌被放。著有《卧庐稿》、《广昌传》、《太平通史》等。

计东生。曾灿生。

明天启六年丙寅（1626）　三岁

谢大茂生。

《魏叔子文集外篇》卷十八《通判谢君墓志》："南昌彭士望言于杨公，公同少司马曾公应遴题授监纪通判。时灿年二十有二，君年二十有一。"《魏叔子诗集》卷三《哭谢曲斋》序："谢子年二十有五，少予二岁。"

按，谢大茂既少曾灿一岁，少叔子二岁，当生于本年。

吴肃公生。王世桢生。蔡方炳生。李淦生。费密生。王炜生。

明天启七年丁卯（1627）　四岁

徐介生。陆廷抡生。徐柯生。华胥生。邹祗谟生。冷士嵋生。

明崇祯元年戊辰（1628）　五岁

随父见卢逵，时卢氏致仕家居。叔子成人后，敬其为人，为其作传。

《魏叔子文集外篇》卷十七《明太常寺少卿卢公传》："禧为童子，犹及从先征君见公也。公白皙微髭须，短而癯，善讽刺。同时缙绅有不义事，公常常出微言，间以诙谐，闻者大惭。”

按，卢逵字渐甫，号云路。江西宁都人。万历五年（1577）进士，授中书舍人，迁吏科右给事中。万历十七年（1589），以兄卢通病逝，遂力请终养，时年仅四十。归后，阁部台省相继推荐其任礼科左给事中、刑科都给事中、尚宝司少卿、尚宝司正卿等职，卢逵坚卧不起。天启三年（1623），加升太常寺少卿致仕。其为人廉退静俭，不以一介求取于人。事迹见魏禧《明太常寺少卿卢公传》、《道光宁都直隶州志》卷二十二《人物志·名臣》。

吴任臣生。闵麟嗣生。姜宸英生。王宾生。

明崇祯二年己巳（1629）　六岁

弟魏礼生。

孔之逵生。

《魏叔子诗集》卷四《赠门人孔用仪五十》：“诸生十余辈，子最长有名。赖韦比忠信，予季齐年庚。”

叶奕苞生。朱彝尊生。黄虞稷生。高佑釲生。

明崇祯三年庚午（1630）　七岁

儿时不喜嬉戏，独勤于业。

《魏季子文集》卷十五《先叔兄纪略》：“先生儿时不乐嬉戏，同学生或出外游闲，先生独勤业不辍。尝嗜古论史，斩斩见识议。”

邱维屏娶叔子之姊为妻。

《邱邦士文集》卷一《示而杂文序一》：“十四年，从至赣州考试。……又三年，予既娶妇。”

屈大均生。唐甄生。刘文炤生。

明崇祯四年辛未（1631） 八岁

顾祖禹生。陈恭尹生。徐乾学生。邱象随生。熊颐生。

明崇祯五年壬申（1632） 九岁

师事杨廷麟。

《魏叔子文集外篇》卷十八《明监军副使黄公墓志铭》："公讳荩卿，……既擢知宿州，以将母弗起，闭门谢宾客，日过从惟文毅公及杨文正公廷麟、曾文忠公樱而已。……杨文正倡义督师赣州，兆行从文毅间关闽海，而公誓死破产募兵于合皂山之麓，图大举南应文正。……予生晚，不获从公游，而尝师事文正公。"同书卷十六《崇祯皇帝御书记》："文正公讳廷麟。……丙戌十月城破，公死青水塘池中。……禧，公门下士也。"

按，据彭士望所撰《杨廷麟传》，杨廷麟卒后，桂王赠廷麟新淦伯少傅，谥文正。又，叔子于何年拜杨廷麟为师，已不可详考，要在杨氏抗清牺牲之前，姑系于此。

吴山嘉《复社姓氏传略》卷六："杨廷麟，字伯祥，号机部。崇祯辛未进士，选庶吉士，授编修。十年冬，皇太子将出阁，充讲官兼直经筵。明年冬，……改兵部职方主事，赞画卢象昇军。象昇战死，（杨）嗣昌欲中以危法，帝察其无罪，贬秩调外。十六年秋，复授职方主事。未赴，郡城失守，廷麟募兵勤王。福王立，召为左庶子，辞不就。南都破，江西诸郡所存者惟赣州。唐王手书加廷麟吏部右侍郎、刘同升国子祭酒。同升自雩都至赣，与廷麟复吉安、临江，加廷麟兵部尚书兼东阁大学士。丙戌正月，廷麟赴赣，以万元吉代守吉安。无何，吉安复失，元吉退保赣州。四月，赣围急。五月，战梅林，败，廷麟与元吉凭城守。十月四日，城破，廷麟走西城，投水死。"

王武生。

明崇祯六年癸酉（1633） 十岁

自本年起，即思求友，用心于朋友之道，得交邱维屏等人。

《魏叔子文集外篇》卷五《复邱邦士书》："不肖禧资质鲁钝，自十岁来稍稍想慕善事，父兄师友间见引许，而言己所明以竭忠告于人者，又往往出于性情之偏至，于是禧之言日益多，人之言于禧者日益少，此禧生平所大不幸也。……自十岁用心朋友之道，得交君子若而人。”同书同卷《同林确斋与桐城三方书》：“禧自十岁即思求友，二十年来孜孜矻矻，若非此，则食不甘寝不寐然。”

《清史稿》卷四八四《文苑一》：“邱维屏，字邦士，宁都人，三魏姊婿也。明诸生。为人高简率穆。读书多玄悟，禧尝从之学。晚为历数、《易》学及泰西算法。……维屏教授弟子，手批口讲，日夜不辍业。……著有《周易剿说》十二卷、《松下集》十二卷、《邦士文集》十八卷。”道光《宁都直隶州志》卷二十二《儒林》称其“明季弃诸生，隐居翠微峰，与同志数人讲学易堂”，“其古文词，时推为司马子长、欧阳永叔而下庶几焉”。

按，“邱维屏”之“邱”字，《皇明遗民传》（阙名朝鲜人）卷四作“丘”；康熙五十八年（1719）易堂所刻邱氏文集，亦作“丘邦士文集”。而道光十七年（1837）刻本，则作“邱邦士文集”。此乃清雍正后为避孔子之讳而改。陈垣《史讳举例》卷一：“《茶香室续钞》三引叶名沣《桥西杂记》云：‘雍正三年上谕：孔子讳理应回避，令九卿会议。九卿议以凡系姓氏，俱加阝为邱；凡系地名，皆改易他名；书写常用，则从古体作丠。上谕：……此字本有期音，查《毛诗》古文作期音甚多，嗣后除四书五经外，凡遇此字，并加阝为邱，地名亦不改易，但加阝旁，读作期音，庶乎允协。按加阝作邱，至今通行，至读期音，则世鲜知者。’”

从邱维屏学作制举文，邱氏学识渊博，能自立规矩，叔子受益良多。

《魏叔子文集外篇》卷十二《跋归震川先生全集》：“予生十岁，学为制举文字，闻吾友邱邦士历举本朝先正大家，自解春宇至郭青螺、徐天池十数人而已。而其中篇帙少、无从搜讨而论列者，又复数人。其所能尝言其胜者，则曰：王守溪之文如天人，钱鹤滩之文如飞将，唐荆川之文如通都大邑，诸理齐之文如闻瑶天之笙，稽川南之文如飞仙，茅鹿门之文如云，胡思泉之文如铜墙铁壁，归震川之文如神龙出没于天潢沧澥连注之间。顾吾每惊怖其言。”

同书卷六《与蔡生书》：“家姊婿邱邦士精思高悟，能自立规矩，仆尝从学，受益为多。”同书卷八《任王谷文集序》：“邦士予姊婿，其人神明内蕴，负绝人之姿，文学为吾党冠。”同书卷十七《邱维屏传》：“生平最得意所自作时文，谓包笼三百年先辈大家之长，而别出机轴。然其所作古文，乃独为吾党所推，司马子长、欧阳永叔而下庶几焉。”

按，《跋归震川先生全集》提及多位明代作家，兹作简要考述如次。检《明人室名别称字号索引》，“诸理齐”作“诸理斋”，“稽川南”作“嵇川南”。“诸理斋”即诸燮。诸燮，字子相，号理斋，浙江余姚人。嘉靖十四年（1535）进士，授兵部主事，官至邵武府同知，以艰归。精于理学，一洗陈言。著有《易经心说》、《通鉴集要》等。生平事迹见《光绪余姚县志》卷二十三《列传十一》。“嵇川南”即嵇世臣。嵇世臣，字川南，浙江归安人，嘉靖十四年（1535）进士，授翰林院编修。著有《川南草堂集》。生平事迹见《光绪归安县志》卷三十一《选举·进士》。“胡思泉”即胡友信。胡友信，字成之，号思泉，浙江德清人。隆庆二年（1568）进士，授顺德知县，卒于任。博通经史，学有根柢，著有《天一山稿》。生平事迹见《明史》卷二八七《列传·文苑三》、《康熙德清县志》卷七《人物传·文苑》。其余诸人，“解春宇”疑即解缙（解缙字大绅，号春雨），“郭青螺”即郭子章，“徐天池”即徐渭，“王守溪”即王鏊，“钱鹤滩”即钱福，“唐荆川”即唐顺之，“茅鹿门”即茅坤，“归震川”即归有光，均颇知名，此不赘。

又与邱维屏同攻《四书》义，求其意议广博。

《邱邦士文集》卷六《魏凝叔四书义序》：“凝叔自十岁为《四书》义。”同书同卷《魏凝叔集序》：“往者吾与魏凝叔同守一代之制，首攻《四书》义，是时吾二人各以才智以相取，要其所尚，最为独异。……凝叔则求其意议广博，必推发其所未始有。”

与曾灿比邻而居，自本年起，同师塾。后曾灿托以为性命者，惟叔子一人。

曾灿《六松堂集·曾青藜文集》卷十三《哭魏叔子友兄文》：“往弟与兄比邻而居，十岁同师塾。文章、德业皆吾兄之造就而成者也。弟时席先人庇荫，宾客辐辏，庭无虚日，而所托以为性命者，恃兄一人。故至有一颦一笑一言一动，父母妻子所不及知者，兄能知之。”

《道光宁都直隶州志》卷二十二《人物志·儒林》：“曾灿，字青藜，别字止山。应遴仲子。与兄畹并工词章，喜然诺。方明季多故，灿兄弟思以功业表见，折节自下，一洗贵介才华之习。岁乙酉，杨廷麟竭力保吉赣，应遴计闽地山泽间有众十万，俾灿往抚之。灿既行，而应遴病卒，赣亦破，乃解散去。灿后剃发为僧，遨游闽、浙、广之东西，大母氏陈、母氏温念灿成疾，始归家谒省。以大母命，受室筑六松草堂，躬耕不出者数年。灿自幼有诗名，选海内名家诗二十卷号《过日集》。侨居吴下二十余年，著《西庵草堂诗》。复客游燕卒。”据《千顷堂书目》卷二十八，曾灿尚著有《止山集》六卷。

于舅氏处识谢廷诏，然不甚敬之。

《魏叔子文集外篇》卷十七《谢廷诏传》："谢廷诏者，字君求，余同县人。其父生五子，诏贤，读书，比为弟子员，多交游。为人排患解纷乱，不自见德，人亦弗知也。诏家世寒微，喜任事，戚友有大故，往往身出入吏胥间，由是世士轻之。禧十岁，识诏于舅氏，貌顾不甚伟，又日闻其行事，益不敬之。"

姜安节生。

姜埰《姜贞毅先生自著年谱》："（崇祯）癸酉年，二十七岁。十一月，举长子安节，董孺人出。"

恽格生。梅文鼎生。

明崇祯七年甲戌（1634）　十一岁

补县博士弟子员，冠其曹，有声于党序，自期甚高。

《魏叔子文集》卷首曾灿《魏叔子文集序》："吾友魏叔子与余同学，年十一岁为时文，补弟子员，冠其曹。长而名公巨卿年五六十者，咸以等辈礼之。"《魏叔子文集外篇》卷十《送歙县鲍生北游叙》："予十一有声党序，自谓名进士弱冠可致，将崭然见风节于朝廷。"

谒大外舅谢于教，终日语不倦。时谢氏自滁州致仕归，为言琅邪风景及醉翁亭兴废之因。

《魏叔子文集外篇》卷十二《跋苏文忠书醉翁亭记》："余幼从孰师授欧阳文忠《醉翁亭》、范文正《岳阳楼记》，且读且念，若欲往而至其地。及大外舅谢青莲先生守滁州，以七十致政归，余时十一岁，谒之南郊螺子山。既设食，按《记》而问所谓醉翁亭者今安在。大外舅为言琅邪风景及亭所以数兴废，余至今犹恍惚其一二。"

《魏季子文集》卷十五《先叔兄纪略》："妻祖谢公于教称宿学，致政家居，年七十余矣。尝姻亚偕往一揖，后各散去。惟先生十一岁童子与七十余老人，终日语不倦。"

《道光宁都直隶州志》卷二十二《人物志·名臣》："谢于教，字觉甫，号青莲。性友爱。万历戊子乡荐，历官滁州知州。时魏党崔呈秀巡按南京，使人引于教附己，当得部属。于教曰：'参罚降调，命也。吾不能入其党。'呈秀怒，思中之，突使取州柜天平与市平较，不贰，崔计诎，去。邻郡白莲教倡乱，从者日众，人心震骇。于教增城堡，治楼橹，贼不敢犯境，事详《两朝丛录》。迁湖州府倅，辞归。崇祯间征聘理学师儒，不就，辟居螺石以终。"

与刘参谈《论语》，相得甚，遂为忘年交。时刘参已在魏氏家塾任教，为魏礼师。

《魏叔子文集外篇》卷十七《刘参传》："参字功定，姓刘氏，明之老儒也。……崇祯七年甲戌，禧舅氏言于先征君，延之家塾，为季弟礼师，时参年三十有九，长征君一岁。禧年十有一，尝自别馆归省，宿塾中，与参谈《论语》'有子孝弟'章，相得甚，遂为忘年交。"

《道光宁都直隶州志》卷二十二《人物志·孝友》："刘参，字功定。家贫舌耕，以束脩偿先人遗债，而身与妻子终岁啜粥，朔望乃具饭献先祖。少从师读书他所，距家二里许，每黄昏，必走归省其母，而疾之馆。年五十，孺慕不衰。友人托遗孤，其伯叔父蚕食之，诸受遗者多不肯言，参愤然曰：'君等死，何以见若翁于地下。'率诸友以大义争之，孤子卒得成立。庚寅，城再陷，为兵斫伤左手，卒。"

是年曾师度十六岁，工文，与叔子善，颇亲敬之。

《魏季子文集》卷十四《曾益斋墓志铭》："君姓曾氏，讳师度，字省之，别号益斋。……家酷贫，年十六为弟子员，文有声同录中。特善予叔子，颇亲敬之，然持论不轻相下。"

《道光宁都直隶州志》卷二十二《人物志·义行》："曾师度，字省之。甲申后弃诸生。庚寅，城破，弟侄皆被掠，度罄资以赎。食贫，以虚中术游四方，贤达士咸敬礼之。著《益斋诗稿》二卷。"《曾益斋墓志铭》称其"性尤疏简，好立异同，而自持甚牢，虽一语不肯因人改迁"。

时已颇知求友，自本年起，先后与刘参、李腾蛟、曾灿诸人为石交。

《魏叔子文集外篇》卷十一《彭躬庵七十序》："余十一岁颇知求友，里中如刘公定、李咸斋、曾青藜、谢君求，或以笃行令德，或污身辱名而志不滓，皆次第相与为石交。"同书卷六《答南丰李作谋书》："仆生十一二岁，即思求友，得交志行纯笃者若而人。”

《道光宁都直隶州志》卷二十二《人物志·儒林》：“李腾蛟，字力负，号咸斋。与临川陈际泰、罗万藻，宁化李世熊，同邑邱维屏为课文会。后弃诸生，交翠微峰易堂魏禧兄弟。腾蛟最长，诸子兄事之，严惮无敢戮。腾蛟益折节自下，与人交，未尝隙末。人有秕行，务掩覆优容之。后别居三巘峰，以经学授生徒。弟子来学者，皆衰衣莽冠，朝夕歌诗，揖让折旋，入其室，雍雍有儒者风。著有诗文集、《周易剩言》藏于家。”

任安世生。

《朱中尉诗集》卷二有《癸卯开岁归自广陵，见诸子祝道爰三十诗，因歌少陵短歌行佐酒》。

按，“癸卯”为康熙二年（1663），逆推之，任安世当生于本年。

宋荦生。丁炜生。方中通生。王仲儒生。

明崇祯八年乙亥（1635）　十二岁

魏礼幼迟钝，性顽劣，父母以其属叔子。魏礼有过，叔子辄鞭挞之。

《魏叔子文集外篇》卷十一《季弟五十述》：“和公幼迟钝，性劣，父母以属予。予十一二岁，有过辄鞭挞之，不以闻。”

陈玉璂生。

《毗陵陈氏续修宗谱》有刘跃云所撰《椒峰公传》，云：“公讳玉璂，字庚明，号椒峰。……公生于前明崇祯乙亥，卒于康熙乙酉，享年七十有一。”

范承谟生。

明崇祯九年丙子（1636）　十三岁

游泰和萧氏春浮园。

《魏叔子诗集》卷四《为萧孟昉五十赋》：“忆昔游春浮（原注：萧太常园名），持身入烟雾。水石移地形，结构本天趣。我年比子安，愧不留佳句（原注：时予年十三)。”

《光绪吉安府志》卷五《地理志·泰和古迹》:“春浮园在柳溪,明萧士玮建。”《施愚山集·文集》卷十四《游春浮园偶记》:“泰和萧伯玉太常,自记其春浮园,为时所称羡。盖因其高下凿溪累山,一亭一径,皆竭能殚智,求异于人。伯玉既下世,而余分守湖西,宗伯钱公牧斋属余以其犹子孟昉,且谓能世其家。”

自本年起,与曾灿以古朋友相望责。曾灿又以兄事叔子。

《魏叔子文集外篇》卷九《曾止山诗序》:“余幼与曾止山比户而居,长又同学。自年十三四,辄以古朋友相望责,故于易堂诸子中于止山最久且笃也。止山以兄事予,有小过,每面折之。”

赖韦生。

《魏叔子诗集》卷四有《乙巳十月门人赖韦负笈黎川,值三十初度,作此贻之》。

按,“乙巳”为康熙四年(1665),逆推之,赖韦当生于本年。

曾彝生。

《魏叔子文集外篇》卷十八《门人曾彝碣文》:“彝字秉之,生崇祯丙子二月。”

阎若璩生。汪楫生。王晫生。

明崇祯十年丁丑(1637)　十四岁

受业于同里杨文彩先生,习制举文。文彩甚器之,常命叔子论定其文,又使二子以父执事叔子。叔子甚敬慕文彩之德行,事之如父,又常面诤之。

《魏叔子文集外篇》卷七《与温伯芳》:“弟制举文,自十四岁受学杨一水夫子,稍能自立门户。窃比近贤,谓当出入夏彝仲、陈卧子、黄蕴生之间,而足下乃以为将且过之。”同书卷八《孔正叔楷园文集叙》:“十四岁受业杨一水先生,时先生年五十三,每命余论定其文。”同书卷十一《门人杨晟三十叙》:“吾年十四,游吾师一水先生之门。先生有盛德,禧事先生如父。”同书卷十八《杨一水先生同元配严孺人合葬墓表》:“十四岁常面诤先生,先生大悦,奇之,自是无大小事必尽言。”

同书卷四《师友行辈议》："昔者吾以父事师杨一水先生，而先生使二子晟、晋以父执事予，及其长也，乃为弟子焉。"

《道光宁都直隶州志》卷二十二《人物志·儒林》："杨文彩，字治文，号一水。世用长子。崇祯戊辰选贡，入北雍，祭酒吴公称为天下文章第一。同乡陈大士、罗文止、杨维节、揭祝万皆下之。前后教授弟子数百人，魏禧最晚近，文彩深奇之。性和易，虚怀乐善。……事父母至孝，遇疾，为减朝夕飧者凡十九年。年八十，精明如少壮，手不释卷。……所著《文耻斋文集》已刻行世。《尚书绎》存有藏稿。"

十二月二十四日，诣刘参。

《魏叔子文集外篇》卷十七《刘参传》："丁丑十二月二十有四日，禧偶晨诣参，门合，排而入，见塾中纸钱灰飞扬满室，案上明灯炷香，参充然拱立，有喜色。禧问何为？参微笑对曰：'今日万寿节日也。'"

始得羸疾。

《魏叔子文集外篇》卷八《脉学正传叙》："予十四得羸疾，自是至今三十六年，行必以药裹。"

自是年起便为诗，不工辄弃去。后用力甚勤，诗艺乃大进，能诗者皆折服。

《魏叔子诗集》卷首欧阳士杰《序》："士杰闻先生年十四便为诗，不工辄弃去。其后尝好论同堂人诗工拙，每开口，同堂能诗者辄笑之，曰：'汝第谈古文，不得更与此事。'先生乃益为诗，不一年而成诗出，能诗者皆折服。"

黄光会生。

梁份《怀葛堂文集·鄜州刺史黄君畏岩墓志铭》："畏岩讳光会，字叔昭，姓黄氏。……康熙己酉举于乡。壬申，筮仕河间南皮令，三考著绩，擢陕西鄜州刺史。不匝月，引年归，家食十九年，令终，距所生明崇祯丁丑，得年八十有四。"

王洁生。

王源《居业堂文集》卷十八《先兄汲公处士行略》："先兄讳洁，字汲公。……其卒在六月十九日未时，距其生丁丑五月二十五日辰时，得年五十有五。”

张贞生。邵长蘅生。诸匡鼎生。

明崇祯十一年戊寅（1638） 十五岁

与谢秀孙成婚。婚后琴瑟和谐，相处甚欢。虽客游羁旅，妻子仍令叔子神驰千里，牵挂不已。彭士望以为此乃叔子之“白璧微瑕”。

《魏叔子文集外篇》卷二十《礼斗表》：“伏惟禧一介青衿，半生黄卷。十五有室，已合礼于齐眉；三十无儿，未承欢于绕膝。”同书卷九《娱墨轩遗诗序》：“予内人亦粗通笔墨，年少，相欢得。”

《道光宁都直隶州志》卷三十一《艺文志四》谢秀孙《奉寿勺庭外君四十初度》：“忆我十五时，结褵升东阶。相为影与形，琴瑟静以谐。所嗟身薄佑，贞疾重为灾。感君用意厚，辄复一开怀。我身如秋草，君恩如春台。”

《耻躬堂文钞》卷二《与门人梁份书》：“冰叔以文章、行谊、经术名海内，无少玷缺，自可传于后世。而易堂之友与其伯、季、诸子、门人，率以其服内太笃，待之太过，白璧微瑕，乃在于是。”

按，谢氏体弱多病，更让叔子魂牵梦绕，客居他乡时，屡屡寄诗问候、叮嘱。如“药记收书簏，方须捡笔床。忧来倘病隔，更试郁金汤”（《春早发翠微余欲轻装内人劝余重茧曰寒思吾言却寄二首》）、“怜卿频滞下，长伴夜乌啼”（《病痢忆内人病却寄》）、“多病长愁汝，有怀独赋诗”（《雪霁寄内》）等，足见伉俪情深。当然，谢氏不曾生育，这始终是叔子的一块心病，为此他曾纳婢妾数人，甚至对谢氏性情之“躁”颇有微词，认为“躁能害嗣，生育不孳。如彼炎方，草木枯死”，要谢氏去其“傲刚”而勉为“和顺”。（《魏叔子诗集》卷一《躁箴》）赵园先生在引述上列诗文后认为：“由此看来，叔子看似完满的夫妇一伦，未见得没有罅隙。”（《易堂寻踪》）

是年父魏兆凤析产，弟魏礼让产。

《魏叔子文集外篇》卷十一《季弟五十述》：“忆戊寅征君析产，持一田券，踌躇谓母曰：‘以与祥，则礼损；与礼，则祥损。’季时九岁，适过案傍，应声曰：‘宁损我，毋以损伯兄。’”

秦松岱生。

高鏻泉《锡山历朝书目考》卷四："秦松岱，字赤仙，号灯岩，附监生。生戊寅，卒年四十九。"

林楫孙生。

《魏季子文集》卷十四《林舟之碣文》："舟之讳楫孙，……生崇祯戊寅十二月十八日。"

方中履生。

明崇祯十二年己卯（1639）　十六岁

五月初六，与李腾蛟、邱维屏游，谊如父子，作诗赠李腾蛟。

《魏叔子诗集》卷三《李子力负五十初度，既成律诗，言不尽意，更作一百四十字……》："庚辰己卯中，我生甫弱冠。相与为名高，謦咳资时彦。趋庭迭父子，观者莫能辨。吾徒爱气矜，正色敢犯难。惟君邱邦士，风期殆一变。邱子千顷波，君如春日旦。窃比陈太丘，从容善投间。"

曾传照生。

《邱邦士文集》卷十三《文学曾丽天墓碑志》："丽天者，其字也，名传照，于兄弟行居最季，以崇祯己卯岁二月二十三日生于皇考少司马公之官舍。"

汪懋麟生。

明崇祯十三年庚辰（1640）　十七岁

曾于席上以讹传道人阴事，不知此人即在对坐，叔子又惊又惭。

《魏叔子日录》卷一："余生平未尝遭险受横逆，十七岁时曾于席上以讹传道人阴事，不知此人即在对坐，予当下惊惭欲死。而此人并不相仇，且成文章知己，终身遂为此友所容。"

叶向荣来任宁都知县，以子视叔子。

《魏叔子诗集》卷三有《读曾止山哀蓟绖作而追哭之并寄令弟子九》，其二云："在昔尊守宰，邃如神明居。尊公子视我，与子若雝渠。"

《光绪金华县志》卷九《人物志·忠烈》："叶向荣，字钟日，万历四十六年举人。父患奇疾，向荣委曲治疗，获痊。教弟成名，声称藉甚。崇祯十三年，授宁都知县。政事具举，流贼至，练兵御之，誓死守，歼其党邱旭东、饶聚吾等。总督袁继咸荐之，以忤马士英，量移吉安同知，被劾归。顺治三年，大兵至，投项村崖死，祠宁都名宦。乾隆四十三年，赐谥节愍。"

毛扆生。鲍夔生生。周在浚生。

明崇祯十四年辛巳（1641）　十八岁

妻弟谢大茂少时性狂痴，然畏见宾客，而独与叔子善。叔子以"交四方贤士以自立"勉之，又强使之见李腾蛟。自是谢氏尽交魁桀不羁之士，叔子不敢交者，必使谢氏先试之。

《魏叔子文集外篇》卷十八《通判谢君墓志》："君姓谢氏，讳大茂，知湖州青莲先生之孙。……君少时性狂痴，不修行检，颇畏见宾客，而独善其姊婿魏禧。文圃翁之殁也，禧治丧其家，因谓君曰：'天下方乱，而子早孤，当交四方贤士以自立。'值禧友李腾蛟过禧，禧语君出见，君不肯，急掣其手，则抱楹柱而蹲。禧乃掷手大骂曰：'是尚为人，殆不及吾奴子远矣！'却立瞋目视之。君徐起前谢，遂出见。自是尽交禧四方士诸魁桀不羁以遗行闻乡里者。禧不敢辄交，则必使君先试之。"

《魏叔子诗集》卷三《哭谢曲斋》序："内子谢子大茂少依予。予生平许谢子，谢子亦蹈汤火不让也。"

吴正名生。

《魏叔子文集外篇》卷十一《门人梁份吴正名四十序》："岁庚申，门人南丰梁份、贵人吴正名并四十。"

按，吴正名既与梁份同龄，当生于本年。

梁份生。刘中柱生。

明崇祯十五年壬午（1642）　十九岁

与曾灿读书于莲花山，得谢廷诏之行事，识其为人，遂为莫逆之交。

《魏叔子文集外篇》卷十七《谢廷诏传》："崇祯壬午年，余与曾子灿读书莲花山，诏因余舅氏子假馆江园。予归，闻诏特在，颦蹙以告灿。比入园，数见诏行颇适外，不读书，人杂遝园门，自皂隶里正及诸无赖生无不至。予亦从其门人语，得所为文字，曰：彼谢生者耶？久之，得其行事，曰：有是哉！夫其所谓谢生也。于是走告灿，摄衣冠就诏室，曰：'向都鄙薄吾子方八九年，今乃知子，子毋弃我。'遂为莫逆交。"

应童子试，时郭都贤任主考，拔叔子为第一。

《魏叔子文集外篇》卷六《上郭天门老师书》："崇祯壬午之役，先生校士江右，拔第五人，诘朝谒谢，先生置第一。人勿问，特召禧前曰：'往岁直指观风，司李列子第二等，余拔而置之第一。'遂口诵首题文十数语，曰：'大破格例，非场屋所宜。'又诵次题文数十语，曰：'此决科才也，勉之无怠。'夫士遇知己，蒙拔识，亦其常耳。独当时先生守岭北，去校士之日几二载，犹口诵其文，指其失而奖劝其美，虽父之爱子当不过是。是以感激铭于肺腑，思得尺寸之效以报知遇。"

《清史稿》卷五〇一《遗逸二》："郭都贤，字天门，益阳人。天启壬戌进士，授行人。分校顺天乡试，得史可法等六人。历官员外郎，出为四川参议，督江西学政，分守岭北道，巡抚江西。……北京陷，悲愤不食。南都建号，史可法开阃扬州，荐授以官，辞不赴。桂王立肇庆，以兵部尚书召，而都贤已祝发为僧矣。……博学强识，工诗文，书法瘦硬，兼善绘事，写竹尤入妙。僧号顽石，又号些庵。茹苦，无定居。……客死江宁承天寺。……所著有《衡岳集》、《止庵集》、《秋声吟》、《西山片石集》、《破草鞵集》、《补山堂集》、《些庵杂著》等书。"

涂尚葎生。

梁份《怀葛堂文集·涂君惕岩墓志铭》："君讳尚葎，……君生崇祯壬午十二月二十九日戌时。"

姜寓节生。

明崇祯十六年癸未（1643）　二十岁

夏，与曾灿、叶永圻游螺石。

《魏叔子诗集》卷三有《读曾止山哀蓟缇作而追哭之并寄令弟子九》，序云："叶子名永圻，字同先，婺人。"其一云："螺石癸未夏，曾子时就予。蓟缇窃有闻，中署命笋舆。山花憩危磴，蕉阴转石渠。为乐非一欢，千古在须臾。"

按，叶永圻或号蓟缇，曾灿《六松堂集·曾青藜诗集》卷二有《哭叶蓟缇二首》，第二首云："从来天性人，不肯负知己。感子忠孝心，从亲入江涘。"下有原注云："蓟缇从尊人殉难入水，家人救之。"

秋，曾灿之南昌，会张献忠陷湖南、江西吉安，湖东西路绝。叔子忧之，然计无所出。

《魏叔子文集外篇》卷十七《谢廷诏传》："癸未秋，灿之会城，会献贼陷湖南，其部略长沙，陷吉安，湖东西骚然路绝，予绕床自念无所出，而诏忽至，曰：'曾子归乎？'曰：'予上粮，闻变辄归。江上无日不焚杀，曾子已矣！'明日，予适诏，诏已去。诏去兼程至太洋洲，入萧公庙访灿。"

曾彝从叔子学举业。

《魏叔子文集外篇》卷十八《门人曾彝碣文》："彝父宁宇公以忠厚称乡里，尝命彝从余学制举业，不利；以其间学诗，诗清朴可观。"

按，曾彝从叔子学举业，始于何年，不详。"甲申"鼎革后，叔子即弃举业，故系此事于此。

明崇祯十七年　清顺治元年甲申（1644）　二十一岁

二月，作《相臣论》。

《魏叔子文集外篇》卷二有《相臣论》，序云："相臣不可无才，犹人不可无五谷。……每读国史，清谨忠直者不乏人，而才略逊前代远甚，至于相业犹卑鄙矣。论相首推三杨，按其行事，方之古人为何如也？甲申二月自记。"

六月，编定文集《内篇》一集，作自叙。

《魏叔子文集外篇》卷八有《内篇一集自叙》，末署“甲申六月书于淇园之江楼”。

方起义军之势初张时，叔子忧之，即结寨以自保家室，邑人多效之。

《魏季子文集》卷十五《先叔兄纪略》：“方流寇之初炽也，是时承平日久，人不知乱，且谓寇远难遽及。先生独忧之，寻山石结砦以卫家室，经营措注，皆有成法。邑人仿效之，得免寇攘之难，时年二十一也。”

闻国变，愤恨慷慨，痛哭累日夜。邑人曾应遴倡议复仇，起兵勤王，魏兆凤捐金助之。叔子从父日夜诣曾应遴计事。

《魏叔子文集外篇》卷十八《黄乐玄翁墓表》：“禧少翁四十年，当甲申时，愤恨慷慨，痛哭累日夜，不欲有其生，从先子倡议复仇，后皆不果。”《魏季子文集》卷十五《先叔兄纪略》：“迨甲申，流贼陷京师，天子死于社稷，先生闻辄号恸，日往公庭哭临，食不甘味，寝不安席。谋与曾公应遴起义兵勤王，先征君亦慷慨破产助之，而李自成旋殄灭，遂不果。”

《宁都三魏全集》集首杨文彩《魏征君传》：“十七年，天子崩于乱，天民率诸子号哭，竟日不食。都给事曾公倡勤王议，天民首输三百金于册。”

《道光宁都直隶州志》卷二十二《人物志·宦业》：“曾应遴，字无择，号二濂。崇祯甲戌进士，授刑部主事，转职方员外。……明年改兵科给事中，奉命出督江西、广东兵饷。逾年，复命为刑科。未几，迁兵科都给事。……先是蓟州告急，范志完督师，复以赵光抃代之。志完者，首辅周延儒私人也。应遴直指其奸，上欲诛志完，延儒固欲志完地，不能得，并中光抃，应遴争之甚力，延儒因此得罪。而光抃之败于密云也，由蒋拱宸促之战。应遴劾拱宸，拱宸以他事中应遴，遂罢去家居。闻贼已陷京师，募兵讨贼，金陵用事者龁之，应遴不得已释去。明年，招降阎总寇兵围赣州，值万元吉等败，众遂散。未几，病卒。著有《枢垣言事》、《篆草焚余》行世。”

越二日，过刘参，与参相向痛哭。

《魏叔子文集外篇》卷十七《刘参传》：“甲申，天子崩于乱……越二日，过参，参闻声走出，握禧手相向痛哭。”

自谓能知人，慨然愿交奇伟非常之士，自是友道日广。

《魏叔子文集外篇》卷十《送歙县鲍生北游叙》：“廿一丁国变，好交奇士，自谓能知人，常忆而中天下之故，则又窃视公侯之赏为吾分所有。”同书卷六《答南丰李作谋书》：“年二十一，丁国变，则慨然愿交奇伟非常之士。嗣是友道日广，有若易堂之经术文章，程山之理学，髻峰、天峰之节义，以至四方文人奇士，仆皆得与游，以自陶淑所不及。”

自本年之后，所为文刷华攻实，风格稍变。

《魏叔子文集外篇》卷八《内篇二集自叙》：“是时南都初建，余不能遂弃举子业，遂不得举八股之体而决裂更张之。故自甲申以来所为文，刷华攻实，视壬、癸之前稍稍一变，而终不敢恣行其意之所然。”

杨龙泉生。

《魏叔子文集外篇》卷十一《门人杨晟三十叙》：“（杨文彩）先生六十而举汝。”

按，杨文彩生于万历十三年（1585），据此计之，杨晟当生于本年。

清顺治二年　南明福王弘光元年乙酉（1645）　二十二岁

五月，慨科举负朝廷，因作《制科策》，凡千余言；又作《革庵宦》、《限田》二策。

《魏叔子文集外篇》卷三《制科策下》自记：“三策作于乙酉五月，其后稍损益之云。”同书卷八《内篇二集自叙》：“余甲申遘烈皇帝之变，窃叹制科负朝廷如此。既思朝廷以八股取士，曲摹口语，正如婢代夫人，即令甚肖，要未有所损益，绳趋矩步，使人耳目无所见闻，是制科之不善也。余因拟《制科策》，条为通论凡千余言。”

七月，彭士望三至宁都，见叔子，一见如故，立决与林时益携家依叔子以居。彭、林二人初抵宁都时，正值清晨，叔子方靧面，蓬头前往迎接。

彭士望《耻躬堂诗钞》卷首《自序》："乙酉春，应聘广陵，居督师幕府（原注：史名可法），未几谢归。六月，弃家产同林确斋尽室依魏凝叔于宁都。"同书卷七《魏叔子五十一序》："忆予乙酉六月，自南昌携俪停许湾，身三驾宁都，平日口语寄托人，俱不足信。方彷徨间，俄造予一少年，颀然清癯，角巾蓝縠衣，趋揖曰：'身魏凝叔也，慕君久，幸过一言。'携推入小东园，语不可断。予浴，叔子立盘次语。比夜漏下三十刻，予曰：'定矣！吾决携家就子矣。'"

《魏叔子文集外篇》卷十一《彭躬庵七十序》："初，先生以福清林退庵言知予，立谈定交，决计与朱用霖携妻子相就。舟至，予方晨起，闻之，蓬头垢面，褐被走砂碛相见，慷慨谈论，每至佳处，先生辄摊两手问用霖曰：'何如?'"同书卷十七《朱中尉传》："六月，金声桓入南昌，中尉、彭士望两人相与谋曰：大乱至矣，坐须此守田宅为乎？立挈妻子走建昌，士望三至宁都，见宁都魏禧立谈定交，遂同中尉往依焉，与诸子结庐于金精之翠微峰，讲《易》读史，为易堂，凡八九人。"

《魏叔子诗集》卷三《林确斋四十又一，诗以赠之》："乙酉秋七月，彭子将家室。蹙蹙无宁土，与君就我宅。彭子轻相识，一见如深识。君年时廿八，雄才自挥掷。爱我意气真，因之出悃愊。……君家初来时，舣舟长桥侧。甫闻及晨兴，披衣走沙碛。蓬头面未靧，坐君相盘辟。遂庐翠微峰，八载共晨夕。"

《魏季子文集》卷十五《先叔兄纪略》："初，予乡人有主躬庵家者，躬庵尝语：'天下将大乱，吾欲得遗种处。'予乡人曰：'则莫若吾宁都矣，山砦可居，田宅、奴婢，我能给也。'躬庵果至，主其家，实吾邻并。躬庵日日从门外过，予兄弟尝目送之，相语曰'若人风度似不凡者……'。翼日，躬庵复经过，予兄弟遂下阶揖躬庵，曰：'子何为者?'躬庵语以故，且曰：'为若人所绐，吾已移室至建昌矣，将安适?'曰：'能过吾馆舍谈乎?'曰：'甚善。'遂相与纵谈达明。躬庵慨然曰：'予兄弟真可以托家矣！'于是躬庵遂急行，逆其家人。数步复返，曰：'将与一好友携俪俱来，何如?'曰：'甚善。'至则林确斋时益也。躬庵舟至河干，先生方靧面，喜极，裸双袖，水濡濡滴髭髯，走逆之，延住于家，后相与入翠微，如一父之子。"

按，据魏礼之记载，叔子与彭士望遇合之前，彭氏似已寄居在宁都，与魏氏兄弟为邻。然而不管是戏剧性的邂逅，还是事先已寄居于宁都，叔子兄弟与彭、林二人的相遇、相交，都具有非同寻常的意义。叔子云："予兄弟知世有伟人、度外事，则自交躬庵与林确斋始。"（《彭躬庵文集序》）魏礼也说彭、林二人来宁都，"发我醯鸡覆，豁然观大海"（《戊戌二月林确斋生日诗以赠之》）。今人赵园在引述上列诗文后称："彭士望、林时益把一个更大的世界，带进了魏氏兄弟的狭小圈子。"（《易堂寻踪》）

《道光宁都直隶州志》卷二十三《人物志·寓贤》："彭士望，字达生，号躬庵。南昌县诸生。英姿卓荦，少奉父命，师事漳浦黄公道周。……岁甲申，同林时益徙居阳都冠石，与邱维屏、魏际瑞、魏禧、魏礼、李腾蛟、曾灿、彭任为性命交，砥砺名节，暇辄诗文往来。士望尤以躬行为本，名其所著文曰《耻躬堂集》。乡人有死节者，其子幼，被掠，士望倾囊赎，为娶妇，其急风义类如此。"

《清史稿》卷四八四《文苑一》："林时益，本明宗室，名议霶，字确斋，南昌人。与彭士望同里。两人谋居，士望与魏禧一见定交，极言金精诸山可为岭北耕种处，乃携家偕士望往。侨居十余年，与魏氏昆弟相讲习。康熙七年，诏明故宗室子孙众多，窜伏山林者还田庐，复姓氏。时益久客宁都，弗乐归。卜居冠石，结庐佣田，非其力不食。冠石宜茶，时益以意制之，香味拟阳羡，所谓林茶者也。晚好禅悦。著有《冠石诗集》五卷、《确斋文集》。"

叔子自结识彭士望后，骕然如观大海，始知世有伟人；士望亦以为叔子"非常人"。

《魏叔子文集外篇》卷八《彭躬庵文集序》："予兄弟知世有伟人、度外事，则自交躬庵与林确斋始。而躬庵一见予，遂定交，同确斋徙家相就，谈数十日夜。"同书卷十一《彭躬庵七十序》："余乙酉年二十二，交躬庵先生，至今三十五年如一日，虽一父之子，无以过也。……及见先生所行事，议论称道其交游之人，……不觉惝怳自失，意若发醯鸡之覆而见天，取眢井之蛙而投之江河也。"

《耻躬堂文钞》卷二《与门人梁份书》："叔之人，非常人；吾与叔之交，非常交。"

林楫孙随父定居宁都，魏氏兄弟视若侄子，楫孙事叔子、魏礼甚谨。

《魏季子文集》卷十四《林舟之碣文》："南昌林君确斋之冢子曰舟之，生八岁，从其父避乱来宁都家焉。……予兄弟皆兄事林君，视舟之为犹子，而林君与予叔、季最笃，舟之事之谨。"

夏，致书叶永圻、叶永堪，与之论交。

《魏叔子文集外篇》卷五《与金华叶子九书》："乙酉夏，曾柬同先论交。"《魏叔子诗集》卷三有《读曾止山哀蓟缌作而追哭之并寄令弟子九》，其二云："子能重朋友，忠孝岂尔殊？所以乙酉岁，远寄论交书。"

《光绪金华县志》卷九《人物志·文苑》："叶永堪，字更生，城西隅人，佥事向荣子。……永堪以古人自期，不轻与世交。为文贯弗六籍，洋洋洒洒至千余言。婚于罗氏，其家有听松楼。康熙十三年，耿逆叛于闽，故庐为兵毁，挈家居焉，则楼存而松尽伐。感慨畴曩，作《听松楼记》。又以世所传梃法鄙俚，述所闻为《制梃篇》。”钱海岳《南明史》卷一百五《列传第八十一·忠义五》称其“博通经籍，不应试”。

按，叶永堪或号子九，《六松堂集·曾青藜诗集》卷二有《哭叶蓟缦二首》，第一首云：“讵意渡杭来，但得见子九。”下有原注云：“蓟缦令弟。”

九月，作《大湖滩赋》。

《魏叔子文集外篇》卷二十一《大湖滩赋》：“乙酉玄月，沿舟大湖。石急水悍，矼而虚舟，踞盘石以观之。赋曰。”

冬，与父、兄谋，合知戚累千金向邑人彭宦买山，于翠微峰中辟平地作屋，遂迁居于此。彭宦旧为山主，叔子曾屡次佐赀纾其难。

《魏叔子文集外篇》卷十六《翠微峰记》：“岁甲申国变，予采山而隐。闻邑人彭氏因坼凿蹬架阁道，于山之中干辟平地作屋。其后诸子讲《易》，盖所谓易堂者也。予同伯兄、季弟大资其修凿费。”同书卷五《同林确斋与桐城三方书》：“昔者甲申之变，禧与父兄谋，破产二千余石，营金精斗绝而居之。”同书卷十六《重修金精山碑记》：“崇祯甲申之变，予侨家金精峰顶。”

《道光宁都直隶州志》卷三十一《艺文志一》彭士望《翠微峰易堂记》：“乙酉冬，魏冰叔知天下未易见太平，与其友将为四方之役，谋所以托家者。时邑人彭宦得兹山，创辟，凝叔合知戚累千金向宦买山，奉父母及兄善伯、弟和公居焉，旁及其知戚。始，远人林确斋、予以义让，不甚较赀。余视赀多寡，最，凝叔兄弟及曾止山；次，谢、杨诸姓；又次，邱邦士、李力负，俱邑人。……宦旧为山主，……凝叔尤笃昵，破产佐赀解纷，为纾其难。”《魏季子文集》卷十五《先叔兄纪略》：“先生故善病，谢弃诸生服，隐居山中，岁惟清明祭祀一入城而已。”

《道光宁都直隶州志》卷五《山川志·宁都州》：“金精山，州西十里，丹崖翠壁，望之如阵云，奇怪万状，道家列为第三十五福地。……奇峰不可名数，其最著名者凡十二，曰……三巘、伏虎、翠微。”

自此后，遂窜伏草土，弃帖括之学，为古文辞，时与同志十许人讲《易》读史。

《魏叔子文集外篇》卷六《上郭天门老师书》："乃不二年而有甲申之祸，驯至乙丙，东南益烈。禧亦遂弃帖括，窜伏草土，与同志十许人筑室金精之第一峰，讲《易》读史。"《魏叔子文集》卷首曾灿《叔子文集序》："乃甲申、乙酉来，自以病放废山中，尽弃去其时文，为古文辞，而其所自修立与设施之方，皆不获用。"

是年，叔子作《变法》上下篇。

《变法》上下篇见《魏叔子文集外篇》卷三，篇后皆附有作于"乙酉"的自记，故系此文于此。

杨晋生。

《魏叔子文集外篇》卷十一《门人杨晟三十叙》："（杨文彩）先生六十而举汝，明年举晋。"

按，杨文彩生于万历十三年（1585），据此计之，杨晋当生于本年。

魏世杰生。

清顺治三年　南明隆武元年丙戌（1646）　二十三岁

春，与弟魏礼奉父母归隐于翠微峰中，叔子又于东南隅阁之腋构草堂，曰勺庭，独居之。

《魏叔子文集外篇》卷十六《翠微峰记》："丙戌春，奉父母居之，因渐致远近之贤者，先后附焉。山左干起西阁，平石建木，檐牙窗户栏楯出云木之半。右干作横屋，东面大江，城郭历历。东南隅阁之腋构草堂，阻石为池，莲花满其中，曰勺庭，予独居之。环屋树桃华。"同书卷十一《欧阳介庵七十寿序》："予自丙戌来闭户山中者二十年。"同书卷二十《告玄帝文》："禧兄弟三人，……丙戌辟乱，奉父母家于翠微之山。"

赖韦弃科举、去城市，从叔子结屋于翠微峰，视叔子犹父。

《魏叔子文集外篇》卷十五《麻中说》："门人赖韦……去城市，弃先人之广厦，离亲戚，从予结屋于翠微峰者，几二十年矣。屋倚勺庭之竹圃，与吾兄弟易堂先生望衡而居。”同书卷六《寄门人赖韦书》：“韦少吾十一岁，吾不足生韦，然韦视吾犹父；吾视韦，子也，不足复让。”《魏叔子诗集》卷四《乙巳十月，门人赖韦负笈黎川，值三十初度，作此贻之》：“汝亦弃帖括，抗心希贞士。谢汝姻娅亲，去汝轮奂美。草屋依寒山，晨夜同作止。”

《道光赣州府志》卷七十六《艺文》：“赖韦，字子弦，宁都人。”《魏叔子文集外篇》卷十五《赖韦名字说》：“赖生名英，……有忠信之资，然短于才，性弛缓，遇事苋决不断，韦固其质也，于是更其名曰韦，字之曰子弦。”

夏，患鼻衄几死。

《耻躬堂文集》卷七《魏叔子五十一序》：“丙戌夏，鼻衄垂死，病中犹指画作《梦草》，喃喃数千言不辍。”

致书曾灿，教以处置散兵事。时曾灿以杨廷麟荐，奉命监军四营。

《魏叔子文集外篇》卷七有《与曾止山》，题下注曰：“丙戌。”云：“下溪败事，散兵千余人，统者骑虎，势不敢下，久必称乱。今有进册求相公录用者，当因而用之。榜示余党，有勇艺出众者，赴军门选用，愿归耕者听，则散其半矣。”《魏叔子文集外篇》卷十七《谢廷诏传》：“丙戌春，灿以清江公荐，奉命监军四营，将出湖东。”

建宁陈赉来游宁都，叔子与之交，得知李嗣元。后李氏曾以诗文寄叔子，并有书信往来。

《魏叔子文集外篇》卷十一《泰宁雷翁七十寿序》：“乙酉、丙戌间，建宁陈不盈游吾邑，因知李又元。”同书卷七《答李又玄》：“尊诗文鄙意具详册中，大约立意不苟，必于世道相关，虽末世文章，诈伪不足观人，要如大作，必非绣鞶帨以美七尺躯者也。”

《民国建宁县志》卷十六《人物志·文苑》：“陈赉，字不盈，别号赤颜山人。明季弃诸生，浪迹吴越间，一时名士推重之。善诗文，尤工书法，所著有《陈子行吟》、《大壶山藏稿》、《竹溪》、《古柏》、《还绥》诸集。书法有千字文，笔法兰亭金针。”

同书同卷《人物志·文苑》：“李嗣元，字又元，春熙季子。庠生，鼓箧南雍，为博雅通儒。所至名山大川，辄有题咏，一时公卿大夫交重之。尝侍父病，不就寝者数月。父殁，居丧尽礼。晚年挛双足，杜门不出，著有《息轩诗文集》四十卷行世。他所纂述者，有《元珠领异》及《经史域外观》二十卷，藏于家。纂刻父户部公奏疏、条议、诗启为《元居集》。……康熙壬子修志，多出其手。年七十余卒。”

是年十月清兵攻克赣州，邑明诸生钟良则战死，叔子有诗悼之。

《道光宁都直隶州志》卷二十二《人物志·忠义》：“钟良则，字谷成，承乡三里人，明崇祯间为邑诸生。俶傥明大计，遇事勇决敢为。……丙戌，大兵围赣，唐藩自闽遣吏部郭维经、御史姚奇胤赴援。道过瑞金，闻良则名，就见与语，大奇之，奏授推官，监军事，与同入赣。是时，大军屯城外。……良则见势危急，誓与城存亡，不肯尺寸离去。……十二月三日，大兵自南门登城，遂陷，良则率数十人巷战以死。崔太史晓为作《忠烈传》，进贤傅鼎铨，阳都邱邦士、魏叔子皆有诗吊之。”

是年，清兵陷泰宁，县诸生廖愈达之妻及二妾汪氏、张氏投崖而死。后叔子闻之，作文传其事。

《魏叔子文集外篇》卷十七《泰宁三烈妇传》：“禧读新城孔鼎纪泰宁李氏事最奇特，其二妾从死甚烈，作《三烈妇传》。”

按，该文中有“岁丙戌，愈达挈家避乱石辋之新塘坑”、“八月，三山失守”等语，且记述李氏、汪氏、张氏三人投崖之事甚详，此不复述。

是年冬，赣州及福建福州、汀州、漳州、兴化、泉州相继被清兵攻陷，易堂诸子决归隐计。

《道光宁都直隶州志》卷三十一《艺文志一》彭士望《翠微峰易堂记》：“丙戌冬，闽及赣郡继陷，诸子毕聚，始决隐计。”

赣州失守时，师杨廷麟投清水塘自尽。

《魏叔子文集外篇》卷十六《崇祯皇帝御书记》：“文正公讳廷麟，清江人。初，乙酉，公将入闽过赣，见虔督万公元吉独支岩城，遂以义师留赣办军事。丙戌十月城破，公死清水塘池中。”

清兵入金华，叶向荣自杀身亡，其子叶永圻从之，然获救，后病死。

《小腆纪年》卷十二：顺治三年丙戌六月，"大清兵克金华，明鲁文渊阁大学士婺安伯督师朱大典死之。……同时死者举人叶向荣，前知江西宁都县。……以忤马士英量移吉安同知，被劾归。城破，投野塘死。"

《魏叔子诗集》卷三有《读曾止山哀蓟绖作而追哭之并寄令弟子九》，序云："叶子名永圻，……白云先生既休于家，敌师至，自沉潭水，叶子从之，获救，病死。叶子死丙戌，后九年而讣至。"

谢廷诏卒。

《魏叔子文集外篇》卷十七《谢廷诏传》："丙戌春，灿以清江公荐，奉命监军四营……诏私谓余曰：'四营虎狼也，曾子徒忠诚，亦惧其才之不胜任也。……予不可不往。'然而诏之疾已大渐矣。后三日，诏病死。"

清顺治四年　南明桂王永历元年丁亥（1647）　二十四岁

六月，编定文集《外篇》，作自叙。

《魏叔子文集外篇》卷首有"自叙"，中云："余治四子之文有暇，间为杂体，或触于事会之所遭，率尔抒其胸臆，积岁所得，不觉遂多。于是以丁亥休夏之月类而秩之，各标数言于首，名曰《外篇》。"

十月，编定文集《内篇二集》，作自叙。

《魏叔子文集外篇》卷八有《内篇二集自叙》，文末署"丁亥十月书于翠微峰之易堂"。

十月六日，林夏叔自南昌归宁都，将登翠微峰。叔子坐山口迟之，并作序。

《魏叔子文集外篇》卷二十一《林夏叔归翠微山序》："丁亥孟冬之六日，林子自章门归，将与李子、谢子暮登乎翠微，予坐而迟山之口。"

按，林夏叔名号及生平事迹未详，俟考。

十一月十四日，作《告玄帝文》。

《魏叔子文集外篇》卷二十《告玄帝文》："维丁亥年十一月十有四日，翠微下士魏禧敢斋洁虔肃，敬祷于玄天上帝之前曰。"

致书曾灿，以丧礼"不以尊崇侈大为孝"诫之。

《魏叔子文集外篇》卷七有《与曾止山》，题下注曰："丁亥。"中云："丧礼不讲久，足下当悉访于家君。礼在今日，尤不以尊崇侈大为孝。"

自本年后弃举业，向邱维屏学为古文，始读归有光文。

《魏叔子文集外篇》卷五《与金华叶子九书》："自丁亥后时作古文辞，间学为诗，帙之几三寸许。"同书卷七《与温伯芳》："二十四岁后弃科举，始于家姊丈学古文，自惟意识议论有足与古人并立，然古人之传后世者，必其文之超逸独绝，不独以意议也。"同书卷十二《跋归震川先生全集》："后十余年，予既弃经义不复作，遂亦习为古文，始读震川先生集，然后信向者邦士之言。"《魏叔子文集》卷首曾灿《叔子文集序》："叔子生平于吾易堂中为古文者，最服膺其姊婿邱邦士，凡有作，必相与论定。"

冬，始为诗，瞻望昊天，涕泣不已，作《伤怀诗》。

《魏叔子诗集》卷首彭士望《叙》："丁亥冬，叔子始为诗。"同书卷一《伤怀诗》："北风漠漠，寒云千里。瞻望昊天，涕泣不已。"题下有原注云："丁亥作。"

自奉父母归隐山中，与邱维屏、弟魏礼并弃诸生。时清廷新政严酷，魏际瑞为支撑门户，奉父命独身出应世务。

《魏叔子文集外篇》卷十一《季弟五十述》："丁亥，邑新令至，征君召诸子曰：'汝辈云何?'禧率尔对曰：'甲申哭临之言犹在耳，禧又善病，愿奉父母以隐。'征君曰：'可。'礼对曰：'愿从叔兄后。'征君笑曰：'尔未有名字，人将以为逋督学使者试耳。'对曰：'道我不识一丁字，固不以乱吾意。'征君曰：'可。'伯兄逡巡对曰：'长子责在宗祧，祥其出乎!'于是二弟山居奉父母，伯兄独身出。"

同书卷十八《先伯兄墓志铭》："丙丁间，禧、礼并谢诸生，兄踌躇久之，拊心叹曰：'吾为长子，祖宗祠墓，父母尸饔，将谁责乎?'乃慨然贬服以出。"同书卷二十《告玄帝文》："大命既倾，新政时及。或敢遁隐，随以重刑，戮其老幼，籍其田宅。是时父子兄弟彷徨无策，念洁身违禁，则祖宗之血食可伤；贬服遵时，则新政之风波不测。伯兄际瑞，毅然请行，谓……身居长子，责在承祧。由是冒险入城，污身存祀。岂惟二老之饔飧，借其忠养；即两弟之身名，赖以苟全。"

《魏叔子诗集》卷三《李子力负五十初度，既成律诗，言不尽意，更作一百四十字……》："忽复义形色，期期不辟患。我弃诸生服，邱子与偕践。"

按，魏际瑞的出膺世务，实在是一种迫不得已的选择。陈寅恪先生曾指出："盖建州入关之初，凡世家子弟著声庠序之人，若不应乡举，即为反清之一种表示，累及家族，或致身命之危险。……关于此点，足见清初士人处境之不易。"（《柳如是别传》）魏际瑞出山之后，"独身冒险阻，任其事，屡濒于危"。这样，翠微峰终得以保全，"诸隐君子暨族戚倚伯为安危者三十余年"。（魏禧《先伯兄墓志铭》）

当然，魏际瑞的出山，使他失去了进入"遗民"行列的资格。因此，他的内心充满痛楚："独与兄弟相对泣，此心千古愧夷齐。"（《魏伯子文集》卷八《重登燕子矶同季弟和公》）甚至同堂之友有"稍露影徇迹于城市者，子则为之踧踖怃怅叹息而不已。"（《邱邦士文集》卷十六《众祭魏善伯父子文》）

对魏际瑞的这一选择，友人中亦有颇能体谅者，如阴燮理（字寅宾，福建宁化人）云："伯子之行，难于叔季；伯子之心，苦于叔季。"（《魏季子文集》卷七《阴生寅宾再至翠微峰序》）今人赵园先生指出："洁身固然是挑战，某种'自污'则有可能是更大的挑战。那个时期并不缺少被认为守身如玉的遗民，经得住最为苛刻的道德衡量，可比之以贞女烈妇；涉足浊世却又保全'清白'，却不是哪个人都敢于轻试。叔子、季子正以为他们的兄长选择的，是一条更为艰难的路。"（《易堂寻踪》）

是年冬，山中诸子讲《易》，卜得"离"之"乾"，遂名"易堂"。"易堂九子"者，魏际瑞、魏禧、魏礼、彭士望、林时益、邱维屏、李腾蛟、曾灿、彭任是也。诸子研讨经史、作诗论文，凡爻象、兵、农、礼、乐、经世之务，罔不遍及。

《道光宁都直隶州志》卷三十一《艺文志一》彭士望《翠微峰易堂记》："丁亥合坐读史，为笔记论列，间面课古文辞，抽古人疑事相问难。为诗，诗一遵《正韵》。朔望，凝叔父魏圣期翁暨诸子衣冠述《乡约》、《六谕》，徐及古今善行事，内外肃听。是冬，诸子言《易》，卜得'离'之'乾'，遂名'易堂'。……盖自有'易堂'，凡所为优笑怒骂，诵读讲贯，谋断吉凶，歌泣困厄，濒死丧，言行文章，上及爻象、兵、农、礼、乐、学道、经世之务，罔不遍及，其于学无常师，亦罕所卒业。”

《道光宁都直隶州志》卷二十二《人物志·儒林》：“彭任，字中叔，邑诸生。少与温应抟友，应抟为乱民所害，时兵燹仓皇，人不敢昼行，任独往购其尸，哭而敛之。连遭内外丧，苫块素食，三年不入内。疑大小戴《丧制》诸篇多杂乱无序，分编类次，辑有《礼记类编》。结庐巘山，名所居曰一草亭。足不履城市，常访其友谢文洊、甘京于南丰之程山，未尝再适他域，为人落穆高骞类如此。寿八十四终，著有《草亭诗集》。”

叔子与彭士望山居后，或抗论古今，或互规过失，往往动色、厉声、张目，然胸中无毫发芥蒂。其余诸子莫不如此，面折书诤，言辞激切，却心地磊落。

《魏叔子文集外篇》卷十一《彭躬庵七十序》：“然吾两人山居，争论古今事及督身所过失，往往动色、厉声、张目，至流涕不止，退而作书数千言相攻谪。两人者或立相受过，或数日、旬日意始平，初未尝略有所芥蒂。”

《道光宁都直隶州志》卷三十一《艺文志一》彭士望《翠微峰易堂记》：“方初聚时，俱少年朗锐，轻视世务，……或抗论古今，规过失，往复达曙，少亦至夜分。不服，辄动色庭诟，声震厉，僮仆睡惊起，顷即欢然笑语，胸中无毫发芥蒂。”《耻躬堂文钞》卷六《魏兴士文序》：“诸子中亦时意气互激，忿詈出恶声，或号哭欲绝交，转盼辄销亡，胸中无毛发底滞。”

姜实节生。许承家生。李枘生。
曾应遴卒。

《浮山文集前编》卷九《岭外稿下·曾少司马墓志铭》：“公殁永历丁亥十一月二十五日寅时。”

清顺治五年　南明桂王永历二年戊子（1648）　二十五岁

七月，吴参避乱来易堂，与叔子相交，易堂理学之说始兴。

《魏叔子文集外篇》卷十四《哭吴秉季文》：“戊子七月，兄同曾仲子间关避乱来易堂，堂中诸子闻之，皆倒衣迎。予后至，兄揖而顾我曰：‘此魏叔子耶？’予曰：‘是也。’乃相与大笑。退而或问：‘何以知之？’曰：‘吾闻其为人，观其貌，当必是也。’特馆餐吾勺庭者久之。于是而易堂理学之说起。”《道光宁都直隶州志》卷三十一《艺文志一》彭士望《翠微峰易堂记》：“戊子秋，吴竟鲁至，始谈学。”

《道光宁都直隶州志》卷二十三《人物志·寓贤》：“吴参，字竟鲁，贵池人。父尊周，崇祯末武进士，史可法在淮南，特授副总兵，参左良玉军。旋弃官遁迹，不与家人闻。或传其在南岳，参往求之，不得。乃变姓名为姬适，字秉季，寻父足迹几半天下。尊周故与南昌彭士望有旧，参丧偶，子正名方数龄，托士望鞠之，而身跳江湖南朔间，期必得父。既无所遇，乃从士望于阳都躬耕冠石，终身不再娶。绝嗜欲，不苟言笑，有志于理学，著《里言》一编。晚而之杭，与所谓河渚三君子者应嗣寅、沈甸华、陈际叔相友善。”

仲秋，获承易堂先生训正。

《魏叔子文集外篇》卷五《复邱邦士书》：“戊子仲秋，获承易堂先生训正，举生平所挟持，一旦而夺弃之，如堕深渊不知所出，望海若不能穷其津涯，贬己抑情，痛思成过。”

冬，与弟魏礼自豫章辞征归，道出南丰，与谢文洊聚谈。

谢文洊《谢程山集》卷十五《宁都魏季子五十一序》：“戊子岁寒，从叔子自豫章辞征归，道由南丰，聚谈竟夕。”

《乾隆南丰县志》卷二十六《人物》：“谢文洊，字秋水，号约斋。明诸生。崇祯己卯乡试，报罢，遂弃举子业，有志圣贤之道。时阳明王氏飙流方盛，天下聪明秀杰之士多从之，文洊独悟罗整庵《困知记》，一以程朱为体，体认践履三十余年。建学舍于城西之程山，颜曰尊洛堂。……其学切近，其行忠恕，其言辞质厚中肯綮，学者无虑远近称程山先生，而星子髻山七隐、宁都易堂九子亦各以其学互相切劘。……年六十七卒，门人私谥曰明学。遗书五十六卷，梓行者讲义数十篇、《日录》、《大学中庸切己录》、《程山十则》。”

彭士望、林时益读《三国志》，并有诗柬叔子兄弟。

《耻躬堂诗钞》卷二有《翠微峰勺庭同林确斋读〈三国志〉柬魏冰叔、和公》。

按，据卷首所标注，该卷所收诗均为“戊子、己丑”年作，且该诗前有《戊子二月除日登从姑山作》，后有《戊子除夕苦雨遣怀》，以此知该诗作于本年。

王源生。袁启旭生。

清顺治六年　南明桂王永历三年己丑（1649）　二十六岁

十月，邑人叶芊妻猝遇兵，殉节，叔子作《叶烈妇诔》。

《魏叔子诗集》卷一有《叶烈妇诔》。《耻躬堂文集》卷九《谢烈妇墓表》：“岁己丑冬十月，大司马揭重熙伯张目盛洪国王以兵援会城驻宁都，大掠。邑诸生叶芊妻谢氏死焉。……时避兵某村，天大暑，将浴，兵骤至，亟挥手指芊负幼儿间道逸去。谢为部将所掠，悦其色，将妻焉，询其家世及夫。谢应对惟谨，因敛手致辞曰：‘今日从将军无疑，然须澡，浴毕惟命。’部将大喜，听之。久之不出，趋室中视之，则引剃刀自刭死矣。……后易堂诸子并为诗传诔而祭之。易堂魏禧妻与烈妇，从兄弟也，禧之诗曰。”

十月，作书柬曾师度。

《邱邦士文集》卷五《与魏凝叔书》：“至读戊子六月柬杨夫子、己丑十月柬曾省之二篇，草草道意，如蜻蜓之点水，若即若离而已。”

按，此信未见现存之《魏叔子文集》，或编集时未收录。

冬，彭贺伯占据宁都，知县被害，叔子作《拥被》五首。

《道光宁都直隶州志》卷十四《武事志》：“顺治六年，彭贺伯据阳都城，知县田书被害，县丞、典史教官俱逸去。”《魏叔子诗集》卷一有《拥被》，题下注云：“五首，己丑作。”

作《救荒策》。

《魏叔子文集外篇》卷五《答翟韩城书》：“禧于戊子、己丑间编次《救荒策》一篇。”

是年，吴正名从叔子游，极称道梁份。叔子知梁份，自此始定。

《魏叔子文集外篇》卷十一《门人梁份吴正名四十序》：“正名吾故通家子，八九岁时从游以至今。份自南丰来冠石，为躬庵先生门人，暨确斋先生并为予称道份甚亟，最后正名又甚道份。然两先生好奖进人才。凡少年才俊士，于前辈，其言动自矜持，务为好；同辈则率尔，多见其天质，故予之知份自正名始定。”

按，《门人梁份吴正名四十序》作于康熙十九年庚申（1680），逆计之，吴正名从叔子游当为本年事。

《同治新城县志》卷十《人物志·寓贤》：“吴正名，字子政，贵池人。生三岁，父姬托之友人彭士望而自走四方求其父，久之，卒于浙。正名遂家宁都，以文学为李腾蛟、魏禧高坐弟子。尝往来南丰、新城，易堂人所友，皆其友也，彼此见于诗文者甚多。”《道光宁都直隶州志》卷二十三《人物志·寓贤》称其父“卒于杭，正名庐墓三年，复归阳都，刻苦笃行。……著有《郛言》、《吴子七篇》、《原地印浦堂诗文集》。”

《乾隆南丰县志》卷二十六《人物》：“梁份，字质人。少以家人逋税系狱者九年，友人曾若武为馈食，得不死。既出，跅弛不为人所礼，独谢进见而奇之，取以女。已而学于邵先士，又学于彭躬庵、魏凝叔，为文章得易堂秘謫。尚气节，有经济才，终身不乐仕进，而名动公卿者五十年，皆倒屣迎，唯恐后。……六十后游西北边，得其要领，著《西陲今略》，议攻战守成败如指掌。又著《帝陵图》，所刻行者唯《怀葛堂集》。年九十卒。”

黄中坚生。

清顺治七年　南明桂王永历四年庚寅（1650）　二十七岁

三月，清兵再破宁都，屠掠几尽，并向结寨而居者课以重饷。事危，魏际瑞独身冒险阻任其事，翠微峰得保全。然魏氏自大宗以下祠祭醮墓礼悉废，父魏兆凤倡宗人修复之。

《魏叔子文集外篇》卷十八《先伯兄墓志》：“宁都乱民横据城市，称义兵，禧等奉父母居翠微山。庚寅春，赣檄兵十万围攻之，城破，屠掠几尽，结砦而居者科重饷，祸且不测。伯独身冒险阻任其事，屡濒于危，翠微峰得全。”同书同卷《从叔父笃棐翁墓志铭》：“庚寅，县城破，吾魏自大宗以下祠祭醮墓礼悉废阙，先征君独倡诸宗人修复之。”

县城陷落时，刘参受伤，又病疟，遂卒，叔子葬之，并属人照料其子。

《魏叔子文集外篇》卷十七《刘参传》：“庚寅，县城再陷，参为兵斫伤左手。既病疟，遂卒，禧葬之父兄之兆。参一子，跛眇，性顽劣，禧属诸老乳母而衣食之，数逃去。”

七月，邱维屏致书叔子，直陈其过失。叔子读之，叹其隐发曲中，无有遁情。

《魏叔子文集外篇》卷五《复邱邦士书》："顷读先生手教，禧愧惧之余，又益窃叹易堂训正以来，直言无讳，以苦口生我，未有如先生之隐发曲中，无有遁情者。"

按，此文前有邱维屏原信，开头云："庚寅七月日，维屏顿首冰叔三舅足下。"《邱邦士文集》卷五收录此文，删去开头这两句。

秋，晨起望三巘山，作诗寄彭任。

《魏叔子诗集》卷三《勺庭晨起望三巘闻鸡犬声却寄彭中叔》："霜严朝日出，草树寒青葱。"

按，《魏叔子诗集》虽按体裁编排，但同一诗体中，仍寓有编年之意。此诗排在《拥被》与《哭谢曲斋》之间，当为本年作。又，彭士望《翠微峰易堂记》云："同堂惟彭中叔居三巘，每期必赴。"又，三巘山为金精山名胜之一，《乾隆宁都县志》卷一《舆地·山川》："三巘山在金牛山后，俯瞰金精，形势耸踞，盘转如龙。邑李腾蛟、彭任、彭大、曾灿隐此。……山成员峰三，故称三巘云。"

秋，谢大茂暴卒，叔子甚为悲痛，然因病不得抚椋而哭，作诗致哀悼之情。

《魏叔子文集外篇》卷十八《通判谢君墓志》："越四年，庚寅，以暴疾卒于翠微山中，易堂诸子丧之如兄弟焉。……君卒，禧号曰：'噫，吾折一臂矣！'君亦尝自言：'吾固愿为魏叔子死也。'"同书卷五《与李咸斋书》："去秋谢曲斋暴死。"《魏叔子诗集》卷三《哭谢曲斋》序："好义轻财，气魄盖人，可哀也已。谢子殓于山下，予病不得往抚椋而哭，中夜欲狂，爰成哀吟。"

魏世杰幼慧，负志气，曾随叔子卧起。长有才具，叔子寄予厚望。

《魏叔子文集外篇》卷十八《兄子世杰墓志铭》："世杰幼慧，五六岁应对进退如成人。负志气，好大言。祖、父每每戒抑之。尝随予卧起，登床必自折叠所著衣，天明自著之，襟带楚楚不乱，家人皆叹羡。长有才具，能四应。予每谓勺庭之门，他日可独任事者，杰其选也。"

《道光宁都直隶州志》卷二十二《人物志·孝友》："魏世杰，字兴士。邑诸生。父际瑞为韩大任所害，杰徒走迎丧归，拔佩刀自刎。左右强持之，遂日夜椎胸，血下腹痛，偻不能立，号呼二十日而死。人比之何炯、谢蔺云。著有《梓室诗文集》六卷。”

清顺治八年　南明桂王永历五年辛卯（1551）　二十八岁

二月，温伯芳来访，谈至四更。叔子作《朋友篇》，称道吴参之品格。

《魏叔子诗集》卷三有《朋友篇》，序云：“辛卯仲春，温子访予寄斋，漏四下不倦，为道戊子吴竟鲁易堂诸子所以成予。”《魏叔子文集外篇》卷十四《哭吴秉季文》：“兄以义概动易堂，易堂诸子并负气谊相高，皆与兄齿兄弟礼。兄顾谓诸子曰：‘人不明道，虽立忠孝节，多义举，抑末耳。’诸子疑信者半，久而行其言，或作或辍，然廉隅由是加修饰。……予作《朋友篇》贶温子，其辞曰：‘秋风发茂林，万物欲鼎革。有客自西来，群贤竞拂拭。’盖谓兄也。”

按，温伯芳名号及生平事迹未详，俟考。

三月十日，访彭任于青壁堂，示以《彖爻》、《寄托说》等文，并与彭氏论交友之道。

彭任《草堂文集·求友说》：“辛卯岁春三月十日，禾子凝叔访予于青壁堂，示《彖爻》三篇、《寄托说》二篇，予读之，喟然曰：‘交道尽此乎？’魏子曰：‘吾之所言，言其已然者而已，所以求友之道则未尽，子其言之。’”

四月，向贾熊请求改葬杨廷麟，贾熊允之。叔子至赣州，然因当年营葬者不识故处，未果，叔子有诗纪其事。

《魏叔子文集外篇》卷十六《崇祯皇帝御书记》：“文正公讳廷麟。……丙戌十月城破，公死清水塘池中。……辛卯四月，（禧）请于将军，将改葬。将军命故瘗者从禧往，率锹锄七八人之河上，凡发土十余处不得。盖金、王之变，营西郊，冢墓皆夷，不识其故处也。”《魏叔子诗集》卷三有《清江杨文正公死难赣州，有营卒瘗南城外三里道，予求之，数发土，亡其故处》。

按，据顺治三年十月二十六日《镇守江宁总兵柯永盛题本》（载《明清史料》甲编第二本），清兵攻打赣州时，贾熊任本标右营参将，“城头阵斩伪阁部杨廷麟，尸首见存”。《崇祯皇帝御书记》则云，当贾熊发现杨廷麟遗体后，“乃召部画工写其像，趣匠以四门扇为棺，瘗之西门外河上”。又，“金、王之变”指清将金声桓、王得仁因与清廷的矛盾尖锐，遂于顺治五年（1648）正月起事，反清复明。

五月，邱维屏为叔子《四书义》作序。

《邱邦士文集》卷六《魏凝叔四书义序》："凝叔自十岁为《四书义》。……其为《四书义》，尚在应科目，曰其体制亦未尽破裂，予赏其文之精也，已每篇为之评点，故不具论，论其所尝与辨制义之可废不可废如此。辛卯孟夏月友兄邱维屏书于金精之翠微峰。"

秋，邱维屏将游扬州，叔子作长柬致叶永堪。然邱氏至吴城而返，书未达。后家中失火，信被烧。

《魏叔子文集外篇》卷五《与金华叶子九书》："辛卯秋，家姊婿邱邦士将游广陵，曾作长柬写意，比至吴城而返。往冬，先人之室火，书籍器服顿尽，此缄亦亡有矣。"

按，据《中国历史地名辞典》，吴城即吴城镇，在今江西新建县北，元置吴城站，明置巡检司于此。

十月，客雩都，致书魏礼，嘱以去"疏"、"褊"、"傲"。魏书见之，以为阅历多则疏、褊、傲当渐去矣。

《魏叔子文集外篇》卷五《与季弟书》："每念吾弟介然不苟，颇以远大相期，圣人所称刚毅木讷，庶几近之。但刚为美德，吾弟却于此成一疏字，生一褊字，又渐流一傲字。……夫疏则败事；褊则邻于刻薄；傲则绝物，而终为绝物。三者皆刚德之害，然皆自刚出之。"文后有自记，云："此书作于辛卯十月，族祖石床见而评曰：和公少年席父兄之荫，身少阅历，不为人所指摘，故如此。若阅历多则指摘多，指摘多则疏、褊、傲当渐去矣。今既十年，斯言果验，信乎人不可无阅历也。"

《道光宁都直隶州志》卷二十二《人物志·处士》："魏书，字石床。父应秋，工诗，称诗猬，早卒，书竭力事母。……工诗词，尤善真草篆隶，画山水、竹木、鸟兽，穷态尽妍。甲申弃诸生，肆情著述。每宾友过从，萧然菜茹，而好剧饮大醉。至论议今古，商较元禅，一往奔诣，四座咸倾。或意不自得，则仰天椎心，痛哭狂叫，虽贵人在侧，弗顾也。……著有诗文集二十卷、《逸民传》三卷，纂选邑人董越、董天锡、谢蒙恩、谢士章、刘泰兆、父应秋六子诗八卷。"

李腾蛟以中晚之年丧子，叔子致书李氏，劝其勿过于悲痛。

《魏叔子文集外篇》卷五《与李咸斋书》："数年离乱兵疫不得保首领以没者，所在都有。……去秋谢曲斋暴死，今先生以中晚之年复遘令子之变，禧于此二事，辄疑天不可问。……愿先生俯采愚言万一自慰，上念祖宗之重，下为天下爱惜其身，懋修仁德，以膺后胙。幸甚！幸甚！辛卯月日禧白。"

是年，谢薰奉母命来翠微峰，就学于叔子。叔子以大义相劝勉。

魏世俨《魏敬士文集》卷七《谢芳草先生墓志》："先生讳薰，字芳草，系出东山谢氏，外王父襄城公之季子也。年十三而孤，母命来翠微，就学于勺庭先仲父。……其从事先仲父也，适遭家多难，先仲父以大义相劝勉，先生遂以己产出让不较，然职是不能安坐肆力于学，奔走四方，业贾以资生。虽极困，未稍怨悔。"

按，文中有"先生少先君子十岁"语，魏礼生于明崇祯二年（1629），则谢薰当生于明崇祯十二年（1639），本年为十三岁。

清顺治九年　南明桂王永历六年壬辰（1652）　二十九岁

二月，于林中采木，作《笛杖铭》。

《魏叔子诗集》卷二有《笛杖铭》，序云："壬辰二月，予采木于丛翳之林。有节好者，而蠹穴其首，宛中竹笛之管。……觏斯木也，可以交厉。然有名无实，内外不相符，君子耻之。"

秋，邱维迎致书叔子。

《魏叔子文集外篇》卷五《复邱而康书》："而康足下，自壬辰秋辱问。"

《道光宁都直隶州志》卷二十二《人物志·儒林》："邱维屏……季弟维迎，字而康。甲申国变，弃诸生，授徒山中。瓶粟常罄，晏如也。"《魏叔子文集外篇》卷二十《为邱而康冠石造屋启》称其"身竟赤贫，心唯素位。啜粥不继，饭无孔圣之疏；立锥已穷，居乏颜子之陋。守道弥笃，一介必严；安贫无求，片言不及"。

秋，彭宦交通土贼，夺取翠微峰。诸子被迫离山，财物尽失，山成废墟。

《魏叔子文集外篇》卷十六《翠微峰记》:“壬辰秋，土贼四起，彭氏属于贼，诸子去之。彭氏遂据诸财物，因以胁诸子。于是邑帅遣人谋诛之，诡而登，彭氏裹甲饮之，顾谓其人曰……其人笑而不答。既与为观要害地，因左顾，遂发匕首揕其喉，据石礫首碎之，复还饮所，取二佩刀去，山遂墟。”同书卷十一《季弟五十述》:“壬辰，山中变，财物尽于贼，二老无所养。”

《道光宁都直隶州志》卷三十一《艺文志一》彭士望《翠微峰易堂记》:“壬辰秋，宦作难，山毁。宦旧为山主，狙猾阴贼，极专擅。诸子多其功，曲下之。……是秋与族讼，被笞，激为变，交通土贼，谋破城杀笞己者及所不快诸子中数人。众觉，先避去。宦事随败，竟死。”

曾灿回宁都，叔子惊闻叶向荣、叶永圻父子之卒，悲愤不已。

《魏叔子文集外篇》卷五《与金华叶子九书》:“壬辰，止山归，得悉近履，惊闻老师暨伯子同先之变。老师盛德大节为日星在天，死乌庸吊。独恨同先与我遽作如此别，千里良友，终古不复相见，而同先负奇才，未稍一建立，赍志冥冥，呜呼痛哉!”

岁暮，魏礼之潮州，欲以束脩为菽水赀。

《魏叔子文集外篇》卷十一《季弟五十述》:“壬辰，山中变。……时伯兄客潮州帅府，盗中起，路绝，岁且暮，季曰:‘吾当取束脩于潮为菽水赀。’遂立行。”

是年，彭士望长子厚德生。叔子初见之，寄予厚望。

《耻躬堂诗钞》卷首《自序》:“壬辰，再出，有翠微之难。归，始举长男（原注：名厚德)。”《耻躬堂文钞》卷一《与方素北书》:“吾儿生亦二十有一，绝无异。冰叔初见时，此所谓易堂者也。”

按，彭士望生有三子，据《自序》，次子厚本生于顺治十七年庚子（1660）二月，三子厚下生于康熙三年甲辰（1664)，而《与方素北书》中有“独身三入梅川，最后一见魏冰叔，即以家寄托，至今二十七年矣”语，故此信当作于康熙十一年（1672)，信中的“吾儿”当指厚德。

李萱孙生。

魏世杰《魏兴士文集》卷四《送李元慈归巘山叙》："元慈年十七，少予七岁。"

按，魏世杰生于清顺治二年（1645），计之，李萱孙当生于本年。

清顺治十年 南明桂王永历七年癸巳（1653） 三十岁

正月，曾灿离宁都出游，叔子以诗送之。

《魏叔子诗集》卷二有《白日歌》，序云："交曾子二十年矣，癸巳正月就余别。"

春，魏际瑞之潮阳，叔子与弟魏礼同送之赣江，二人均有诗。

《魏叔子诗集》卷四《赣江呈伯兄》："在昔癸巳春，兄作潮阳客。父母侨雩水，两弟送岭北。"同书卷三《丙申四月送伯兄再之潮阳》："昔送章贡水，时维癸巳春。"

作《拟古》二首。

《魏叔子诗集》卷三有《拟古二首》，题下原注云："癸巳作。"

以艰于子嗣，作《礼斗表》。

《魏叔子文集外篇》卷二十《礼斗表》："伏惟禧一介青衿，半生黄卷。十五有室，已合礼于齐眉；三十无儿，未承欢于绕膝。在昔国家鼎盛，尚希三命为荣；至今丧乱荐臻，只觉百年易尽。念有子为不死，思无后为罪弘。"文后有自记，云："此癸巳作也。"

作文致杨益介，称誉其气节。

《魏叔子文集外篇》卷五《答杨友石书》："孔子曰：'岁寒然后知松柏之后凋也。'弟辛壬间曾作斯文抄寄左右，意谓非先生不足当。……弟文有云：'贫贱患难之中有岁寒，富贵安乐之中亦有岁寒。'见者讶其语。"

《南明史》卷九十七《列传第七十三·文苑四》："杨益介，字友石，南昌人。诸生。蔡懋德、侯峒曾目为国士。江西亡，去巾服，痛不欲生，作绝命词。义士喻天符、我飞兄弟至，留主其家，共图恢复。寻见事不可为，偕徐思爵入上天峰为冰雪堂，作人社，引同志行礼讲学其中。学博而文粹，撰著多校勘删定诸经笺注。山居日绝食，采蕨拾蒿子供伙。年过六十，抱瓮习劳。巡抚蔡英士主白鹿书院，以疾辞。”

授徒于水庄，制定三条教规，且编《童鉴》以示弟子。

《魏叔子日录》卷一：“余念家食日艰，三十授徒，积今十余年，使不得胜己之友时相规益，不知晨昏何等矣！”“余授徒水庄，不勒为教条者三：曰人之所不能；曰事之所难行；曰己之所未尝为者。”《魏叔子文集外篇》卷五《与临川王伟士书》：“禧往年教授水庄，尝摭古奇童子为《童鉴》二编以示子弟，大约不下五六百人。”

《道光宁都直隶州志》卷十七《古迹志》：水庄，“在西郊五里虎溪村，魏叔子读书处。今为农居”。

汪森生。

清顺治十一年　南明桂王永历八年甲午（1654）　三十一岁

二月，父病逝。

《魏叔子文集外篇》卷五《与金华叶子九书》：“不孝十年琐尾，几幸未死。迨甲午而先征君见背。”《魏征君传》：“甲午二月病，遂卒。先是岁旦大风雪，力疾掖拜祖祠，困不能归。前卒二日为妣诞，命扶拜，起弗胜，数顿首退。所区画日惟祠事，疾革，且第属此。卒之日，来哭者皆失声。”

得叶永堪所寄叶向荣、叶永圻之讣，不能卒读。

《魏叔子诗集》卷三有《读曾止山哀蓟缏作而追哭之并寄令弟子九》，序云：“叶子名永圻，……叶子死丙戌，后九年而讣至。”其三云：“仲遗讣音来，展手不终读。”

按，“丙戌”为顺治三年（1646），至本年为九年。

魏际瑞返宁都，倡议修复易堂，率叔子、魏礼重居之，并招诸子。然诸子已散居他处，仅时一过从。

《道光宁都直隶州志》卷三十一《艺文志一》彭士望《翠微峰易堂记》："甲午，善伯倡复，率二弟更居之，并招诸子。诸子既久隐穷约，被山难，贫益甚，散处纪衣食。公见外，仅时一过从，不得逾三宿。家室非乱迫，尤不得至。"

甘表生。

《耻躬堂文集》卷九《甘衷素字说》："己酉春三月二日，吾友甘健斋之长子表生十六年而冠，予既宾而冠之矣。"

按，"己酉"为康熙八年（1669），是年十六岁，逆计之，甘表当生于本年。

清顺治十二年　南明桂王永历九年乙未（1655）　三十二岁

六月十六日，母曾氏病逝，弥留时，嘱叔子善视魏礼。

《魏叔子文集外篇》卷五《与金华叶子九书》："乙未季夏，先母寻殂。不孝兄弟罪恶贯天，天不诛锄其身而夺我怙恃。先父母之慈诸子，诸子一日不能离膝下，子九知之熟矣。一旦并弃诸孤，过庭无闻，登堂无见，不孝纵无人理，俯仰之际，何以为心？"

《魏叔子诗集》卷三《辞墓》："我生三十岁，未免慈母怀。何当乙未夏，白日西山隤。四月旧疾作，五月转衰羸。绵水身迎医，药石谅难为。六月十六日，大变忽天摧。儿女哭床下，不复知为谁。"同书同卷《妣诞日水庄示季弟礼》："乙未在弥留，属以善视尔。久疾气息衰，低帏语沾灒。"

至李村营墓，归后有诗，抒失亲之痛。

《魏叔子诗集》卷三《营墓自李村归作》："去年李村归，入门问父母。今年李村归，父亡母亦故。……只此十六月，迫促罹大苦。泉下但茫茫，从之路无所。长号复短号，抽裂于肝腑。"

七月二十三日，葬母于李村。十日后辞墓，有诗。

《魏叔子诗集》卷三《辞墓》："及于七月杪，灵輀出东陲。廿三掩内圹，楄柎隐蜃灰。何况音与容，庶几去复回。忽忽又十日，不孝亦言归。痛哭拜墓下，安得晨昏随。"

冬，谢文洊自南丰来访。

谢鸣谦《程山谢明学先生年谱》：顺治十有二年乙未，“冬，往宁都访易堂诸友”。

冬，魏家失火，叔子父诗文及语录均被毁。

《宁都三魏全集》卷首邱维屏《魏征君杂录》：“公殁一年而室火，其文若诗及语录皆亡。”

就兄魏际瑞而居。

《魏叔子诗集》卷三《丙申四月送伯兄再之潮阳》：“……去年就兄居，愿以长相亲。吾侪同未亡，兄弟为一身。”

杨文彩《尚书绎》初成，乃以纠偏正讹之事属叔子。由是师生共处一室，商讨补订。此书之成，叔子其功为多。

《杨子书绎》卷首杨文彩《指略》：“《书绎》既成，……然惧一人见有所蔽也，必有人为补偏正讹，庶几无告罪于先圣，爰以其事属门人魏叔子。……由是共处一室，相与扬榷，首正谬，次薙繁，义有未尽，复著为论，以补所不逮。是书之成，其功为多。”《邱邦士文集》卷十三《杨先生墓志铭》亦云：“先生著《尚书绎》一编，尝与魏禧论定。”

同书同卷杨文彩《后序》：“彩家世学诗，自先子乃教彩兄弟读《尚书》。既受书，孜孜讲求数十年。……越甲申后，予老矣，深惟圣人教人以有用者具在。……由是取旧所杂记，益加研力，不敢章之句之，备求训说，臆至则书，否则已焉。……由是单勤十二载而书成。”

按，此“甲申”为崇祯十七年（1644），顺推十二载为本年，故系此事于此。又，《尚书绎》又名《书绎》，《四库全书总目》卷十四《经部十四·书类存目二》著录，称“是编冠以《指略》十六条、《先儒论》二十一条、《四十二篇亡书目次》、《汲冢周书篇名》，其余卷次，一如蔡《传》”。《书绎》现有光绪二年（1876）文起堂重刻本，凡六卷，书名作《杨子书绎》，《四库全书存目丛书》据原刊影印。

杨龙泉、杨晋均拜叔子为师。

《魏叔子文集外篇》卷十一《门人杨晟三十叙》："晟、晋皆幼慧，（杨文彩）先生均爱之。稍长，命以父执之礼事我，十岁命及吾门。"同书卷十八《杨一水先生同元配严孺人合葬墓表》："子晟、晋生十年，命从禧学。"

《道光宁都直隶州志》卷二十二《人物志·文苑》："杨龙泉，字御李，文彩长子。康熙戊子岁贡。博极群书，古文、诗词、骈体，皆自成一家。喜诱进人才，倡明古学，造门请诣者座常满。康熙丙寅，邑侯丁文炯举修县志，垂成未梓。授建昌府学训导，以老辞。年八十余，缮绎经史，无剩晷。著《毛诗亿》、《方堂文集》二十五卷、《诗》二十卷。"《魏叔子文集外篇》卷十八《杨母徐孺人墓表》："孺人姓徐氏，……子一：晟，县学生，今名龙泉。"

同书同卷《人物志·文苑》："（杨龙泉）弟晋，字进也。康熙乙酉岁贡。性坦易而中介如石。诗文天然秀异，著《缤山遗稿》三卷。"

服母丧，守制于水庄。

《魏叔子文集外篇》卷五《与友人论先坟书》："忆乙未、丙申间，禧服先母丧于水庄，尝出入溪畔，时足下读书杨梅段，间语舍弟礼云：'白衣冠行河上者，知为君家叔子，吾甚慕之，其人可望而不可即。'禧闻语，愧悚不敢当，然知己之言未尝不感激于心。"

魏礼赴福建汀州，为叔子买妾。

《魏季子文集》卷八《与黎媿曾观察书》："礼三十年前，有咯血病，养疴瑞金，于谢怡古许得《托素斋集》，读之不能释手。持归山中示诸同志，皆叹古学不绝于今，思见其人而不得其时会。阅二年，为先叔兄买妾到汀，阁下则往京师，过其门，徘徊久之。又七八年，阁下李广信，就谳狱于会城。"

按，"黎媿曾观察"即黎士弘。黎士弘字媿曾，福建汀州人。明诸生。少师事李世熊，嗜声诗。顺治十一年（1654）举顺天乡试，先后任广信府推官、永新知县、甘州同知等，官至陕西布政司参政，以母老请养归。著有《托素斋诗文集》、《仁恕斋笔记》等。生平事迹详见《清史列传》卷七十《文苑传一》。

《与黎媿曾观察书》又云："前年九月，元仲李君八十，礼往泉上者八日。"元仲即李世熊，李世熊生于明万历三十年（1602），康熙二十年（1681）为八十岁。既云"前年"，则此信当作于康熙二十二年（1683）。逆推三十年，则为顺治十年（1653）癸巳；再"阅二年"，则为顺治十二年（1655）乙未。黎士弘《托素斋文集》卷三《顾且庵侍御寿序》云："记乙未春，于长安客座中曾一见顾且庵先生。"足证黎士弘本年尚在京城。

再次，《托素斋文集》卷一《耿聿修都阃寿序》云："壬寅春，予始筮仕为信州李官职。"此信州即广信府，元至元十四年（1277）升信州为信州路，明洪武二年（1369）改为广信府。《乾隆广信府志》卷十《名宦》载：黎士弘，"康熙元年，任广信推官"。顺治十二年（1655）往后推八年，正为康熙元年（1662），故系此事于此。

魏世俲生。

清顺治十三年　南明桂王永历十年丙申（1656）　三十三岁

四月，兄魏际瑞再之潮阳，叔子与弟作诗送行，彭士望书旧赠梅花诗画扇为别。

《魏叔子诗集》卷三《丙申四月送伯兄再之潮阳》："岭海多瘴疠，念之独逡巡。主人重恩义，远道非所论。把手向长路，伤哉不能言。"《魏季子文集》卷二有《送伯兄再之潮阳》。

《耻躬堂诗钞》卷五"丙申至己亥"稿有《魏善伯将之潮州，书旧赠梅花诗画扇为别，即韵奉答》。

守制期满，返翠微峰居住，作诗呈谢亭三。

《魏叔子诗集》卷三有《后二日挈家返勺庭别水庄作，遂呈内兄谢亭三》。

按，谢亭三名号及生平事迹未详，俟考。

彭士望之子彭宁来谒，留翠微山中七日。彭宁返巘山时，叔子赠以文并小刀子一枚。

《魏叔子文集外篇》卷十《送彭孺子归巘山序》："躬庵先生与余为石交十二年，丙申八月遣其儿子宁始来谒。……留翠微七日，将归巘中。余念持少物赠之，索得旧佩小刀子一枚，……命内人裂帛作小囊弢之。"

秋，彭士望、彭大、揭暄诸人访叔子于水庄。

《耻躬堂诗钞》卷五《同揭子宣、章于今、彭天若过魏凝叔水庄，适谢亭三外至》："溪上人家水一村，溪光历历照衡门。山宜旷处遥相对，树向寒时更可亲。直入饭蔬谁是客，偶来漉酒恰逢君。丹枫瘦杕愁吹女，叶叶高梧下碧云。"

按，此诗编入“丙申至己亥”稿，姑系此事于此。又，章于今名号及生平事迹未详，俟考。

《道光直隶宁都州志》卷二十二《人物志·处士》：“彭大，字天若。好学工诗，重声气。甲申，弃诸生，隐三巘。积书数百卷，洁一室，坐卧其中，流览不倦。著有《云庄文集》。”《邱邦士文集》卷十一《苟全居记》称其“尚气谊，好名节，乐人之乐，忧人之忧”。

《同治建昌府志》卷八《人物志·隐逸》：“揭暄，字子宣，号半斋。广昌人，衷熙子也。明诸生。著《性书》、《昊书》、《兵书》、《战书》各十数万言，督学吴炳、兵备道王养正称之曰‘此异人异书也’，予以赀，命之镂板。入闽，以养正荐除兵部主事，守广东。逾年，副吴炳宣谕江西，安抚阎总诸营。行次瑞金，闻父殉友难，昼夜驰归。……祭服除，遂斋巾野服，徜徉山谷中。时与易堂、程山及宁化李世熊、桐城浮山愚者游，悲歌慷慨，继以涕泣。康熙中，屡征名，以老辞，讲学豫章、青原间。”

读曾灿哭叶永圻之诗，悲不自胜，有诗哭之，并寄叶永堪。

《魏叔子诗集》卷三有《读曾止山哀蓟縌作而追哭之并寄令弟子九》，序云：“叶子名永圻，……叶子死丙戌，后九年而讣至。又二年，读止山诗。观师锡之作，如见元宝；哀原父之亡，尚有贡父。记曰：‘朋友之墓，有宿草而不哭。’吾恶乎已诸!”

按，曾灿哭叶永圻之诗见《六松堂集·曾青藜诗集》卷二，题为《哭叶蓟縌二首》。

沈士柱五十初度，叔子为文贺之。

《魏叔子文集外篇》卷二十有《贺沈崑铜五十》。

按，钱澄之《田间诗集》卷三亦有《寄怀惕庵五十》。《田间诗集》为钱氏生前亲自编定的编年诗集。卷三所收诗起顺治十一年（1654）甲午，迄顺治十三年（1656）丙申。《寄怀惕庵五十》置于《方贞述先生挽章》之后。“方贞述”即方孔炤，《桐城桂林方氏家谱》卷十二载：方孔炤“生万历辛卯二月二十三日，卒顺治乙未九月二十一日。”故钱氏此诗必作于顺治十二年（1655）九月之后。《方贞述先生挽章》后一首诗即《老梅行示二何生》，中有语云：“冬已尽矣春将回，溪边树树足徘徊。”故顺治十二年（1655）所作之诗必结束于此。又，《寄怀惕庵五十》前有《暑夜听兄子谠祐弹琴》、《夏夜雷雨不寐》、《夏日雨后》诸诗，当作于“冬尽”之后的次年，即顺治十三年（1656），故《寄怀惕庵五十》当作于本年。

又，叔子何时始与沈士柱通声气，已难以确考。在叔子作贺寿诗之前，易堂中已有人与沈士柱来往。《耻躬堂诗集自序》云：“辛卯，诣姑苏，晤区湖寄公。”“寄公”下有原注“沈士柱”。“辛卯”即顺治八年（1651），是年彭士望抵芜湖，携带古镜及友人实录会晤沈士柱。《耻躬堂诗钞》卷三有《鸠兹止宿沈崑铜米肆答赠用元韵》七律二首，其一云：“重逢仅此一身余，朝市茫茫似蜃虚。……今日论交仍杵臼，彼佣何以答皋居。”据此，二人之前似已相识，不过定交倒是在此次相会时。其二云：“街鼓催眠夜语长，居寒心怨北风凉。蘧惊蝶影劳今梦，起蹴鸡声忆昔狂。”诗后附录沈士柱诗二首，其二云：“共被今宵话觉长，不闻鸡唱梦凄凉。敢歌燕筑名同侠，欲碎胡琴事近狂。”两人抚今思昔，拥被作彻夜长谈，颇为融洽。叔子或从彭士望处得知沈士柱。

《嘉庆芜湖县志》卷十一《艺文志》陆载纪《沈明经崑铜传略》：“沈士柱，字崑铜，号惕庵。明御史沈希韶长子。少负气倜傥，豪贵自矜，以文章节概雄长坛坫。间与金沙周鹿园镳，首为佥夫所目怵。钩党狱兴，适避楚幕获免。明亡，士柱流离江楚。比三载，归寓南湖，又别字寄公，耿志阔视，尘埃金玉，食客不遗屠钓。资忌者口，株连逮鞫。事白，寻释归，而好客益无厌。古冠大带，故自若也。祸复起不旋踵，己亥清明日，溅颈血死，藁葬凤台门外。先系圜中，吟咏不辍，号所作为《土音集》。”

清顺治十四年　南明桂王永历十一年丁酉（1657）　三十四岁

四月，应陈元凤之请，为其父作墓志铭。

《魏叔子文集外篇》卷十八《陈翁墓志铭》：“翁姓陈氏，讳植，字心檠，先世光州固始县人。……年十五，即浮海走吴门，以懋迁为业。……庚寅，病卒于吴门，距其生年六十有三。……男子六人：元龙配□氏，继取张氏。元凤取钦氏。……丁酉四月，元龙既卒，元凤等将奉父母合葬于吴县吴山西律字圩，介其宾陈君瞻一来乞铭，于是叙次行事，而为之铭曰。”

按，陈元凤、陈瞻一名号及生平事迹未详，俟考。

夏，李以笃来宁都，访叔子及易堂诸子。叔子有书致李以笃。

《朱中尉诗集》卷一《丁酉四月二十五日送李云田还汉阳兼柬王亦世怀人》：“孟春过梅川，投我故人宇。匆匆拔棹行，岭北谒当事。再来当初夏，我友与之契。甚设延令客，必须我友至。”

《魏季子文集》卷七《李云田豫章草序》："汉阳李云田以文章名天下，足迹所至，巨公伟士无不与之游。今年孟夏，自赣州来宁都。宁故僻壤，无足当云田观者。而云田崎岖走山谷，就访诸子。虽甚困顿，不自废。"

《魏叔子文集外篇》卷七有《与李云田》。

按，《与李云田》作于何年，不详，或在本年与李以笃相识后，姑系于此。

《乾隆汉阳县志》卷二十五《人物志·文学》："李以笃，字云田，太仓守世鳌孙。性肮脏坦率，嗜读书，九经三史、诸子百氏，从衡案间。为文多奇情异趣，不屑科举法则。……以资深贡太学，辇下名人争相招致，笃落落然也。久之不中，益放情诗酒，自号老荡子。纵游吴越，所在追欢买笑，倾囊不惜。置姬宝灯、婢扫镜，相与博弈、饮酒、赋诗，乐而忘返。合肥龚端毅作《老荡子失意行》以赠之。"

邱维迎再致书叔子，并以文请教。叔子复书，为其改定文章，并请其督责己之过错。复书邱维迎，商讨修改文章之事。

《魏叔子文集外篇》卷五《复邱而康书》："自壬辰秋辱问，将有所言于足下。变故万端，方五年未得复。每邂逅间，肃手长揖，辄未尝不心念之。……顷再拜德音，恳恳之意，使人惭憾。……足下所示文，醇朴悬质，有儒者风。禧稍以己意芟窜一二。……足下律己严密，其见禧过必多，禧即不得与朝夕，足下必有见而知之、闻而知之者，并赐督责，则禧所至愿也。足下无负此意！"

按，"壬辰"为顺治九年（1652），后推五年，即为本年，故系此事于此。

清顺治十五年　南明桂王永历十二年戊戌（1658）　三十五岁

正月十二日，林时益同李腾蛟、彭士望、曾灿，登翠微峰访叔子兄弟。

《朱中尉诗集》卷一有《戊戌正月十二日，同李咸斋、彭躬庵、曾止山自东岩取道圆通，将登翠峰访魏东房、叔子、季子，金精遇王老，与谈感赋。王老号辛研，建昌某所旗校尉》。

次日，同魏际瑞、魏礼、林时益、李腾蛟、彭士望、曾灿游金精山，遇王辛研。王氏思前朝旧事，楸怆泣下。

《耻躬堂诗钞》卷五有《金精行》，题下注云："同行李力负、林确斋、曾止山、翠微易堂魏伯子、凝叔、和公。"诗云："戊戌开岁十三日，有客旅行从冠石。

攀跻数里严壑幽，道出金精暂休息。溪行午寒僧未归，一老擎茶饮群客。客因从觅采茶佣，却自诩言蒸焙术。……语多错乱那可了，忽尔愀然变颜色。可怜天子大明宫，请观竟是谁家域。我老无家念旧恩，哀汝王孙旅难食。涕随语下不可收，予时不觉泪倾臆。”

二月，林时益四十一初度，叔子、魏礼以诗赠之。

《魏叔子诗集》卷三有《林确斋四十又一，诗以赠之》，《魏季子文集》卷二有《戊戌二月林确斋生日，诗以赠之》。

春日，魏礼作诗怀叔子，时叔子在溪边。

《魏季子文集》卷二有《奉怀叔兄在水庄》，其一：“石上正春色，桃李争欲荣。叔兄远我去，乃在溪之汀。手树五十余，枝枝皆怒生。”

按，《魏季子文集》虽按体裁编排，但同一诗体中，仍是按年编排。此诗置于《戊戌二月林确斋生日诗以赠之》与《戊戌十一月廿一日纪梦》之间，故此诗或当作于本年。

冬，任安世、任瑞回九江省墓，以诗送之。魏礼、林时益、彭士望、邱维屏均有诗文相送。

《魏叔子诗集》卷六《送任道爰同诸子幼刚归九江》：“天下少知己，寒山多苦音。欲将千古事，赠子十年心。”

《魏季子文集》卷七《送任道爰同诸子幼刚归九江序》：“道爰居既久，念墓草不易者且十年，请于是冬率兄子归省。两先生曰：‘是不可以无归也。’确斋作七言长篇以送之，躬庵作短章五言。……予闻其行，既作诗，意不能自已，更为序。”同书卷二有《送任道爰同兄子幼刚归九江》。

《耻躬堂诗集》卷五有《草湖田居送门人任道爰同侄幼刚还江州》，《邱邦士文集》卷八有《序诗送任氏二子省墓九江》。

按，林时益诗见《朱中尉诗集》卷二，题为《戊戌冬东岩送任道爰同诸子幼刚归江洲省墓》，以此知任安世、任瑞还九江在本年冬。

《道光宁都直隶州志》卷二十三《人物志·寓贤》：“任安世，字道援，九江人。同兄子瑞字幼刚以世爵宜袭卫指挥，弃弗就，来阳都从易堂诸子游。两人皆以武力闻，而安世尤短小精悍。躬耕东岩，或负贩吴楚间，以其赢资给士望诸人匮乏。尝单刀御剧贼数十人，击杀渠魁，余众披靡。……吴正名为作《二任传》。”

作《桂颂》。

《魏叔子诗集》卷一有《桂颂》，题下原注云：“戊戌作。”

秋，彭士望过访水庄，时叔子病初愈，示以《桂颂》。

《耻躬堂诗集》卷五《过水庄魏冰叔病后见示桂颂》：“古树桥西溪水明，野人闲兴踏秋行。……念子支床同菊梗，迟子在闼共藜羹。”

按，据卷首所标注，该卷所收诗均为“丙申至己亥”年作，且该诗排在《林确斋四十一诗》与《戊戌冬仲自冠石移家草湖耕所呈林确斋同令子舟之》之间，而林时益本年正为四十一岁，故系此事于此。

秋，与彭士望、林时益于水庄迟邱维屏。

《耻躬堂诗集》卷五《水庄同林确斋魏冰叔迟邱邦士》：“田家独枫树，霜丹映寒石。……十年戎马生，不复问城邑。近郊独留此，遂与幽人室。”

按，此诗亦编入“丙申至己亥”稿，且排在《戊戌冬仲自冠石移家草湖耕所……》诗前，故系此事于此。

魏世杰及冠，作诗以示之，又为其铭“梓室”，作《梓室铭序》。

《魏叔子诗集》卷三《诸子世杰既冠诗以示之》：“厥初汝之生，岁星纪乙酉。匆匆十四年，元服加汝首。”《魏叔子文集外篇》卷九《梓室铭序》：“诸子世杰之生，先征君既命以名。稍长，间从征君游。征君抚之曰：‘成人，当字汝兴士。’父、诸父弗闻也。既冠，伯兄谋所以字之，世杰为称前命。世杰从余受学三年，跽而请曰：‘大父所以字不肖甚厚，不肖不敢忘。虽然，不肖欲思有以闻名而思惧者，敢请叔父更有命之。’叔父曰：‘汝有燕私之居，吾为汝铭，名之曰梓室。’”

因无子，遂抚侄女静言，以为有子之先兆。

《魏叔子文集外篇》卷十四《祭亡女文》：“汝为吾之犹子，产于潮阳。三岁来归，吾与汝母实抚育汝至于成人。……方吾之抚汝，吾夫妇年三十有五，无子。

吾兄以汝为吾子先兆，且冀汝之老大，生子长孙，以娱吾二人之老也。”

清顺治十六年　南明桂王永历十三年己亥（1659）　三十六岁

正月十二日，林时益同彭士望、吴正名登翠微峰来访，宿二日，析疑问难，夜分不寐。叔子留客共饮，以肉糜款待。时叔子初度。

《朱中尉诗集》卷一《己亥正月十二日早，同吴子政过岭迟躬庵友兄登翠微峰访魏叔子、季子，十四日归途陟岘》：“行行指勺庭，主人正企予。整衣四拜兴，相视岁月驰。……倡酬颇高兴，易书求手批。君评岂不然，弋获庸有时。向晚发囊函，一一析吾疑。谈谳及夜分，朦朦没山姿。……叔子值初度，留客共衔杯。风雨净尘泽，取次订曾诗。操笔自我友，删取不阿私。中厨递美食，其最有肉糜。杂糅绿豆粉，点染冬笋丝。淡洁谢盐豉，滑泽箸不支。无功蒙盛馔，校雠或庶几。”

二月，与季弟同校魏际瑞之诗，抄其最爱者入行箧，又作《伯子诗钞引》。

《魏叔子文集外篇》卷九《伯子诗钞引》：“今二月，（伯子）命与季弟礼同校诗。诗多，不能尽写，因抄所最爱者入行箧以自怡悦，不求多也。”

按，文中有“伯子姿性旷逸，畏拘检，年今四十，时复与儿子行戏谑。”魏际瑞生于明泰昌元年（1620），今年四十，故系此事于此。

五月六日，李腾蛟五十初度，叔子先以律诗寿之。意犹未尽，再作五古长篇一首。时李氏已弃诸生隐居。

《魏叔子诗集》卷三《李子力负五十初度，既成律诗，言不尽意，更作一百四十字，时己亥端午后一日》：“绿水满池塘，菖蒲花灿灿。我有素心人，晨当五十诞。于时更踌躕，永言发嘉叹。……我弃诸生服，邱子与偕践。独君先除籍，不使姓名窜。半庐（原注：李子别斋）修梧竹，清苍交几案。”

彭士望偕女婿黄孔建来谒叔子，叔子赠以诗。

《耻躬堂诗集》卷五有《偕黄孔建婿谒魏子冰叔贽以一诗》，题下有注：“兼答原赠。”

按，此诗亦编入“丙申至己亥”稿，且排在《纪梦呈木立大师》前，故当为

本年作。又，黄孔建，《耻躬堂诗集》卷六《髻山秋日书怀》其三有原注云：“三婿黄孔建，（广昌）邑世族。己亥，方九龄，习四经毕。就予树庐，更授《春秋》五传。”

五月，方以智于南丰程山晤曾灿，曾灿为言宁都诸名胜，方氏遂决定游宁都。曾灿先返宁都报信。方以智乘筏下梅江，彭任偕行。至树庐，彭士望、林时益出迎。是日，宿树庐，语至夜分。

方以智《浮山文集后编》卷二《游梅川赤面易堂记》：“程山‘秋水斋’晤止山，言赤面、三巘、冠石之胜，先走信回梅川，令愚者过万安砦，顿黄介五竹篷。遇子宣，语移日而彭逊士来相辂矣。乃从头陂越秀岭、望仙桥，临糊口渡，乘筏下梅川。未至县二十里，望群峰如剑戟，怪甚。逊士导我步入小峡，憩长亭。……如赤城少息，一饭乃过穿田，主人彭躬庵出迎。少顷，林确斋至，留宿‘树庐’，语至夜分。”

《朱中尉诗集》卷一《己亥季夏郭家山呈别木立大师》：“今春止山行，云将泛吴楫。忽接荆台书，五岳理师迹。复闻谢子言，有僧号木立。颇谬龙溪辈，郡学大有得。期以五月中，来易堂言易。索摸难其人，行脚何超忽。中叔赴谢子，偕与师偕即。即夕止树庐，晦农与促膝。凌晨寄予言，心知是师必。初闻来问讯，得信倾倒极。指此是茶人，有如旧相识。”

彭任《草亭诗集·送别木立和尚》：“平西一获见，邂逅歌零落。知有梅川行，予往道先路。离合两峰间，三夏聿云暮。”同书《寄赠青原木立和尚》：“忆昔己亥年，尺素来消息。予往赴所招，赤脚蹑双屐。回翔历岘山，连床话土室。”

按，“梅川”即宁都县，因县内有梅江而得名；“赤面”即翠微峰。《乾隆宁都县志》卷一《舆地·山川》：“梅江，县东北太平乡九十里。源发梅岭山，下经麻源、丁坊、争田岭及黄土岭诸水，西至三湾桥，出梅口，会洛口东西江水，达于县，故县名梅川。”“翠微山在金精山前，色如丹霞，故又呼‘赤面砦’，高百余丈，壁立如长剑倚空中。”又，“彭逊士”即彭任，《草亭诗集》卷首彭兆泰《行略》云：“先祖姓彭氏，讳任，字逊士，号中叔。隐居三巘山，自名其室曰一草亭，嗣后人咸称为草亭先生。”

次日，方以智经冠石至翠微峰，上易堂，晤叔子、魏礼、林时益、李腾蛟、彭任、曾灿、胡映日诸人。

《浮山文集后编》卷二《游梅川赤面易堂记》：“明日，陟前冈，经东岩，穿小瀑，乃上蹬，置梯入关。其山石若幞，故名冠石。自制片茶曰‘白水香’，草亭款客。愚者叹曰：‘在此蓬莱中，与门人、弟子昼夜耕读，岂容易得哉！’三魏相过，邀上易堂。……三巘徙迤稍广，止山与李咸斋、彭天若、逊士皆编篱若鳞次，别建一室，往来过从。……躬庵之坦胡心仲，训逊士子，连簃作塾，就谈信宿，视掌廓然，积翠当窗，岂不快哉！”

《朱中尉诗集》卷一《己亥季夏郭家山呈别木立大师》：“翼日魏叔至，采山言卓锡。高峰及长林，从兹恣游屐。”《半庐文稿·纪梦呈木立达大师》序云：“己亥闰月，师果至，间录《桃花源记》为说见贻。”《康熙青原志略》卷十曾灿《访药地老人》：“曾过赤面云随杖，今到青原雪点炉。”

按，方以智此次来宁都前，对易堂诸子已有所了解。顺治九年（1652），方以智自梧州返江南时，曾灿与之同行，曾向其介绍易堂。方以智《浮山后集》卷一《无生寱·别滴投》云：“苍梧同过岭，烽火里谈心。自论梅川砦，堪称藜杖林。三更看月冷，五岳托云深。只为刘螭顾，聊倚香谷阴。”题下有原注：“即曾青藜，时言易堂诸公。”易堂诸子亦从曾灿处得知方以智，林时益《己亥季夏郭家山呈别木立大师》云：“闻师自止山，八载藏胸臆。忆我归西江，师从南粤出。”

又，《浮山后集》的传本极罕见，方豪先生藏有一方以智“手改抄本”，称此书“除寒斋藏本外，未见有他本”。然而任道斌先生说他在安徽省博物馆亲见此书的清初刻本，“框为 20.2 公分×12.3 公分，每单面十行，每行二十四字，系方氏‘此藏轩’刊本。卷首有方以智老师余飏的儿子余佺‘序’，题为《浮山前后集序》，近五百言，惜已残。所幸四卷正文保存完好”，“卷一《无生寱》有诗约一百零五首，作于顺治七至九年”。（《方以智著述知见录》）检《清人别集总目》、《清人诗文集总目提要》，均未载此刊本，笔者亦未能获见，所引诗转自《方以智年谱》。

《小腆纪传》卷二十四：“方以智，字密之，桐城人。崇祯时，尝避地南都，与杨廷枢、陈子龙、夏允彝相友善。成庚辰进士，……擢检讨。北都陷，父子为贼所掠，濒于死。南都马、阮当国，诬其污伪命，入之六等罪中，举朝大哗，乃已。叹曰：‘是尚可为邪？’褫衣散发，卖药五岭间。隆武帝召之，未赴。永历时，以翰林院学士知经筵，寻命入阁。以智知事不可为，乃为僧去，号无可。……披缁诣天界，事俍公。”《清史稿》卷五百《遗逸一》云其“康熙十年，赴吉安，拜文信国墓，道卒”。以智“博涉多通，自天文、舆地、礼乐、律数、声音、文字、书画、医药、技勇之属，皆能考其源流，析其旨趣。著书数十万言”。

按，方以智一生使用的字号甚多，与其处境之险恶密切相关，在马士英、阮大铖陷害以及清兵逼索之下，不得不变姓名以自全。《南疆绎史摭遗》卷十六《列传十六》载：“无可，桐城人，姓方氏，自署其号曰浮山愚者。自披缁后，故无常名，初在天界为无可，既入匡庐为五老，一居寿昌为药地，或为墨历。人讹呼之，又名之曰木立，其最后称为愚者也。”

方以智访水庄，栖息浃旬，叔子为之分轩设榻。邱邦士来谈象数，方氏惊以为“神人”。方氏游集页岩、伏虎岩诸宁都名胜，叔子送之。

《浮山文集后编》卷二《游梅川赤面易堂记》：“冰叔设帐于水庄，过莲山之溪桥，一村随流，分轩设榻，且息浃旬。因语集贤诸岩县水之奇，送我再游。……伏虎岩在两岩之间，松杉蔽之，结室爽垲，愚者因留，卧此逾月，每随日阴，倚杖听瀑。……丘邦士来语象数，有神解，因以研极望之。”

《邱邦士文集》卷十二《木立师六十寿卷跋》：“师或自呼愚者，故又称愚者大师。先是十二年，予舅魏冰叔馆水庄，一日招予曰：‘有僧至，殆非常人，盍来见之？’予走见，语数日而去。后李咸斋又自三巘呼予曰：‘师置黑白子，分合论图书《易》数，不能解，尔能解不？’予则又见之，见论阳明子三间喻，师遂出三间说及各安生理说。”

《魏叔子文集外篇》卷十《送药地大师游武夷山序》：“初，药地大师来吾易堂，最称邦士高悟不从人间得，岂固有是耶？”同书卷十七《邱维屏传》：“桐城方公以智以僧服来易堂，尝与邦士布算，退而谓人曰：‘此神人也！’”

《道光宁都直隶州志》卷五《山川志·宁都州》：“伏虎岩在集贤岩后，曲径茂林，佛寺钟鼓隐隐自林间出。僧无可尝啸咏于此。”同书卷二十三《寓贤志》：“愚者僧自庐山游金精，探奇石，钓桃泉，善真草大小书，得者宝贵之。与易堂诸子相结而去。”

按，邱维屏之跋作于方以智六十初度时，逆推十二年，正为本年。

叔子闻邱维屏与方以智言谈甚欢，有书致之。

《魏叔子文集外篇》卷七《与邱邦士》：“闻足下与木大师谈甚得，冰雪人将无热腹耶？足下孤简自放，要丈夫精神，当有所用。”

方以智敬佩易堂诸子为人，以直谅相许，赞其有“茹肝藻雪之风”。叔子亦被方氏的人格魅力感动，视其为“同堂同室之人”，并借此知方中德兄弟德业。

《魏叔子文集外篇》卷五《同林确斋与桐城三方书》：“昔岁己亥，丈人栖迹寒山，列兄德业便已委悉。……丈人见易堂诸子，颇以直谅相许，而教诲缱绻，则于益、禧尤笃，是固同堂同室人也。”《魏叔子日录》卷二《杂说》：“及交药地大师，能使才人见之自失，愚者见之自喜。”

《浮山文集后编》卷二《游梅川赤面易堂记》：“又奇者，诸公或土著自城依岩，或流寓种植自给，二十年来，各携全家岵峰顶，读书怀古，敷衽啸歌，扶义古处，有茹肝藻雪之风。山川以人发光，良不虚哉！”

《魏季子文集》卷十五《先叔兄纪略》：“往僧无可公至山中，叹曰：‘易堂真气，天下罕二矣！’”余英时《方以智晚节考》：“九子于清初图谋恢复最为积极，毕生奔走四方，连结豪杰，为晚明遗民放一异彩。密之皆与之善，尝称‘易堂真气，天下罕二。’”

按，关于“真气”，彭士望曾云：“‘真气’二字，此吾易堂立言之旨也。”（《魏季子文集》卷七《吴瓶庵赠言序》文末评语）又说易堂之人“操行多痴病，废半途，不能坚忍嗜欲，独不敢作伪自覆匿”（《耻躬堂文钞》卷二《复孔正叔书》）。赵园先生认为：“易堂所谓‘真’，自然非即天真。魏氏兄弟尤其不以‘天真’自诩，他们甚至不讳言‘机谋’，自居于智谋之士。在我看来，诸子的可爱，是在未必不通世故，却仍保有了某种率真。”（《易堂寻踪》）又，“三方”，即方以智三子方中德、方中通、方中履。

五月，曾师度以家贫远出卖卜，叔子以诗寄怀。

《魏叔子诗集》卷三《曾省之四十又一，会以卖卜远出，赋此寄怀》：“父祖侧东岭，一弟壮尚鳏。岂繄谋衣食，蹑屩走山川。孟夏方恢台，凌雨涨前津。”

按，曾师度生于明万历四十七年（1619），本年四十一岁，故系本此诗于此。

七月七日，有诗。

《魏叔子诗集》卷八有《己亥七夕》。

八月，曾灿在吴地，叔子有诗怀之。

《魏叔子诗集》卷七有《己亥八月怀曾止山在吴》。

秋，宁都发生变乱，彭士望避乱于冠石，叔子有诗纪其事。

《耻躬堂诗集》卷六有《髻山秋日抒怀》，原注云：“己亥秋闻乱，村无宁居，家人避冠石，就林子宅。草湖有枯梅最古，予树庐其侧，‘树庐’本因桂得名。魏冰叔纪以诗，方密之先生有赞。”《魏叔子诗集》卷三有《出郭行》、《入郭行》、《从征行》，题下原注云：“三行，已亥作。”

作《苦夜长》诗。

《魏叔子诗集》卷一有《苦夜长》，题下原注云：“已亥作。”

宋之盛致书易堂诸子，征其里人妇黄节孝诗，叔子为作《黄妇谣》。

《魏叔子文集外篇》卷十二《跋萧夫人纪事诗后》：“往岁已亥，南康高士宋之盛，以书来征易堂诸子作出其里人妇黄节孝诗，言黄妇割股肉疗夫病，身温被翼其姑，立嗣子为夫后；又割腴田祀黄西坡先生，而以舅夫配之，余既为作《黄妇谣》，礼之诗又连类及吾姊婿邱维屏之适曾氏子女者。”《魏叔子诗集》卷二有《黄妇谣》，序云：“自朝有秽史，士多谀墓。国乘家传，疑者十九。若夫里巷细民，不征不信，则风谣阙焉。星子宋君纪里人黄节孝妇，征辞于易堂。宋君贤者，《传》曰：‘君子之言，信而有征。’为作《黄妇谣》。”

是年三月十四日清明，友人沈士柱因牵连李之椿反清案被清廷处死。后叔子过芜湖，作诗怀之。

《魏叔子诗集》卷八《芜湖塔题壁》：“万家烟火倚江东，赤县神州此大风。独上浮屠高处望，令人空忆沈崑铜。”

按，李之椿抗清复明案，即湖城大案，为清初“通海”案之一。清廷破获此案后，对涉案人员处分极为严酷，仅在刑场被处决的就有李旦、沈士柱、沈荣、周世臣等四十八人。对此案，李天根《爝火录》、黄宗羲《沈士柱》（《思旧录》）、《湖城大案记》（《同治湖州府志》卷九十五《杂缀三》）、《投诚盐运使谢国宝奏本》（《明清史料》丁编第三本）、杨凤苞《书李元旦事》（《秋室集》卷五）、沙元炳《明礼部侍郎李公备传》（《志颐堂诗文集·文篇》卷中）、金天翮《沈士柱士尊传》（《皖志列传稿》卷一）等文献都有记述，今人何龄修先生著有《李之椿案与复明运动》（载《五库斋清史丛稿》）一文，对此案考述甚详，此不赘。又，沈士柱被杀害后，遗民中人多有作诗哀悼、怀念者，如黄宗羲有《哭沈崑铜》、《过芜湖忆沈崑铜》（《南雷诗历》卷一），徐孚远有《闻沈崑铜变感赋》（《钓璜堂存稿》卷七）等。另外，卓尔堪《遗民诗》卷一有汤燕生《思悲翁十首》，邓之诚先生认为“亦为士柱作”。

清顺治十七年　南明桂王永历十四年庚子（1660）　三十七岁

六月，兄魏际瑞四十初度，叔子与弟礼均以诗寿之。

《魏叔子诗集》卷七《庚子尝稻日奉寿伯兄四十初度》："山田获稻尝先寝，嘉客称樽到石门。自此追随还四十，频来拊背问寒温。"《魏季子文集》卷二有《奉寿伯兄四十初度》。

按，《魏叔子文集》卷十八《先伯兄墓志铭》云：先征君生子五，"以万历庚申六月二十有四日生伯"。以此知魏际瑞出生之日月。又，本年为魏际瑞四十周岁。

六月，魏礼赴广州，与兄际瑞均作诗送之。

《魏叔子诗集》卷七《送季弟入广》："栖栖六月下重滩，闭户谁知行路难。"魏际瑞《魏伯子文集》卷七有《庚子仲夏送季弟之广》。

七月十八日，书梦语。

《魏叔子文集外篇》卷二十二有《庚子七月十八日书梦语》。

九月九日，杖藜立峰顶，怀彭士望，有诗，时彭氏客鄱阳湖。

《魏叔子诗集》卷七《庚子九日怀彭躬庵》："良朋去后空佳日，况值高秋心易孤。前月有书还冠石，只今传汝尚鄱湖。……我亦杖藜峰顶立，潇潇风雨满平芜。"

初秋，邀妻谢秀孙同游翠微峰，谢氏有诗纪其事。

《道光宁都直隶州志》卷三十一《艺文志四》谢秀孙《自翠微山望金精》："薄暮秋初风，木叶下庭圃。夫君招我游，盘姗出坡树。山菊垂好花，阴映随行步。几折临高崖，敛足不敢顾。夫君指金精，谓此汝所慕。……忆我七八岁，曾一随诸妇。巾车到洞门，嘿然生疑惧。……匆匆三十年，仍向峰顶住。"

按，据"忆我七八岁"、"匆匆三十年"语计之，此次出游当在本年。

十月，于山中得兰花，采置草堂中，有诗赠胡映日。

《魏叔子诗集》卷六《庚子十月得兰花山中，采置草堂，率成二首贻胡心仲》。

《乾隆南丰县志》卷三十《人物志·流寓》："胡映日，字心仲，南昌人。弱冠颖异绝人。父海定，以汜水令殉难，映日遂隐处不仕。顺治甲午来南丰，及谢约斋门。其学博而能精，所著天文、地理、医卜等书甚富，尤深于象数、《周易参同契》，贯通有独得。妇翁彭躬庵称其文奇崛嵚崎，如拗山愚水，海内名宿皆推许。年四十余卒。平生重节义，砺廉隅，晚年尤纯粹不杂。"

十一月二十日冬至，有诗。

《魏叔子诗集》卷五《庚子长至日》："冬深霜雪灰不然，故春之去如逝泉。哀我后生长霜日，不识人间有春日。"

按，据"冬深霜雪"云云，此"长至"当指冬至。又，据《近世中西史日对照表》，本年冬至为十一月二十日。

十一月，作《大风》诗。

《魏叔子诗集》卷五有《大风》，题下有注："庚子孟冬作。"

得读方中履省亲诗。

《魏叔子文集外篇》卷五《同林确斋与桐城三方书》："庚子读三兄省亲诗。"

与闵麟嗣交，以诗文相得。闵氏于叔子古文甚为叹赏，叔子以为闵氏不徒以诗人见，其诗有别有寄托者。

《魏叔子文集外篇》卷九《闵宾连游庐山诗叙》："闵子宾连，歙人也，与余交十年，以诗文相得。庚戌，再遇于广陵，其《游庐山诗》则又工。……且吾观宾连似不徒欲以诗人见者，读其《余忠宣祠》、《彭泽怀古》诸篇，别有寄托。"

焦循《扬州足征录》卷十张符骧《闵宾连墓表》："宾连一日又慨然曰：'古文一道，天下虽大，寥寥无人，易堂往矣！继起树帜者非予而谁？'易堂者，宁都魏禧也。"

按，"庚戌"为康熙九年（1670），据"与余交十年，以诗文相得"语计之，与闵麟嗣相交当在本年。

《民国歙县志》卷十《人物志·遗佚》:“闵麟嗣,字宾连,岩镇人。生平喜游,踪迹几遍天下,所至皆有诗。尝与兴化李滢同游庐山,攀跻幽险。寻又溯江登黄鹤楼,抵岳阳而归。其庐山一集,尤脍炙人口,施闰章、沈德潜皆称之。……卒于扬州,葬蜀冈。著《黄山志》、《悟雪草堂集》、《卧雪诗草》。”《闵宾连墓表》称其“一字檀林”,“寓江都籍,扬州府学生”,“眼明口直,工诗札及行楷篆籀”。卒后“所藏经籍玩好,荡然无存,独纂《黄山志》行世”。

彭士望致书叔子,以为吾辈当不为物役。

《耻躬堂文集》卷二《与魏凝叔书》:“苏子谓可寓意于物而不留意于物,此不为物役,极善居心语也。……勺庭艺植,雅饬池圃,此小事非有大过。特窥意中沾沾矜重,渐欲成癖。癖止宜畸士词客,吾辈有此,则器识不远不大。古人德业勋名,每因爱染耽着,生出大弊大害,兹不必叔子损其迹,亦自损其心而已。否则,吾辈洞观古今,卓荦独立,而其志乃反出霍去病下,奚可哉!”

按,此书亦见周在梁、周在浚等编辑《赖古堂尺牍新钞三选结邻集》卷十四,题下注:“庚子。”又,二处所载,文字略有差异,如“反出霍去病下”,《结邻集》作“反出申屠蟠吕徽之下”等。

读彭士望《庐山诗》,感而作诗并寄方以智。

《魏叔子诗集》卷三《读彭躬庵庐山诗有作寄呈木立大师》:“我友汗漫游,仲春始星子。窃独爱两人,杨喑宋未有。寄我庐山诗,磅礴无涯涘。”

按,《耻躬堂诗钞》卷首《自序》云:“庚子二月,举中男(原注:名厚本)。未十日,复出,诣星子,留髻山(原注:宋名之盛隐所)四阅月。白石赤冈(原注:查名世球、查名辙隐所)。道观匡庐,与徐州废孝廉(原注:阎名汝梅)东林信宿。”可见,以《庐山诗》寄叔子当为本年事。

彭子务生。

钱肃润《文瀫初编》卷九吴名正《赠彭子务二十初度序》:“己未仲春月日,予坐斋中,阅《史记·陈丞相世家》,而彭子子务适过予,予因与论平负郭穷巷、以敝席为门。……越数日,彭子二十初度,予遂录所论说以赠之。”

按,“己未”为康熙十八年(1679),此年二十,逆计之,彭子务当生于本年。

清顺治十八年　南明桂王永历十五年辛丑（1661）　三十八岁

春末，魏礼赴海南，道经阳春，作诗怀二兄。

《魏季子文集》卷二有《晓发阳春道上谂伯兄叔兄》，中云：“吾兄山之阿，掩闺夜未尽。寤寐念予情，但觅广州信。”

按，《魏季子文集》卷二有《将别陈元孝，既作诗不能自已又赋诗，季春四日》，又有《将之海南过东莞留别曾止山》（三首），其三云：“我行真泛海，渐见天无色。君居又莫春，犹是垂橐客。”可见魏礼赴海南是在春末时节。《魏伯子诗集》有《庚子仲夏送季弟之广》，知魏礼于顺治十七年（1660）赴粤（参见该年谱）。《魏季子文集》卷二《南越送别董无休还会稽》云：“天末起秋风，乃到海之陲。”同书卷四《送别董无休还会稽》亦云：“木落烟霜动，秋高天水虚。”描写的均是秋日景色，皆可证顺治十七年（1660）秋魏礼尚在广州。因此魏礼诗题中的“季春四日”当指本年春末，因本年五月魏礼已在海南，《魏季子文集》卷七《洞酌亭序》云：“辛丑夏五月，予复乘兴来海外，登斯亭，交饶子九敏，九敏为予道其作亭事。”

又，魏礼赴海南时，陈恭尹作诗赠别，《独漉堂集·增江后集》有《珠崖歌送魏和公》，序云：“今涉海有珠崖之行，沧波溟茫，余既不能为谋，安得止之?”魏礼此行的目的，温肃《陈独漉先生年谱》云：“考《平南王元公垂范》，庚子年末云‘剿龙门，邓耀遁走。’疑和公此行，承故人之招，欲往龙门岛。先生知其时大兵往剿，故序有‘不能为谋，安得止之’语，诗则有‘愿祝安而往，速而还’语，深慨之也。”

五月，赴新城，道经梅源，交吴超、吴抟，憩吴氏别馆，作《吴一焉时习篇叙》。

《魏叔子文集外篇》卷八《吴一焉时习篇叙》：“梅源吴翁一焉刻意砥行，国变后延南丰谢秋水先生于家，教其子以为己之学，予既闻而慕之。岁辛丑五月，予之新城，道经梅源，时翁已即世，得交翁之子超若抟。超兄弟五人，并恂恂有礼让。翁为人详吾友彭躬庵志墓中。季子莫更出翁《时习篇》一册示余。……余寓吴氏别馆，登山憩竹林下。”

《同治新城县志》卷十《人物志·善士》：“吴抟，字其矩，梅溪人；兄超，字其远，皆师事程山，笃意躬行，耻以文辞见，虽贫苦患难，不少懈。超精于医，所治辄效。而抟以祖茔七圹被伐，间关大江南北，至截指鸣冤，乃仅得直。尝至京师，主侍郎湖哈勒西安。有一室扁钥甚固，命童子启钥焚香肃，抟一拜就坐，指壁间笺幅曰：'此西安朝夕奉以寡过者，则皆程山所答问学尺牍也。'于是与抟语，连日夜，凡程山所有者尽得之。"《吴一焉时习篇叙》称"抟少年，一言行不肯苟且。超亦弃举子业治医"。

五月，寓新城塔下寺，怀沈光裕先生，有诗。

《魏叔子诗集》卷七有《辛丑五月寓新城塔下寺，奉怀沈仲连在盱》，中云："郁孤谁望旧时春，短屋寒灯对石门。……欲到麻姑山下问，莲花幕府隔江蘋。"

按，叔子在诗中称沈光裕为"故人"，且"郁孤谁望旧时春"句末有原注："崇祯辛巳，先生司理赣州，同诸子赋《郁孤台春望》诗。"二人相识，或在沈光裕任赣州推官时，其详情待考。又，"盱"指盱江，流经建昌府治及属县广昌、南丰，《同治建昌府志》卷一《地理志·山川》载："盱江，在府城东门外，一名建昌江。源出广昌血木岭，流六十里为盱江，又二十里为巴溪，又十五里为小勋溪，又五里至广昌县前，五十里入南丰境。东北流百九十里至府城为盱江。"麻姑山在南城县境内，《同治南城县志》卷一《名胜·麻姑山考》载："麻姑山在县城西南十里，三十六洞天之一，胜概名天下，建之镇山也。其高千仞，周回数百里，……东北带盱、黎二水，为建武之屏障。"清时建昌府辖南城、南丰、新城、泸溪、广昌五县，故此时沈光裕当在南城、南丰一带活动。

《康熙大兴县志》卷五《人物·隐逸考》："沈光裕，字仲连，大兴人。崇祯庚辰进士，授赣州推官。阅案牍，剖决如流。将内迁而国变，又丧子无后。乃遨游南北，无常居，多隐迹江淮间，年七十六卒于海盐，归葬于北。光裕好奇负气，晚年轗轲，雄谈纵饮，目光如炬。发为诗歌，奇气勃勃不可遏。尤笃志字学，手不释卷。所著有《经字辨略》、《韵言》、《晚定雁字诗》及《杂著》各一卷、《謍譠》六卷、《韵言溯》六卷、《别颜诗》七卷、《第杜》八卷、《四书字辨》二卷。""仲连"一作"种莲"，见周亮工《尺牍新钞》卷十二。

游览新城山泽间，常闻人道杨国魁行善事。

《魏叔子文集外篇》卷十二《新城杨善人善行实迹跋》："新城杨君元卿力为善，声动当路而福履称是。……辛丑岁，余一至新城，尝命篮舆游山泽间，肩舆人往往能言杨君利济事。"

夏，卖茶于新城，从方以智游。

《魏叔子文集外篇》卷五《同林确斋与桐城三方书》："辛丑夏，卖茶黎川，大兄、二兄所作赠遗，人见者甚众。"同书卷十《送药地大师游武夷山序》："丁未闰月，师自青原游武夷，迂路新城，招晤天峰寺中。……余向与师相见，有犹龙之况。今别师七年，胸中新语，勃勃不自遏。"

按，"丁未"为康熙六年（1667 年），逆推七年，正为本年，叔子尝从方以智游。

与新城涂斯皇、涂允臧、涂大沭、涂大訒诸人为兄弟交，甚洽。涂大訒遇叔子尤厚，每直言匡叔子。

《魏叔子文集外篇》卷十一《涂允臧五十寿序》："新城涂大冢宰有支子曰宜振，以孝友能文章称大湖之东。辛丑，余游新城，以兄事宜振。其兄子允臧、允协、允恒并长余五年以上。"同书同卷《涂太君七十寿序》："禧授经太君诸孙五年，子大淙、大沭、大訒皆贤者，与禧为昆弟交。"同书卷十四《祭处士涂允恒文》："兄叔父伯仲皆与予为昆弟交，多可而少否；兄每直言匡予，使予有所严惮，而缓急有无，又常曲体其所不言。"同书卷十八《中书涂君墓志铭》："君讳斯皇，……与南昌林时益、宁都魏禧为兄弟交。"同书同卷《处士涂允恒墓志铭》："客新城五六年，其闻予而下交者百有余人，最笃涂氏父子兄弟，而处士遇予尤厚。"

《同治新城县志》卷十《人物志·隐逸》："涂斯皇，字宜振，号澹庵。明冢宰国鼎幼子。邑庠生。鼎革后弃制举，偕兄子大訒结草庐孔坊隐焉。与程山、易堂诸君子往来甚契。所著书史论最名，尝与魏禧著论同板行。花舫杂咏诸诗，皆散失无存。所存者少作数首而已。"《魏叔子文集外篇》卷八《涂宜振史论叙》称其"德量醇厚，潇洒多高致，于人贵贱贤不肖，不设城府"。

同书卷八《贡生·岁贡》："涂大沭，字允协。东坊人。年十一补弟子员，延魏叔子课子，攻经世学。著述甚富。康熙元年。"

同书卷十《人物志·隐逸》："涂大訒，字允恒，早慧，王父冢宰绝爱之。年十五，试童子第一，旋饩于学。国变，需次贡太学，遂弃去。居村落中，依竹结亭屋，艺圃种菜，赋诗自遣。时习古法，书行楷，得王、米笔意。大訒孝友，与人退让不争，而遇事能谋善断制，人不敢欺。又尝出财物周人急，使乡里穷民有所恃赖，盖其家法然也。晚益好读书，而少著述，独删辑《函史》上下编、《补史学提要元明二篇》，并为注，于前书如出一手；课子时务诸策，藏于家。"

涂大訒命子尚肄师事叔子，讲忠孝大义。叔子反复辨析，尚肄又往往言中肯綮，师生甚相得。

《怀葛堂文集·涂君惕岩墓志铭》:“君讳尚律,字云石,晚号惕岩。……君孝慈和厚,精明而谨密。好学务实践,文厌浮夸,不屑屑章句,试诸生,辄高等。其家大人允恒丙戌弃弟子员,以君非凡儿,使师事魏夫子,讲忠孝大义。夫子取古大变大疑事,掩其卷,使君意度并揣摩擘画世故家常事。君言往往中肯綮,夫子亦往复辩晰,皆跃然而后已。新城当入闽孔道,建昌之严邑,世族高赀家崇尚豪侈,善心计,于所亲尤严一介。君循循谨谨,积书莳名花涉趣外,恬然无他好,人莫窥其际,识者贤之。”

宿余光令之汉阁,适遇大雨,其兄冒雨以酒菜见饷,叔子有诗纪其事。别后,又致书余氏相劝勉。余氏钦敬叔子之文,以师视之。

《魏叔子诗集》卷四《宿余光令汉阁大水令兄嗣公灶不灭者半砖亲持酒菜见饷》:“远水夹西村,古树带长薄。登高望山雨,竟日自天落。……须臾嗣公来,蓬头双赤脚。左手挈酒瓶,右手持鱼罐。笑云毋得饥?二公为我酌。”

余光令《渔郎诗集》卷二《忘情草》有《病中哭魏叔子》,中云:“叔子虽吾友,依然又是师。文章俱合轨,左史得其微。立意传千载,挥毫在一时。嗟予伤肺腑,戒我慎须眉。别后长书寄,当前细语规。相期还有用,自愧未能为。”

《同治新城县志》卷十《人物志·隐逸》:“余光令,字小令,宏村人,日登子。……家固贫,敝庐一区曰汉阁,临溪上,穷巷萧然,吟咏不辍。明亡,隐于渔,自号鱼郎。尝衣古衣冠入市,市人唾之,光令去不顾。晚年又名所居曰百丈园,自谓当老死园中。戒其子卜人世所弃时日干支极凶恶者,葬于园竹林之下,预为文志其墓。生平所著诗古文,以抒写性灵为宗,东乡艾南英为之序。”

过新城赤溪,访邓玉,有诗呈之。

《魏叔子诗集》卷四《再过赤溪呈邓元白》:“相见意不已,不寐竟达旦。振衣出南郭,露草凄以曼。轻烟幕平林,村村鸡犬散。初日多好光,主人适朝饭。……涂氏贤父子,君之旧友善。语我与林子,奇才不易见。……前日同涂林,访君读书院。路经校射场,指是君所践。怀哉李太伯,风月此遗墠(原注:赤溪,宋李觏读书处,有风月亭遗址,环溪树桃,近为水啮已尽)……怜君多白须,喜君老尚健。”

按,叔子何时与余光令、邓玉游处,已难以确考,或在本年客居新城时,姑一并系于此。又，嗣公名号及生平事迹未详。再次，赤溪，新城县地名。《同治新城县志》卷一《山川》："新城之水黎为中川。……中川水南出红水岭，下三溪桥，与四望岭九折山水合流至石湾，又合东海岭鏖落潭水，经东山下白杨围、石壁潭、更鼓潭、赤岸（原注：或云即赤溪，宋李觏读书于此，有风月亭），合南津，西抱邑城，北出石峡。"

《同治新城县志》卷十《人物志·隐逸》："邓玉，字元白，南津人。崇正选贡。少食贫，力读，究心王阳明学，有干略。明季乱，邑豪某聚众掠财帛为患。玉结勇士御之，战有期，佯疾卧，令师巫为祷。敌侦信，少懈。出不意，先期捣其巢，歼焉，邑赖以安。当事嘉其才，劝之仕，不听，偕父母妻子隐邑南赤溪，自号南村主人。与江一绅、鄢郢、邓鼎诸人结南村社，时时觞咏。教授垂三十年，生徒至数百人。"

六月，见虬须僧，知黄鸣岐之为人。

《魏叔子文集外篇》卷十二《黄黄山七十诗跋》："辛丑六月，余于金楼见虬须僧，知黄山（原注：名鸣岐，休宁人）为人。意黄山状貌修长，面多奇骨，视瞻不寻常。其为人必激昂蹈厉，有横绝一世之概；言论雄伟轻天下，乡里善人不足比数；必薄儒术，其子弟必通轻侠，有马氏客卿之风。"

按，虬须僧之姓名、生平事迹不详，俟考。

夏秋间，经南丰，于甘京处见张黼鑑之诗文，然未能识面，怅然于怀。

《魏叔子诗集》卷二有《题张曲江像》，序云："辛丑夏秋，余再经南丰，于甘健斋处数见曲江诗文而未识面，余每以此遗恨健斋也。"

《乾隆南丰县志》卷二十六《人物》："甘京，字楗斋。初为诸生，后弃举业，与谢约斋讲学，折节称弟子。时邑荒且苦寇，京出力免荒税、均赋役、赈饥，画议平砦寇，皆得行其志。京文原本经术，著述甚富，行世者《轴园初稿》、《轴园不焚诗》、《家礼酌宜》。"《清史稿》卷二六七《儒林一》称其"负气慷慨，期有济于世。慕陈同甫之为人，讲求有用之学。与同邑封濬、曾曰都、危龙光、汤其仁、黄熙师事文洊，粹然有儒者气象，时号'程山六君子'"。

八月，作《三愁诗》。

《魏叔子诗集》卷二《四愁诗序》："辛丑八月，余作《三愁诗》。"

九月，李世熊六十初度，彭士望前往宁化祝寿，叔子作文以寿之。易堂诸子与李世熊通声气自此始。

《魏叔子文集外篇》卷十一《李元仲六十寿序》："宁化李元仲先生书无所不读，三十年危言危行，与吾友彭躬庵、季弟和公交甚笃。今九月，先生纪年六十，此韩愈所谓十日十二子相配穷而复之数也。躬庵将亲往为寿，遂举所疑质先生，以庶几吾党草间乞言之义云。"

李子权《李寒支（世熊）先生岁纪》："康熙元年壬寅，六十一岁。初夏，彭躬庵先生始过访，先君与易堂诸先生通声气交。"

按，《岁纪》所记有误，彭士望至宁化的时间应为顺治十八年（1661）。李世熊《寒支二集》卷六《祭彭躬庵文》云："忆在庚子，先生不远数百里，税止草庐，剧谈十昼夜。"庚子即顺治十八年。而彭士望与李世熊通书问则始于顺治十六年（1659），《祭彭躬庵文》云："至己亥，有持书自宁都来投者，始知旅寓易堂之躬庵，即前所闻之达生也。"

《清史稿》卷五〇一《遗逸二》："李世熊，字元仲，宁化人。明诸生。少负奇气，植大节，更危险，死生弗渝。笃交游，敢任难事。生平喜读异书，博闻强记。……其为文，沉深峭刻，奥博离奇，悲愤之音，称其所遇。……年十六，补弟子员，旋中天启元年副榜，……甲申后，自号寒支道人，屏居不见客。征书累下，固谢却之。……世熊积垒块胸中，每放浪山水，以写其牢骚不平之概。……晚自号愧庵，颜其斋曰'但月'。所著有《寒支集》、《宁化县志》、《本行录》、《经正录》、《狗马史记》等。"

十月，方以智五十一岁初度，四方贤者咸集，叔子与林时益时亦负笈廪山寺为贺，并欲借方以智寿辰见方氏兄弟。然方氏兄弟阻于寇，未果。叔子后致书于方中德、方中通、方中履，道相慕之意，并言欲结交戴移孝。方中通得书后，赋诗作答。

《魏叔子文集外篇》卷五《同林确斋与桐城三方书》："而今足下兄弟则皆贤而能文，益、禧深恨同生此时，与丈人为负剑交，乃不及相见也。当丈人之寿，意列兄至，四方贤者咸集，益、禧负笈廪山，得尽见其人，与列兄为昆弟语。会以寇阻，未果。……戴无忝，今之丈夫也，与足下昆弟相厚善，昆季之能取友岂待问？益、禧窃欲附昆季交谱之末，以无负丈人相与至意。益、禧之事丈人拟于严师，然意所不可，则谔谔然自比诤友之列，故于昆季不以未尝谋面为嫌。临风瞻望，死罪死罪。辛丑月日白。"

方中通《陪集·陪诗》卷三《林确斋魏冰叔书至赋答》："心与易堂游，神交已十秋。八家传素业（原注：魏文摹八家），大茗自丹丘（原注：林率弟子昼则种茶，夜则读书）。书至怜遗卵，才高善狎鸥（原注：魏善伯、曾青藜俱已出游）。年年思白发，惯买豫章舟。”

按，《陪诗》卷三《省亲集》均为顺治十八年（1660）庚子至康熙九年（1670）庚戌所作诗。又，戴移孝，字无忝，别号碧落山人，安徽和县人。其父戴重，为明湖州推官，清兵下江南时，奋起抵抗，受重伤后隐居鹰阿山中，创发不治而逝。父去世后，戴移孝与兄戴本孝隐居山中，绝意仕进，以布衣终老。章学诚《和州志》卷十八云其明亡后，曾“遍交豪杰，联络中原奇伟智谋之士，思继父志。后顽民以次按诛，移孝亦屡濒于危，意气腾踔，不少介心。会云南平，移孝知时不可为，遂绝意当世事，遍览名胜，观古人踪迹”。戴移孝工诗文，著有《碧落庐丛谈》、《碧落后人诗集》。时人陈维崧曾作《戴无忝诗序》推许之：“历阳戴无忝者，鹂砭名家，鸡碑妙裔。文章清丽，青霞绀雪之辞；体制遥深，白凤苍龙之笔。”（《陈迦陵俪体文集》卷五）沈德潜在《清诗别裁集》中选录了戴移孝六首诗，称道其志行与兄相似，而“诗品高于乃兄”（卷七）。然作品因触犯时忌，乾隆年间，戴移孝诗集及其子戴昆诗集《约亭遗诗》以“悖逆狂吠之处甚多”同被查禁，戴移孝、戴昆被戮尸示众，戴昆之子戴用霖，孙戴世法、戴世德均判斩监候，另一孙子戴世道斩立决。戴氏家产籍没入官。详见《清代文字狱档》第五辑。

《道光桐城续修县志》卷十五《人物志·儒林》：“（方）中德，字田伯，号依崖，以智长子。性孝友，少侍京邸，京城陷，随父南奔。值马、阮用事，罗织善类，于以智尤所切齿。中德年十三，手挝登闻鼓讼冤，不报。以智出亡，中德与其弟徒步追而从之。父没，事母潘极尽孝养。母疾，中德年已逾六十，昼夜勤劳，目不交睫。季弟先卒，抚其孤如己出。宗人以经史质者，尤乐于讲问。所著《古事比》、《易爻拟论》、《性理指归》、《经学撮钞》皆行世，其未刻者尚有九十六种。”据同书卷二十一《艺文志》，方中德尚著有《遂上居存稿》十卷。

同书卷十四《人物志·理学》：“（方）中通，字位伯，号陪翁。郡诸生。性笃孝，幼随父官京邸。甲申，父弃家流离，中通重趼奔侍。父又被仇陷，檄至，中通挺身矢殉。有司上其状，廉使佟国祯大呼曰：‘忠孝萃一门，非孝子不足为忠臣子。’一时卿大夫感其仁孝，事得白。由是缵承先绪，研究天人、律数、音韵、六书之学，著有《数度衍》、《律衍》、《音韵切衍》、《篆隶辨从》、《易经深浅说》。又阐明四世理学，著《心学宗续编》。晚年从游士日众，著《继善录》。生平崇实学，敦实行。卒年六十有五，学者称为继善先生。”据同书卷二十一《艺文志》，方中通尚著有《陪集》七卷、《续》四卷。

同书卷十一《人物志·孝友》：“方中履，字素伯，号合山，以智少子。马、阮衔以智刺骨，必欲杀之。以智奔岭表，追捕不可得。中履甫七岁，代父诣狱。后以儒服从父方以智崎岖岭峤，足茧以寸。父没，扶榇归。隐居奉母，躬耕乐道。著有《古今释疑》、《汗青阁集》。”

魏际瑞自福建归，宿龙湖寺，叔子以家故速下山。

《魏叔子文集外篇》卷五《同林确斋与桐城三方书》：“顷者大兄闽归，夜宿龙湖寺，与益、禧仅隔一城，乃以家故遄下。古人云：‘人生遇合，天实为之。’俯仰三叹，岂不信然?”

十一月，过瑞金县，就医于此，宿圣恩寺。季弟魏礼曾因病寓居该寺，而此时魏礼在琼州已达十九月，叔子作诗怀之。

《魏叔子诗集》卷四《辛丑仲冬，过瑞金圣恩寺怀季弟在琼州》：“琼山海之中，水陆五千里。黑风吹白浪，中有独游子。一去十九月，绝不念乡里。……仲冬霜露寒，问医来绵水。汝昔曾病时，三月寓斯寺。主人陪我行，青苔缘阶陀。黄雀噪佛龛，苍鼠跳灵几。问汝卧游处，一一为我指。”

十二月，谢大茂之兄弟为其修墓立碑，叔子作《通判谢君墓志》。

《魏叔子文集外篇》卷十八《通判谢君墓志》：“君姓谢氏，讳大茂。……君死之月，葬南郊螺石山祖旁之原。又十一年，辛丑季冬，其兄弟为修墓，乃立碑。”

是年，作《卖薪行》、《孤女行》、《孤儿》三行，时清廷征调甚急、追逋欠甚厉。

《魏叔子诗集》卷四有《卖薪行》，题下原注云：“三行，俱辛丑作。”《孤儿》有语云：“昨日符牒下，有官自北来。逋欠及锱铢，执缚诣京畿。更复急征调，出师复入师。”

按，“逋欠及锱铢，执缚诣京畿”云云，当指“奏销案”。所谓“奏销案”，即严厉催征钱粮、惩治拖欠士绅之案件。该案发生于清顺治十八年（1661）六月，按清廷制定的条例，凡列名于逋欠之册的秀才、举人、进士，皆革去功名出身；现任官员则降二级调用。不原情之委屈，不分情节之轻重，千金与一毫等罪，“一挂弹章，便即降革”，“如张太常讱庵、叶编修芳蔼止欠一厘而降调，郡庠生程兆璧玠册上闻欠七丝而黜革”，“功令之严，可概知矣”。（叶梦珠《阅世编》卷六《赋税》）仅苏、松、常、镇四府及溧阳一县，就褫革绅衿一万三千余人，被逮者三千人；浙江台州，处决和流放人犯达六十余人。详见孟森《奏销案》、何龄修《浙江奏销案》等文。

是年秋，施闰章以分守湖西道而入赣，闻叔子名，托方以智、罗牧一再相招，叔子虽有知己之感，然未尝请见。

《魏叔子文集外篇》卷五《答汪舟次书》："禧以古文谬为愚山施公所知，于药地及罗山人所相招者再，终不敢以野服见，然知己之感不忘于心。"同书卷六《答施愚山侍读书》："往执事监司临吉，廉仁之声，畅于邻郡；又闻躬自讲学，会者千人，礼乐雍容，为近世所未尝有。易堂诸子心窃向往，而短垣不可逾越，叹息企踵，望风慨然。"同书卷八《愚山堂诗文合叙》："予于先生旧为部民，未尝一请见。"

《施愚山集·文集》卷二十四《寄祭魏叔子文》："我藩湖西，讲业鹭洲。耆旧雨集，迟君来游。其迹不迩，道则相谋。君之伯仲，夷俦皓侣。振衣高步，翠微峰下。榜曰'易堂'，群彦萃处。我闻子言，展矣相许。"

按，施闰章于顺治十八年（1661）秋迁江西布政司参议，分守湖西道，地辖临江、袁州、吉安三郡，施闰章《重修临江府志序》云："顺治辛丑秋，予分守湖西。"（《施愚山集·文集》卷二）汤斌《愚山施公墓志铭》、高咏《施愚山先生行状》（均见《施愚山集》附录）及施念曾《施愚山先生年谱》等所记相同。

《国朝画识》卷五："罗牧，字饭牛，宁都人，侨居南昌。工山水，笔意在董、黄之间。林壑森秀，墨气滃然，诚为妙品。江淮间亦有祖之者，世所称'江西派'是也。牧敦古道、重友谊，与徐征君世溥善。……巡抚牧仲高其人，作《二牧说》赠之。牧能诗善饮，楷法亦工，又善制茶。卒年八十余。"

清康熙元年壬寅（1662）　三十九岁

正月，甘京来宁都勺庭，出张黼鑑小像，叔子为小像题辞并作序贻张氏。

《魏叔子诗集》卷二有《题张曲江像》，序云："壬寅正月，健斋来勺庭，出伍山人所写曲江小像。……曲江生西徼绝塞之地，古名将所都会，而文采若此。余爱曲江，甚欲作书以道之。会山中桃花大放，外人来者日接迹于勺庭，不暇及。仅为曲江题像并序，于健斋归以贻之。"

《同治南丰县志》卷十八《人物志·名宦》："张黼鑑，字曲江，延安卫岁贡。顺治十四年令南丰，讲求治丰七事，举其所得为者行之。邑四十六都，罹寇最甚，田赋荒缺，黼鑑宽其征，民感泣，争持尺布斗粟以偿，设法经理，其额遂足。广昌阳石砦据于贼，或云南丰民与贼通，将加罪，黼鑑力争之，卒白其诬。黼鑑抱文武才，每军将过邑，引与校射，皆慑服，无敢扰。间作诗古文，名下士交相传诵。后以旧逋报罢归。”《魏伯子文集》卷七有《题张曲江像》，注云：“名黼鑑，榆林人。”

二月初一日，兄魏际瑞将赴京北游，叔子、魏礼均有诗送之。行前，魏际瑞画翠微峰于扇，命叔子记其略，叔子因作《翠微峰记》。

《魏叔子诗集》卷七《壬寅春日奉送伯兄北行》：“弟自海南初息驾，兄从冀北始行军。经时执手临歧路，正月开花别故庐。”《魏叔子文集外篇》卷十六《翠微峰记》：“壬寅三月，伯子将北行，画图于扇，命予记其略。或曰：此山名石鼓峰也。土人以其东面赤，群呼曰‘赤面石’。”

《魏季子文集》卷五有《奉送伯兄北行》，中云：“春水下船浮地势，晓风骑马趁人行。边歌早已通南服，野草还堪望北平。”

按，《魏伯子文集》卷七《读易堂诸子诗寄怀两弟》云：“壬寅二月朔，北向行京畿。”所记时间与叔子所述时间略有差异，其详情待考。

春，甘京归了溪，索白桃树秧，叔子、魏礼以诗赠之。

《魏叔子诗集》卷七有《甘健斋归了溪索白桃树秧诗以赠之》，《魏季子文集》卷五有《甘健斋索白桃秧诗以赠之》。

按，此诗在排列上置于《辛丑五月寓新城塔下寺，奉怀沈仲连在盱》与《壬寅春日奉送伯兄北行》之间，殊有可能为本年作。

魏际瑞北上道经赣州，客贾熊所，逗留四月，数致书叔子，且作诗怀二弟。叔子携魏世杰至赣州省之，有诗。十日后归翠微山，治行李将下江南。

《魏伯子文集》卷七《读易堂诸子诗寄怀两弟》：“壬寅二月朔，北向行京畿。相附右将军，馆谷如囚羁。春风花满楼，日日望天涯。遥忆勺庭柳，深绿垂长丝。顾我壁上句，想尔高吟时。自此日向远，行当音信稀。”

《魏兴士文集》卷四《梓室诗稿自叙》：“后十二年壬寅，家大人将北之燕，先客贾将军所，留郡城四月，相望甚惆怅，特买舟下十八滩，从叔父往省视。叔父有黄山之约，十日携予归山中，治行李，予之情不能已也。”

《魏叔子诗集》卷四《赣江呈伯兄》：“流水满春江，轻舟泛丛石。峣岁十八滩，水立如雪白。我伯虎头城，燕冀行有日。一月三寄书，念我成饥惄。……在昔癸巳春，兄作潮阳客。……十年今再来，念之心悽恻。……犹胜我窥观，荏苒垂四十。”

按，“癸巳春”至本年，约为十年；又据“荏苒垂四十”云云，故系此诗于此。

经雩都故寓处，登楼，感而有诗。

《魏叔子诗集》卷四《经雩都故寓处》：“买舟省伯子，道经雩阳城，十年曾侨家，今一造其庭。故藓生东阶，新燕巢西楹。我寓东小楼，左折右而登。……思欲履房户，愀然见生平。主人适他出，怆恍不能行。”

以艰于举子，叔子欲卜妾江南。临行，妻作《送行诗》，期以抱子而归。

《魏叔子诗集》卷七《新城九日寄内》：“歌闻肃肃宵征句，慰汝雍雍抱子诗。”后有原注：“壬寅余卜妾江南，内人《送行诗》有‘愿言得抱子，雍雍归故乡’之句。”

六月初七日，寓清江县樟树镇通慧寺，时酷热。夜有微雨，天凉睡美，有诗纪梦。

《魏叔子诗集》卷七有《通慧寺寄梦》，序云：“壬寅六月初七日酷热，寓樟树通惠寺。薄夜微雨，天凉睡美，梦同伯季数人行县市，俄见数骑来，与人马上左右拱手，云是外国朝贡人。前二骑皆重冠故制，形容甚伟。季子曰：‘甚观哉！不可无诗。’余喜甚而悲不自持，掩面大哭失声。连床友人急呼，余既醒，气上不能语，揽衣兴席而作此诗。”

因祝应鳌交熊兆行，有诗赠之。时兆行子熊颐持高节，隐居山中，叔子欲访之，兆行以酷暑阻之。叔子致书熊颐，道相慕之意。熊颐出见，叔子进以有用之学，毋徒以洁身为自足。

《耻躬堂文钞》卷六《送熊养及序》：“壬寅，予滞吉州，书介易堂魏叔子于仲相见，问人才，仲辄推养及。时养及方茧足穷山中，严出入，叔子贻书招之。六月，冠毡巾，出鹿渚来见叔子，一见辄深交。因谓见可曰：‘吾欲广其固。’见可笑曰：‘此予所必不能得者也。’叔子私养及，以微言动之，诺而去。”

《魏叔子文集外篇》卷十一《熊见可七十有一序》："见可六十时，余将南游以避暑，寓樟树，问才于祝仲立，仲立举见可父子。于是见可自山中出，始见，辄相发议论，滚滚不穷。久之，颐方袖毡巾而出。余以群、纪交之，时颐年三十有九。余敬其高节，爱其才，勉之为有用之学，毋徒以洁身为自足，颐深然之。"同书卷七《与熊养吉》："晤祝君仲立，便悉贤父子风概。既交尊公，使人有慨然有琨、逖之想。足下年少不字，以苦节为可贞，此禧所寤寐愿见，即欲亲诣贵里，而尊公以酷暑见止。禧发未燥时，辄思求友。……足下倘能步趾，是所至愿。"

《魏叔子诗集》卷四《乙巳正月雪中送门人熊颐归清江》："我寓通慧寺，招尔出相觌。椎髻毡高冠，长揖衣缝掖。廿年贞不字，闻者懦夫立。日曾涉风波，戚友垂涕泣。谓汝七尺躯，何苦甘斧锧？尔闻莫为动，夷然若不屑。感我一二言，遽许事改易。"同书卷五《赠熊见可》："忠臣自古无余禄，丈夫天性怀旧恩。君之好友祝仲子，其人沈练有思理。谓君作事多刚疏，以我观之信有尔。"

《魏季子文集》卷十四《明兵部职方司主事熊君见可墓志铭》："壬寅，予叔子禧南下，君与颐自山中出相见。颐深冠方袍，矫矫持高节，叔子与为群、纪交。因进颐以阅历致用之权，颐遂贬服毁容游四方。"

按，熊兆行之父熊化，万历二十九年（1601）进士，官监察御史。清顺治六年（1645），清兵入江西，或促其出谒当事，熊化瞋目曰："吾前朝旧御史，老且病矣，安事折腰求活为？"遂笔书绝命词，闭户自经而绝，详见施闰章《熊御史仲龙传略》（《施愚山集·文集》卷十六）。

《道光清江县志》卷十六《人物五》："祝应熊……弟应鳌，字仲立。顺治五年岁贡生。明给事中耀祖子。兄弟俱以文章气谊相敦尚。时东南新造岸狱，多及善类，军弁假搜捕行敚掠系累人妇女，要索重赂。应熊兄弟曲为周旋。……与金士升、鄞嵩寿、熊兆行父子文酒往还。南昌彭士望、林时益，宁都魏禧兄弟过清江，必造访之。嵩寿尝称应熊浑玉璞金，醉人于春风中；应鳌方岩岳立，令人起敬起畏，以为颇似二程子兄弟云。"

同书卷十六《人物五》："熊颐，字养及。幼通敏。祖化以副使里居，颐依之受书，遂潜心经史及唐宋八家之文，专治古学，研精河洛理数。隐处深山中，有终焉之志，惟与南昌彭士望，邑人黄河宾、祝应鳌友善，以文章风节相敦励。康熙初，魏禧游清江，闻颐名，将访之，……时年四十矣。走翠微山，从禧学，称弟子。旋客游四方，诸节镇书币交聘。……既，以亲老辞归。颐敏达多艺事，好谈谐滑稽，故入世而无忤。初字养吉，及从禧游冠石，林时益改之曰养及，作《字说》赠之。晚居里中，授徒讲学，务为诚朴静重，以讷夫自署，学者称讷夫先生。"

遇余嵒，相处甚欢，作《快哉行》赠之。

《魏叔子诗集》卷五《快哉行赠余生生》："快哉我得与生相遇，执手不辨新与故。"

按，此诗在诗集中，前一首即《赠熊见可》，后一首即《拙哉行为叶子作》，所述当为本年事。

《清史列传》卷七十《文苑传一》："余嵒，字生生，四川青神人。明诸生。世袭锦衣卫。国变后，谋结勋卫子弟兵，杀流贼，不克，逃之江南，参戎幕。复去之鄞，遂家焉。所居借鉴楼，临西湖上，结七子诗社，日与诸名士唱和其中。嵒年最长，群奉为祭酒。……嵒居楼中二十年。……著有《增益轩诗草》。"《皇明遗民传》卷三称其国变后"自称道士，葛巾方袍，四十余年不改。七十有七而卒。"余嵒号钝厂，见《明诗纪事·辛签》卷二十六。

六月，抵南昌，晤子，为赋《拙哉行》。

《魏叔子诗集》卷五有《拙哉行为叶子作》，序云："叶子之父，死义者也。叶子悦蜀人余生生，与游五岭，勉以义。既见吾季子，遂举所学制举文立焚之。壬寅六月，余相见南州，因道前事以砺其卒。叶子曰：'吾何以见吾朋友？'作此赠之。"

按，此"叶子"未详何人，俟考。

夏，魏际瑞自京城致书叔子，道入京之感受。

《魏伯子文集》卷二《与冰叔》："不至京师，不足以知天下人才之多。不至京师，亦不足以知天下人才之少。"

按，同书卷一《赠孙无言归黄山序》云："予以壬寅夏入燕。"此信当作于入京后不久，故系于此。

六月二十四日立秋，思妻，有诗寄之。于南昌广润门购桃食之，转忆勺庭桃熟，感而作诗寄弟。又于惠民门纳凉，感所见，又有诗。

《魏叔子诗集》卷七《立秋日南州寄内》："风雨同巢未肯孤，多卿劝我适江湖。……遥怜思妇空闺里，最是梧桐落叶初。"同卷有《于广润门市桃食之而甘，忆勺庭桃熟，却寄舍弟》，同卷有《惠民门纳凉一首》，题下有注："壬寅立秋日感所见，别有注。”诗有语云：“定知王猛非秦相，才识李陵是汉臣。木叶乍闻秋已怨，家书欲寄语难真。”

按，《立秋日南州寄内》、《于广润门市桃食之而甘，忆勺庭桃熟，却寄舍弟》二诗，在排列上置于《通慧寺寄梦》、《惠民门纳凉一首》之间，均当为本年作，故系于此。又，据《近世中西史日对照表》，康熙元年（1662）立秋为六月二十四日。

七月，同林时益同至庐山，访日焰，有诗赠之。后与日焰、林时益同游五老峰，林时益畏风而半途返回，叔子、林时益均有诗纪事。

《魏叔子诗集》卷五有《石松诗赠日公》，序云：“五老之阴曰兰谷，僧日焰与师旭峦结庐其上。壬寅七月，余同林确斋造之，自欢喜亭东折数里下谷。……又经数里，瓦出木际，乃及门焉。时旭师暂出，相见日公于堂，既说姓字，肃然拜兴。”同书卷七有《登五老峰》。

《朱中尉诗集》卷一有《兰谷同日焰上人、魏叔子游五老峰，予畏风自半途返，兼柬令师旭峦》。

按，叔子今年秋当有庐山之行。《魏叔子诗集》卷六《宿万杉同剖公雨后观泉》云：“行年将四十，今夜宿匡山。寺忆前朝胜，人如此水闲。暑风消雨后，客路入秋残。”

《民国庐山志》卷九《历代人物·明》：“日焰，新城黄忠节端伯族子。结庐乾纲岭下，掩关修净戒余二十年，诸山归德焉。明遗老宋之盛尝就访止宿。”

与宋之盛定交；又于白石村遇吴祖锡，亦结交。宋氏陪叔子、林时益游庐山，叔子以诗赠之。

《魏叔子诗集》卷四《戊申八月十日哭匡山宋未有先生》：“忆昔初定交，朝日出匡庐。陪我栖贤游，林子相与俱。更逢吴稽田，结交无踌躇。”同书同卷有《赠宋未有》，题下有原注云：“居匡山下白石村。”

《魏叔子文集外篇》卷十四《哭吴稽田文》：“在昔白石（原注：白石村在匡山下，高士宋之盛庐处，初见君于此），风吹乌桕。群鸟倒飞，君特我就。”

按，“林子”指林时益，叔子与林时益本年秋同游庐山，与宋之盛、吴祖锡结交当在本年。

《清史稿》卷二六七《儒林一》：“（宋）之盛，字未有，星子人。明崇祯己卯举人。结庐髻山，足不入城市，以讲学为己任。其学以明道为宗，识仁为要，于二氏微言奥旨，皆能抉摘异同。与文洊交最笃。晚读胡敬斋《居易录》，持敬之功益密。与甘京论祭立尸丧复之礼不可废，魏禧亟称之。”《同治星子县志》卷十《人物志上·理学》称其“国变后改名佚，又名惕，字未知。……与同里吴一圣、余暐、查世球、查辙、夏伟、门人周祥发讲学髻山，世称髻山七隐”。《皇明遗民传》卷五称其“国变隐居不出”。

《复社姓氏传略》卷五：“吴祖锡，字佩远，吴江人。昌时子。崇祯壬午副贡生。时中原大乱，祖锡预储勤王之旅，欲身任浙西，以浙东属许都。事未定而父遭祸，都以作乱死。忌者欲陷之，赖尚书徐石麒力持之，乃止。未几，两都继陷，祖锡乃更名钼，字稽田，从陈子龙、徐孚远等谋恢复。旋为仇家缚见巡抚土国宝，国宝剃祖锡发，纵之去。祖锡至浙东，鲁王授职方郎中。江上破，走滇中，官如故。滇中败，祖锡狂走四方。后至胶州大竹山，会庄烈帝忌辰，哭之恸，呕血而卒。”

与查世球、查辙游处，甚洽，有《赤岗二查歌》。

《赤岗二查歌》见《魏叔子诗集》卷五，题下原注云：“赤岗在匡山之麓。大查，世球；小查，小苏。”诗云：“前日扁舟下豫章，小查访我古南塘。其身不满五尺长，朴率有如田舍郎。今朝大查出揖客，匡云初开日正白。我见二查皆下拜，大阮小阮直奴辈。”

按，在本次会晤之前，叔子对二查之名并不陌生。康熙初年，查世球以反清案被捕，魏礼奔走营救。李子权《李寒支先生岁纪》载：癸卯，六十二岁。“南康义士查生天球陷大刑，事属广信黎司理。易堂魏和公先生礼特过泉上索书解援，先君立发书附去。然事在他司理，竟无益。”黎司理即黎士弘，时任江西广信府推官。叔子对此事也有记述，《季弟五十述》云：“南康义士陷大刑，事属某司理，司理故宁化李元仲门人也。往季病，就医瑞金县，司理曾候视之。……于是季辄冲风雪走元仲所索书，诡云有贩布客传此事，今附书布客来，当活义士。季留一夜，即冲风雪走会城。”不过，叔子在文中并未指明“南康义士”为何人，司理的姓氏也含糊其辞。

《同治星子县志》卷十《人物志·忠节》：“查世球，字天球，汝进子。性倜傥，好学负气。弱冠以七艺游泮，为名诸生，提督侯峒曾深契之。与都昌兵部侍郎余应桂、星子吴江友善。尝破产募勇士，冀恢复明室。戊子，絷赴江省，当事欲怜而纵之，不屈，就戮。后有遇球于途者，立马拱手曰：‘吾事毕矣。’”

同书同卷《人物志上·隐逸》：“查辙，字小苏。颖敏，淹贯天文、律历、勾股诸法，尤精岐黄业，全活甚众。尝制大衍丸诸方，论者谓可补张李诸家所未备。

国变后与宋惕讲学髻山，为七隐之一。年九十而终。”

与林时益、宋之盛、查辙访陶彦存，不遇，随至吴一圣宅。

《朱中尉诗集》卷三《同吴稽田、宋未有、查小苏、魏叔子过陶彦存，不遇，随至吴敬跻宅》。

《同治星子县志》卷十《人物志上·隐逸》：“明吴一圣，字敬跻。崇祯己卯乡荐。隐居髻山四十年，知府廖文英聘主洞事。”

按，陶彦存名号及生平事迹未详。阎尔梅《白耷山人诗集》卷八《题陶彦存别业》云：“长沙公庙食匡庐，栗里先生就此居。留得子孙多处士，北窗尘锁旧篮舆。”诗后原注云：“晋陶侃封长沙公。”据诗中所述，陶彦存当为陶侃之后人。

过访释石鉴，叔子离庐山时，石鉴以诗相送。

《魏叔子诗集》卷七有《寒泉精舍怀石公兼酬元韵》，题下有原注：“在五老之阴。”诗云：“溪涧可登移客座，清寒如汝立吾前。自惭补阙传茶论，孤负匡庐第一泉。”诗末亦有原注云：“余性不饮茶，石公送行诗有‘此行定酌匡庐瀑，试问何如石鼓泉’之句。陆羽品泉，以匡山谷帘泉为天下第一。”

《道光新会县志》卷十一《人物志·仙释》：“石鉴禅师今覞，本姓杨，仙洞人，居邑西墩。初名大进，字翰序。十五补郡诸生，弱冠讲阳明之学。崇祯甲申，京师陷，访天然和尚，论儒佛异同，不觉心折。鼎革后，遂谢诸生，会空隐和尚自长庆还，扣击颇锐。逾年，复见空隐于海云。顺治庚子，落发雷峰，天然授以大法，豁然开悟。甲辰，举西堂，领众之栖贤。闽僧迎住长庆，半载复还栖贤。每以祖庭未扩、法器未成、宏愿未践劳瘁，呕血而逝。”

秋，与彭士望、林时益乘船同下扬州。中秋，夜泊华阳镇。次日，早发，有诗纪事。

《魏叔子诗集》卷五《早发华阳镇》：“七月五日阻北风，江头白浪高于蓬。中秋夜泊华阳镇，琵琶琥珀声瑽瑽。……披衣出船望江月，波黑天低光明灭。梦中每爱放江船，月落空江叫鵖鸠。”

按，此诗排列上置于《揖黄君诗》前（详见后谱），所记当为本年事，故系于此。

抵扬州后，欲访邱象随，然邱氏已赴南京理姚佺之丧。后叔子作书致邱氏，称许其为人。

《魏叔子文集外篇》卷七《与邱季贞》："弟与仲连先生许得知足下名字，中夏买舟奉访，及抵维扬，乃闻足下出白门纪姚仙期丧。……足下顾走七百里外，以急死友。弟行李因人不能久须，然足下此行，正慊弟数千里命驾之意，虽不见面何恨。"

按，姚佺，字仙期，自称山贞遗民，浙江嘉兴人，流寓南京。早年曾加入复社，明亡后不仕，以遗民终。生平以振兴风雅为己任，编有《四杰诗选》、《诗源》等。其卒年不详，孙枝蔚《溉堂前集》卷五有《挽姚仙期》七律二首，第一首云："已矣朱弦绝，伤哉白马稀。瞽人翻有恨，狂士幸全归。架剩残书卷，棺藏破衲衣。无由说疏阔，松下但歔欷。"诗编入"辛丑"年，即顺治十八年（1661），且置于该年所作诗之最后，故邱象随料理姚佺之丧当为本年事，故系此事于此。

《乾隆淮安府志》卷二十二《人物志·文苑》："邱象随，字季贞。淮安卫人，冀宁道副使俊孙子。拔贡生。康熙己未举博学宏儒，特授翰林检讨，纂修《明史》。历司经局洗马。随少承家学，年十四即工诗，与兄象升有淮南二邱之目。性孝友，未仕，父殁，庐墓三年。通籍后追承先志，积俸置田为宗祠用，族人称之。"《鹤征录》卷一称其"著有《西山纪年集》"。

独往淮上赴故人约。九月九日，过高邮，造黄鸣岐门，值黄氏他出，不遇。是日五鼓，舟抵淮安，游白马湖。又至淮阴，登淮阴侯钓台，谒漂母祠，均有诗。又分别作诗寄妻，寄魏礼、李腾蛟、彭任，怀魏际瑞，兼忆世杰、世俲，时际瑞将出塞。

《朱中尉诗集》卷二有《癸卯三月，送魏叔子之高邮，……忆旧秋同下扬州，叔子独往淮上赴故人约，归云故人他徙，于高邮得交黄山翁，予时恨不一见……》。

《魏叔子文集外篇》卷十二《黄黄山七十诗跋》："旧年余访故人淮上，九日过高邮，会西风作，舟不能出湖。忽忆虬须僧语，欣然曰：'是天使吾见黄山也。'造门，值他出。天殆欲莫。五鼓，舟发抵淮安，则故人已挈家之河南。旁皇市上，登韩淮阴钓台，台圮坏，风景无足观览。谒漂母祠，门闭不得入。"

《魏叔子诗集》卷四有《申园杂兴》，序云："癸卯七月，余自西陵反于吴门。"其三云："去年游淮阴，门外揖漂母。"同书卷七有《高邮九日奉怀伯兄将自燕都出塞》、《漂母祠寄叶外兄》、《韩淮阴侯钓台》、《白马湖寄李咸斋彭中叔》、《寄内》。《寄内》云："久客真令骨肉亲，长干谁是授衣人？愁知双雁云中叫，又早孤帆江外分（原注：时躬庵、确斋留扬州，予独之淮）。……重阳此日无风雨，为想深闺亦闭门。”同书同卷又有《寄舍弟和公兼忆诸子杰儆》，云：“知汝只在孤峰住，日日登临见远皋。新豆初升尝祖妣（原注：俗于九日荐豆），故冠再拜领儿曹。……惆怅不须人送酒，芦声犹带广陵涛。”

返泊高邮，叔子舍舟登岸。天明，短衣垢面，访黄鸣岐，有《揖黄君诗》，遂为忘年交。

《魏叔子文集外篇》卷十二《黄黄山七十诗跋》：“反泊高邮，天莫，大水塞衢巷，复遣使问黄山在否，得报书恳至，欲相见，余愕然曰：‘吾于是果见黄山矣。’夜半舟发，予舍去，独上岸立风露中。质明，短衣垢面，款黄山门，遂作《揖黄君诗》。……黄山忘年齿，予为兄弟交。”《魏叔子诗集》卷五《揖黄君诗》：“舟子三更起理楫，送我独上堤头立。……逡巡借得墙外坐，泠泠风露沾我衣。身寒背倚湿芦苇，腹饥口嚼干莲子。……须臾闻说开重门，短衣垢面揖黄君。”

按，黄鸣岐名号未详，俟考。

与李思训游处，甚赞赏其文行。李氏日以诗文属叔子论定。

《魏叔子文集外篇》卷八《孔正叔楷园文集叙》：“余游高邮，得一人，曰李于庭。最后客新城得一人，曰孔正叔。……李于庭为文法柳子厚，而最爱王安石之文，恶其为人，遂终身不读其集。余在高邮，于庭年六十九，日以其文若诗命余定之。……予以于庭似先生，故并述于庭，使附先生以传。于庭名思训，兴化李文定公孙也。”

按，叔子与李思训何时相识，已不可确考，或在本年游高邮时相交，姑系于此。又，李文定公即李春芳。李春芳字子实，号石麓，嘉靖二十六年（1547）进士第一，授翰林院修撰，累官至礼部尚书，参与机务。隆庆初为首辅，进吏部尚书。谥文定。著有《贻安堂集》。

《民国续修兴化县志》卷十三《人物志·隐逸》：“李思训，字于庭，邑增生。……性廉介，以气节闻淮左。鼎革后隐高邮甓社湖畔，筑墅曰宛皋居之。虚心勤学，所撰诗文，辄授后进点定。有弹其瑕者，立自涂改。魏禧称其文行似江西高士孔正叔鼎。著《于庭集》、《晚好斋诗存》。”

再遇吴祖锡，吴氏引叔子为知己。

《魏叔子文集外篇》卷十四《哭吴稽田文》：“珠湖之滨（原注：高邮也，再见君于此），冻雨盈衢。褰衣前走，君追而呼。君谓我兄，平生知己。孤视四海，惟汝叔子。”

秋，彭士望客中作诗怀林时益、叔子，时叔子客淮上未返。

《耻躬堂诗钞》卷八有《客居雨中怀林确斋，隔寓魏凝叔淮上未归，兼柬陈伯玑卧疾僧舍》。

按，《耻躬堂诗钞》卷八所收诗均为康熙“壬寅、癸卯”年作，此诗后一首即《壬寅至日，丹阳河冻宵行四十里，有怀居行诸子，同家仲弟》，故此诗当作于本年。

林时益居扬州，迟叔子不至，有诗念之。

《朱中尉诗集》卷三《邗沟迟凝叔在淮不至》：“到处求朋友，游山非偶然。百忧知我贯，双眼为君穿。都会多名胜，奚囊尚酒钱。忍看淮水疾，时有下关船。”

与刘师峻相交，应江玉仲之邀，与林时益、骆樵客冒暑热访刘师峻之竹园，叔子、林氏均有诗纪事。师峻尝邀叔子、林时益放船于邗沟，同登迷楼故丘。

《魏叔子诗集》卷七有《刘峻度邀同林确斋邗沟放船，登迷楼故丘，时秋水大涨》。同书卷六有《过刘氏竹园同林确斋、骆樵客、江玉仲》，其二云：“旅中真畏暑，触暑访名园。小径曲依树，方塘平注泉。偶来石上坐，倦倚竹根眠。客梦何曾醒，蕉尊已到前。”其十后有原注：“时玉仲先归，期与桥上待月。”《朱中尉诗集》卷三有《江玉仲邀同魏冰叔过刘氏园，骆圣文来坐》。

阮元《淮海英灵集·己集》卷一：“刘师峻，字峻度，江都人。顺治丙戌举人，官曲阳知县，迁行人。”《乾隆江都县志》卷十二《选举·乡科》：顺治丙戌，“刘师峻，工部虞衡司员外郎”。

按，江玉仲、骆樵客名号及生平事迹未详，俟考。

师峻妻卞梦珏、卞德基及其母吴山以诗画赠谢秀孙，间请叔子论定其诗，叔子为作《青山集叙》。

《魏叔子文集外篇》卷九《青山集叙》：“《青山集》者，卞君楚玉夫人吴岩子氏所作也。夫人家青山，既转徙江、淮无常地，有《西湖》、《梁溪》、《虎丘》、《黄陵》诸集，最后汇次之，以《青山》名。……楚玉中道即世，未有后。夫人依女夫刘子峻度以老。……予交峻度最善，来广陵辄主之。夫人与其二女尝以诗画酬赠予内子，间属予论定其诗，因得请见。夫人吐辞温文，出入经史，相对如士大夫，予每退而叹息云。"

《诗观初集》卷十二："吴山，字岩子，江南当涂人。适同里儒家子卞琳字楚玉。岩子幼攻笔墨，嗜诗书，自归楚玉，频遭患难，转徙他乡者七年。戊寅冬，始卜居于石城青溪间，为栖隐计。无何，江东乱，几致覆巢。……楚玉中道即世，无后，有长女玄文，工诗词。次女德基，善画，先后嫁刘孝廉峻度。峻度迎岩子于家，事如母。自海内丧乱，耆旧凋零，岩子以诗名当世垂四十年，古文词皆秀雅绝俗，书法亦遒逸。年六十余，白发朱颜，有丹砂之色，望者如对高流逸士。"

同书同卷："卞氏，字玄文，江南江宁人。……幼颖慧，当六七龄时，即信口成五七言句。岩子教以文史，靡不博通。……母爱之甚，谓必得贵且才者字之始称快，而择配维艰。……迨父奄逝，母子俱客广陵，刘孝廉峻度乃纳聘焉。峻度性磊落，喜与天下之贤豪长者相结，赠贻宴会滋繁，而玄文虑能猝办。用是弗复肆志诗书，即间一吟咏辄辍笔。未几称疾，年三十四而卒。所著有《绣阁诗集》。峻度恸之，为梓其遗稿。"玄文名梦珏，号篆生，其《卞玄文诗》由邹流绮辑入顺治间刊《诗媛八名家集》，见《清人诗文集总目提要》卷五。

秋，与涂西定交，同客于涉园，得尽读其《空青集》，为之点次，甚称许其诗文。去年，叔子游新城时，已见涂氏诗，并闻其名，甚愿见之。

《魏叔子文集外篇》卷八《涂子山空青集叙》："新城涂子山，好为诗古文辞，有名于时。辛丑，余游新城，尝见子山诗，因欲以识其人。又闻子山守贫，不务苟得，所与游，少当意者，以是得狂名，余益愿见之。明年，余游广陵，与子山同客刘氏涉园，得尽读其《空山集》，为之点次所违覆，而中者十而九。余乃叹人言子山狂人，自不狂耳。然子山当无聊时，往往高诵其得意句。……子山为文能曲折，游山诸记，尤矜峭有法度。其诗幽远古淡，每使人得之言外。"

《魏季子文集》卷七《涂子山文序》："又七年，家叔子游广陵、吴越归，又得子山文数首，大抵皆江南作也，嵚崎磊砢，如倾岩邃壑。家叔子言在广陵时，呼子山为'老狂'。然于其所得意文，能使吾任意雌黄，不少忤。"

《同治新城县志》卷十《人物志 · 文苑》："涂西，字子山，明季人。入本朝，以游为事，无意进取。所至登览名胜，交其地贤士大夫，游踪涉历南北而客广陵最久。为人守道狭中，所与游少当意，以是得狂名。待朋友，笃气谊，与南昌王猷定交善。王没，西为经纪其丧。宁魏禧、魏礼兄弟，尤称莫逆。所著《空青集》，禧、礼并为序。……晚年倦游，郡判黄元治延入署斋，与切磋文字，俄病笃，黄抱入庆云精舍，卒。”

因涂西介绍，与孙默定交于扬州。

《魏叔子文集外篇》卷十《送孙无言归黄山叙》：“休宁孙无言将自广陵归隐乎黄山，十年而未行。……壬寅，予客广陵，吾乡涂子山数为余言其人，余因得交之。”

《道光徽州府志》卷十二《人物志·风雅》：“孙默，字无言，休宁人。以布衣能诗见称于时，寓居江都。贫而好客，闻有一技一能之士，必折节下之。四方名士至其地者，亦必徒步访默，然默不轻诣人。南州友人王某客死浙中，默为奔告故人，经营其丧，纪其妻子，俾归葬于南昌。其笃贫交如此。……尝欲归隐黄山，未遂，作诗文送之者至盈箧。晚营一室曰茧窝，同人为诗纪之。所刻同时诸家词，自康熙甲辰至丁巳，阅十四年始汇成，凡十五家三十七卷行世。”

与迮俊交，称道其“安贫守义，志终无少变”。

《魏叔子文集外篇》卷十《赠迮旦庵迁居序》：“迮子弃诸生隐于医，读书赋诗以自悦，而贫日甚。……迮子贫不能守先人之室，售其奥焉于人而居堂，已又售其堂，居无庑所，居益隘。而迮子安贫守义，志终无少变也。迮子本中州人，先人业盐筴广陵，使迮子出其才能，苟且阴狷以取资当世，虽高明之室逾其先，夫岂不可致？然而欲无咎也得乎？……吾以迮子为有合于《节》之初九，而无悖于《诗》，是以贤之。迮子好朋友，与予交。”

按，此文中有“予再来广陵，值其再迁也，于是为文以赠”语，叔子再来扬州为康熙二年（1663），故与迮俊相交当在本年，故系于此。

王豫《江苏诗征》卷一五七：“迮俊，字旦庵，山阳人。又云祥符人，家江都。著《映春堂诗》。”孙枝蔚《溉堂续集》卷五《送迮旦庵俊之淮安》称“迮生卖药江都市，高寄无惭古君子。瓶中粟尽懒求人，自信善人穷不死”。

应李滢之请，作《夏节妇碣文》。

《魏叔子文集外篇》卷十八《夏节妇碣文》：“节妇姓李氏，扬州兴化镜石君女也。母叶，生节妇，贞静肖其母。……节妇生十八年而嫁，三年丧夏君。又七年，节妇死。节妇始求死不得，继忧愤成疾死，此与盖棺时从死无异。……某年月，夏翁将合葬节妇于文学之墓。镜石哀其女之志而例不及旌，请余为文以传之。”

按，叔子与李滢相识之具体时间，不详，或在本年游扬州时，姑系于此。

《雍正扬州府志》卷三十一《人物志·文苑》："李滢，号镜月，兴化人，移居高邮。明少师春芳四世孙。年十四补诸生，经史百家之书无不淹贯。顺治乙酉举于乡。尝以父仇未报，愤不欲生。久之，得巨憝，毙之，天下咸称其孝。后绝意仕进，肆力诗古文辞。遍游名山大川，足迹所至，诗文盈箧。晚尤粹于经学，参互考订，多所发明。又博采古圣君贤臣、懿士淑媛之事，附以论断，用垂明鉴。……所著有《敦好堂诗文集》三十卷、《懿行编》八卷、《经济考》八卷、《庐山志》十五卷。"据《清人室名别称字号索引》，李滢字镜月，号镜石、镜远。

于扬州邂逅汪楫，与之交。

汪楫《山闻诗》有《为罗饭牛题画寄魏冰叔》，诗云："冰叔别我已六年，著尽奇书不得读。翠微高插青芙蓉（原注：翠微山，冰叔读书处），雁足何由踏深谷。"《魏叔子文集外篇》卷五《答汪舟次书》："广陵邂逅，于今六年。"

按，《山闻诗》所收诗均为康熙六年（1667）丁未所作（参见该年谱文），诗中既云"别已六年"，逆推六年，正为本年。

《清史稿》卷四八四《文苑一》："汪楫，字舟次，江都人，原籍休宁。性伉直，意气伟然。始以岁贡生署赣榆训导。应鸿博，授检讨，入史馆。……（康熙）二十一年，充册封琉球正使，宣布威德。……归撰《使琉球录》，载礼仪暨山川景物。……出知河南府，置学田，嵩阳书院聘詹事耿介主讲席。治行为中州最。擢福建按察使，迁布政使。楫少工诗，与三原孙枝蔚、泰州吴嘉纪齐名。有《悔斋集》、《观海集》。"

暮秋，与林时益登扬州梅花岭，拜史可法墓。

《朱中尉诗集》卷四《同魏冰叔梅花岭拜史忠襄公墓》："秋尽天寒夜不霜，短衣大帽拜忠襄。梅花是岭堪埋骨，榆树成林竟出墙。飞马直来开兖豫，降帆回指下江黄。莫云缓死文丞相，忍见中朝一日亡。"

按，叔子生平曾数度至扬州，但只于本年与林时益同至扬州，故系此事于此。

暮秋，登南京燕子矶，林时益病畏风，不能偕。

《朱中尉诗集》卷四《病畏风不能偕冰叔登燕子矶》："三百年来燕子石，狂澜骇浪尽安流。江湖万里分南界，吴楚千夫运北舟。芦荻尚思当日赐，衣冠真羡古时邱。悲君极目空亭上，云物钟山正暮秋。”

客苏州，交顾祖禹，甚敬服其学问，以为《方舆纪要》乃“古今绝无而仅有之书”，欣然作序。又应顾祖禹之请，为其父作墓志铭。祖禹以兄事叔子，二人如昆弟。

《魏叔子文集外篇》卷十八《常熟顾耕石先生墓志铭》：“祖禹博学，善著书。宁都魏禧客吴门，见《方舆纪要》，奇之曰：‘此古今绝无而仅有之书也。’既交其人，沉深廉介，可属大事，相与为齿序，弟畜之。祖禹因出君状乞志铭，禧不能辞，谨志其行事于右。”同书卷八《方舆纪要叙》：“祖禹沉敏有大略，为人奇贫而廉介，宽厚仆挚，不求名于时，与宁都魏禧为兄弟交。禧既笃服其书，祖禹因请为之序。”

《耻躬堂文钞》卷六《顾耕石先生诗集序》：“魏叔子尝为予言：吾之文虽为海内所推求，实学为顾景范、万充宗辈，则瞠乎其后。”同书卷三《与陈元孝》：顾祖禹“少叔子数岁，以兄事叔子，为之执伞捧溺器，居然与昆弟相似”。

按，彭士望亦为《读史方舆纪要》作序，见《耻躬堂文钞》卷六，文中云：“宁都魏禧已备言其书之用，望第述其书与人之本末。如是，天下后世当共见之矣。”

《光绪无锡金匮县志》卷二十一《人物志·儒林》：“顾祖禹，字景范，家对宛溪，号廊下。顾父柔谦，为赘婿昆湖谭氏，生祖禹，祖禹故间自署常熟，实世锡人也。中岁与黄庭结邻，遂家胶山。祖禹少负异才，博综群籍，出游逾岭峤而归。昆山徐乾学奉敕修《一统志》，延致祖禹与太原阎若璩、常熟黄仪、德清胡渭四人于家。四人之学，尤精地理，又得传是楼藏书参稽穷讨，各有撰著，而祖禹则成《读史方舆纪要》一百三十卷。……祖禹又与宁都魏禧为金石交，禧客死芜湖，祖禹往纪其丧。祖禹在志局时，乾学将荐起之，力辞罢。”

将返宁都，与涂酉夜坐，无言对灯火，有诗赠别。

《魏叔子诗集》卷五《广陵别涂子山》：“去年八月客黎水，见君壁上诗数纸。广陵秋老菊花开，客中逢客却在此。明日别君去，共君今夜坐。天高霜气深，无言对灯火。居邻北郭带邗江，明夜涛声一思我。”

按，《魏叔子文集外篇》卷八《涂子山空青集叙》云：“辛丑，余游新城，尝见子山诗，……明年余游广陵，与子山同客刘氏涉园。”故诗中之“去年八月”云云，当指顺治十八年辛丑（1661），故此诗作于本年。

九月十日，与彭士望同返宁都，顾祖禹自无锡至来相送，华胥填词送之，依依难舍。

《全清词·顺康卷》有华胥《云仙引·重九后一日，阊门送彭躬庵、魏叔子归宁都，顾景范亦从锡山至，方怅骊驹，还欣旧雨，因拈此调》，下片云：“寒山暝雾犹濛。奈鹤盖、凫舸向水东。鸡鸣天末，还疑长夜，另有疏钟。问渡何堪，挥杯忍别，相对孤芦泪洒同。西风吹晓，布帆沙际，白浪芙蓉。”

《光绪无锡金匮县志》卷二十六《人物志·艺术》：“华胥，字希逸。善画人物，与恽寿平花卉、王翚山水并称秀丽艳逸，所画《老子出关图》最工。”据《江苏艺文志·无锡卷》，华胥原名庶徵，字叔用，又字羲逸，传世作品有《织女图》等，著有《剪松堂诗》一卷、《画余谱》一卷。

十二月，作《四愁诗》。

《魏叔子诗集》卷二《四愁诗序》：“辛丑八月，余作《三愁诗》，今乃更作《四愁》，摧杂绝哀，亡及章句，时壬寅腊月也。”

魏世俨生。

清康熙二年癸卯（1663）　四十岁

正月，四十初度，妻谢秀孙作诗寿之，并治酒款客。

《道光宁都直隶州志》卷三十一《艺文志四》谢秀孙《奉寿勺庭外君四十初度》：“君素爱诞辰，况当四十一。浣手治尊酒，饮君之嘉客。愧无兰芳赋，佐君花下席。”

石城廖应兆以保全头发而被清兵处死。二月，魏书以其事来征诗，叔子悲之，作《役人歌》。

《魏叔子诗集》卷二有《役人歌》，序云：“石城廖公以全发死于兵，族祖石床为作传，癸卯二月且来征诗。石床好传义死，如赣县卢子占，宁都刘方公，叶绵而妻谢氏，东门曾氏烈妇，一门三人。……公讳应兆，字圣符，别号太初。……余读《传》内悲，作《役人之歌》。”

按，《道光宁都直隶州志》卷二十二《人物志·忠义》载有廖应兆小传，所叙其死因与魏禧所述不同，云：“廖应兆，字太初，万历癸卯乡荐。判南直太平府，历署广德诸州邑。复司漕，造舟有贤能声，升辽州知州。亲老，乞终养归。……明末避寇奔盱。李自成陷燕京，应兆闻之，悲恸致病卒。”

三月，出游江南，将赴高邮为黄鸣岐先生寿七十，林时益以诗赠行。叔子去年自江淮返宁都后，屡向诸子述黄鸣岐之为人，故时易堂诸子除李腾蛟、彭士望、魏际瑞之外，均各作诗文为黄鸣岐寿。

《朱中尉诗集》卷二《癸卯三月，送魏叔子之高邮，寿黄黄山翁七十，……值茶时，不得偕下，郁勃不觉成诗，即书为黄山翁寿，且订后期》：“竹舆布被岩下路，魏子忽来叩柴荆。买舟云下淮南道，为寿七十黄山老。”

《魏叔子文集外篇》卷十二《黄黄山七十诗跋》：“余归易堂，诸子问余所得，必以黄山对。诸子皆愿见黄山，因各为序、为诗，为黄山寿。诸子咸斋以贞疾废笔研，彭躬庵游吴门未归，伯子近家书至，云方自塞上归燕市，皆未得相闻，故三人无作。”

《邱邦士文集》卷九《黄黄山七十寿序》：“往年冬，魏冰叔游而自江淮归，为吾言高邮市中黄丈者则真长者。冰叔言丈六十九岁，居质肆中，操子母钱赢余自给而特好儒道。……言丈口不略及人之过失，身受欺绐，不自陈白。”

春，抵南京，暮色中登雨花台，凭吊故京，感而有诗。

《魏叔子诗集》卷七《登雨花台恭望》：“生平四十老柴荆，此日麻鞋拜故京。谁使山河全破碎，可堪翦伐到园陵。牛羊践履多新草，冠盖从容半旧卿。歌泣不成天已莫，悲风日夜起江声。”

初夏，彭士望同友人游焦山，作诗赠林时益、叔子。

《耻躬堂诗钞》卷八《同诸公游焦山，书贻林确斋、魏凝叔》：“独此罕人迹，夏木何交荣。鸟乐客益闲，因知焦先生。”

按，《耻躬堂诗钞》卷八所收诗均作于康熙“壬寅、癸卯”年，此诗前二首为《癸卯初夏，同诸公游北固山，有怀旧游兼书触目，得三十八韵》、《金山作》，故系此事于本年。

五月，抵高邮，为黄鸣岐先生寿七十，为其先人作《龙坞遗诗叙》。

《魏叔子文集外篇》卷十二《跋苏文忠书醉翁亭记》：“癸卯五月，余自宁都来高邮寿黄黄山七十，登其堂。”同书卷九《龙坞遗诗叙》：“休宁黄君鸣岐，居质肆，高义动大江南北。……癸卯夏，自翠微峰来，寿君七十，为言先人养素先生之为人，出其遗诗示余。”

游宝应，拜二烈士祠，宿于霜皋，与（王）世德、王汲、王源父子相处。以兄事王世德，为其像题词。时王源十余岁，岸异多英气，叔子甚器之。

《魏叔子诗集》卷二有《王中斋像赞》，序云：“有作《孤松图》写王子之形者，余既以兄事王子，窃闻九方皋之相马，赞曰……”《魏叔子文集外篇》卷八《信芳斋文叙》：“吾友王君克承之仲子源，字崑绳，与其兄汲公，以文学名于时。崑绳岸异多英气，自其十数岁，余辄器之。”同书卷九《淮游草序》：“予尝客宝应，拜二烈士祠，闻其墓地亦在数十里内。”

《魏季子文集》卷十二《留云堂记》：“予初至宝应，侨王子克承之霜皋，乐其地而留之。尝与克承之子汲公立于门外四望，皆畅。”文后有魏禧评语：“予尝寓霜皋，其处最宜于望，以地多林水，望之仿佛光景不定也。”

《居业堂文集》卷十八《先府君行实》：“及遁迹江南，颓然纵饮自放，而友人急难，即挺身出为排解。每定大难于杯酒谈笑，而保全者甚众。与先业师梁鹪林先生偕隐宝应，南北则中州崔履斋、宁都魏叔子诸先生及义僧松影，时往来无间。每谈当日人才政事亡国之由及朝廷礼仪大典，委备详核，竟日夕不倦。”

按，《王中斋像赞》在诗集中，排列在《役人歌》与《乙巳元旦得圭笺试笔》之间，叔子与王世德王汲、王源父子相交，或在本年，姑系于此。又，“二烈士”指臧洪、陈容，《民国宝应县志》卷二《坛庙》载：“二烈士祠，祀汉东郡太守臧洪、东郡丞陈容，春秋有司官致祭。旧在城西门内，清顺治十八年，推官王士祯增修。”

《清史稿》卷五〇〇《遗逸一》：“（王）世德，字克承，自号霜皋，北平人。少袭锦衣卫指挥佥事。北都陷，拔刀将引决，为仆所夺，妻魏已率诸妇女赴井死，遂易僧服，与以樟偕隐。尝愤野史诬罔，不可传信后世，欷歔扼腕，作《崇祯遗录》一卷，自序之。康熙间修《明史》，有司录其副本上史馆。三十二年，卒，年八十有一。”《民国宝应县志》卷十七《人物志·流寓》称其“鼎革后，携二子洁、源南奔，就梁以樟偕隐，筑霜皋书屋于画川西以居”。王源《先府君行实》称其“别字中斋”。

《居业堂文集》卷十八《先兄汲公处士行略》：“先兄讳洁，字汲公，别字洧盘。……十二岁补弟子员，有声，试辄高等。及南游，慨然尚志弃去，不复试，从梁鹪林先生讲学。先生讳以樟，变后隐居宝应。源兄弟受业于门，兄笃苦潜心理学，穷经史，先生深器重之。……年几四十犹未娶，家君以宗祀计，强授室。而兄以亲老无以养，时时出游，备尝险艰，历寒暑，劳困弗恤，乃卒无所遇而郁郁成疾。……其著述有《三经际考》、《学易经济编》、《洧盘子集》，俱堪传世行远。而编辑先业师全书，为马宛斯先生参订《绎史》，皆有功后学者。”

《清代朴学大师列传》第一：“王源，字崑绳，一字或庵。直隶大兴人。少有节概，慕诸葛亮、王守仁之为人。从魏禧学古文。豪侠尚气，喜言兵，作《平书》十篇。……年四十，初游京师，徐元文颇加礼重，诸公排纂文史，必就质焉，《明史稿·兵志》实出其手。或病其不习时文，笑曰：‘是尚需学而能乎！’因就有司求试，举京兆第四人，寻舍去。……晚岁闻颜习斋讲学乡里，偕李刚主往谒，与语，大悦之，同师事之。……逾六十后归，客死山阳。……所著《平书》外，有《易传》十卷、《兵论》二卷、《或庵文集》十六卷。”

应王洁之请，作《王氏三恭人传》。

《魏叔子文集外篇》卷十七《王氏三恭人传》：“明锦衣卫佥事王世德，有妻曰徐氏，继室曰魏氏，曰萧氏，皆贤。……萧恭人善治家，抚前子女如己出。……洁之幼也，恭人酷爱之，而督甚严。”《居业堂文集》卷十八《先兄汲公处士行略》：“先兄讳洁，……先妣徐恭人出。徐，家君元配。继以魏，魏殉难死。又继以萧，生源。先兄九岁得源母，后母也，久而忘焉。性至孝，爱母、服母、训母，不知子前子也。……后请宁都魏叔子先生为三恭人立传，曰：‘洁闻人言后母字，若刀刺吾心。’”

访梁以樟，为其像题词。

《魏叔子诗集》卷二有《鹪林先生像赞》，序云：“高山悬泉松石之间，有人抱膝而坐，泊然无所事，目炯炯若有所营。其为今人耶？今之何人？其古人也。主人出，揖客于庭，则俨然此人也！”

《民国宝应县志》卷十七《人物志·流寓》：“梁以樟，字公狄，直隶清苑人。崇祯己卯乡试第一，庚辰进士，授太康知县，调商丘知县。京师陷，以樟走江淮间，阁部史可法延致幕下。可法死，以樟隐宝应。时以樟年才三十七，才名倾海内，姊夫王铎父子官津要，频致书劝驾，不应，买田数十亩，栖遁烟水之乡，署轩曰‘忍冬’，名所居庄曰‘兔避’，由壮及老以死。尝自比宋谢皋羽、郑所南，洵无愧也。……四方之士若沛阎尔梅、南昌王猷定及崔干城、僧松隐频过以樟及刘纯学家剧饮，慷慨激昂，继以涕泣。晚年偕乔出尘、陈钰、朱克生、刘中柱追王世德父子结文字饮，觞政皆抉剔经史，旁及稗官野乘，可记而传也。著诗文、理学诸书。”梁以樟别号鹪林，见《大清畿辅先哲传》卷二十七《高士传一》。

按，在《魏叔子诗集》中，《王中斋像赞》前一首即为《鹪林先生像赞》，故叔子与梁以樟相交，极有可能在本年。

游杭州，寓昭庆寺侧，尽览湖山自然之美，最爱望湖心亭。

《魏叔子文集外篇》卷十《西湖近咏题词》：“长览《西湖志》，益神往。及癸卯，同友人客杭州，寓昭庆寺侧，见水阔波清，疑而私问人曰：‘此何地？当与西湖近耶？’曰：‘此即是也。’予爽然若有所失。盖平日所欣羡若六桥桃花、垂柳楼台之胜，士女之纷华，一无所有，与少壮时传闻划然为两地，意不怿者数日。寓半月，晨兴夜寝，烟水风月，尽湖山自然之美，乃叹曰：‘此真西湖也。’……予寓湖楼时，最爱望湖心亭。”

寓水亭子，编订其著述。与沈昀、吴任臣、陈丽友善，以兄事沈昀。又因其请，为其兄嫂黄修娟作《娱墨轩遗诗叙》。吴任臣以《十国春秋》示之，属叔子为之序。又有诗赠陈丽。

《民国杭州府志》卷一七四《人物志·寓贤二》：“魏禧，……游浙，与仁和沈兰先、吴任臣、沈佳友善，寓会城水亭子，据案伸笔疾书，订其著述，不问外事。”

《魏叔子文集外篇》卷十三《书禹航三严先生崇祀录后》：“癸卯，始游吴越，交沈甸华、陈贞倩。”同书卷九《娱墨轩遗诗叙》：“予客西陵，兄事沈子朗思。朗思出示所作兄嫂《黄夫人传》，既介其嗣子叔竑奉夫人《娱墨轩遗诗》请予叙之以行。夫人讳修娟，字媚清，江西督学贞甫先生季女。十五而适沈君羽文。……甲申后，夫人劝羽文罢弃举子业，更喜读《离骚》、《九歌》、《九章》激楚之音，与羽文、叔竑及诸从子月课为诗。”同书卷八《十国春秋序》：“钱塘吴任臣撰《十国春秋》成，以示宁都易堂魏禧而属之叙。禧不敏，不敢辞，于是叙之曰。”《魏叔子诗集》卷七有《赠陈贞倩》。

按，《十国春秋序》作于何时，已不可详考，或作于本年叔子游杭州时，姑系于此。

《乾隆杭州府志》卷九十《人物志·儒林》：“沈昀，后名兰先，字甸华。仁和人。父之龙，学行著闻。兰先读书好古，究濂洛之学，考性命之理，日有课，月有程，每月则宗其所得，与同人质疑辨义，一以朱子为宗。家甚贫，环堵萧然而澹然自适。所著有《宋五子要言》、《四先生辑略》、《四书宗法》、《七经评论》。”《清史稿》卷二六七《儒林一》称“沈昀，字朗思，本名兰先，字甸华。……刘宗周讲学蕺山，昀渡江往听。与应㧑谦友。其学以诚敬为宗，以适用为主，而力排二氏。家贫绝炊，掘阶前马兰草食之”。

同书卷九十四《人物志·文苑》：“吴任臣，字志伊，初字征鸣。闽之莆田人，从父至杭，遂籍仁和，补诸生。好奇读书，世故未之识也。……康熙十七年，应博学鸿词科，入翰林，与修《明史》。生平多所论著，尝取唐季诸霸国事，为《十国春秋》凡若干卷。又精音律。”据李集《鹤征录》卷二，吴任臣还著有《周礼大义》、《礼通》、《山海经广注》、《字汇补》等书。

《民国杭州府志》卷一百四十八《人物志·隐逸》：“陈丽，字贞倩，潜夫弟。少失学，长始读书。从兄潜夫治军大梁，所筹画暗合孙吴。当其诸营累累如儿戏，独其军屹不可动。与潜夫间关戎马，立效以自见。国亡后，匿迹东城，厄穷以终。”

同王晫、沈昀彻夜长谈，对酒论文。为王晫评点词作，并以莱玉图书相赠。

王晫《霞举堂集·峡流词》有王晫《剔银灯·与魏冰叔、沈甸华夜话》，下片云：“赖有良朋相会。更不怕、驱愁无计。对酒论文，击壶说剑，重把银灯挑起。更残望倦，问童子、野鸡鸣未。”《天仙子·题画美人》后有叔子评语：“诗中有画，摩诘后身。”

《霞举堂集·尺牍偶存》卷下《答魏叔子饷莱玉图书》：“产自西河，投来北郭。质符三采，价重五都。不烦磨琢，堪勒琬琰之名。永作珍藏，愧乏琼瑶之报。”

《清史列传》卷七十《文苑传一》：“王晫，初名棐，字丹麓，浙江仁和人。诸生。性好博览，……好宾客，客至典衣命酒。士大夫至武林者，多与纳交。当时名士谦集，未尝不在。然束身自下，悃愊如山中人。……晚辟墙东草堂，吟啸其中。堂内设量书尺，每岁积四方投赠诗文于除夕量之，准以六尺上下。家既落，犹喜刻书，尝刻有《檀几丛书》五十卷。所自著有《遂生集》十二卷、《今世说》八卷、《霞举堂集》三十五卷、《杂著》十种十卷、《墙东草堂词》。”

按，叔子与王晫相识之具体时间，不详，或在本年游杭州时，姑一并系此。

闻汪氏三孝廉之名，造访汪家。然仅见汪沄，汪沨则进退无常。久之，叔子乃致书汪沨，道愿见之诚。沨得书，急走馆舍相见，把谈甚欢，自是常抵足而谈，为昆弟交。

《魏叔子文集外篇》卷十七《高士汪沨传》："魏禧曰：'余癸卯游浙江，闻三孝廉名。……予客西湖，身造沄，使道意。久之，沨不出。微闻沨到湖上，予乃寓书沄以告沨曰：'魏美足下，足下知仆至，意当倒屣过我。顾以常客遇我，足下则可谓失人。'沨得书，辄走舍馆相见。自是常出就余，出则必之愚庵所，抵足卧，往往谈至鸡数鸣，或更起坐行不肯休。"同书卷五《与徐昭法书》："顷游武林，与魏美为昆弟交。"

《清史稿》卷五〇一《遗逸二》："魏禧自江西来访，谢弗见。禧留书曰：'吾宁都魏禧也，欲与子握手一痛哭耳！'沨省书大惊，一见若平生欢。"

按，叔子致汪沨书见《魏叔子文集外篇》卷六，题为《与杭州汪魏美书》，中云："及抵杭，知足下进退无常，不可踪迹，窃以自恨，乃往见足下令弟。日者微闻足下已至湖上，意当倒屣过我，与足下班草深言，追古人桑阴之迹，引领数日，謦咳无闻。禧愿见之诚，结于梦寐，亦云至矣。"

《乾隆杭州府志》卷九十五《人物志·隐逸》："汪沨，字魏美，仁和人。少孤贫，与兄澄、弟沄名行相勖，奉寡母至孝。崇祯己卯举于乡，奉母避兵天台，还居湖上。时湖上有三高士，皆举人不就公车者，沨为其一。监司尝遇之僧舍，问汪孝廉何在？沨应声曰：'适在此，今去矣。'监司载酒湖船，请以世外相见，其二人相与抗礼，沨独不至。已而知在孤山，泛船从之，沨竟排墙遁去。所居败书数帙，或键户出不返。黄宗羲过访，沨送之清波门，不入都。"《桂山堂文选》卷七《贞静先生墓表》："先生名沨，字魏美，姓汪氏。……先生兄灈、弟沄，皆有志节。"

与毛先舒交好，先舒深敬其为人，并赞许其文。

毛先舒《小匡文钞》卷十八《书魏冰叔文》："宁都魏冰叔文，以峭劲之笔，抒清雄之气。志思沉毅，论议开展，即琐语亦意外生奇，真隽才也。……冰叔慷慨凛大节，在杭州与余交好，余深敬其为人。"

《康熙钱塘县志》卷二十二《人物志·文苑》："毛先舒，后改名骙，字稚黄。生而早慧，笃志嗜学。六岁能辨四声。工诗善属文，为陈司李子龙所称赏。时文社方兴，舒与张纲孙、沈谦、陆圻、柴绍炳、孙治、吴百朋、陈廷会、丁澎、虞黄昊相唱和，称'西陵十子'。山阴刘都宪宗周讲学于蕺山，舒执贽问性命之学，坐语移日。及退，宗周谓人曰：'毛生久以笃学擅名，岂非东南之宝乎？'无何，竟弃举子业，肆力于古，辨析反复，必本经术，有郑玄、王肃之概。诗以大雅为主，文自两汉暨唐宋，俱秉其体。与修《浙江通志》。"毛先舒著述甚丰，详见《清史列传》卷七十《文苑传一》。

与陆堦游处。夏日，曾宿陆氏斋中，有诗纪事。

《魏叔子诗集》卷七《宿陆梯霞小斋》："一灯影落庭如水，四壁虫鸣夏欲霜。惆怅桑阴人未远，终宵反侧卧匡床。"

《郭西小志》卷十："先生名堦，与兄丽京、鲲庭以文章领袖一时。先生生时，有文在手，曰'才人'。长负海内文望，四方耆宿道出钱塘，必问讯于先生，停车握手以为快。甲申后，奉裘太夫人隐于河渚之骆家庄。鲲庭殉节，丽京以事牵连。堦走京师，求舅氏裘效诚字信甫者，脱兄于狱。兄亡去，始受鸡林估人请，选试帖房椟，名《龙门集》，取酬资以供菽水，教授生徒，从游甚众。……卒年八十有三，著有《白凤楼集》。"

与徐继恩游处，于湖心亭月下快谈，甚洽。别后，徐继恩作诗柬叔子，抒思念之情。

《魏叔子文集外篇》卷十六《俍亭像记》："魏子见公九年也，往见于西湖，渊乎若泉也，冥乎若云中之鸿也。"同书卷七《与俍公》："湖心亭月下快谈，真胜十年读书，岂是博物之谓?"

徐崧等辑《诗风初集》卷十六徐继恩《柬魏冰叔》："几番湖上共徘徊，病对寒江意转哀。负我未堪成管乐，逢人那更说邹枚。广陵夜夜涛空切，隋苑年年花自开。十载相思又相别，无端摇落鬓毛催。"

《国朝杭郡诗辑》卷三十二："净挺，字俍亭，仁和人。有《云溪近稿》。俍亭者，徐世臣继恩也，号逸亭，明崇祯壬午副贡。性至孝，尝割股疗父疾。少时结登楼、揽云诸社，高文积学，主坛坫三十年，与西泠十子为密契。甲申之夏，发愤草檄，以危语中贵阳。迨南都陷，遂弃诗书，断酒肉，有绝俗之意。历十余年，父母皆殁，乃从洞宗愚公受具为僧，主禾中资圣寺，武塘慈云寺、鹤勒庵，若西溪之云溪庵，乃其所创也。又以天竺云峰中落，矢愿恢复，期年而工成。年七十卒。"

与徐汾游，称其博学能文，为其所著《经史征》作序。

《魏叔子文集外篇》卷八《经史征叙》："《经史征》者，武林徐武令所辑也。武令博学能文，年甫壮，为名士，所著书板行甚多。于是更取十三经、二十一史之源流，汇而辑之，间参以论断。……予因谓徐子曰：十三经人有异论，当以何者之说为断？二十一史美恶何在？有复出，何以删。事相牴牾，何以考之使合？

徐子其当继是书论定之矣。”

《国朝杭郡诗辑》卷六：“徐汾，字武令，仁和诸生。有《万卷楼集》。武令一称管涔子，一称京山人，一称炎州学者，一称啸痴，一称髯徐。为世臣先生子。少秉异资，九岁通《鲁论》、《易》象。十三熟六经、《左》、《国》。十五诵《文选》、秦汉百家书，善骚赋。十八专攻诗古文词。口吃不能言，喜著书，苦无由得钱易楮翰，常于破几上起草，束麻濡煤作字。为吴百朋婿。妇亦能诗，尝撰《闻乘》一书，论者以为可裨掌故，惜无传本。陶元亮旧传有《群辅录》，武令既冥搜其所未备，复约略晋宋以至元明，得若干人，为《广群辅录》。又著《赋辨》及《骚赋》、《通韵》二书，包辑众材，广证远引，孙宇台亟称之。”

与胡介游处，有诗赠之。

《魏叔子诗集》卷五《赠胡彦远》：“热风日夜吹湖水，独坐高楼窗不启。……我时回首钱塘城，有人抱膝忠清里。下床负剑倚青童，入座罄折冯玄几。双目炯炯对客谈，意君当是天下士。”

《国朝杭郡诗辑》卷三：“胡介，初名士登，字彦远，号旅堂。钱塘人。有《旅堂诗集》。彦远幼颖异，年十二补诸生。故居在河渚，人迹罕至。及江上兵起，复入城中，僦居一亩田，遂更其名，以示蛊上履二之志。……游京师，其时如吴公伟业、龚公鼎孳、曹公溶、周公亮工皆折节纳交。而彦远意气瑰兀，亦莫能笼绊之也。旧时武林坛坫，陆先生圻实执牛耳，独不能屈彦远。及陆罹无妄，彦远乃竭力营救之，其风义如此。”《乾隆杭州府志》卷九十四《人物志·文苑》称其“不立坛坫，抗意而行。居河渚，蓬门萝屋，与其妻翁氏笑傲溪山间”。

与应㧑谦游，与之辨八股之制不善。

《魏叔子日录》卷二：“与西陵应嗣寅辨八股之制不善，申论策制科之说，曰：‘国家所以明礼仪超越前代者，《四书》、《五经》制科之得，而非八股之得。所以无经术、远逊前代者，八股制科之失，而非《四书》、《五经》之失也。”

《乾隆杭州府志》卷九十《人物志·儒林》：“应㧑谦，字嗣寅，仁和人。为诸生。殚心理学，穷极底蕴。家甚贫，环堵萧然，而弟子日益进。立教惟以躬行实践为主，于六经多所发明。尤精于《易》，尝病世儒言《易》失之穿凿。殁后，巡抚河阳赵士麟刻其《性理》、仪封张伯行刻其《潜斋文集》行于世。……戊午，兵部侍郎项景襄举博学鸿词，力辞不赴。”

邂逅陈大成，以诗酬之。

《魏叔子诗集》卷七《酬陈集生》："芒鞋敝葛到西陵，邂逅梁溪诗酒生。军檄甫成全愈病，胡琴未碎久知名。"

《光绪无锡金匮县志》卷二十二《人物志·文苑》："陈大成，字集生。少孤，发愤读书。家贫，雅好客。客过梁溪者，大成为之授馆舍、治行李，典衣銼荐，日不暇给。与邑中严绳孙友善。其诗豪宕感激，为时所称。"柴绍炳《柴省轩文钞》卷六《陈集生诗序》称其"以名家子早负词学，而才又足以发之。凡所吟咏，体绝恒流而感物造端，往往令人凄动"。据《锡山历朝书目考》卷四，陈氏著有《影树楼诗词》。

按，叔子与毛先舒、陆堦、徐继恩、徐汾、胡介、应㧑谦、陈大成相识之具体时间，已不可确考，或均在本年游杭州时相交，姑一并系此。

陆嘉淑闻名来访，与叔子交。后叔子赴江东时，陆氏填词送之，叔子以扇赠之并系以诗。

《魏叔子文集外篇》卷七《与高云客》："去夏客西陵时，海宁陆冰修闻弟为江右宁都人，特过湖庄，访所谓易堂者。……既与冰修交。"

《魏叔子诗集》卷四有《海宁陆冰修访予西湖，赋小词，有"天外虔南，翠微缥缈"之句，予因出罗生所图翠微峰扇赠之。翠微去金精洞百十丈，视若培娄，此图势乃连缀，于山形得十六七，并系以诗》。

按，此诗在《魏叔子诗集》中，在排列上置于《中园杂前兴》之前，或作于本年。又，陆嘉淑所填小词，见其所著《辛斋诗余》，题为《念奴娇·送魏叔子禧之江东》，下片云："闻道天外虔南，翠微缥缈，上有幽人宅。鸟道千寻高绝处，对结衡扉讲易。底事东来，间关驿路，策杖行安适。渐江云断，斜阳江上岑寂。"该词作年不详，下片提及易堂诸子结庐翠微峰之事，又曰"底事东来"云云，或为初识时所作，姑系于此。

《乾隆海宁州志》卷十一《人物志·文苑》："陆嘉淑，字冰修，号辛斋。父钰，明举人，方正朴茂，乡党宗之。嘉淑生有异禀，数岁能作径尺大字，长益博览群书。诗文清丽，援笔数千言立就。以父殁于乱，弃诸生不应有司试。家计日落，殊不屑意。晚岁游京师，一时名公巨卿交相推重，文采风流，名震辇下。或欲荐应宏词科，力辞不就。查编修慎行，其婿也，少从学诗，得其指授为多。"《国朝杭郡诗辑》卷二称其"工诗文，奇丽博综，与朱近修一是齐名，世谓之'二修'。书法苍劲中时露丰艳，工弈善医，作画亦具丘壑"。

七月，自杭州返苏州，寓居申时行之旧园，花木杂植，触目有感，又思念兄弟、病妻、友人彭士望，作《申园杂兴》诗。

《魏叔子诗集》卷四有《申园杂兴》，序云："癸卯七月，余自西陵反于吴门，因友人寓张氏南宁。花木杂植，古木交荫墙外，客心甚畅。主人云：'此申文定公园石榴亭也。'亭前后根株尽矣，触目成诗。"其四云："有友游吴门，二年还作客。今我来此乡，我友复他适。昨闻老僧言，颇多风尘色。白日忧汝饥，昨夜梦汝亡。长号堕高枕，凉月已苍苍。"原注："念彭躬庵也。"其五云："披帷下床户，起步庭前月。细碎秋虫声，四壁何呜咽。念我闺中妇，独身抱贞疾。凉风摇空堂，繁星明林樾。而我亦何为，仰天叹愁绝。"其十四："有弟客东粤，有兄客燕京。车马何棣棣，如影待人行。"

客苏州，因沈昀而结交费誓，听其论史，读其诗，甚赞赏之。又曾与费誓论博浪沙事。返乡时，费誓以言赠之。叔子应费誓请，序其诗。时又交袁徵，过从甚密。

《魏叔子文集外篇》卷九《费所中诗叙》："吴门奇士费所中，弃诸生教授，余因武林沈甸华造之，相问劳而别，未之奇也。会所中足疾，遣其门人何吉士报谒。……余反造所中，听其论史，读其诗，所中真奇士也。……其所为诗，感慨激昂，深奇之气，固已郁勃蓬萃而不可遏，与其论史，实相表里。……余将溯大江而归，所中赠余以言曰：'今使子捐弃文章，毁名义，而使子为牛马，为盗贼，则何如矣？'所中命余叙其诗，余为言其诗所为作者如此。"

《魏叔子诗集》卷四《吴门酬蔡生兼寄勺庭诸弟子》："金阊一里中，袁费足交厚。晨兴相过从，论史及申酉。"诗后原注："袁名徵，字公白。费名誓，字所中。"同书同卷有《往游吴门，爱费所中诗，抄入行箧，偶取读之，不觉失声大呼，遥寄一首兼呈袁公白》。《魏叔子日录》卷三："与吴门费所中论博浪沙事，此定有隐身之术，不然，千乘万骑近之不可得，况击而能去，索而不得哉？……费子曰：'玩"徂击"二字，当是计充卫士，伺人不注目处乘机而发耳。'此论可参。"

按，在《魏叔子诗集》中，《往游吴门，爱费所中诗……》在排列上置于《乙巳正月……》与《乙巳清明日……》之间，诗当作于康熙四年（1665）正月至二月间，且诗中有"费生馆铁冶，门巷带长溪。非久时过从，抵足闻鸡鸣"句，可见叔子在乙巳年寄诗之前，二人已过从。

《同治苏州府志》卷一百六《人物三十三》："费誓，字仲雪，诸生。好谈经济及孙吴家言，不遇，弃儒冠，服野服。所居寒松亭，作《寒松樵传》以寄意。少时读书一富家，有二处女夜窥之，誓拒之。性至孝，居丧每哭踊顿绝，绝而苏，苫块骨立，年五十卒。”据同书卷一三八《艺文志》，费誓著有《寒松亭稿》。《皇明遗民传》卷五称其“字所中，吴门奇士。弃诸生教授，而权奇之书无所不究。人有以文章名节誉己者，誓辄摇手相戒。”

《皇明遗民传》卷六：“袁徵，字公白，吴县人。崇祯末贡生。抗志隐居，不交当世。有《蘧庄遗稿》。”《江苏艺文志·苏州卷》称其为“洪愈玄孙。苏州府学生。崇祯元年（1628）恩贡生”。据民国《吴县志·艺文考一》，袁徵著有《匡斋新语》，共三十六篇。

仰慕徐枋之高风峻节，欲见之，未果，有书致之。

《魏叔子文集外篇》卷五《与徐昭法书》：“五年前获交两日公，知足下高风峻节，为古人所难能。……顷游武林，与魏美为昆弟交。来吴门不见昭法，诚大恨也。二兄高致如一人，而足下苦节之贞，尤不可及。……弟久怀灵嵒老人能为天地留正气，专趋方丈，亦冀得见君子。会闻外事，又复远举。怅望太湖，郁如涬渤，相见当有日也。”

《同治苏州府志》卷八十八《人物十五》：“徐枋，字昭法，号俟斋。汧长子。少有才名，年二十一，举崇祯壬午乡试。南都失守，汧将殉国，枋日夜号泣，欲从死。汧曰：‘吾不可以不死，若长为农夫以没世可也。’乃奉父命，拮据营葬，遁迹不出。初居邓尉山中，后隐灵岩之上沙，土舍数椽，读书其中，布衣草履，终身不入城市。家贫，常卖画自给，虽藜藿不继，而莫能强以一钱之馈。平日往来同志数人外，虽至戚罕得见面。时以枋与宣城沈寿民、嘉兴巢鸣盛为海内三遗民。……所著《居易堂集》二十卷。文辞健拔，大抵主于扶世教、植纲常，无一谀墓应酬之作。山水宗董巨，间法倪黄。……书善行草，俱为世所重。”

十月，抵高邮，刘文炤来访，叔子执其手痛哭。次日，访其家，读其《殉难纪略》，拊膺泣下，作文赠之。

《魏叔子文集外篇》卷十《赠北平刘雪舫叙》：“癸卯十月，余客秦邮，刘君雪舫归自燕，访余黄黄山家。余久知刘君家世及其为人，三过秦邮不得见。既相揖，列东西向坐，余熟视刘君，肃然动容色，欲径前就君，执其手相痛哭，呕血数升然后罢。……明日报谒，登其堂，则见故驸马都尉巩公所画山水悬于壁。拱手瞻视，悲敬交作。……有顷，君出其《一门殉难纪略》及巩都尉城破自到事示余，受而读之，拊膺泣下，几不能终篇。”王心湛《新乐小侯传》：“文炤，字雪舫。……

自著《殉难纪略》，宁都魏叔子癸卯十月赠序。”

《嘉庆高邮州志》卷十《人物志·寓贤》：“刘文炤，字雪舫，宛平人。明外戚也。父效祖，赠瀛国公。兄文炳，封新乐侯。文炤生长贵戚，好学如布衣。值流寇陷京师，祖母瀛国太夫人徐氏尚在，文炳将死难，执文炤手曰：‘汝幼，可无死，当逃去奉太夫人，延刘氏祀也。’时文炤年才十五。后留寓秦邮三十余年。著有《一门殉难纪略》，于刘氏先世所以兴暨母若兄捐躯殉国之大节，条理委悉，使读者皆感慨激昂。诗尤工，有《燕游草》。”

闻高邮双孝堂事，为之作颂。

《魏叔子诗集》卷一有《双孝堂颂》，序云：“高邮孝子王新畲有妻曰陈氏，姑疾，医不能起，割股肉以食姑，羹未尽而姑愈。越三月，新畲之父疾。弥留，新畲祷于天，不应。……于是割其右股进之，翁又愈。……姑愈而陈氏生子一信。……越二十年，一信死。将死，曰：‘吾生姑以娱母，三年当复来。’及陈为新畲置侧室田氏，则实生于翁愈之岁。既生子一偀，偀生距信死适三年。偀既长，孝谨称于乡。……人见偀之似其父也，皆曰：‘孝子孝妇，有子邮之。’乡先生为题其堂曰‘双孝’。癸卯冬，易堂魏禧客于邮，拜手而为之颂曰。”

至扬州，时孙默已移新居，且言将归黄山如旧时。同人以诗文相送者甚伙，叔子亦作诗文。

《魏叔子文集外篇》卷十《送孙无言归黄山叙》：“癸卯，再来广陵，则无言已新易居，其言归黄山如旧时，作诗文送者日益多。子山曰：‘无言悦子文，子盍为文以趣其归?’”《魏叔子诗集》卷八有《送友人归黄山》。

按，孙枝蔚《溉堂文集》卷一《送无言归黄山序》云：“辛丑岁，无言游于广陵且十有余年矣，然后将归黄山老焉，于是别海内诸同学，而诸同学有送之者，或赠以诗，或以文，累累其词而不止也。”然而孙默累年宣称归黄山却始终未成行，四方人士作诗文送者数以千计。除叔子外，其他如朱鹤龄《送孙无言归黄山二首》(《愚庵小集》卷六)、归庄《送孙无言归黄山序》(《归庄集》卷三)、李沂《劝孙无言归黄山》(《江苏诗征》卷九十二)、宋曹《送孙无言归黄山》(《会秋堂集》卷八)、丁澎《送孙无言自广陵归黄山》(《国朝杭郡诗辑》卷一)、汪琬《赠孙无言归黄山二首》(《钝翁前后类稿》卷六)、朱彝尊《送孙处士默还黄山》(《曝书亭集》卷六)及《水调歌头·送孙无言归黄山》(《曝书亭集》卷三十)、魏礼《赠孙无言归黄山》(《魏季子文集》卷三)、曾灿《送无言山人归黄山》(《六松堂集·曾青藜诗集》卷四)、屈大均《送孙丈归黄山》(《翁山诗外》卷四)、吴嘉纪《送人归黄山》(《陋轩诗》卷一)、孙枝蔚《送家无言归黄山》(《溉堂前集》卷七)、宋琬《送孙无言归黄山歌》(《安雅堂未刻稿》卷二)及《沁园春·送孙无言归黄山》(《入蜀集》下)、施闰章《送孙无言归黄山》(《施愚山集·诗集》卷三十五)、王士禄《酹江月·送孙无言归黄山次顾庵韵》(《炊闻词》)、汪懋麟《念奴娇·送孙无言归黄山》(《锦瑟词》)、尤侗《念奴娇·送孙无言归黄山和顾庵韵》(《百末词》卷四)、陆进《送孙无言归黄山》(《巢青阁集》卷四)、恽格《送孙无言归黄山》(《瓯香馆集》卷四)、王晫《送孙无言处士归黄山》(《松溪漫兴》卷四)、杜濬《送孙无言归黄山序》(《变雅堂文集》卷五)、诸匡鼎《送孙无言归黄山序》(《橘苑文抄》卷二)、王嗣槐《送孙桴庵归黄山》(《佳山堂文选》卷二)等。

于扬州遇吴期远,定交于主人庑下。

《魏叔子文集外篇》卷十五《亦安乐窝说》:"丹阳吴子远好游,而与易堂魏禧善,于是好《易》,更字曰'师邵',所至名其寓室曰'亦安乐窝'。初,予善洞庭山蒋公郁,公郁为言吴子,予遇之广陵,定交主人庑下,一见而别。后八年庚戌,又适在广陵相见。"

按,"庚戌"为康熙九年(1670),逆推之,叔子初遇吴期远,当在本年。

《光绪丹阳县志》卷二十三《人物志·方伎》:"吴期远,字子远,号西潭。布衣。工诗,善山水,榜所居曰'安乐窝',魏叔子为之记,谓其画笔纯乎篆意,时手莫能抗行。"秦祖永《桐阴论画》卷上云其画"笔情韶秀,追摹一峰老人,颇有妙品。"据《光绪丹阳县志》卷三十五《艺文志》,吴期远著有《安乐窝诗钞》。

雷士俊偕王岩来访,示以文集。叔子读之,甚爱之,为之序,称其"详而有法,质朴淳厚"。

雷士俊《艾陵文钞》卷首有叔子所作的《艾陵文钞序》,中云:"禧癸卯岁,获交先生及筑夫王先生。尝读先生文,详而有法,质朴醇厚,一依于礼义。……方先生与筑夫访予刘氏园,曰:'曾见子叙李镜月《懿德录》而好之。'予报谒,先生亦出其所膳写文集相示,时予学古文方十六七年。"

按,《艾陵文钞序》,今本《魏叔子文集外篇》未见收录,为佚文,可辑补。又,《艾陵文钞》现存康熙十六年(1677)苹乐草堂刻本,笔者所见为《四库禁毁书丛刊》影印原刊本。

《雍正扬州府志》卷三十二《人物志·隐逸》:“雷士俊,字伯籲,先世泾阳人,居江都之艾陵湖。士俊幼为诸生,后弃去专力于经史百家,熟悉古今治乱得失之故,辨别君子小人消长近退之机。其为文鉥心刿胃,既脱稿,犹必琢磨再四,始出以示人。而贫老负气,悲愤得疾以卒。所著有《艾陵文集》二十卷、《诗》二卷。”王岩《清处士雷君伯籲墓志铭》称其初“有志用世,自谓功业立就,每抵掌雄谈,旁若无人,俯仰上下,自拟古人。其揣摩经画,若可立见施措。既自废弃,无所用,郁郁不得志以老”。

同书同卷《人物志·隐逸》:“王岩,字筑夫。宝应人。初为诸生,为天祐。及更今名,遂绝志进取,以古今著作为己任。其文考据经传,深入八家阃奥。执经请业者踵相接,若李推官念慈、汪主事懋麟皆学文于岩。为人端严,动止语默中程度。事母以孝闻,凡祀其先人,致斋三日,独处于外。所著有《白田诗文》四十卷、《异香集》二卷。”《广陵思古编》卷二十六朱克生《王筑夫文集序》云其“先世长安人,曾祖迁宝应,遂为宝应人。与关中雷士俊、宁都魏君禧皆善。”《曝书亭集》卷三十六《王筑夫白田集序》称其“学古文四十年,立言淳质,若惟恐其辞之工者,由是与时迕,老而益穷。”

应涂酉之请,为其《空青集》作序。

《魏叔子文集外篇》卷八《涂子山空青集叙》:“癸卯,予再游广陵,子山出余所点次,曰子其可无一言?”

王源来访,时其文章已成帙,纵横驰骋,然叔子未许之。别后,致书其兄弟,勉以坚定学问。

《魏叔子文集外篇》卷八《信芳斋文叙》:“及再来广陵,则崑绳为文章已成帙,作《项籍论》,纵横驰骋,若前无古人者。名下士争誉之,余未之许,崑绳口不言,而意爽然也。”同书卷七《与王汲公崑绳》:“日念乔梓昆仲,如家人不可暂释。处四达之地,易于交友阅事,而风气杂糅,虚美相熏,以之滑性长傲,亦不为少。长才人当坚定以学问,学问在求实地。”

迮俊迁居,作序以赠之。

《魏叔子文集外篇》卷十《赠迮旦庵迁居序》:“迮子好朋友,与予交。予再来广陵,值其再迁也,于是为文以赠。”

于扬州结识宋曹、黄之翰，或不晚于是年。

《魏叔子文集外篇》卷九《登高集叙》："庚戌秋，山阳黄大宗游西陵，九日为登高之会。……期日，……诸名士闻风来会。……予与诸子少旧，……盐城宋射陵、仁和张儒怀、重九主人黄大宗，则相遭于广陵者也。"

按，叔子与宋曹、黄之翰何时相识，已不可确考。据上文所引，则叔子与宋曹、黄之翰之相识，当在康熙九年庚戌（1670）之前，故系此事于此。

《乾隆盐城县志》卷十三《人物志·隐逸》："宋曹，字邠臣。由辟荐官中翰，工诗兼善书法。栖隐射阳之滨，辟蔬枰养母，自号耕海潜夫。初诏举山林隐逸，郡县敦趋上道，不就。后康熙己未，当道复举应博学鸿儒选，曹坚谢益力，人高其行，称射陵先生。性好游，遍历金陵吴越间。或地方有利弊事，大宪虚衷咨访，直言无隐，多所采纳，桑梓德之。著有《会秋草诗文》、《真草诸石刻》行于世。"《乾隆淮安府志》卷二十二《人物志·隐逸》称其"客游四方，多识遗民故老，与宁都魏叔子、钱塘胡彦远尤善"。

《诗观初集》卷九："黄之翰，大宗，江南山阳人。《止园诗集》。"赵嶰山《会秋堂集中人名考》："黄之翰，山阳人，字大宗。生平尚然诺，笃气谊，与贫士交，推衣解食无倦容。……有《晓秀阁集》。"孙枝蔚《溉堂诗余》有《念奴娇·题黄大宗小像》，云："少年磊落，更兰亭竹树，乌衣门第。却爱颜公家训好，痛恶梁朝子弟。剃面熏衣，雇人答策，此辈堪奴隶。翩翩公子，翛然身在天际。"据同治《山阳县志》卷十八，黄之翰的著述尚有《荆楚草》、《止园宴集诗》、《登高集》等。

十一月，返宁都，旅途中题诗于客舍壁，时寒霜如雪。

《魏叔子诗集》卷八《癸卯十一月客舍题壁》："珍重天涯一敝裘，寒霜如雪压行舟。"

于仪真候船，有诗。

《魏叔子诗集》卷八《真州候船》："三月春花溪水头，却逢冬尽客真州。江边时见归帆去，日莫天寒独倚楼。"

按，此诗在排列上紧接《癸卯十一月客舍题壁》，当作于本年。又，真州即仪真。《明史》卷四十《地理一》："仪真，（扬州）府西。元真州，治扬子县。洪武二年，州废，改县曰仪真。"雍正元年（1723），改"真"为"徵"。宣统元年

(1909)，又改名为扬子县。见《清史稿》卷五十八《地理五》。

与孙永烈缔交。

《淮海英灵续集·己集》卷二有孙永烈《哭魏叔子》，中云："风雪寒江缔旧盟，岂期长别在兹行。"

按，叔子何时与孙永烈缔交，不详，或在本年道经仪真时，姑系于此。

《道光重修仪真县志》卷三十六《人物志·文学》："孙永烈，字孝穆，企绰次子。以文章著名。从游士多贵显，烈廉介自持，不干苟得。少受知于王阮亭尚书，晚以明经廷对，徐健庵、叶子吉诸公竞相汲引，烈皆不就，亟南归。所著有《经世要编》十二卷，《燕游草》、《东园集》共四卷，未及梓行于世。"

于舟中书《日录》，云自出游以来，"未尝见一要人，谒一名士"。

《魏叔子日录》卷一："鸡鸣不寐，自念出游以来未尝有所求乞，而沾沾怀干泽之情；未尝见一要人，谒一名士，而汲汲有务名之心。名利之际，可易言哉！癸卯舟中书。"

于江上交冷士嵋，自后凡出山，莫不访士嵋，屡向冷氏称道弟魏礼之为人。士嵋视叔子为知己，称誉其人格。

冷士嵋《江泠阁文集》卷二《魏季子六十序》："余自癸卯岁，识其兄冰叔江上，一见洒然。自后凡出山，莫不余顾，顾则必言其弟季子有志之士，而读书穷谷中，非其本怀，遭时不淑，而磊落肮脏、郁抑不伸之气，时一见之诗文。读其诗若文，可知吾季子之为人。"《江泠阁诗集》卷一《述怀与魏叔子》："我有匣中琴，庋之高石壁。三年不一弹，秖为知音隔。偶尔忽逢君，开囊鼓在昔。上怀羲农人，下念采薇客。雅曲不须繁，所贵深衷白。弹罢各无言，西看楚天碧。"《江泠阁绪风吟》卷三上《翠微五君咏》之四《魏凝叔》："一代灵修士，蒲轮不出山。郑真居谷口，名闻满人间。"

《光绪丹徒县志》卷三十三《人物志·文苑》："冷士嵋，字又湄，号秋江，世居丹徒镇。兄子晋以参戎守曲阿，死国难。士嵋痛雁行中断，绝意仕进，以图书诗史自娱，终身不入城府。大学士张文贞公归里省亲尝访之，及还朝，招之不往。"《民国丹徒县志摭余》卷八《隐逸》称其"少与张九徵友善。国变，与九徵约不应试，而九徵违约，士嵋遂与绝，独隐五州山，又筑江泠阁于江干，日徙倚其中，蓑衣蒻笠，竹枝芒鞋，晦明寒暑，均不一易”。据《光绪丹徒县志》卷四十六，冷氏著有《江泠阁诗集》十二卷、《文集》四卷、《清风剑》一卷、《绪风吟》。

十二月，致书谢文洊，论其过失。谢氏作书谢叔子、邱维迎，叔子即以其柬札示诸子。

《程山谢明学先生年谱》：康熙二年癸卯，四十有八岁，馆程山，“十二月己未，仲弟文波卒。……冰叔以书来论，先生似未受过。先生启书涕泣，自勒数语，揭之壁间，以告同堂，更作书谢冰叔、而康。冰叔《与甘京书》云：‘程山先生乐善受过，使我感激涕零，即以柬札显示诸子，使益有兴起。’”

作《留侯论》。

《魏叔子文集外篇》卷一有《留侯论》，序云：“癸卯自记。”

以所作诗文寄魏际瑞。

《魏伯子文集》卷一《赠孙无言归黄山序》：“予以壬寅夏入燕。其明年，予弟凝叔寄其所为诗文就质于予，则有《送孙无言归黄山》者。谓无言住广陵十载，无一日不言归，朋友之为诗文以送者盈一簏。无言方新其居，而言归如故也。”

清康熙三年甲辰（1664） 四十一岁

正月，朱静庵抵宁都，赴叔子生日之约。

《魏季子文集》卷三《朱静庵来赴家兄生日之约，临别却赠》：“我见栽桃花著枝，纳冰出冰食有时。家兄去夏寿黄山，今年正月君径来。冰雪薄薄数百里，鸟不飞鸣人当之。与君十日话山阁，闻之洵是好男儿。”

按，为黄鸣岐先生寿七十为去年事（参见康熙二年癸卯谱），故系此事于此。又，朱静庵名号及生平事迹未详，俟考。《邱邦士文集》卷十七《僧静庵见过有赠》：“白发留须影，缁衣上酒痕。属能担榔栗，到处看松筠。国破归三户，家贫去二亲。肯临芳草地，吾亦是遗民。”诗题下原注曰：“僧故姓之后。”据此，朱静庵当为明宗室之后。

正月十二日夜，叔子歌《万古愁》诗，彭士望即席作诗赠之。

《耻躬堂诗钞》卷九《甲辰春正月十二夜，听魏禧歌万古愁，明日为禧四十一生日，即席赋呈》："天地喑聋呼不应，三挝唤醒痴龙听。魏禧当筵始放歌，一时客起心魂静。"

按，张慧剑《明清江苏文人年表》"康熙十三年甲寅（1674）"有"江西彭士望作《甲寅春正月十二夜听魏禧歌万古愁》诗"条，依据的也是《耻躬堂诗钞》卷九。然检原作，"甲寅"应为"甲辰"。

正月十三日，叔子四十一初度，魏世杰有诗赋呈。

《魏兴士文集》卷六《甲辰立春后五日叔父四十又一赋呈》："我叔生平爱生日，高邮直走三千里，径为黄翁寿七十。……翠微正月桃花红，嘉客迤逦交西东，方袖角巾出庭中。季父谓小子，我性严核能生子，叔父之身岂乏此。首春跪献四十寿，来春适饮洗儿酒。"

二月，致书谢文洊，论治学育人之道。

《程山谢明学先生年谱》：康熙三年甲辰，四十有九岁，馆程山，"二月，魏冰叔札云：'先生之学，其施于用者，可以涵养君德、蒸陶人才。'"

三月，于宁都城中见陈璧。时陈氏六十初度，叔子、彭士望、邱维屏、彭任、魏世杰均以诗寿之。

《魏叔子诗集》卷五《寿吴门陈崑良司马六十》："我归金精君入闽，三月见君梅川城。……我之四十归草堂，君之六十依僧室。如君自是四海身，不宜为主宜为客。"

《耻躬堂诗钞》卷九《寿陈崑良司马六十》："今年六十经梅川，易堂颇有嵚崎士。因子老友重新交，各出丹书绿书字。"《邱邦士文集》卷十七有《寿陈职方》，题下自注："甲辰三月廿六日，为陈崑良职方六十初日。先是，甲申北都陷，职方与焉，至是且又北游。"《草亭诗集》有《陈职方璧崑良过访山中，值其生日，诗以赠之》，《魏兴士文集》卷六有《司马陈先生将归之前四日，值诞日六十，因以为寿》。

按，陈璧是一位明代遗民作家，钱谦益称其"一旦负奚囊，拈沈韵，谐声叶律，遂雄踞诗人之右"（《牧斋有学集文钞补遗·陈崑良诗序》）。然而在众多清初诗歌选本中却难觅其踪迹，似只有陈瑚的《离忧集》选录了他的作品。1980年，在苏州大学图书馆发现一册手写的诗文稿残本，仅存第四、第五卷，起自顺治十一年（1654），终于顺治十三年（1656），合有诗文三百八十五首（篇）。经考查辨析，确定为陈璧的作品。因残稿只存三年的作品，其他文献记载又缺略不全，故顺治十四年（1657）后陈璧的行迹难以考索，而叔子等人的这些诗歌可以补缺。1984年，上海古籍出版社出版了《陈璧诗文残稿笺证》，为明遗民研究增添了一份珍贵的史料。此书的《附录》辑有多种参考资料，如陈璧生平、集外诗文、同时代人题赠等。题赠者有钱谦益、叶奕苞两人，然上引魏禧、彭士望、邱维屏、彭任、魏世杰的赠诗，则未及收录。

陈瑚《离忧集》卷下："陈璧，字崑良，别号雪峰，常熟人。昆山县诸生。婴家难，游学于李懋明总宪、范质公相国、徐虞求冢宰之门，张司马玉笥尤器重之。崇祯甲申春，司马荐授兵部司务。时李贼孔炽，崑良出奇计告司马，司马韪之，不果行。都城陷，贼大索朝臣，崑良伏匿数日，乘间逃归。抵金陵，拜三疏，陈救时八策，执政以党局出之，遣督浙江饷，兼调崔芝兵。未复命，南都破，崑良偕其子猷亡命江海，间关万里，知时事不可为，乃归隐故园，栽花植柳，读书自娱。"

六月，师杨文彩卒。杨氏病革时，以《尚书绎》授叔子。

《魏叔子文集外篇》卷十八《杨一水先生同元配严孺人合葬墓表》："岁甲辰六月，先生年八十岁卒。……先生病将革，执禧手，谓禧曰：'《尚书绎》非吾一人书，当见于天下后世。'禧再拜泣而受命。"

有书致高兆。去年夏，客杭州时，陆嘉淑、汪沨、沈昀、应㧑谦诸人向叔子推荐高兆，叔子又得阅高兆之著述，亟欲相见。然高兆尚栖迟北高、南屏间，不得见，叔子叹息弥月。

《魏叔子文集外篇》卷七《与高云客》："去夏客西陵时，……既与冰修交，具道侯官高云客卓荦好古，为我言易堂山水人物如是，惜其行旬日，不及与子相见也。西陵汪魏美、沈甸华、应嗣寅诸君子，尽道足下为当世士，又从壁上见大作及所编《高士传》，恨不见足下，颇甚于冰修始语时。然计弟到湖上，足下尚栖迟北高、南屏间，共饮西湖水七八日。弟平生以朋友为性命，山水花竹为稻粱，文章为莞箪。足下竟体皆具，而咫尺相失，叹息弥月，不能遣也，因便奉字道意。"

《民国闽侯县志》卷七十二《人物志·文苑下》："高兆，字云客，号固斋。崇祯间邑诸生。恬淡有大度，海宁陆冰修，西陵汪魏美、沈甸华、应嗣寅诸名流皆推为当世士。尝著《六经图考》。……宁都魏禧见其所作《高士传》及题壁诗，尝远道致书，谓咫尺相失，叹息不能自遣。盖兆尝出游过易堂，未遇禧也。与里中彭善长、陈日浴、许瑁、卞鳌、曾灿垣、林伟俱有诗名，称国初七子。……兆诗酸涩而多排偈。著有《观石录》、《端溪砚石考》、《遗安草堂集》。”

魏世杰编定叔子文集，请曾灿评点。曾灿为采诸家评论，次第折衷，以附其文。闰六月十六日立秋，又为文集作序。

《魏叔子文集》卷首有曾灿所作序，落款为“时甲辰立秋日，易堂友弟曾灿撰”。中云：“今其兄子世杰编次其文集，付诸梓人，请予为之评点，予则何敢让！因为采诸家评论，次第折衷，以附其文。”

按，据《近世中西史日对照表》，康熙三年（1664）立秋为闰六月十六日。

八月十七日，林楫孙卒，年仅二十七岁。时叔子授徒新城，不及视含殓，返乡后赴冠石哭之。

《魏季子文集》卷十四《林舟之碣文》：林楫孙卒，“家叔子授徒新城，予则游燕齐未归，皆不及视含殓，为可深悲也。……舟之卒既一年，予方从燕市归，至即走冠石，抚棺恸哭乃还山，闻家叔子于新城归亦然。”

十月，致书邱维屏，乞为文集作序。

《魏叔子文集外篇》卷七《与邱邦士》：“十数年山居，数年游历，大江南北所交君子能文章者，未尝从乞一叙。弟尝谓其文是而人非者，不足叙；其人是而文非，不足叙也；文与人是矣，非其中心所乐道，不足叙也；中心乐道之，而不能知其甘苦曲折之故，亦不足叙也。先生于是数者则兼有之，弟不能不以属先生。先生亦不得辞。甲辰十月日白。”

程邃六十初度，叔子为文以寿。

《魏叔子文集外篇》卷十一《赠程穆倩六十叙》：“穆倩年六十，精强不减郦生，方以篆籀学自食其力。晚举五子，困生计，不能如陆生，子二百金给人马酒食，吾于是为穆倩叹息也。然意穆倩所以为贤，当在于是。”

《皇明遗民传》卷五：“程邃，字穆倩，号垢区。歙县人。善事父母兄长。举博士弟子员，以气节称。方颐广额，双眸炯炯，长八九尺，修然伟丈夫。从黄道周、杨廷麟学，能诗画，工书篆刻。明亡，隐于广陵，放情诗酒，与先朝遗老相往来。己未，以博学宏辞征，不起。转徙金陵，闭户著书。时龚贤以画山水名，隐山中，与遂为白头交。遂明于古今，著有《日表》、《姓氏》等书。卒年八十六。”《民国歙县志》卷十《人物志·遗佚》云其“诗文信笔写就，若不经意，幽涩奥折，自名一体。作《浩歌》一篇，杜濬、魏禧、朱彝尊并为序跋”。

十二月，彭任四十一初度，叔子诗以赠之。

《魏叔子诗集》卷四《彭中叔四十有一，诗以赠之》：“与汝同年生，我长十二月。直以弟畜之，事我俨天秩。”

冬，彭士望闻鸡鸣，感而作诗赠叔子。

《耻躬堂诗钞》卷九《闻鸡贻魏叔子》：“一声初唱群声聚，拥翅吹音不得住。……斗室瓶梅生暗香，揽衣念子心旁皇。”

按，《耻躬堂诗钞》卷九所收诗均作于康熙“甲辰、乙巳”，此诗置于《甲辰岁尽……》诗之前，诗中又有“瓶梅生暗香”语，诗当作于本年冬，故系于此。

岁末，熊颐冲寒冒雪自樟树至翠微山，从叔子学，称弟子，极谦诚。叔子称许其为人，勉以“诚朴静重为大器”。

《魏叔子诗集》卷四《乙巳正月，雪中送门人熊颐归清江》：“炽炭坐未温，叩门声何急？天寒飞鸟绝，万里无人迹。安得异乡音，问我云中宅？开门立伟人，翩跹俨时服。熟视为熊生，神采何舄奕。……及今款我庐，造次若未识。古人善守死，出处无少忒。士各有当为，此如一蝉翼。熊生悟斯旨，徙义如转石。千里造勺庭，岁除不皇恤。读我撰述篇，手抄日不给。退然就弟子，问难连深夕。愧我非人师，逡巡辟间席。唯汝日谦诚，中心无假贷。”《魏叔子文集外篇》卷十一《熊见可七十有一序》：“颐少余七岁，间访予翠微山中，听余讲《左传》，遂折节为弟子。其人通敏多艺事，好俳谐滑稽，故入世而无忤，往往能济其尊君子之刚疏，而吾又尝勉颐以诚朴静重为大器。”

《魏季子文集》卷十四《明兵部职方司主事熊君见可墓志铭》：“（颐）甲辰来易堂，于叔子称门弟子。”

岁末，彭士望作诗四首，赠林时益、叔子及诸同学诸子。

《耻躬堂诗钞》卷九有《甲辰岁尽，感遇四首，呈林确斋、魏凝叔及同学诸子兼示家弟门人》。

除夕，招林时益、彭士望、熊颐同饮，林时益有诗纪之。

《朱中尉诗集》卷四有《甲辰故山除夕，冰叔招同躬庵饮，和公、幼刚、子政远游，习生、道爰在冠石，时熊养及自鹿渚来拜冰叔门下》。

何衡之母七十初度，叔子寄诗为寿，魏礼、林时益、邱维屏亦有诗文寿之。先是，魏礼自岭南归，言何母将七十，何氏兄弟欲得易堂人诗文以为寿。

《魏叔子诗集》卷五有《寄寿岭南何母七十》，题下有注云："伯子衡，字左玉。仲子绛，字不偕。"诗有语云："我生四十不游粤，此中五子神交久。定知是日陈、陶、梁，献酒一卮诗一首。……惟母生当万历初，至今始识天地厚。去年黄山七十翁，三千江水亲为寿。"

《魏季子文集》卷一有《寿岭南何母》，《朱中尉诗集》卷一有《癸卯冬，魏和公自岭南归，新交屈子，再过北田，云何母明年七十，左玉、不偕欲得吾堂中诗文以为寿，遂以所闻和公者成诗》。《邱邦士文集》卷九有《广州何母寿序》。

按，诗中既语"去年黄山七十翁"，而《朱中尉诗集》卷二有《癸卯三月，送魏叔子之高邮，寿黄黄山翁寿七十……》（参见该年谱），故系此诗于本年。又，何衡，号萝峰；何绛，号孟门，广东顺德人，均为布衣。明亡后，何衡以授徒为生；何绛则揣摩兵法之书，尝与陈恭尹同渡铜鼓洋，访求遗民。后又往来江苏、浙江间，交结徐枋等志士。晚年与陈恭尹、陶璜、梁琏、何衡隐居于北田，人称"北田五子"。事迹详见《粤东遗民录》卷二。

是年，彭士望《耻躬堂诗集》编就并作《自序》。叔子阅序文后，称道其笔格得自《史记》。

《耻躬堂诗集》卷首《自序》："诗自庚辰迄今乙巳，共二十六年，编为十卷。"文末署"康熙三年仲冬月南州彭士望撰"。

《自序》后有叔子评语，云："只平平序次而不平之气咄咄言下，到末后迴澜激湍不择地而喷薄矣。"又云："此等文最不易识，序事处每一句中具有许多道理，事势在不言而喻之。表其笔格，亦自太史公《曹樊传》来。"

胡介卒。

清康熙四年乙巳（1665）　四十二岁

元旦，得圭笺，有诗。是日，熊颐拜叔子为师。

《魏叔子诗集》卷二有《乙巳元旦得圭笺试笔》。《耻躬堂文钞》卷六《送熊养及叙》："明年冬尽，养及忽持仲子及翁书来易堂，更与叔子语三日，拟折节北面，叔子为书谢之不获。明年元旦，乃自行拜伏勺庭称弟子。居易堂旬月，日闻所未闻，益心折，若忘其生平所自挟持。"

正月，熊颐雪中归樟树，叔子以诗送之，彭士望、魏世杰等人亦作诗文送之。

《魏叔子诗集》卷四《乙巳正月，雪中送门人熊颐归清江》："庶几英少人，年力方日富。嗟汝实才多，小成非所溺。宇宙亦大矣，仔肩何时释？一羽未曾试，莫言拔山力。智勇不深沉，机发还自贼。汝行苦离群，黾勉慎颠仆。送尔下山路，雨雪纷如摘。天心爱劲草，苦寒炼松柏。"《魏兴士文集》卷六《山阁》跋："甲辰冬尽，熊子自鹿江来勺庭，居西阁匝月，将归之。三日，诸子各赋诗歌，时寒雨浃日，风霰数下，山中君子先后散去，胸中百十欲言，把笔塞嘿而已。"《耻躬堂文钞》卷六有《送熊养及叙》。

正月，邱维屏为叔子文集作序，称誉其文"笃于情，畅于势，明于辨"。

《邱邦士文集》卷六有《魏凝叔集序》，末署"乙巳正月庚寅哉生明邱维屏序"，中云："凝叔之文，既精强于事理，操术甚切，而笃于情，畅于势，明于辨。……故凝叔之文有不必为文而文则益胜焉者也。吾庶几望之矣。"

读费誓诗，拍案叫绝，作诗寄之。

《魏叔子诗集》卷四《往游吴门，爱费所中诗，抄入行箧，偶取读之，不觉失声大呼，遥寄一首，兼呈袁公白》："匣中无宝剑，每怪生光辉。发箧简残篇，中有费生诗。一读磔猬毛，再读投接䍦。拍案叫奇绝，仰天垂涕洟。"

按，《魏叔子诗集》虽按体裁编排，仍寓编年之意。此诗前一首为《乙巳正月，雪中送门人熊颐归清江》，后一首为《乙巳清明日，怀伯兄季弟，因寄示诸子世杰》，故此诗当作于本年"正月"与"清明日"之间，故系于此。

二月十九日清明，怀念魏际瑞、魏礼，有诗寄魏世杰，时魏际瑞游冀北，魏礼游山东。

《魏叔子诗集》卷四《乙巳清明日，怀伯兄季弟，因寄示诸子世杰》："我昔岁一来，家人讲契阔。今年客黎阳，兄弟况远别。我季之山东，孔陵特展谒。我兄冀北游，动经四十月。"

按，据《近世中西史日对照表》，康熙四年（1665）清明为二月十九日。

三月九日黎明，醒而复寐，梦中与人讨论以礼让为国事。

《魏叔子日录》卷一："乙巳三月初九日黎明，醒而复寐，梦有言能以礼让为国题者。一人曰：'让亦极难。'余应曰：'但思己之才智不可恃，人之才智胜于我，则自然让矣。'"

应涂大訒兄弟之请，抵新城，为涂氏诸儿之师。叔子以兄事涂斯皇，晨夕相与论史。授徒后，作馆教条件。

《魏叔子文集外篇》卷十一《涂允臧五十寿序》："辛丑，余游新城。……又四年，允协、允恒使使来迎余为儿子师。"同书卷八《涂宜振史论叙》："余卤莽于经学，而好论史，山居则同彭躬庵、季弟和公，频年授徒新城，则同涂宜振，晨夕相讲论。"《魏叔子日录》卷一："授徒新城，作馆教条件。……其一曰立志。……其二曰肃规。规凡六。其三曰勤课。……其四曰广益。诸生毋蓄疑而不问于师，毋耻不能不问同辈，勤学虚心，自然事事有得。"

春，涂斯皇五十初度，以诗赠之。

《魏叔子诗集》卷五《赠新城涂宜振五十》："翠微坐对双桃石，手把春醪遥相忆。双桃飞渡黎水滨，天风一夜长儿孙。"

交杨国魁，有《新城杨善人善行实迹跋》。

《魏叔子文集外篇》卷十二《新城杨善人善行实迹跋》："辛丑岁，余一至新城。……后三年，余授经涂氏。涂氏……亦言杨君兄弟孝友，行善久不倦也。余因得交杨君。杨君善自勉，不以人誉而意足，不以人毁而志衰。"

《同治新城县志》卷十《人物志・善士》："杨国魁，字元卿，冠带善人。顺治十二年，叠奉部通行直省州县，委官埋瘗暴骨。国魁捐赀千余，买棺收埋无主暴骨三百五十有奇。又请僧遍查各乡草泽，贫不能葬者，并为收掩。事闻院、司、道、府、县，各给匾旌奖，胪列善行实迹，汇报咨部。"

四月，宋之盛自星子县过访谢文洊，以书邀叔子、彭任同往。叔子受邀，自新城抵南丰程山学舍，赴讲学之会。三山毕至，聚论旬余，各质所怀，为一时之盛。叔子示以《限田论》、《正统论》。

《程山谢明学先生年谱》：康熙四年乙巳，五十岁，馆程山，"夏四月乙丑，星子髻山宋未有之盛来访，两山以书论学有年，至是各质所怀，论程子识仁儒禅差别、程朱学脉及无善宗旨有弊，俱契合。时魏冰叔馆新城，走百二十里赴会。戊寅举会，听者甚众，程山之学于斯为盛。辛巳，髻山归。……谦按，此会三山毕至，为当时最盛之举"。"丙子，魏冰叔来赴会。丁丑，冰叔示《限田论》、《正统论》。《正统论》反复详密，觉欧、苏甚疏。《限田》亦周到，然还须与众商之。"

谢文洊《祭宋未有先生文》："乙巳，僧石与从先生之程山，相见互倾倒。时叔子教授新城，先生以书付石与招之。"《清史稿》卷二六七《儒林一》："髻山宋之盛过访文洊，遂邀易堂魏禧、彭任会程山，讲学旬余。"

按，据《同治建昌府志》卷一《地理・山川・南丰》的记载，程山学舍位于江西南丰县城西，在琴台石下。谢文洊常与同邑邵睿明、李萼林、甘京、黄熙、封濬、曾曰都等人在此讲学，题其门曰程山学舍，内有尊洛堂、玩占堂及石室等。程山之讲习以程朱之学为旨归，其名与宁都易堂、星子髻山并重，时称"江西三山"。彭士望《程山堂碑记》载："程山在城西，偏石圆砥，可坐数百许人，在独孤及弹琴马退石之左，林塘幽阒，修竹翳如，堂三楹，馆室亭榭凡数处。"（《耻躬堂文钞》卷八）

与赵希乾结交，称道其孝行。

《魏叔子文集外篇》卷十七《吴孝子传》："梅溪东出四十里为南丰县，县贡士赵希乾者与禧交。母尝病甚，割心以食母。既剖胸，心不可得，则叩肠而截之，母子俱无恙。其后胸肉合，肠不得入，粪秽从胸间出，而谷道遂闭，饮食男女如平人。假谓非有神助，其谁然哉！其谁然哉！"

按，魏禧与赵希乾相交，始于何时，不详，或在本年居南丰时，姑系于此。

《乾隆建昌府志》卷四十四《人物传八》："赵希乾，字仲易，南丰人。父师高，……早死。希乾幼孤，其大母与母皆嫠妇，笃爱之。年十七，母病疟甚，希乾念父之死以疟也，心甚惶惑，诣日者卜之。日者遂眴希乾而嘻曰：'危矣！剖心其可瘳乎。'闻者皆怪，希乾心识日者言，归，斋沐。中夜起，作疏告神，书遗言付仲父及弟封识之，取刀剜其胸，肠大出，心不可得，遂断肠数寸，裂絮窒其穴，煮以进母。天明，闷绝于床，久之而苏。比创合，秽从腹出。后二十年，方丁大母艰，而其母犹无恙。"

与王岱相交于新城，赞其才气俯仰一世，为其三教小像题诗，并借王岱手，致书郭都贤。王岱赠以诗。

《魏叔子文集外篇》卷六《上郭天门老师书》："又以衣食无聊，授徒于建昌之新城，因得交湘潭王山长。山长才气俯仰一世，真楚风也。读《了莽集》，见其与先生往还书，禧不觉正襟肃兴，如对典型，乃借手山长，奉书于左右。"《魏叔子诗集》卷二有《题湘潭王山长小像》。

王岱《且园近诗》卷二有《赠魏冰叔处士》四首，其一云："万卷拥专城，斯风属召平。通才尤读史，大隐不藏名。下榻高徐稚，垂帘老伏生。厌看尘土士，鸠眼尽鹰横。"

按，《上郭天门老师书》作于康熙五年丙午（1666）四月（参见该年谱文），故与王岱相交，必在丙午年之前，且本年叔子曾居新城，故系于此。

《鹤征录》卷五《与试未用》："王岱，字山长，号九青，湖南湘潭人。崇祯己卯举人，授安乡县教谕。著有《可庵集》。富孙按，山长能诗文，兼工书画。嵚崎历落，以气节自矜。发甫燥即名满海内。"《己未词科录》卷七引《楚诗纪》："王岱，……授安乡谕，迁随州学正，擢顺天教授，出知澄海县。卒于任。"

六月，作书答魏世杰，抒泛爱无别之心曲。

《魏叔子文集外篇》卷七《答世杰》："乙巳六月日，叔父敬答世杰。……我与忠佞之区别之已早，特性宽容而慈人。……苟此事非大义大故所关，则一致吾之情，论其为亲故而已。而年来志趣，又欲一君子小人皆待以诚而不欺。于是行迹之间，涉于泛爱无别。"

七月六日，涂允臧五十初度，叔子为文以寿。

《魏叔子文集外篇》卷十一《涂允臧五十寿序》："古者男子五十而文，服官政为大夫。七月之六日，允臧五十初度。允臧虽不仕，于礼宜贺，而余适宾于其家。……是日也，诸子拜阶下，余与令叔父仲、季环座而觞之。”

近来以《左传经世》授门人任安世、赖韦、吴正名，日夕讲论，任安世尤敢言。

《魏叔子日录》卷一：“门人任安世曰：‘成天下之大功者，享天下之大福；享天下之大福者，必其器量足以受之。今观先生文字议论得意处，辄喜不自胜，恐非受大福之器。’叔子嘿然良久，曰：‘此宿疾也。久不亲严师畏友，又复妄发矣。’予近以《左传》授门人任安世、赖韦、吴正名，日夕讲论，三子多所启发规益，而任生尤敢言，偶录其切者如此。乙巳七月初十日新城记。”

《魏兴士文集》卷四《左传经世钞跋》：“方叔父授经新城，以是书授任安世、赖韦、吴正名，杰请而受之，叔父报曰：‘汝立志未定，未可遽与于此。”

按，据魏世杰所述，叔子对任安世等人讲授的《左传》即《左传经世》。《左传经世》一书为叔子读《左传》时所作的评注，《左传经世叙》云：“禧少好左氏，及遭变乱，放废山中者二十年，时时取而读之，若于古人经世大用、左氏隐而未发之旨，薄有所会，随笔评注，以示门人。”（《魏叔子文集外篇》卷八）此书在当时即颇受好评，《答汪舟次书》云：“禧二十年来殚心《左传》，成《左传经世》一书，尝就正有道，谬许为二千余年所仅有。”（《魏叔子文集外篇》卷五）赵园先生认为：“其他有关的文字，尚有杂论二十篇、‘书后’一篇，课诸生作‘杂问’八篇。文集外篇卷二诸论，即应在此中。此卷卷首叔子有‘余作《春秋列国论》十余篇，录其可仅存者六篇’云云，六篇当指《周论》、《鲁论》、《郑论》、《晋楚论》、《秦论》、《吴越论》等。该卷尚有‘春秋战论’八篇（‘城濮’论等）及《兵谋》、《兵法》两篇，均为借诸《左传》的谈兵之作。”（《制度·言论·心态》）

九月初一，孔鼎致书于叔子，并录所作诗文一册，属叔子甲乙之。叔子校定后归之。孔鼎乃从山中出，步行五十里，与叔子相见，一见如故。孔鼎甚叹赏叔子之才，叔子亦甚敬佩孔鼎之人品，以兄礼事之。

孔鼎《楷园文集》卷一《与魏冰叔先生书》：“乙巳九月朔，鼎顿首。士生斯世，家贫地僻，不得尽读天下之书；匿迹挫名，不能尽交天下之士，岂非恨事？……先生卓然具韩、欧之望，矜式下邑，苟有肝胆，谁甘自弃？乃鼎欲奉教而迟之，迟之以至今日，得毋封人虽有愿见之诚，必由从者而后见也。绥安李又玄，博雅古君子也，与鼎相友善，昨辱书及鼎，深推先生文行当代第一。……谨献诗箑一执、拙稿摘钞二册，幸赐教言，如平生交。”

《魏叔子文集外篇》卷八《孔正叔楷园文集叙》：“（余）最后客新城，得一人，曰孔正叔。正叔先生少负才，气岸巉峭，有笼罩一世之慨。为文韵折多奇气，与人交，少当意者。既以建宁李又玄言，手录所撰诗文一册，作书数百言遗余。余受而甲乙，归之先生。乃徒步五十里，自山中出相见。是时先生盖年六十有七，长余以倍而加五岁，余谬为雁行之礼，先生方嗛然未足也。”同书卷十二《跋桂山先生手札》：“先生长禧二十有五，禧以昆兄礼严事先生，而先生退然执谦，自燕居至酬酢宾友，未尝偶一字禧也。”

《同治新城县志》卷十《人物志·隐逸》：“孔鼎，字正叔，宏村人。明季为郡学弟子员。国亡弃诸生，筑室须眉峰下，隐居力学，研探易传及天官、地理之学。宁都魏禧授徒新城，鼎从山中出相见，时鼎年六十有七，长禧已倍，而心奉为严师。尝谓禧之才可为天下用，愿缓须臾死，以观其成。鼎为人严毅沉默，有深识。……所著曰《楷园集》。”彭士望《孔正叔传》（载《孔正叔文集》卷首）称孔鼎“一名胤雅”。

叔子又为孔鼎之父母作墓志铭。

《魏叔子文集外篇》卷十八《孔孝友先生及配刘孺人合葬墓志铭》：“鼎曰：‘吾其敢！吾先人有隐德而未彰，鼎之罪也，敢以烦子。’于是奉其父母状再拜属禧。……禧授徒新城，既读鼎所为夫母状，宣言诸舆人。舆人曰：‘诺，翁乡里笃行长者也。’而于是益信鼎。”

九月，师母严孺人卒，与弟魏礼为之作志。

《魏叔子文集外篇》卷十八《杨一水先生同元配严孺人合葬墓表》：“岁甲辰六月，先生年八十卒。……逾年九月，元配严卒，年七十有八，门人魏禧、弟礼为之志。”

十月，门人赖韦负笈新城，值三十初度，叔子作诗勉之。

《魏叔子诗集》卷四《乙巳十月，门人赖韦负笈黎川，值三十初度，作此贻之》：“……过此只十年，汝便当强仕。努力学古人，如我不足似。”

十月，梦与诸生讲论策，醒而作《纪梦》诗。

《魏叔子诗集》卷五有《纪梦》，云：“夜与诸生讲论策，一生之语殊大惑。……征君云汝辄如是，是维乙巳十月夕。”

冬，客南城，访宋渐堂。

《魏叔子文集外篇》卷十一《宋渐堂四十初度序》：“宁国宋渐堂以文章隐于后将军之幕府。乙巳冬，予客建昌，因朱静庵造其寓。时天莫微雨，宋君秉烛堂上，衣冠而俟子予者。坐定，设酒馔，余索饭，宋君自饮，尽醉，则出其《鸡跖言》示予，予读而叹息有贾山、刘向之遗风。”

按，宋渐堂名号及生平事迹未详，俟考。

谢文洊五十初度，叔子、邱维屏作诗寿之。

《魏叔子诗集》卷一有《有穆斯人五章寿程山谢秋水五十初度》，《邱邦士文集》卷十七有《寿谢秋水五十诗》。

谢文洊致书叔子，指彭士望“以经义气节尽归虚美”之论似亦太过，望叔子育人以体为重。

《谢程山集》卷十《乙巳与易堂魏冰叔书》：“得读躬庵所作《送熊养及序》，知天下英才必归吾叔子，以非叔子莫能陶铸也。……躬庵文字之卓练，人所共赏。但其后段立说觉有愤激之气，以经义气节尽归虚美，似亦大过。谓未免有虚美者藏其中则可，谓经义气节总归虚美则不可；谓刑名富强、智谋才武之有济于世用则可，谓经义气节者反不如其实用则不可。盖刑名富强、智谋才武，如不本于经义气节，则小有才而未闻大道者也。虽区区有利于目前，其遗害于后世，正自不小；真经义气节之士，虽未必见用于当时，而启迪万世之人心，维持万古之纲常，究有厚望焉。……诸友中虚怀若谷莫如吾叔子，故敢一布区区。如或可采，则不访婉致躬庵，树义当更精确，立言当更详婉。尤望叔子造就人才，宁重体而用不遗，毋重用而体或略。”

叔子复书谢文洊，以为谢氏之说与彭氏之说，似为大反，然细而求之，实无异同，因程山、易堂二家于体用各有专致，彼此勤勤。又以《日录》一册请正。

《魏叔子文集外篇》卷五《复谢约斋书》：“所教躬庵《送熊生序》，……恐躬庵初不如是，或词气抑扬过当而自晦其意也。谓刑名富强、智谋才武有济于世，经义气节者反不如其实用。此则专就经义气节迂疏已甚者言之，故遂抑之于其下。先生所云……此又专就经义气节之最高与刑名才智之最陋者言之，故遂伸之于其上。愚以为两者之说，皆所谓钩金舆羽，比量重轻，骤而视之，似为大反，细而求之，实无异同。何者？经义气节迂疏已甚者，在先生必不以为是；而刑名才智违教害义者，实躬庵所不与。程山、易堂大抵于体用中各有专致，彼此勤勤，皆欲出其所见以辅所不足，非苟求相尚也。……《日录》一册奉正，乞先生暨诸同学细为指摘，觅寄新城可也。”

按，信中内容为答复谢文洊之指责，故系此信于本年。

致书袁徵，以为士人读书，“要当洗涤私吝”。

《魏叔子文集外篇》卷七《与袁公白》：“鼓棹横流，目送不已，于今三年矣。士人读书，要当洗涤私吝，所经营者在天下后世之远。若徒孳孳衣食身家，少得便足，不识何以自异于市井屠夫酒媪也？”

按，此书中有“闻山东、西大荒，人相食，而各省直变异特多”语，据《清史编年》卷二，康熙四年（1665）三月，“山西省旱灾，有三十城之民饥馑至极”。四月，“山东六府旱灾”。二月二十九日，“彗星两次出现，尾长五尺余”。三月二日，北京发生地震。五月八日，“山西太原府连续三日降霜，青色”。此乃“各省直变异特多”也。故此书当作于本年。

屈大均有诗赠叔子，赞其高节。

屈大均《屈大均全集·翁山诗外》卷一《赠魏处士冰叔》：“君居临翠微，丽英乃乡里。平生不字贞，茕茕无娣姒。薇芜作面脂，菡萏为文履。云步何虚徐，谁能持玉趾？”

按，屈大均此诗作于何年，不详，魏世傚《魏昭士文集》卷三《屈翁山先生五十序》：“先生与家君交友于粤东。”《朱中尉诗集》卷一有《癸卯冬，魏和公自岭南归，新交屈子……》，此屈子即屈大均。或屈氏从魏礼处，得知叔子之品格，作诗赠之。又，魏礼游岭南期间，与陈恭尹、何绛等人交善，如陈恭尹《独漉堂集·增江后集》有《珠崖歌送魏和公》、《送魏和公归宁都》等。

《广东文征》卷十八：“屈大均，字翁山，又字介子。番禺人。隆武时补诸生，从陈邦彦游。邦彦殉节，大均弃诸生，从函昰于雷峰为僧，名今种，字一灵。数年后返儒服。吴三桂叛，以蓄发复衣冠号召天下，大均奔走楚粤间。既知其有僭穷志，遂辞归。吴兴祚督粤，欲疏荐之，以著书未竟辞。……著有《九歌草堂集》、《寅卯军中集》、《道援堂集》，后汇为《文外》、《诗外》各十七卷，附《骚屑词》二卷。又著有《易外》、《广东新语》、《四朝成仁录》等书，并存。”

是年，梁份属叔子题帐。

《魏叔子诗集》卷二有《梁质人属题帐》。

按，此诗在排列上置于《乙巳元旦得圭笺试笔》与《丙午元日得日月双环笺试笔》之间，当为本年作。

汪沨卒。

黄宗羲《吾悔集》卷一《汪魏美墓志铭》：“魏美讳沨，……乙巳七月三十日终于宝石僧舍，年四十八。”

梁以樟卒。

清康熙五年丙午（1666）　四十三岁

元旦，得日月双环笺，有诗。

《魏叔子诗集》卷二有《丙午元日得日月双环笺试笔》。

二月，宋渐堂四十初度，叔子为文以寿。

《魏叔子文集外篇》卷十一《宋渐堂四十初度序》：“（朱）静庵曰：‘宋君明年四十初度，子不可以无作。’丙午二月，因追叙向者相见之意，为文归之。”

三月十一日，梦兄兰花数枝甚高大，锁置房中而无水，为之插洗笔池内，有诗。

《魏叔子诗集》卷八有《丙午三月十一日，早梦伯兄兰花数枝甚高大锁置房中而无水，余为插洗笔池内，写诗于案云》。

四月十六日，有书致郭都贤，道惓惓之意，并录诗文十余纸呈正。

《魏叔子文集外篇》卷六《上郭天门老师书》："丙午四月既望，门下士魏禧顿首奉书天门夫子座下。……比年妄有撰作，已成十卷，无由请正，谨录杂诗文十余纸以见意。……先生录士多贤，如禧碌碌实不足数，故详具本末于篇端，亦使先生知天地变革之后，数千里之外，二十五年之久，穷邑下里尚有惓惓不忘先生者如此。"

五月，黄熙之母八十有一，叔子作文以寿。

《魏叔子文集外篇》卷十一《黄太夫人八十寿序》："太夫人产黎阳罗氏右族，幼读书，十五失母。……及继室简文先生，以孝谨勤俭闻。……生子熙成进士，时人荣之，而太夫人泊如也。……太夫人八十初度，实在乙巳五月。时简文先生服未除，戒子孙勿得为寿。于是熙以其八十有一之五月称觞于堂，而友人易堂魏禧为文以佐之。"

《乾隆南丰县志》卷二十六《人物》："黄熙，字维缉，号仿园。自为童子至成名，大小试莫不中尺度，未尝有弃之者。顺治戊戌第进士。癸卯，当谒选，以养陈情得允。执贽约斋为弟子，佩师训尺寸不逾，旦夕书课，朔望相质证，笃信固执，日进于道而欿然自以为不足。事亲孝，宛然婴孺子。……熙于诗、古文不多作，作则深醇浑穆，望而知为有德之言而不入于腐。约斋卒，熙心丧未期亦卒，年六十有二。同学私谥曰纯孝。"

八月，魏礼吾庐落成，叔子作《吾庐记》。

《魏叔子文集外篇》卷十六《吾庐记》："季子礼既倦于游，南极琼海，北抵燕，于是作屋于勺庭之左肩，曰：'此真吾庐矣'。名曰'吾庐'。……庐既成，易堂诸子自伯兄而下皆有诗，四方之士闻者咸以诗来会，而余为之记。"

《道光宁都直隶州志》卷三十一《艺文志一》彭士望《翠微峰易堂记》后有"壬戌季春再记"，云："魏和公游南海、西秦归。丙午，于翠微左干之巅构屋五楹，从以东庑，莳花竹罗绕前后，俯探石阁之顶。右径赖子弦竹屋，左循凝叔所为雪门树梅花处，并达勺庭，如建瓴水，颜曰'吾庐'。海内名人皆以诗赠贻。"

按，此"丙午"为康熙五年（1666）。《魏兴士文集》卷六《八月十三日季父吾庐落成》云："冀北海南游已倦，吾庐今岁筑阿丘。"据此，可知吾庐之落成为本年八月。又，《魏伯子文集》卷八有《和公吾庐落成，题诗一首》，《邱邦士文集》卷十七有《魏和公新筑吾庐落成索诗，是时余将北游，即赋此为别》，《草亭诗集》有《题吾庐》，《江西诗征》卷六十八有甘京《魏和公吾庐诗》，《道光宁都直隶州志》卷三十一《艺文四》有杨晟《赠魏和公先生新筑吾庐》，《道光赣州府志》卷七十六《艺文志·诗》有赖韦《魏和公吾庐》，《独漉堂集·增江后集》有《寄题魏和公吾庐》。

九月中，应涂大诛之招，叔子与林时益、涂斯皇、涂大訒、吴期远同赴归有园赏桂饮酒。

《朱中尉诗集》卷五有《九月中旬，涂允恒招饮归有园赏桂，同座者涂允振、允恒、吴其远、魏冰叔》，其一云："肴核杯盘日日携，主人爱客爱花时。年年八月开花尽，即席连斟三十卮。"其三云："急风吹雨唤深杯，密叶高枝飒飒来。我汝明年俱五十，曾看黄雪点苍苔。"

按，林时益生于明万历四十六年（1618），明年为五十，故系此事于此。

与徐缄通书问，或在此时。

《魏叔子文集外篇》卷七《答徐伯调》："得赐书，所以针砭弟者，皆欲使上参《易》、《老》，保其身名，见药思病，遂觉百节六腑，感受伤滞，敬谢教。"

按，叔子何时与徐缄通书问，难以确考。《民国吉安县志》卷三十九《人物志·流寓》载：徐缄"工诗古文词。施闰章参湖西，缄来游庐陵，尝寄迹青原山。"《康熙青原志略》卷六方以智《青原得瀑记》云："纪同游者沈治先、杨商贤、温玉山、徐伯调、吴舫翁、季六、郭入门、丘贞臣、林祖涵。……岁在兆牂浮渡山愚者弘智记于笋参中。""兆牂"即"柔兆敦牂"，即丙午年。同书卷六杨彭龄《游青原瀑布泉记》亦云"丙午季冬"。徐缄既于本年与方以智等人游青原山，其与叔子通书问或在本年前后，姑系于此。

《乾隆绍兴府志》卷五十四《人物志十四·文苑》："徐缄，字伯调，山阴诸生。初擅制举义，为云门五子之一。复以诗古文争长海内，中丞祁彪佳爱其才，使二子从游，移缄家居梅市。及彪佳死，宣城施闰章尤心折于缄，自为郎官历监司，所至必迎缄，缄亦必往。两人交相得，虽忌者百方间之，终无益也。尝自著《读书说》，以经史二事为本。……所著《岁星堂集》若干卷。"

清康熙六年丁未（1667）　四十四岁

二月十六日夜，与魏际瑞、魏礼、彭士望、魏世杰、涂斯皇、涂尚榫等饮于宅，尽欢久之。是日，雨不休。雨霁后，同二涂赴新城。有文纪其事。

《魏叔子文集外篇》卷十六《吾庐饮酒记》："吾庐左瞰三巘峰，前俯石阁。开门，群山来几案，主人坐而延之，是于月夜惟良。丁未仲春月望，同新城涂宜振、家伯子、季子、诸子世杰、宜振从孙尚葎夜饮前楹，月益明。……时诸人凭阑相对，寂寥无声。彭弓庵负杖独来，鲦然若游鱼出于水际。……诸人乃大笑，皆曰‘良会不易得’，更索酒饮，尽欢久之。……雨沉沉不休，天霁，而余同二涂之新城。”

三月二十二日，夜梦师杨文彩匡正其过失，醒而悚息涕下，有书致杨龙泉、杨晋。

《魏叔子文集外篇》卷七《与杨御李、进也》：“夜梦卧床上，先夫子呼之起，为指数禧过失六七条，皆人伦间事，深中病痛；至于服用，亦摘其侈，色温言厉，逾于往日。既醒悚息，感念为之涕下。……丁未三月廿二日，禧白。”

三月，授徒于新城，讲《左传经世》，编《左氏兵法》寄门人。

《魏叔子诗集》卷四有《丁未三月，授徒新城，编左氏兵法，却寄门人任安世、赖韦、吴正名》。

《魏兴士文集》卷四《左传经世钞跋》：“是书也，岁乙巳，叔父讲之以授门人。丁巳，又讲之。”

方以智入主青原后，道誉日盛，交游广泛，叔子致书相诘。

《魏叔子文集外篇》卷五《与木大师书》：“丁未月日禧顿首：间别七年，每忆金精峰追随谈燕，便如隔世事。六七年积绪缠绵，如春蚕成茧，不可得意。……迩者道誉日盛，内怀忧谗畏讥之心，外遭士大夫群衲之推奉，于是接纳不得不广，干谒不得不与，辞受不得不宽，形迹所居，志气渐移。夫规时以行权者，豪杰之事；全身任道，圣贤所不废。师之出此，识者犹将谅其所不得已。而今则既三年矣。禧粗览佛书，从来古德于道行法明之日，往往挂鞋曳杖，灭影深山，后世莫不高其行。……若鳞鬣首尾，终日示见，则禹屋画壁、孔庙雕柱之物耳。又况以师之人，处师之时，不得已而出诸此者，且师亦岂不欲后世之知其心也？诗曰：‘绨兮绤兮，凄其以风。我思古人，实获我心。’惟大师深观古人之迹，近察一身之故，昭濯既往，显示将来，以不虚二十年出妻屏子之素节。”

闰四月，方以智游武夷山，绕道新城，招叔子晤于天峰寺。时二人相别已七年，叔子窃出，作彻夜长谈，胸中不快，涣然冰释。方以智临行，叔子作诗文送之，魏世

杰亦以诗送行。

《魏叔子文集外篇》卷十《送药地大师游武夷山序》："丁未闰月，师自青原游武夷，迁路新城，招晤天峰寺中。时余以授徒闭关，窃出，痛谈一日夜，不得止。余向与师相见，有游龙之况，今别师七年，胸中新语，勃勃不自遏。……余方病喉痛，不能言论，辍讲席已数日。及见师，谈不倦，喉且顿瘥。独恨身羁课诵，不得从武夷游。"《魏叔子诗集》卷四有《送木大师游武夷》。

《魏兴士文集》卷六有《送木立大师游武夷》，中云："悬泉万古飞雪白，石上天心青未已。师今曳杖看独行，六月正在千山中。"

《乾隆新城县志》卷十《寺观》："天峰寺，在县西一里。旧名望天峰，元延祐甲寅改建，称新兴院。明僧众重修，改天峰寺。顺治间寺僧重建。"

按，据《近世中西史日对照表》，本年闰月为闰四月。

客居新城，为贤溪孔圣庙碑记作跋语。

《魏叔子文集外篇》卷十二《贤溪重修孔圣庙碑记跋》："新城贤溪孔氏重修先圣庙成，曲阜衍圣公兴燮为之记，孔氏勒石于庙，又各为卷书之，藏于家。岁丁未，易堂魏禧来新城，孔氏鼎、胤桂与禧友，命书数言其后。"

孔鼎以《楷园集》授叔子，叔子为之评次并作序。又慨然答应于孔鼎身后，为其为作墓石之文。

《魏叔子文集外篇》卷八《孔正叔楷园文集叙》："（余）最后客新城，得一人，曰孔正叔。……是时先生盖年六十有七。……又二年，尽出其《楷园集》授予评次，而命以叙。"同书卷十八《孔孝友先生及配刘孺人合葬墓志铭》："鼎高才笃学，国变后弃弟子员，隐居贤溪山中。禧尝字鼎曰正叔，'子他日墓石之文，吾其勿敢辞矣。'"

《楷园文集》卷一《再复彭躬庵书》："勺庭序鼎《楷园稿》日，曾许志鼎一片石。"

按，《楷园文集》今存康熙刻本，凡八卷，藏南京图书馆。据《清人别集总目》，只此一家有藏，当为孤本。笔者所见为《四库禁毁书丛刊补编》据原刊影印本。大部分文章后有叔子的评论，如《复余昆垂书》，叔子评曰："精言，有独逼射人处。"《与魏冰叔先生书》，叔子评曰："朴至无文字态，乃益见其用意之笃切。"《复王元升书》，叔子评曰："气甚昌伟，老人乃有少年之文，真一时雄也。"

夏，与魏世杰自新城至南丰，再晤谢文洊。

《谢程山集》卷十一《己酉与易堂后进魏兴士书》："忆乙未冬，翠微峰一识足下，其时方髫龄，文洊已知为英物。丁未夏，随令叔父自新城取道敝邑，始得再晤。"

秋，与刘中柱相交。中柱于叔子甚为赞赏，有诗赠之。

刘中柱《兼隐斋诗钞》卷一《赠别魏叔子》："商风吹未了，黄花被篱落。佳人涉江来，矫若云中鹤。薜荔集秋裳，芙蓉耀霜锷。贫贱爱远游，著书饱空橐。举世鸣瓦缶，大雅今有托。交新如故旧，情真捐酬酢。聚散在俄顷，悲欢相间作。嘹唳听征鸿，中怀顿萧索。"

按，《兼隐斋诗钞》均按年编排，卷一之诗，"癸卯起，丁未止"。该卷最末七首诗为《赠别魏叔子》、《秋感四首》、《生日》、《除夜》，故《赠别魏叔子》当作于本年秋，故系此事于此。

《清史列传》卷七十一《文苑传二》："（刘）中柱，字雨峰。康熙中，由廪生授临淮县教谕，迁国子监学正。工诗古文辞，与朱彝尊、查慎行、汪懋麟、乔莱、王式丹相倡和。历官户部郎中，奉命监京仓。……出为直隶真定府知府。府沿明季陋规，多羡余，一切裁去。……未几，乞归。所著有《渔山园集》一卷、《兼隐斋诗》十一卷、《又来馆诗》六卷、《并州百篇诗》一卷，及《史外丛谈》、《六馆日钞》诸书。"

十一月七日，彭士望招魏氏兄弟饮。

《魏叔子文集外篇》卷十八《彭母朱宜人墓志铭》："宜人以丁未十二月初八日卒。未卒之六日，自冠石归翠微，恒自言死事。先二日，躬亲烹割，献先姑忌。明日，躬庵召予兄弟食，犹力疾手自脔鸡。"

彭士望妻朱氏卒，叔子应彭士望之子请，为作《彭母朱宜人墓志铭》。

《魏叔子文集外篇》卷十八《彭母朱宜人墓志铭》："宜人姓朱氏，江西石城王府奉国中尉、浔州府通判朱公议汸长女也，年十五，归吾友彭躬庵。……宜人以丁未十二月初八日卒。……宜人生癸丑，距今丁未，享年五十有五。……即以是月十一日葬冠石烂泥垄老庵场背。……予嫂事宜人，岁时请见，知宜人独详。躬庵为状，命儿子请志其墓，予不敢以不文辞，且铭之曰。"

冬，汪楫为罗牧题画寄叔子。

《山闻诗》有《为罗饭牛题画寄魏冰叔》，诗云："山人呵冻写落木，索我题诗寄冰叔。……忽从画里诵新诗，正是行人踯躅时。山房榾柮方烧芋，户外冰霜那得知。"

按，《山闻诗》所收诗均为康熙六年（1667）丁未游江西时所作，《山闻诗》卷首有施闰章所作《序》，云："往岁丁未在豫章，与汪子舟次、高子阮怀同游西山，甚乐也。已，汪子又独游匡庐，集其往来登览赠酬之诗若干首，属予序论。"汪楫《山闻续集》卷首《自序》亦云："丁未游西江，历匡庐、青原、西山诸胜，得诗数十首。药地老人题曰'山闻'，谓清泉白石实闻此言也。"

罗牧返宁都，向叔子出示汪楫手书。叔子作书答之，并略道传人传文之故，属汪楫转致施闰章。时施氏已于是年秋解组归里，叔子未及相见，一畅斯说。

《魏叔子文集外篇》卷五《答汪舟次书》："罗山人归，奉手书。广陵邂逅，于今六年，而足下勤勤不忘鄙人，其笃于朋友如此。……禧感施公知，愿俟解组后买舟东下，长揖匡湖之滨，相与一畅斯说。金精僻处穷邑，不得闻其去；禧又牵贱事，闻之亦不获行，非足下谁复可语此者？足下他日见施公，一为道达此意。"

同书卷六《答施愚山侍读书》："嗣桐城方密之先生邮致手札，敝邑罗山人传口语，禧虽未获一望颜色，聆察至论，私心感激，何日忘之？因报汪舟次书，略道传人传文之故，属其转致鄙私。"

按，叔子于康熙元年（1662）在扬州与汪楫相识，六年后正为本年，故系此事于此。又，叔子文中"金精僻处穷邑，不得闻其去"云云，指施闰章解官归里事。施闰章《祭周太恭人文》云："康熙丁未九月，诰封太恭人周年伯母张太君终于洪州官舍，……施闰章闻讣入哭。既数日，章将东归，不得从同官诸君子合词为诔。"（《施愚山集·文集》卷二十四）《施愚山先生年谱》卷二亦载：康熙六年丁未，"是年秋，以裁缺归"。可见，施闰章于本年九月以裁缺解组还乡，故叔子此信当作于施氏解任后不久。再次，施闰章解职，因大学士刘正宗而起，全祖望《愚山施先生年谱序》载："先生之分守江西，政声籍甚，公议以为不日当晋开府，忽遭束阁，盖安丘相公当先生持节山左时，有所干请不遂，至是修怨焉。"（《鲒埼亭集内编》卷三十二）

致书袁徵，道己欲读其著作之心切，并以《上郭天门老师书》呈览。

《魏叔子文集外篇》卷七《与袁公白》:“《匡齐新语》,急欲得一读,已属止山代抄,翠微石室尚足藏书也。……旧年与郭天门先生书,略尽二十年为学之志,今抄一通奉览。”

按,《上郭天门老师书》作于康熙六年丙午(参见该年谱文),书中既云“旧年”,则此书当作于本年。

谢文洊致书叔子,论君子不可用小人之才。

《谢程山集》卷十《丁未与魏冰叔书》:“向读尊著,每惜君子短于致用而欲进之以小人之才。文洊谓为君子者须广之以才,则笃论也。若谓不可无小人之才,恐未可为训。盖小人之才,机械变诈,不可方物,人能以此为耻,方可学。至于君子,今既为君子,而又习其所耻之事,恐习之既熟,则遂变为小人矣。”

叔子作书答谢文洊,再论君子用小人之术者。

《魏叔子文集外篇》卷五《再答谢约斋书》:“但思如温太真批钱世仪,涕泣王敦,此全是小人之诈术,求之古君子中,未尝有此。然太真不如此则贼不可平,国不可保。……大约君子处国家大事,有决不可用小人之术者,若卫鞅虏公子卬、韩信背郦生破齐之类;有可用小人之术者,如温峤之于王敦、王曾之于丁谓是也。盖时方平缓,则尚德义,立威信,虽君子之智术,有所不事。时当危迫,君子之智术有不能济,虽借用小人,其心事固已共见于天下矣。”

谢文洊作书复叔子,以为儒者当“守其诚敬之素志”。

《谢程山集》卷十《丁未复魏冰叔书》:“复接手书,举温太真批钱世仪为言。……但太真举动,乃豪杰事,儒者则断不能。豪杰所恃者天才,儒者则全资学力,守其诚敬之素志。虽当患难,势危虑深,不无智术,然欲如伪醉、挥涕诸情态,恐亦无从得此面孔。……故学者惟自顾天才何如耳,可立可权,要须立先而后乃言权也。故《论》、《孟》所载,皆圣贤经常语耳,而出奇履险之说,未有闻焉。岂圣贤犹有不能权欤?盖权者,一时之偶然,笃于立而明于经者,亦自有不期然而然,豪杰之举动,固未可尝试也!”

魏世傚从叔子学古文。

《魏叔子文集外篇》卷八《耕庑文稿引》："诸子世儆从余学古文十年，得可观者四十余篇。丁巳暮春，予之秣陵，儆送予赣江。"

按，"丁巳"为康熙十六年（1677），逆推之，世儆从叔子学古文约为本年始。

《清史列传》卷七十《文苑传一》："（魏）世儆，字昭士。生二十余月，母口授《九歌》，辄能成诵。稍长，从仲父禧读，殚意著述。性狷急，勇于事。禧尝谓其文一如其人，锋锐所及，往往有没羽之力。以多病不应试。遍游燕、楚、吴、越，一至岭南，适王士祯使粤，见所作，愿折节与交。著有《耕庑文稿》十卷。"

清康熙七年戊申（1668）　四十五岁

二月，居勺庭，授《左传经世》于石阁，魏世杰等门人童子侍讲席而坐。

《魏兴士文集》卷四《左传经世钞跋》："戊申二月，家叔父居勺庭，授经石阁之下，门人童子侍讲席而坐，布席丈有几尺。"

三月，得宋之盛来书，书中称赏叔子文长于议论。

《魏叔子诗集》卷四《戊申八月十日哭匡山宋未有先生》："三月蔡生来，君手寄我书。谓我长议论，偏锋当删除。君体今益醇，于用无乃迂。"

三月，见母墓之左介被人斫树起大坟，痛心骇魄，作书致友人。

《魏叔子文集外篇》卷五《与友人论先坟书》："戊申三月日，……前往李村登先母坟，见逼墓左介所特废田栽松樟护坟之地，为尊家斫树起大坟，其中去先母坟仅尺余，不觉痛心骇魄，口悸不能言。"

春，李萱孙从叔子学。

《魏兴士文集》卷四《送李元慈归巘山叙》："戊申春，李元慈来从家叔父学。岁既尽，将归巘山。"

按，文中有"去年冬，弱冠。尊公咸斋先生命来易堂见诸老"语，可知李元慈乃李腾蛟之子。《魏伯子文集》卷三《元慈字说》载："友兄李咸斋字其子萱孙曰元慈。"可见元慈名萱孙。

六月十六日，邹祗谟致书彭士望，推崇易堂诸子文，尤拳拳于三魏之文。

《耻躬堂文钞》卷四《复邹讦士书》："己酉孟夏月除日始得道翁戊申六月既望所惠书，中为毛卓老与弟作合之殷，兼谬推鄙集及易堂诸子文，而尤拳拳三魏氏。"

《清史列传》卷七十《文苑传一》："邹祗谟，字讦士，亦武进人。顺治十五年进士。性颖特，过目不忘。自经籍、子史及天文、百家之书，古今人爵里姓氏、世次年谱，靡不悉记。……与人真挚，交久不忘。妙于言语，小词单文，令人色飞神艳。古文辞与陈维崧、董以宁、黄永，称'毗陵四子'。……著有《远志斋集》、《丽农词》。"邹祗谟号程村，见《国朝诗人征略》卷四。

六月，复书杨益介，并寄上《刻论》等文。先是，杨益介曾两次致书叔子。

《魏叔子文集外篇》卷五《答杨友石》："戊申六月日，禧顿首，承再赐书俱到。先生居乡里中简酬答，独拳拳于千里外平生未尝谋面之人，厚意何可忘？……蔡生传索近作，谓将搜辑遗文成一代文献，弟何足与于此。谨呈《刻论》一卷，又杂抄仅十数纸不得尽，使知己览其得失如见肥瘦耳。"

八月十日，闻宋之盛卒，伤痛不已，作诗哭之。

《魏叔子诗集》卷四《戊申八月十日哭匡山宋未有先生》："林子湖东归，贻我书一纸。为言宋白石，五月中风死。我夜十数惊，天明推枕起。盥水白衣冠，双烛熠素几。剪纸为明旌，上书'宋贞士'。立哭拜不兴，哀声动林水。……叹息斯人亡，又弱一个矣。"

八月，居勺庭，再讲授《左传经世》，钞其精要者三百余篇成《左传经世钞》。

《魏兴士文集》卷四《左传经世钞跋》："戊申二月，家叔父居勺庭。……秋八月，命门人四五人更授《左传经世》，于是钞其精且要者凡三百有余篇，予小子杰亦庶几得手书而读之。"

按，叔子生平疏于治经，自称"儒先之书，间一浏览，未尝专意讨索"（《答施愚山侍读书》），独于《左传》用力甚勤，加以评注而成《左传经世》一书。其著述之深层心理，魏世杰颇能体会，在《左传经世钞跋》中说叔子经历"天下之大变大故、可惊可愕之事"，"故其于人之情伪、世故之变，所为博观而熟虑之者，则无不于左氏相触发，以得古人深心大略于不言之表，然后知《经世》一书，非必于左氏得之，而特于左氏发之者也"。

又，《左传经世》一书，叔子生前尚未完稿，因而魏礼思竟其业，然因病而中断。《魏季子文集》卷九《答徐孝先》云："前冬葬先叔兄，咯血疾忽发。今幸就愈，更健，当为先兄卒《左传经世》业。"同书卷八《答李元仲书》云："先叔兄《左传经世》至宣公附览，后此者犹未卒事。前岁期假玑瑁将以搜葺遗卷，补缀成书。咯血疾动而罢。"续完此书者为魏世傚，他在给韩菼的信中说："先仲父所评骘《左传经世》，其未编辑者四之三。客岁屏人事勉强续完，约七八百页，未克授梓。"（《魏昭士文集》卷二《与韩慕庐宗伯》）

十月，李腾蛟病九日而卒，众人倡议私谥曰贞惠先生，叔子为作《李咸斋私谥议》。

《魏叔子文集外篇》卷四《李咸斋私谥议》："戊申冬十月，先生病终于三巘。……既大殓，众相与谋曰：'后世匹夫之有令节笃行者，时人多私为之谥，亦以补朝典之阙，表幽潜之德也……'于是易堂友弟魏禧扬言于众曰：'诸君子言是也。先生当乙丙间除诸生籍，二十余年非法之服勿服也，非法之人勿见也，可不谓贞乎！性诚厚爱人，与人煦煦然，若惟恐伤之，虽子弟门人，犯之勿较，可不谓惠乎？'于是堂上皆应声曰：'然。'于是私谥曰贞惠先生。"

曾彝卒，叔子览魏世杰之文，涕下沾襟。十一月，曾彝将安葬，时叔子授经山中，为文以志曾彝。

《魏叔子文集外篇》卷十八《门人曾彝碣文》："彝年三十有三竟死。……而世杰顷作文赠同学李萱孙，尤极道彝为人。……予览之，未尝不涕下沾襟也。彝……娶妻罗氏，生子三。彝死逾月，其长子夭。今十一月二十一日，将附葬于河东祖垅。先葬之九日，而遗腹子生焉。……予授经山中，不获视彝葬事，为文以志彝，授之韦、播、庠、晟勒诸墓石。"

十二月，萧伯升五十初度，叔子、魏礼皆有诗赠之。

《魏叔子诗集》卷四有《为萧孟昉五十赋》，《魏季子文集》卷四有《萧孟昉五十》。

按，《耻躬堂文集》卷七《萧孟昉六十序》云："予与萧子研邻别且六年，……戊午冬腊，年六十。"以此知萧氏生月在十二月。

《光绪泰和县志》卷十八《列传》："萧伯升，字孟昉，士玮从子。性豪侠，所交多名下士。官会昌教谕，尝割田饭狱，代银完粮，乡里义之。”吴伟业《吴梅村全集》卷三十六《文集十四·萧孟昉五十寿序》称其“慷慨好义，不吝施予，尝蠲田谷数千石，具饔飧以活狱囚，又为逋赋者完室家，赎子女”。

寒夜，读姜宸英之文，为之狂喜，摸黑上下数百蹬，呼彭士望、弟魏礼共赏，又亟命儿抄诵之。

《耻躬堂文钞》卷四《复邹讦士书》：“己酉孟夏月除日始得道翁戊申六月既望所惠书。……伯调去岁客兴安令署中，其郡人姜西铭宸英有《真意堂稿》，凝叔得之青藜筒中。雪夜异寒，读之狂喜，呼和公，扣弟扉，共赏击节，亟命儿子抄诵之。道翁必素识西铭，见间为一道此意。”

《魏叔子文集外篇》卷七《与彭躬庵书》：“姜西铭文果佳耶！不虚弟黑夜上下数百蹬，惊山中鸡犬也。”

冬，彭士望作诗赋瓶梅，赠叔子、魏礼。

《耻躬堂诗钞》卷十一《走笔赋瓶梅戏柬魏子叔季》：“引说孙周慰故条，短折甘心死知己。吾将以意作瓶园，勺庭吾庐（原注：俱叔、季居室）聚于此。”

按，《耻躬堂诗钞》卷十一所收诗均作于康熙“戊申”年。排列上，此诗后二首为《山兰花开悼亡室》、《除夕怀夏抑公同门人宋岸先》，故此诗必作于本年冬。

杨文彩之子杨龙泉、杨晋将奉父母合葬，应其请，叔子为作合葬墓表。

《魏叔子文集外篇》卷十八《杨一水先生同元配严孺人合葬墓表》：“岁甲辰六月，先生年八十卒。……逾年九月，元配严卒。……又三年戊申，二子既得吉壤于东乡团坑，某月日，将奉父母合葬。地势隘，不足位二墓之石。于是晟、晋勒生没、家世、子孙内于圹，更再拜稽首属禧为合葬之文，表诸墓门。”

应门人黄光会之请，为其大父黄嘉缙作墓表。

《魏叔子文集外篇》卷十八《黄乐玄翁墓表》：“翁讳嘉缙，字季振，别号乐玄。……甲申，闻闯贼之变，翁素服悲号，谓所亲曰：‘吾生为圣朝民，死为圣朝鬼，死后得题“明故”二字于墓幸矣！’至丙戌而翁果行其言以死。……翁之孙光会，予门人也。……翁卒既十二年，丁酉十二月葬邑东酬原之后堂祖山。又十二年戊申，光会始请予表其墓。”

《同治新城县志》卷十《人物志·宦业》：“黄光会，字叔昭，别号畏岩。少时游宁都魏禧门，闻经世之学。康熙己酉举于乡，除令直隶南皮，以廉能著。安溪李文贞公时抚直隶，力荐之，遂擢陕西鄜州知州。……抵鄜数月，引疾归。家居数十年，辟城西且园以课其子孙，年八十四乃卒。光会生平于进退取舍间，辨之最严，处之最决，盖不名理学而躬行实践者。”

谢文洊致书叔子，三论君子用小人之术。

《谢程山集》卷十二“戊申”《答易堂魏叔子》：“前札所论小人之术，亦因来教所及，文洊切己揣摩，似觉此为天限，遂推及儒者之才有能有不能，畅言就正，非谓尊意在于强儒者以不能而为是辨析也。……秦皇汉祖之时，决非真儒见用之日，惟归耕汶水，以待天下之清而已。少陵《荡荡万斛船》一首，正见大器不可小用，与此意适相发明，然当之者亦难乎其人矣，裕斋以为何如?”

是年，李其聪致书叔子，道向往之意。叔子回信，教之以“恢宏志气”、“砥砺实用”。

《魏叔子文集外篇》卷六《答南丰立作谋书》：“足下谦诚恳款，致书七八百言，自道向往之意。……仆年四十有五而无子，绝续之间，自有天命。居常不忧身之无后，而忧后起者之无人。是以一见足下所论著，不胜其拳拳也。不得已而欲有益足下，则亦曰恢宏其志气，砥砺其实用而已。”

按，据文中“年四十有五”语，可知此文作于本年。

《乾隆南丰县志》卷二十六《人物》：“李其聪，字作谋。芸林子。幼慧，端重寡言笑。不事举子业，从程山学濂洛之学。尝著史论，淋漓恳到。彭躬庵称其为人内刚外静，魏凝叔谓其诗与论确有胆识，两堂前辈皆虚己下聪。聪与躬庵子厚德、约斋侄德贽交尤笃。贽年十二，即能辨析《春秋》五传疑义，日所行，夜必书，课期无愧尔室。未几，相继卒。”据《乾隆建昌府志》卷五十六《艺文纪一·书目》，李其聪著有《李作谋遗稿》二卷。

汤来贺致书叔子，有所规谏。

《内省斋文集》卷二十七《复魏冰叔》：“但恳虚心在酌，宁守先儒之规矩准绳，勿放言高论，以启弊窦。凡一己所见而众人以为未确者，勿言可也；即一时众皆称许而以圣贤之道揆之，或恐流弊于后世者，亦勿言可也。”

按，此书后有方文的评语，云："刘东山云正己不但戒利，亦当戒名，可与此书并传。"方文卒于康熙八年己酉（1669），故此书必作于此之前，姑系于此，俟再确考。又，汤来贺此书乃复信，叔子之书未见传本《魏叔子文集》，或已佚。

《明诗纪事·辛签》卷二十一："汤来贺，字佐平，南丰人。崇祯庚辰进士，除扬州推官，擢刑科给事中。福王时，改礼部主事，出为广东佥事，迁布政使。桂王立，晋总制，加兵部尚书。有《内省斋集》三十二卷。"汤来贺号惕庵，见《乾隆南丰县志》卷二十六《人物》。

曾彝卒。宋之盛卒。

清康熙八年己酉（1669）　四十六岁

正月，与曾畹会酒于三巘峰，尽欢。曾畹尽出其所为古文，瞩叔子论定。时曾畹自塞外归，须眉苍凉，面目色黄黝，俨然塞外人。

《魏叔子文集外篇》卷八《曾庭闻文集序》："曾庭闻自万里归，己酉正月会酒于三巘，尽欢，鏊风千尺，倒上吹墙屋，汹汹有声，雨雪杂下。庭闻尽出其所为古文，使余论定。庭闻之文句格法昌黎，而苍莽勃崒娇悍尤多秦气。……庭闻间归，相见予于山中，毛衣革鞜，杂佩帨，带刀砺，面目色黄黝，须眉苍凉，俨然边塞外人。回视向者与予咿唔笔研间，及细服缓带为三吴名士时，若隔世人物。"

《道光宁都直隶州志》卷二十二《人物志·文苑》："曾畹，字庭闻，应遴冢子。弱冠过吴门，师事徐詹事汧、张庶常溥，深器许之。崇祯壬午乡闱，两房争元，抑置副车。后游边徼，寄籍西安。中顺治甲午陕西乡试，计偕赴京，诸名公争延致之。诗文脱稿，辄传诵持去。乙卯丙辰间，江右被寇，与弟灿省母归。未几，病卒。著《金石堂文集》。"《清诗纪事初编》卷二："畹举人，移家灵夏，欲于边草塞霜间，有所树立。后乃歌钟冶服，恣情声色，悔而入山学道。"

四月，甘京致书叔子，乞为其文作序，叔子遂作《甘健斋轴园稿叙》，甚称道其文。

《魏叔子文集外篇》卷八《甘健斋轴园稿叙》："今夫甘子凡三变，至于学道而后加意于文章。其为人甚奇，其文当必有倜傥超拔不可羁绁之气。乃读《轴园稿》，朗畅和平，冲然多菽粟布帛之味，而其《正统论》、《文帝短丧辨》、《了溪家庙》、《通济桥记》诸篇，则又高劲有法度，为近世能文者所难及。己酉四月，甘子以书来，命予叙其文。予以甘子有兼人之才，固当于予平日所论议者合而致之，以振今日学道之衰，而为之叙之如此。”

五月，致书瞿世琪，并呈近作。先是，瞿氏遣使致书币，并索叔子文。是年，当道强叔子与乡试，叔子未允。

《魏叔子文集外篇》卷六《答瞿韩城书》：“己酉五月日，禧顿首。……顷者伏承过听，五千里遣使辱以书币，惶愧悚息。……今岁主人以乡试之役，又复强而致之。语云：‘兽鹿惟荐草而就。’是用拜书返币，罪何可言！……禧于戊子、己丑间编次《救荒策》一篇，居今固无所事，或亦所谓代匮之物，谨录一册呈览。外《上郭天门先生书》、《左传经世叙》、《吾庐记》、《门人熊养及字说》四首，以补报书所未尽。”

《同治饶州府志》卷十二《职官志四·名宦》：“瞿世琪，字湛持，山东益州人。顺治己亥进士。康熙六年，由庶常改饶州司李，儒雅慈祥，士民爱戴。以裁缺去，任陕西韩城令，有惠政。王辅臣反，柳沟营游击以裁饷鼓噪，世琪抚慰不从，同二子皆遇害。”

六月，黄光会之母六十初度，叔子为文以寿。

《魏叔子文集外篇》卷十一《黄母六十寿叙》：“岁屠维作噩之且月，门人黄光会母夫人寿六秩，于是其同学生来乞言于予。予曰：光会兄弟率母训自成立，各教授生徒，求仁者之粟以养其亲，是亦足以寿母矣。虽然，予因光会之母以风世之为母，予何能已于言？”

按，“岁屠维作噩”即康熙八年己酉；“且月”即六月，《尔雅·释天》：“六月为且。”

夏，谢文洊以书来，道思念之情，并索文章。时叔子曾以文相寄。

《谢程山集》卷十二《与魏叔子》：“不面止三阅月耳，为时未甚久，然如冰叔其人者，须是长年相聚一室，始得恣意受享、餍饫愿欲。若只聚一二日便别，别又动经数月，便如人将江瑶柱间与一尝，到口辄持去，岂不令人馋涎暗咽无已时耶？……昨自香山省墓归，得读寄来近文，把玩两日，夜不择手，钞置几案，间时得展诵，是又几将江瑶柱作饭饱矣。有便愿频寄数脔，俾得效侏儒饱欲死，亦不敢致怨也。”

按，谢文洊此书，编入“康熙己酉”，文中有“今春文洊还居程山”语；前一

书为《与彭躬庵》，文中有“酷暑可畏，健斋移榻石室”云云，故文洊此书，或当作于本年夏。

七月，魏礼西行游陕西，途中作诗怀魏际瑞、叔子。

《魏季子文集》卷四有《西行》，其九十七云：“峰头一勺水，想亦发荷花。万里钱为足，频年客作家。妻儿愁月上，兄弟忆天涯（原注：时伯子在浙、叔在新城，予西行在途）。何日西南合，来烹冠石茶。”

按，《魏叔子文集外篇》卷八《季子文集序》云：吾季子“前年归自华山，予夜与饮酒，读所为《西行诗》百一十首”。此文末署“辛亥二月”，故“前年”当指本年。又，《魏季子文集》卷九《与北田五子》云：“礼西行道上诗在周士行笥，试取览。自七月到秦，九月过浙江，十月归山，为儿子授室。”据此，可知魏礼游陕西在七月。

八月，客南昌，孙枝蔚自楚中来访，继之同访陈允衡。归客馆后，读孙氏诗，甚为赞叹。别时，应孙氏请，为作《溉堂续集叙》，时有寒疾，力疾书之。

《魏叔子文集外篇》卷九《溉堂续集叙》：“己酉八月，予客南州，豹人忽自楚中至，相见执手劳问，既出其《溉堂续集》示余，余袖而藏之。与之过故人陈伯玑湖亭谈。伯玑，吾南州之以诗文名者也，设尊酒相款曲。……于是谈既倦，主客薄醉，山雨欲东来。予归客馆，雨大下，烧烛，发袖中诗读之，乃喟然而叹曰：‘甚矣！豹人之能变也。其诗自宋以下则皆有之矣，冲口而出，摇笔而书，磅礴奥衍，不可窥测。……予将归山中，豹人命为之叙。适予有寒疾，行且别去，不知何日复相与论文。于是力疾疾书，质之伯玑，以贻豹人。”

《清史列传》卷七十一《文苑传二》：“孙枝蔚，字豹人，陕西三原人。布衣。康熙十八年，举博学鸿儒，以年老不能应试，特旨偕邱钟仁等七人授内阁中书。枝蔚始遭闯贼乱，尝结里中少年奋戈逐贼，失足堕土坎中，幸不死，乃走江都，从贾人游，累致千金，辄散之。既而折节读书，肆力诗古文，僦居董相祠，高不见之节。……然未尝一日忘故乡也。因颜所居曰溉堂，以寓西归之思。……所著《溉堂前集》九卷、《续集》六卷、《后集》六卷、《诗余》二卷，原本秦声，多激壮之词。”

《同治南城县志》卷八《人物志·文苑》：“陈允衡，字伯玑，……弱冠为诸生，以时艺名，艾千子尝序其稿。后以诗游江淮吴越间，纵览山川之奇胜、土俗人情之险易。重以穷愁怫郁之思，有所触则发于诗，故其音顿挫而极于古。一时名公卿、词人，无不愿与允衡游者。……倦游后构小室于南州苏公亭畔，左右图史，丹黄弗辍。虽瓶粟时罄，而闭户吟啸。……所选《国雅》、《诗慰》诸集，并为海内所重。著有《爱琴馆集》、《愿学集》、《澄怀阁》、《勤补堂》诸集。”

孙枝蔚又介杜恒焯来相见，应恒焯之请，为撰《通判杜君墓表》。

《魏叔子文集外篇》卷十八《通判杜君墓表》：“禧尝游江、淮，诸名下士无不言三原杜若者。己酉八月客南州，会三原故人孙枝蔚来介恒焯相见，出其兄恒熿所撰《杜若行状》，涕泣言曰：‘将以是冬葬仲兄于东原祖父之兆，请子为文表诸石。’禧不获以不文辞。”

八月十五日，致书李因笃，并附史论数十篇。

《魏叔子文集外篇》卷五《与富平李天生书》：“己酉中秋日，禧曰：仆僻处南服之下邑，每恨不得交西北伟人。……仆生平一无所长，二十余年休废山中，教授外不能荷锄把钓，因得留意于文章，有史论数十首，为门人刻其大半，敬附以献。”

《清史稿》卷四八〇《儒林一》：“李因笃，字天生，富平人。明庠生。博学强记，贯串注疏。举博学鸿儒，试授检讨。未逾月，以母老乞养，诏许之。母殁，仍不出。因笃深于经学，著《诗说》，顾炎武称之曰：‘毛、郑有嗣音矣！’又著《春秋说》，汪琬亦折服焉。”又，《己未词科录》卷二李因笃条秦瀛按：“先生与顾宁人先生交，并高不仕之节，荐举非其志也。”李因笃号子德，见《鹤征录》卷一。

八月，谢文洊以书来，介李其聪执贽于叔子门下。

《魏叔子文集外篇》卷十四《告李作谋墓文》：“己酉八月，予客南州，程山先生以书来，曰：‘李生其聪，窃愿执贽门下。少学问，不自信，以故逡巡，然亦不能久待，愿毋忘斯意。’余得书终夜不寐。”

按，谢文洊此书，未见今本《谢程山集》，存于何处，俟考。

秋，沈泌自南京赴广东游罗浮山，经南昌，与叔子、曾灿、胡映日等人会。临别，叔子赠以诗，并有书致陈恭尹，托沈泌带之。

《魏叔子诗集》卷六《赠别沈方邺》："南州才把臂，又说到罗浮。……才名开百粤，羁客感三秋。为问陈元孝，丹崖尚姓邱？"

《独漉堂集·文集·书牍》有《与魏冰叔》："周士至后始出广州，于沈方邺处得先书，并读之，爱诲可谓备至。所示为文之道，皆弟意中所悉也。"

按，方文《嵞山续集》卷二《送沈方邺游惠州》："今秋始附赣州船，上客言寻海丰宰。"诗编入"戊申"年，然而同书卷三《遇沈方邺》又云："送尔岭南去，秋兰花正芳。如何仲冬月，尚在古陵阳。百计营资斧，重裘犯雪霜。相逢惊且喜，把酒话偏长。"此诗亦编入"戊申"年，可见本年仲冬，沈泌尚在石埭筹措旅费，未赴广东。沈泌游岭南，当在本年。顾大申《堪斋诗存》卷五有《送沈方邺度岭》，其二云："客路青天外，沧波澹渺茫。瘴深鸿雁少，秋老荔枝荒。君去经三水，何时返五羊。梅花如记忆，莫信岭云长。"此诗编入"使虔稿"，"虔"即虔州，今赣州。"使虔稿"收录"己酉、庚戌"所作诗一百零八首，且《送沈方邺度岭》后隔一首即为《己酉虔州除夕适得家信》，足证此诗作于康熙八年己酉(1669)。

又，《六松堂集·曾青藜诗集》卷四有《南州于周伯衡先生座上知沈方邺从金陵至，走访不值，次日方邺见过，留同宋岸先、胡心仲小饮，遂成四诗，兼送罗浮之游》，可见沈泌道经南昌时，曾灿、胡心仲等人均与之过从。再次，检《魏叔子文集外篇》，仅见《答陈元孝》一书（卷七），作于康熙十四年乙卯（1675），作于本年之书则未见。

《嘉庆宁国府志》卷二十九《人物志·文苑》："沈泌，字方邺。父寿峣，殉国，详《忠节》。泌幼孤力学，博闻强记，才捷一时。尝名流谦集，阄韵分题，泌或后至先成。与人共疏古事，娓娓不倦。检所出，不讹一字。性落拓，跌宕文酒，不事生产。每纵谈天下事，掀髯扼腕，旁若无人。康熙己未，当事将以博学宏词荐，会有忌其负才使气者沮之，遂以诸生终。所著诗文词赋甚伙，殁后稿被窃去。"

汪兆镛《岭南画征略》卷二："陈恭尹，字元孝，晚号独漉子，顺德人。父邦彦，于明末广州破，力战被执，不屈死，谥忠烈。恭尹时年十七，脱身走，父友增城湛粹迎之，藏于复壁。桂王都肇庆，恭尹乃出，上疏陈父殉难状，因赠官加谥，荫恭尹锦衣卫指挥佥事。广州再破，恭尹避兵西樵，复逾岭入汴，徘徊太行之下。……闻桂王殂，大恸，遂不复出。卜居广州小禺山舍，卖文为活。诗名倾倒一时，朱竹垞、王阮亭、赵秋谷先后至粤，均订交。与屈大均、梁佩兰称岭南三大家。著有《独漉堂文集》十五卷、《诗集》八卷。"

杨彭龄访叔子于南昌东湖，出著作相示。叔子读后，不觉咨嗟。杨氏请叔子为其文集作序。

《魏叔子文集外篇》卷七《手简》有《答杨商贤》二通。其一云："去秋足下顾我于东湖之上，快读著作，不觉咨嗟，使不知者见之，则以为互相标榜而已矣。"其二云："承委叙大集，向略已浏览。然以弟叙兄文，当有微言独见，取信天下后世，不应同世士酬应，但取成叙者之文。愿得大集，博观深绎，然后结撰至思，以报知己。"

按，杨彭龄卒于康熙十二年（1673）癸丑，而本年秋，叔子适在南昌，故其访叔子于南昌，当不晚于是年，姑系于此。杨彭龄之诗文集，今未见传本，或已佚。叔子之序未见今本《魏叔子文集》，或未及作，其详情待考。又，此东湖乃南昌东湖，《同治南昌县志》卷二十《古迹志》："东湖在城内，亦名太湖。……湖至清深，鱼甚肥美。沿堤旧皆植柳，名万柳堤，亦曰万金堤。启祯间，承平既久，吾乡又为藩封盛地，诸王子公侯暨士大夫流连光景，纵意游观，忽有开浚东湖之举。一时画舫兰桡，珠帘翠幔，几与西湖争胜。"

《皇明遗民传》卷三："杨彭龄，字尚贤。山东文登人，徙宛平。父维垣，副都御史，后官南都，与阮大铖等频扰国政。国亡，能自经死，二妾皆殉。彭龄葬已，遂毕意旅食，老于江南。学宗朱子，名其亭曰晚闻，盖举朝闻夕死之义也。喜短篇，追摘旧事。……至序忠臣烈士之篇，辄呜咽饮泣。间鬻文词以自食，京师贵人数属当事者饷馈，终不谒谢。独与秣陵处士徐延吴游，他人罕识也。……家在桃叶渡傍，甚贫困。雅通小篮，卖得百钱沽酒，即欣然移日。其诗清逸，能削浮响。"

九月四日夜，梦与兄魏际瑞论文达旦，醒而录其记忆者。

《魏叔子日录》卷一："己酉九月初四夜，梦与伯兄论文达旦，醒而录其记忆者。"

十月，在新城，闻门人李其聪遽死，伤悼不已，后校其诗文。

《魏叔子文集外篇》卷十四《告李作谋墓文》："己酉八月，予客南州。……十月，余在新城，而闻生遽死，伤悼不自胜。"

《程山谢明学先生年谱》：康熙八年"秋九月，（程山）游麻姑山，李其聪、黄国望从。下山聪遘疾，冬十月癸亥卒。……先生手录其诗文，魏叔子较以传"。

新城县重修学宫，叔子瞻拜之，作《新城县学宫重修记》。

《魏叔子文集外篇》卷十六《新城县学宫重修记》："新城学宫久圮而不治，邑大冢宰涂公国鼎忧之。……己亥闰三月，公少子斯皇偕其兄子大晾、大诛、大韵修举之。秋九月，工成。又十一年己酉，宁都魏禧来授徒，得瞻拜堂下。邑君子言曰：'涂氏克世其德，功在圣人之庙，然不自有其功。吾党春秋承祀不忘，敢请子为文勒诸石。'禧乃再拜言曰。"

孔鼎七十初度，与叔子再相见于新城，叔子作诗为其寿。孔鼎得诗大喜，以为"魏先生真知我者"。魏礼、魏世杰亦作诗寿之。

《魏叔子诗集》卷一有《火一章为孔正叔寿》，序云："正叔先生积学力行既七十年，著书百有余卷，再见禧于新城，欣然谓其从弟八桂：'吾不知吾之有七十身矣。'禧闻而叹曰：噫！函关尹所谓火神，意在斯乎？因遂成诗。"

彭士望《孔正叔传》（载《楷园文集》卷首）："魏禧尝括关尹子火神之说为诗赠鼎，……鼎得诗大喜，顾儿子曰：'魏先生真知我者。好藏弆魏先生诗，俟刻石殉墓不忘也。'"

《魏季子文集》卷三有《孔正叔先生七十》，《魏兴士文集》卷六有《寄寿孔正叔先生七十》。

夜，与魏礼饮酒，读其所作《西行诗》。是年十月，魏礼自华山归里。

《魏叔子文集外篇》卷八《季子文集序》："吾季子诗好汉、魏，文好周、秦诸子。……前年归自华山，予夜与饮酒，读所为《西行诗》百一十首，引手捋其须曰：'犹记皂隶提耳而挟其股乎?'今遂能如是，相与大笑为乐。"

按，《季子文集序》作于辛亥年（参见该年谱），故"前年"云云，当指本年，故系此事于此。

为彭士望文集作序，称其文"一主实用"、"务以理气自胜"。

《魏叔子文集外篇》卷八《彭躬庵文集序》："躬庵先生为文章，务以理气自胜，不屑屑古人之法。……其文一主实用，遇事感慨激昂，连类旁及，轇轹古今，呼天抢地而不能自忍。……躬庵今年年六十，又皆甚贫，以衣食之故，劳苦其身，乱其心。余窃惧夫托诸文章、以空言自见者，亦将止于是而不能进也。悲夫！"

按，彭士望生于明万历三十八年（1610），今年六十岁，故系此事于此。又，咸丰二年（1852）刊本《耻躬堂诗文合钞》，卷首载有此序，末署“易堂愚弟魏禧撰”，《文集外篇》中的此文无此署名。

仲冬，门人孔之逵之父孔仲隆六十初度，应孔尚典、涂尚律等人之请，叔子作序以寿之。

《魏叔子文集外篇》卷十一《孔仲隆六十寿叙》：“贤溪孔氏仲隆君，余门人之逵之严父也。己酉仲冬，君六十初度，逵同门生涂尚律与逵叔祖尚典十许人诣余再拜言：‘谋所以代之逵佐一觞，敢乞言于先生，幸先生不辞。’余曰：吾尝闻君之为人矣。”

《同治新城县志》卷十《人物志·文苑》：“时有孔之逵者，字用仪，与尚典同师禧为古文，学、文、行皆有可观云。”

同书同卷《人物志·文苑》：“孔尚典，字天徵，号汶林。康熙间贡太学。初尚典为文，卓荦纵恣，不受绳尺，乡里皆以为不谐于时，独易堂魏禧奇之，深加奖许，因受业学为古文，后称易堂高弟。尝历幕府，诸所赞画，皆酌古宜今，卓然可观。生平著述甚多，今所传《天徵文集》，皆其初刻，经禧评定者也。”

门人黄光会将赴会试，叔子作序送之。

《魏叔子文集外篇》卷十有《送新城黄生会试序》，题下注曰：“己酉。”文中云：“新城黄生光会，予弟子也，义不得不代之谋。”

是年，陈恭尹有书致曾灿、叔子兄弟。

《独漉堂集·增江后集》有《赠沈方邺兼送之罗浮》二首，第一首末有原注：“时邮致曾青藜、魏冰叔兄弟书。”

按，沈泌于本年秋入粤，其游罗浮山或亦在本年。然陈恭尹此书信未见《独漉堂集》收录，或已佚。

清康熙九年庚戌（1670）　四十七岁

二月，抵南丰，哭李其聪，有《告李作谋墓文》。

《魏叔子文集外篇》卷十四《告李作谋墓文》：“南丰李生作谋既卒，庚戌二月，易堂魏禧哭其墓而告以文曰。”

闰二月，涂大訒致书叔子，言己之病况。晦日，叔子闻涂大訒之讣，悲伤不已。后抵新城吊唁，应涂尚嵂、尚岨之请，为作《处士涂允恒墓志铭》。

《魏叔子文集外篇》卷十四《祭处士涂允恒文》：“犹喜今三月母夫人七秩，将担簦拜堂下，为匝月之聚。闰二月得手书，知兄有上气疾。及月晦，伯仲遣使来，而兄以讣闻矣！”

《魏叔子文集外篇》卷十八《处士涂允恒墓志铭》：“处士既病卒，其二兄遣人走四百里来讣，予号哭不能止。及往吊，二子尚嵂、尚岨稽颡泣而言曰：‘先君疾病，惟恨不得见先生。病且革，曰：“不可待矣！知我者魏子，吾墓石之铭其谁属?”’呜呼，予何足以铭处士？……予方期与处士学问，为古之朋友，而处士竟死。呜呼，予何忍不铭！”

三月，涂大訒之母七十初度，叔子抵新城，为文以寿之。

《魏叔子文集外篇》卷十一《涂太君七十寿序》：“庚戌三月，新城涂太君七十初度，易堂魏禧自宁都来，为文以寿太君。”

居新城时，与孔鼎诸人游，甚洽。尝于月夜，与诸子相对起舞。

《楷园文集》卷一《与魏冰叔先生》：“念车驾由西溪入桂山，师友一堂，诸子传□。夜半，月照西皋，容光薄床席，先生披衣呼鼎立诸子庭阶竹影下，鸡三号，相对起舞，高歌怀人之章，声出林杪。鼎于时自恨剑气不能贯虹，辄欲铸成一鎚，藏后死者袖中，使知轻重。”

与释大宁过从，当不晚于是年。叔子为大宁诗集作序，又为《凌记》作跋。大宁甚为欣赏叔子之文，曾请叔子修订其诗文。

《魏叔子文集外篇》卷七有《答石潮道人》书札三通，其一云：“今日方丈中诗文，下笔便如佛旨，谁肯请益于人，人亦谁敢增损其一字二字以益之者。破此格例，当惟吾两人耳。”其二前有大宁来札，云：“读《地狱》四论，如朗鉴照人，毛发俱见，可谓善说法要。”其三云：“每一把晤，便觉日月清朗，草木和畅。属叙大集附上。”同书卷十二《凌记跋》：“石潮道人在天峰寺，雨中遣侍者持《凌记》示余，且曰：‘二记不知凌于人间为害，独写其变幻之状，亦可怪也。’”

按，释大宁何时至新城，不详。释大宁卒于康熙十一年（见后谱），故与叔子过从，必在该年之前。叔子本年曾抵新城，有晤面之可能，故系此事于此。又，叔子所作之序，未见今本《魏叔子文集》。《道光桐城续修县志》卷二十一《艺文志·释家类》载释大宁著有“《笠山卮稿》四卷”，然未见传本，或已佚。

河墅先生《龙眠风雅小传》：“大宁，字石潮，别号笠山，双溪傅氏子也。崇祯末寇乱，父母转徙困苦，不能自存，十余岁寄食□庵，披发为僧。……浪杖人埽塔浮渡，过其庵，呼与语，器之，录为侍者，时年逾二十矣，始令读儒书。……自是手不释卷，贯通内外典。……与竹庵、梅逢诸公受杖人记莂，主席天界寺，缁素云归。再应江右新城之请，移锡福山，宗风益振。及栖霞竹公既寂，而世遂以浪公滴乳首奉笠山矣。……所著《卮稿》、《庄我》等书行世，《语录》数十卷，藏福山。”

四月，叔子离新城，孔鼎殊不舍，后有书致叔子，叔子作书答之。

《魏叔子文集外篇》卷七《答孔正叔》：“先生临别握我手，泪下沾襟，弟几欲痛哭，恐助哀情，非七十二老人颐养之道，故鲠涕内下。登舆频回首，望白须颓然，不禁心碎。……弟来贵邑，因允恒兄之变。行愁坐叹，对食不欢，旬日之间，忽忽欲病。及到贤溪，友朋师弟畅写天真，因得怀抱一开，离隔悲绪也。”

《楷园文集》卷一《与魏冰叔先生》：“别后忽忽若有失，惟葆余光，以读先生《左传经世》、《勺庭全集》。冀岁相见，讲论其精微所在。又念岁但得一见，鼎即寿百年，亦不过二十有八见也。”同书同卷《与魏兴士书》：“四月，西溪与令叔勺庭先生别，啮指血出，泪淫淫渍衣袖。虽仆思衰朽易死，相见难期，然此中实有数十年幽感无地告语之病。……今岸少死二十六年，仆亦七十有二岁。”

四月，返南丰程山，与封濬襆被同行止，促席长谈竟五昼夜。时封濬将近五十，作寿序以赠之，甚称道其品性与才华。

《魏叔子文集外篇》卷十一《封禹成五十寿序》：“禹成于同门年最长，其德宇尤大醇。其才视之若不甚敏，而性耐繁剧，终日为人解纷难，秩然有伦次。……庚戌四月，予自新城返程山，禹成襆被同止，促席而谈者五日夜，距其初度之日盖一月，而先为序以赠之。”

《同治建昌府志》卷一《地理·山川·南丰》：“程家山，在琴台石下，里人谢文洊与门人黄熙、甘京、封濬、曾曰都等建堂讲学其中，题其门曰程山学舍。内有尊洛堂、玩古堂、石室诸处。”

《乾隆南丰县志》卷二十六《人物》：“封濬，字禹成。父文举，有隐德，艰于嗣，以邻人子为后。及濬兄弟生，而为后者贻父忧，濬慰解而曲成之。父病笃，祈天请代。兄女孤，教嫁之如己女。少谢约斋五岁，事之为师。顺治甲午，贡于雍，与黄熙同任邑中清丈，手书心计，无间日夜，弊为之绝。劳与谤胥集，洵弗辨，亦弗自以为功。彭躬庵以出位为戒，遂自号曰位斋。”

秋，将赴扬州，入青原山访方以智，坐晚对轩，论今说古，不胜欷歔。时欲晤方中履，不值，有柬留之。

《魏叔子诗集》卷四《同药地大师坐晚对轩有作》：“江上秋日佳，舍舟还登陆。七里到青原，清风引盘古。”同书同卷《将下广陵，过青原山留柬方素北》：“甫到青原山，闻君长居此。五月匆匆下，九月来徐徐。使我不相值，入门心踟蹰。……丈人偕我游，白日照衣裾。抗谈连今古，快意转欷歔。”

按，《同药地大师坐晚……》、《将下广陵……》二诗在《魏叔子诗集》中，在排列上均置于《为萧孟昉五十赋》与《辛亥端阳宴集诗》之间，故当作于本年。又，方中履《汗青阁诗集·青原侍草·庚戌元旦》云：“日见吾亲老，惊心是岁华。养亲惟菜甲，献岁许梅花。”可见“庚戌元旦”时方中履尚在青原山，叔子既有“五月匆匆下”之语，故方中履当在五月离开青原山。方中通《陪诗》卷三有《省亲集·同三弟西省，至蛟台病作，遂入鹿湖，三弟独往》，中有“思亲期共往”、“鹿起复悲秋”之句，可知方中履在本年秋季结束前已返回青原山，故叔子有“九月来徐徐”之语，然叔子九月以前已离开青原山赴扬州，致与方中履相左。

再次，“晚对轩”在青原山，知县于藻建。《民国庐陵县志》卷四《疆域·古迹》载：“（于藻）自记略云：青原山最幽深而大，隐屏壁立寺门，卉木葱倩，湍激石根，一壑幽响。竹林在其后，龙潭在其南，翠亭之上，隙地甚平，若有待然。尝与墨历大师容与其间，曰：‘是宜有构。’市材鸠工，以开此轩，颜曰‘晚对’，盖取老杜‘翠屏宜晚对’之句。”

曾传照赴大同访周令树，叔子以诗赠别。

《魏叔子诗集》卷四《江南别门人曾丽天之云中访周司马》：“同上蓼洲船，十日龙江路。我向淮南行，汝独塞北去。塞上多凄风，珍重霜与露。”

按，《魏季子文集》卷七《云中司马歌序》云：“河南周公司理吾赣且十年，以最迁大同，其门下士为《云中司马歌》送之。……丁未秋，公将行，而余一获识公面也。”《道光赣州府志》卷三十四《官师志·府秩官表》载：顺治十五年戊戌（1658），“推官，周令树，卫辉人，进士”。以此知叔子诗题中提及的“周司马”乃周令树。检《雍正山西通志》，卷八十二《职官十·大同府·西路同知》载：“周令树，河南延津人，进士，康熙六年任。万里侯，江南宝应人，进士，康熙十一年任。”据此可知周令树任大同西路同知在康熙六年丁未（1667）至康熙十年辛亥（1671）间。又，叔子所作之诗在《诗集》中的排列，前一首为《将下广陵过青原山留柬方素北》，后一首即《辛亥端阳宴集诗》，而留柬方中履为本年事。故曾传照赴大同极有可能在本年。不过，曾传照未能抵达大同，中道而殂。《邱邦士文集》卷十三《文学丽天墓碑志》载：“是时周司理已为府太原，遗书招致丽天。丽天亦欲改而就国子监试。行及徐州，病作，遂死，是为庚戌岁九月十有五日。”再次，周令树，字计百，顺治十二年（1655）进士，授赣州府推官，官至太原府知府，以病归。后坐事下狱，逾年得释。康熙二十七年（1688）病卒，年五十六。生平事迹详见潘耒《遂初堂文集》卷十九《太原太守周公墓志铭》。

吴德旋《初月楼闻见录》卷八：“曾丽天，名传照，宁都人，明兵部侍郎应遴季子。九岁而孤。……稍长，从易堂诸子游，治诗古文，日有名。十七岁，补县学生。丽天尚气谊，不肯自鄙俗。与曾尚士为文字交，尚士死，痛哭不能止。居数月，若有所失。择师，使尚士二子与己子同学，择配配之。丽天诗古文益远出，郡司理周公见而爱之，与之友，为延誉焉。然丽天志在成进士，既不得，抑郁悲慨，往往见之诗篇，亦用以豪达自放。”

九月九日，重登南京燕子矶，独上高亭，见魏际瑞旧题，望大江茫茫，尽日东下。时魏际瑞、魏礼在浙，书信断绝，怅然有咏。

《魏叔子诗集》卷七《庚戌九月雨后重登燕子矶，见伯子旧题，怅然有怀》：“怪石孤亭立太虚，江山无恙独愁予。不知故国几男子，剩有乾坤一腐儒。东壁数行留雁字，西湖八月断鱼书（原注：时伯、季在浙）。重阳最是多风雨，两地登临总未殊。”

按，《魏叔子文集外篇》卷十二《王季守燕子矶游诗跋》云：“余尝九日登燕子矶，游人沓来，于时独上危亭，望大江茫茫，尽日东下，有‘不知故国几男子，剩有乾坤一腐儒’之句，自笑狂奴故态，然于山壑之美未能写作。”以此知重登南京燕子矶为本月九日。

九月，黄之翰游杭州。九日，举登高之会。游未畅，因展期至十九日再游。会天雨，再展至二十九日。叔子至嘉兴梅里，以手书托周篔招陆嘉淑，嘉淑欣然赴会，时二人不见已十年。

《魏叔子文集外篇》卷九《登高集序》："庚戌秋，山阳黄大宗游西陵，九日为登高之会。游未畅，大宗乃仿古为展重阳，客集而天雨。大宗曰：'吾再展以日二十九，可哉?'期日，舟徒杂进，诸名士闻风来会，三会皆有诗。……予于诸子少旧，惟海盐陆冰修，已十年不相见。"

王简可《陆辛斋先生年谱拟稿》：康熙九年庚戌，"秋九月，山阳黄大宗游西泠，举登高之会，展期三次。诸名士集者，各奏所长。……陆离光怪，或奇或葩，极一时之盛，宁都魏叔子序之。叔子与先生不见几十年，至梅里，以手书托周处士青士招先生，先生欣然来会"。

按，诸匡鼎《说诗堂集·橘苑诗抄》卷六有《九日山阳黄大宗集林铁崖观察、查伊璜孝廉暨诸同人飞来峰登高限遥字》、《十九日黄大宗招宋射陵中翰、张虞山处士暨诸同人拟登初阳台修展重阳故事，因雨阻集昭庆寺寓楼限楼字》、《二十九日黄大宗集袁令昭太守、马西樵孝廉暨诸同人再展重阳孤山登高分得十蒸韵》，据此可知三次登高的时间和地点。九月九日之登高，叔子尚在南京，不可能与会。九月十九日之登高，叔子是否与会，不详。九月二十九日登高之参与者，诸匡鼎曾作记述。《说诗堂集·橘苑文抄》卷二《登高序》云："同学黄子大宗，家住山阳，客来湖上。……因于二十九日复集一十八人再展重阳，来登孤屿。……同游诸子，各成一文：箨庵制曲、竹逸作序、荩思作记、祖望作书、武令作赋、丹麓作词、冰修作引、大宗作说、虞山纪事、西樵题辞、射陵拟骚、敷文拟七、立雪拟问、人远拟辞、稚黄制操、蝶庵谱琴、圯师乐府、孺怀跋后。诗以同体，题则分韵。"此名单中无叔子，然叔子《登高集序》云："予于诸子少旧。"味其语意，似亦与会。诸匡鼎亦未在名单中，在《登高序》中却云"若仆者，情多弛放，尚乐栖迟；才本庸愚，还期眺望。着谢公之屐，便拟登山；过黄公之垆，时还作赋。欣逢雅集，聊叙数言"。当亦与会。

又，名单中未见前谱而姓名、里籍皆可考者如次：箨庵即袁于令，袁于令字令昭，号箨庵，江苏吴县人，入清后曾任荆州知府。工词曲，以传奇《西楼记》驰名。竹逸即徐喈凤，徐喈凤字鸣歧，更字竹逸，江苏宜兴人。顺治十五年(1658)进士，任云南永昌府推官，著有《荫绿轩词》。荩思即陆进，陆进字荩思，浙江余杭人。贡生，曾任温州府学训导，著有《巢青阁集》。祖望即张丹，张丹初名纲孙，字祖望，号秦亭，浙江杭州人。"西泠十子"之一，国变后不求仕进，著有《秦亭诗集》。虞山即张养重，张养重字斗瞻，号虞山，江苏淮安人。明诸生，国变后不仕，著有《古调堂集》。西樵即马骏，马骏字图求，号西樵，江苏淮安人。敷文即周禹吉，周禹吉字敷文，浙江杭州人，诸生，著有《青萝词》。人远即朱尔迈，朱尔迈字人远，浙江海宁人，著有《平山堂稿》。蝶庵即庄臻凤，庄臻凤字蝶庵，一字羽存，江苏南京人，工琴，著有《琴学新声》。王晫有《风入松·听庄蝶庵弹琴》(《峡流词》)，宋荦有《八月十五日夜同施愚山泛舟湖上，听庄蝶庵弹琴》(《安雅堂未刻稿》卷一)，毛先舒有《赠庄蝶庵叙》(《巽书》卷三)等。孺怀姓张，名及里籍均不详。立雪、圯师，姓名及里籍均未详。

《嘉庆嘉兴县志》卷二十五《列传五》："周篔，字青士，又字筜谷，县之梅会里人。遭乱弃举子业，就市廛卖米。有括故家遗书连船载以鬻者，篔买得一船。每日中交易，箕筥斗斛权衡堆满肆，拨乱书糠粃中，吟诵不辍。人有匮乏，倾肆中钱米给之。既急人难，又交游渐广，有请必应，由是生计日窘。往来嘉善桐乡，以诗格授人。有色大仆者，闻篔名，具书币属有司敦促就道，留都下二年，未尝投贵人一刺。其友徐善主尚书昆山徐乾学家，篔尝就善同卧起，徐欲见，终不见。……所著有《采山堂集》、《词纬》、《今词综》、《析津日记》。"

秋，与诸匡鼎相交，为其父作《诸文学家传》，诸匡鼎作诗谢之。

《魏叔子文集外篇》卷十七有《诸文学家传》。诸匡鼎《说诗堂集·橘苑诗抄》卷四《宁都魏冰叔为先君子作传赋谢》："感君传我父，读罢泪涟洏。幸有陶潜谱，烦题郭泰碑。秋霜空怆恻，春露益凄其。孝节平生事，今朝得并垂。(原注：同人私谥先君子曰孝节先生，吴翰林任臣有孝节先生私谥议)。"

按，叔子何时与诸匡鼎相交，难以确考。《橘苑诗抄》虽按体裁编排，但在每一诗体中，仍寓有编年之意。赵经达《归玄恭先生年谱》载：康熙九年庚戌，"至武林，观荷西湖。八月，还至嘉兴访桂花"。《宁都魏冰叔为先君子作传赋谢》后三首即为《贻归玄恭》，其二云："西峰正苍翠，况复近中秋。虽为观荷至，还应攀桂留。……八月潮声壮，相期把臂游。"与《归玄恭先生年谱》所述相合，诸匡鼎诗当作于本年。故叔子与诸匡鼎相交，于本年秋季之可能极大。

又，《诸文学家传》云："诸元振，字以默，杭州人。父伯茂，工诗文，与董尚书其昌、陈征君继儒游，故元振亦以能诗文名。"未涉及其子嗣。然诸匡鼎《说诗堂集》(清康熙刻本)卷首有章士玥所作的《钱塘诸虎男先生传》，中云："先生讳匡鼎，……祖讳时宝，字伯茂，当明万历末，以文学著……父讳元振，字麟倩，弱冠补博士弟子员，驰声黉序中。"可证叔子《家传》中的"诸元振"即为诸匡鼎之父。

《康熙钱塘县志》卷二十二《人物志·文苑》："诸匡鼎，字虎男，少而博览群书，壮喜出游，间就巨公幕。挐舟负笈，率携书籍以行，暇即纂述。"《钱塘诸虎男先生传》称所著有"《橘苑文抄》、《橘苑诗抄》、《且看斋尺牍》、《茗柯词》、《楚游日纪》、《橘谱》共若干卷。有《今文短篇》、《今文大篇》二选已问世，《今文骈体》尚畜枕中”。诸匡鼎号橘叟，又号镇石山旅人，见《国朝杭郡诗辑》卷十。

抵高邮，哭黄山先生，因造王式孚宅，一面而别。后又作序以赠之，称其“好义而轻其身者”。

《魏叔子文集外篇》卷十《赠王孝成叙》：“高邮王子孝成，年少尚义概。吾门人黄之清父死而大难作，家破，几杀身，孝成以身护之，祸及而不惧，众毁归之不变其志，乃得解。吾于是叹世之朋友犹未绝也。庚戌，余来哭黄山先生，造孝成庐，一面而别。《诗》曰：‘心乎爱矣，遐不谓矣。’故为叙以寄之。嗟乎孝成，人才不易得。大厦之倾，赖于枝柱，古人弭耳敛翼之说，未可尽以为非然也。”

按，此文后有王岩（字筑夫）评语，称此文“属望当世豪杰之旨，淋漓慷慨，却自深妙可味”。

《嘉庆高邮州志》卷十《人物志·笃行》：“王式孚，字孝成，年少好义。有友人死而大难作，家破，其子几杀身。式孚以身护之，卒得解。”

十月，客扬州，遇高佑釲，佑釲以其高祖、曾祖以下手迹相示，叔子题跋于卷后。

《魏叔子文集外篇》卷十二《跋嘉兴高念祖先世手迹卷后》：“庚戌十月，秀水高子佑釲遇禧于广陵，出其高曾以下手迹相示。禧叹息佑釲不忘先泽，此孝子慈孙之常，抑何善扬其亲也。”

《嘉庆嘉兴县志》卷二十五《列传五》：“高佑釲，字念祖。承埏子，考授州判。承埏殁，佑釲年甫二十，为谭贞默女婿。贞默多读书，富著述，佑釲之学得力多焉。博闻强记，于明季朝事及东林、复社门户纷争始末，尤为谙悉。承埏尝辑《自靖录》，记死事诸臣，佑釲续成之，梓于江宁。所著诗文，典雅详赡。年八十余，能作蝇头小楷。遗稿皆手录，一行至七八十字，细密几不能读。”

再遇闵麟嗣于扬州，甚称赏其《游庐山诗》，为作序，称其“似不徒欲以诗人见者”。

《魏叔子文集外篇》卷九《闵宾连游庐山诗叙》：“闵子宾连，歙人也，与余交十年。……庚戌，再遇于广陵，其《游庐山诗》则又工。古人所谓沉辞怫悦，言恢之而弥广，思按之而逾深者，庶几足当之；而浑丽老澹，更出入陶、谢、杜、许间。且吾观宾连似不徒欲以诗人见者，读其《余忠宣祠》、《彭泽怀古》诸篇，别有寄托。此其意即谓之不在山水可也。”

与吴期远再相见于扬州，握手各道胸中语。叔子见吴氏孜孜不怠，殆不肯自安乐者，为其作《亦安乐窝说》。

《魏叔子文集外篇》卷十五《亦安乐窝说》：“后八年庚戌，又适在广陵相见，握手道胸中语。吴子孜孜不怠如始见时，殆不肯自安乐者，而以食贫卖画都会，冲和夷犹，与贵人贫士杂游处，无不自得。”

费密闻叔子至扬州，喜而相见，并赋诗。

《燕峰诗钞·喜魏禧至》：“相见怜辛苦，干戈自远投。文章谁氏受，乡井几家留。白气蟠霄汉，青华露斗牛。次宗多道德，恐有隺书求。”

按，费密何时与叔子相识，已不可确考。费锡琮、费锡璜《费中文先生家传》（《燕峰诗钞》附录）云：“乙巳，考年四十一。自是以后，与林公古度……魏公禧……王公仲儒、熹儒诸前辈，纵横经史、文字之交，海内莫不服考之经学、诗古文辞矣。”据其子所述，则费密与叔子相识，要在康熙四年（1665）乙巳之后，姑系于此。

《雍正扬州府志》卷三十三《人物志·流寓》：“费密，字此度，新繁人，经虞子。从万里戎马中随其父至江都，居野田庄，传父业，工诗古文。俯仰取给于授徒卖文，人咸重其品，悲其遇。所辑有《弘道书》、《圣门旧章》及自著诗文如干卷。”《清诗纪事初编》卷二称其“究心兵农礼乐有用之学。身丁蜀乱，久乃奉其父经虞卜居泰州野田村，以教授为生。与钱谦益以次诸名家论学论诗文，独奉孙奇逢为师。奇逢亦奇之，书‘吾道其南’以赠”。费密，号燕峰，门人私谥曰中文先生，见《费中文先生家传》。

叔子再下江南后，吴越人士传颂其文章，求之者无虚日。

《耻躬堂文钞》卷七《魏叔子五十一序》：“魏叔子庚戌间再游吴越，人传颂其文章，谓为南宋来所未见，求之者无虚日，削板待之，朝成夕登，即日流布。海内所推一二耆旧大耋之老，争识面引为忘年交。士无识不识，皆知有宁都魏叔子。”

十月二十六日，方以智六十初度，四方友人多为诗文称贺，易堂诸子亦有诗文祝寿。

《邱邦士文集》卷十二《木立师六十寿卷跋》："右易堂诸子寿木立师六十文并诗。……（师）曰：'辞危危者，使平其道甚大，百物不废。夫惟不废者为能存存。故夙之暮夜以号之，则相与生生而已矣。相与生生，则相与不息而已矣。'此又师所为安生理之说也，而予与诸子固何足以言之而寿之。"

按，当时以诗文为方以智作寿者甚伙，《施愚山集·文集》卷九《无可大师六十序》："去年秋，青原弟子琴岛来，言师今岁周甲子，四方交游多为文辞称寿。"贺贻孙《水田居存诗》卷一《寿青原药地大师》："只今僧腊六十度，浙江潮见骆丞句。"钱陆灿《调运斋诗文随刻·圆沙和陶诗》有《和咏三良并序》，《序》云："与黄子俞邰问青原作也。余未识青原，黄子介其学人岛公来，因寄诗以寿青原之世寿六十也。"

然而叔子所作之寿序或寿诗未见于文集，是否尚存人间，俟考。余英时先生在《方以智晚节考》中曾引用过叔子所作的一段文字："师之报恨于甲申也，识者律以文山之不死；及独身窜西粤，辟马、阮之难，识者比之申屠子龙；其后捐妻子、弃庐墓，托迹缁衣，识者拟于逊国之雪庵。若是者，师亦可以谢天下传后世矣。"然后说"此文不见于《魏叔子集》，疑是《六十寿序》中之一段，其中必多讳忌之语，故集中不敢收。此从《方氏遗书》卷首所引"。其实，这段文字已见于《魏叔子文集外篇》卷五《与木大师》，两相对照，并无差异。余先生之说不妥。

冬，于高邮邂逅宗元豫，二人一见如故，纵谈至夜分。次日即相别，叔子至扬州，元豫亦返乡。叔子返里后，解橐相赠，并约来年春日再度携手。

《广陵思古编》卷一宗元豫《祭魏冰叔文》："始余晤君，邂逅盂城。如旧相识，抵掌平生。烛再见跋，罍耻空尊。君犹亹亹，直至宵分。信宿遽别，黯然销魂。君往芜城，假馆城隅。余亦言旋，俯仰穷途。时值严冬，雨雪纷如。君还故里，解橐贻余。预指花时，携手江都。"

按，文中有"预指花时，携手江都。开岁暮春，君果来临"语，明年暮春，叔子即来扬州（参见明年谱），故文中所叙二人相交之情形，当为本年事。又，盂城，高邮的别称，宋代诗人秦观为高邮人，他描写家乡的地理形势云："吾乡如覆盂，地据提楚脊。环以万顷湖，粘天四无壁。"（《送孙诚之尉北海》，《淮海集·后集》卷第二）。《嘉庆高邮州志》卷一《建置·城池》亦云："州地四围均下，城基独高，状如覆盂，故曰盂城。"

《雍正扬州府志》卷三十二《人物志·隐逸》："宗元豫，字子发，其先兴化人，居江都。潮州府判万化子也。万化卒于潮，元豫行万里扶榇归，而囊空如涤，不能买地以葬，乃疏食不除服。余十年，始得葬。自是遂不求仕进，惟肆力经史，发为文章，具有根柢。同郡王岩于人少许可，而独盛推元豫。宁都魏禧尝与往复辨论礼制，亦叹其难及。性廉介，不与俗流款曲，虽敝衣砺食，恒自喜也。著史论数十篇，皆前人未发。杂文亦数十卷。别有《识小录》若干卷，纪《廿一史》中琐事，为里人所传。”《江泠阁文集》卷四《宗子发墓志铭》称其“晚更号半石”，“其撰著则有《两汉文删》、《古诗赋删》、《卧游录》、《唐宋明十大家文删》、《唐二十家明二十家诗删》、《志小录》、《韩杜合删》、《焚余藁文》三卷、《诗》三卷”。

十一月，自扬州返宁都，汪楫以诗送之，依依不舍。

《山闻诗》有《庚戌初冬送魏冰叔还章江，触绪怀人，遂成十首》，其一云：“是我浪游地，君今挂帆归。西风引旧怀，相送情依依。行李胡匆忙，林泉难久违。松杉有直性，鸿鹄无低飞。”

宋曹以诗赠别。

《会秋堂集》卷七《赠别魏冰叔》：“荒凉城阙梦磋跎，到处穷途爱尔过。落拓孤怀因我放，平生真气为人多。著书独会高云色，把酒同分半夜歌。他日难逢江上约，凝霜逼岁奈归何！”

时与陈子灿同舟，闻陈子灿述大铁椎之事，乃作《大铁椎传》。

《魏叔子文集外篇》卷十七《大铁椎传》：“庚戌十一月，予自广陵归，与陈子灿同舟。子灿年二十八，好武事，予授以《左氏》兵谋兵法。因问数游南北，逢异人乎？子灿为述大铁椎，作《大铁椎传》。”

按，王炜著有《大铁椎纪事》，见《鸿逸堂稿》。文后自记云：“甲寅仲冬，予为《大铁椎纪事》，欲使海内知其人。明年七月，读《魏叔子集》，已有传，事详于予文，复奇肆精悍，其人传矣。予何必传言哉！爰识之，以存诸簏。”

十二月初，抵宁都，向魏世杰出示王源手书。

《魏兴士文集》卷二《答北平王崑绳书》：“庚戌除夕，宁都友弟魏士杰顿首再拜致书崑绳道兄足下。……月初，家叔父再由淮上归，杰遽问近况，乃出手书相示，喜甚愧甚。”

过泰和县，与萧伯升游处，慨然见萧士玮之风流余韵。

《魏叔子诗集》卷五有《萧孟昉初营滕寓，予适来客，赋二百二十四字》：“一别八年还相见，君大黑须我白髭。”《魏叔子文集外篇》卷十一《欧阳介庵七十寿序》：“后过泰和，以感概交萧太常诸子孟昉，慨然见太常之流风余韵焉。”

按，诗作于康熙十六年（1677）丁巳（参见该年谱），据“别八年”语计之，叔子本年当与萧氏游处。

应封濬请，为其父作《封环溪翁志铭》。

《魏叔子文集外篇》卷十八《封环溪翁志铭》：“翁姓封氏，讳文举，号环溪，世为南丰县人，以医名于时。……以弘光乙酉九月病卒。……初娶钱氏，生子衡，先翁卒。继娶陈氏，生子濬，选贡生。……戊申十二月初九日卜葬于三十八都之苦竹坪。又二年，庚戌，始克纳石于圹，而濬为状请于易堂魏禧以为之铭。”

叔子自淮扬归后，文名大震，名公尊宿皆珍藏其文。

《耻躬堂文集》卷六《魏兴士文序》：“庚戌除夕，易堂诸子远近各居行，不获聚。……是月初，子叔父归自淮阳，文名大振，一时巨公尊宿或云数百年所未见，人得其篇牍，咸珍异藏弃以为荣。”

危习生卒，易堂诸子甚悲，后叔子乃为其遗诗作序。

《魏叔子文集外篇》卷九《危习生遗诗叙》：“其始死，易堂之少长，哭不绝声，田舍远近，咸来出涕。……予友彭躬庵先生属于习生，故为兄。习生闻躬庵违时伏居，困约金精山中，乃挈弟来就。……习生与予同年生，年四十七，未有妻，而竟斩然以死也，悲夫！”

《乾隆南昌县志》卷二十四《人物志·孝友》：“危习生，少读书，不售；为贾，又大折。乃往宁都，挈其弟静生。往为人佣耕，或剥榖树皮为纸、种茶芋得钱以食家人。静生又善病，终年兀坐，惟习生是赖。习生为人豪爽立名义，虽甚贫，挥金无吝色。后逋债无所偿，郁郁疽发左耳，三日死。”

徐缄卒。

清康熙十年辛亥（1671）　四十八岁

正月，抵浙江。二月初八，舟泊杭州三墩，阻风不得上，作书与魏世杰论文。

《魏叔子文集外篇》卷六《与诸子世杰论文书》："吾前叙宗子发，言文章要在积理，吾所见地如是，非曰能至。《日录》是吾积理之书，后辈足可玩味。……初八日，舟泊三墩，隔会城数百步，阻风不得上，书此寄汝。又因叹文章难到家处亦如此，不在多也。辛亥二月叔父书。"

按，"三墩"为钱塘县地名，《民国杭州府志》卷六《市镇·钱塘县》："三墩市，在县治西南十八里，西北同瓶窑镇。"

二月，舟行扬子江，为魏礼文集作序，悲父母不及见魏礼之成。

《魏叔子文集外篇》卷八《季子文集序》："予独悲夫吾父母之不及见季子之成也。辛亥二月叔兄禧书于扬子舟中。"

二月，抵浙江平湖之乍浦，居周弘起宅。过访李天植，赠以著作，李氏亦出所著《九山志》，令叔子观览。叔子与李氏、周弘起同登山观日。时李氏极贫，叔子赠以银五钱，李氏五返而后受。临别，相拜泣下。

温睿临《南疆逸史》卷四十二："辛亥元月，江西魏禧至浙，闻其名，因其里人周云球访之。"

《魏叔子文集外篇》卷六《与周青士书》："仆前同沈进之往乍浦观海中日出，遂因周云球交李潜夫先生。潜夫名天植，崇祯癸酉登贤书，今年八十二矣。……家奇贫，无子，又病疝气，不能二三百步行，久坐下赘，常日仰卧读书。门无三尺之僮，厨无爨婢，独老妻在室，颓然相对，无所得食，亦已明矣。方仆往见，自槃跚执杯茗，不能具饭饭客。云球移酒一壶、四簋、一盂饭来就，得竟两三时坐。潜夫耳聋，于粉版作教，使客以墨笔书所言相酬答。……又出所著作，令仆观览。……仆检箧中，得二枝笔，已磨墨一片贻之，奉银五钱，暂具十日食。潜夫五返，仆曰：'是非盗跖树也。'然后受。临别相拜洒涕，潜夫尤哀。……辛亥九月日，太湖舟中禧拜白。"

李天植《李介节先生全集·蜃园诗续集》有《江右魏冰叔枉访，赋俚言十六韵赋谢》，云："云有高士驾，枉道访吾社。肃客疏礼文，入座钦风雅。怜予久失聪，烦君为抒写。遁迹栖名山（原注：隐居宁都翠微山，为张丽英飞升处），访友到荒野。高怀空古人，奇文妙天下（原注：时惠尊稿）。何幸衰朽翁，乃得亲贤者。蓬蒿生辉光，愚拙荷陶冶（原注：出《九山志》请教，为删数重句重字）。贫居鲜供给，愧不具杯斝。时做遵海游（原注：同云老登山观合壁），胸抱真潇洒。观涛带夕春，候旭浴初赭（原注：到山已晚，日观颇快）。海若与山灵，不恨知者寡。新知乐莫乐，分手念风马。不敢请后期，固所愿非假。因歌《黄雀行》，不觉泪盈把（原注：别时荷损客囊，感而泣下）。”

《乾隆平湖县志》卷一《舆地·山川十六》：“乍浦，亦曰乍川，其水旧自官河出，达于海，岁久浦湮，每以海溢为患。”

同书卷七《人物志·行谊》：“李天植，字因仲。崇祯癸酉举人。甲申后改名确，字潜初，遁迹乍浦龙湫，遂称龙湫山人。一子早丧，家奇贫，门无三尺童，厨无爨婢，惟白头妇相对。间绩棕鞋，俟天目僧至，偿其值易去。又劈竹为器，鬻于人。往来海涯九峰间。后复耳聋，与人接，每于粉板作书通酬答。长吏守帅闻其名访之，辄逾垣避匿山中。粮绝，或馈以酒米，非其人，虽饥弗受。岁赋三月十九日诗，悲凉感怆，读者哀之。年八十二卒。著有《蜃园集》、《九山草》、《月令诗》、《梅花咏》诸刻。”施洪烈《蜃园小传》称其“又号蜃园居士”。

同书同卷《人物志·文苑》：“周弘起，字云虬，号道腴。潜心力学，与许丕祚齐名，有海上二虬之目。康熙辛亥，宁都魏禧访李天植，主弘起家。著有《易经集成》，甬上仇兆鳌见而称之。又有《四书集义》，同里陆清献公序以行世。陈邑宰孚宸聘修县志，志成陈去，原稿存库。后以岁贡生任青田学博。年八十三卒，遗著《望古堂诗》、《邑乘拟稿》俱未刻。”

汪沨之母年九十，叔子以通家子礼请见陈太君，并应汪氏兄弟之请，为其母作寿序。

《魏叔子文集外篇》卷十一《汪母陈太君九十寿序》：“岁辛亥某岁日，武林汪母陈太君寿九十，子澄、沄乞禧一言以奉觞。禧与澄之弟沨及沄为兄弟交者十年，微二君请，将修其不文之言以祝太君。……（太君）今年九十，五官精明。禧以通家子礼请见太君，太君楼居，日上下木级如五六十许人。”

寒食日，为危习生遗诗作序，于其诗甚为赞赏。

《魏叔子文集外篇》卷九《危习生遗诗叙》：“习生诗在易堂中清绝一往，如名山之有溪涧，而五言律其尤工也。”末题“辛亥寒食魏禧题”。

三月二十七日立夏，为孙枝蔚作《孙豹人像记》。

《魏叔子文集外篇》卷十六有《孙豹人像记》，文末署“辛亥立夏日易堂魏禧记”。

按，据《近世中西史日对照表》，本年立夏日为三月二十七日。

三月，应黄之翰之请，作《登高集叙》。

《魏叔子文集外篇》卷九《登高集叙》：“庚戌秋，山阳黄大宗游西陵，九日为登高之会。游未畅，大宗乃仿古为展重阳，客集而天雨。大宗曰：‘吾再展以日二十九，可哉！’期日，舟徒杂进，诸名士闻风来会，三会皆有诗。游既乐，于是各奏其文、启、序、书、引、说、纪、纪事、赞、赋、辞、题辞、曲、乐府、操、诗余、演连珠、骚、七问、书后之体凡二十，璀灿拉杂彬彬然。……大宗好友乐风雅，集其诗若文，刻之而属予序。时辛亥莫春日。”

春，朱彝尊离京南返，至扬州，与叔子定交。叔子赠以魏际瑞文集，述魏际瑞颇爱朱氏之文。

《曝书亭集》卷六十六《看竹图记》：“宁都魏叔子与予定交江都，时岁在辛亥。”同书卷三十一《与魏善伯书》：“叔子至，述足下甚赏鄙文，贻以刻集。为仆序集唐词，褒誉太过，不敢当。仆延跂足下久，意得把手扬州，不谓溯江径返。然古人相知，有交深谋面之前者，不在合并之速也。方今作者寥寥可数，足下弟昆父子各出其文相雄长，盛矣，而足下才多，无所不有。”同书卷八《红桥》：“春芜小雨满城隈，茅屋疏篱两岸开。”同书同卷《送柯大崇朴还里兼寄周篔》：“渡淮三月滞江都，送尔归寻旧酒徒。”

按，《红桥》、《送柯大崇朴……》，均作于“重光大渊献”即康熙十年辛亥(1671)，作于同年的还有《将出都门，曹舍人贞吉……汪舍人懋麟招同高上舍层云、李秀才良年赋诗赠行，口占留别》。汪懋麟《百尺梧桐阁集》卷九有《清明同继武……子静野集送锡鬯之扬州》诗，而此卷诗起康熙辛亥（1671）正月，至十二月止，据此可知朱彝尊离京之时间为清明日。又，“红桥”即“虹桥”，为扬州名胜之一，《扬州画舫录》卷十：“虹桥即红桥，在保障湖中。府志云：在北门外，一名虹桥。朱阑跨岸，绿杨盈堤，酒帘掩映，为郡城胜游地。”

徐世昌《清儒学案》卷三十二：“朱彝尊，字锡鬯，号竹垞，秀水人。明大学士国祚曾孙。……虽世相，家清贫特甚。见世乱，舍举业，肆力古学。长而出游，橐载经史自随。南逾岭，北出云、朔，学益博，名益高。康熙己未，以布衣举博学鸿词，召试一等，授翰林院检讨，与修《明史》，充日讲起居注官，典江南乡试。入值南书房，坐私携钞胥入内书录四方经进书，为掌院学士所劾，降一级。逾数年，复原官。未久即乞归家，居数年卒，年八十一。先生博洽多闻，通诸经。……为文雅洁渊懿，根柢盘深。诗与王渔洋并峙，为南北两大宗。”朱彝尊著述甚富，详见《清史稿》卷四八四《文苑一》、《清史列传》卷七十一《文苑传二》。

暮春，客扬州，再晤宗元豫，论文话旧，欢甚。

《广陵思古编》卷一宗元豫《祭魏冰叔文》：“君还故里，解橐贻余。预指花时，携手江都。开岁暮春，君果来临。论文话旧，欢若弟昆。”

四月，应李淦之邀，自扬州抵镇江，同游焦山、金山，宗元豫从之。先后经鹤林、招隐洞、夹山、八公山、莲花洞诸名胜，作《游京口南山诗引》；又倚梧下，作《砺园种竹图说》。

《魏叔子文集外篇》卷九《游京口南山诗引》：“辛亥四月，予客扬州，李砺园招游金、焦，宗子发欣然从之。既渡江，大风，江涘扬埃，白浪拍山腰，两山微茫，惹被烟雨。乃游南山，经鹤林、招隐洞、夹山、八公诸胜。……二子据案作诗，无纸，各以白磁碟起草，摘玉簪叶书之。予方倚梧下，作《砺园种竹图说》。”《砺园种竹图说》见《魏叔子文集外篇》卷十五。

《咸丰重修兴化县志》卷八《人物志·忠烈》：“李淦，字若金，号季子。以庠生中唐王乡试。父长倩，殉闽难。淦隐匿山中，官吏录故明子弟，入山遍索甚急。淦蓬首披麻，与之抗，卒不出。淦博学工诗文，性好山水。足迹半天下，著《砺园集》诸书。”

访何絜、程世英，为《京口二家文选》作序，于二家文甚为赞赏。先是，何、程二人已熟知叔子名，选其文入《文概》中。何絜闻叔子抵扬州，曾喜而赋诗。

《魏叔子文集外篇》卷八《京口二家文选序》：“京口二家之文，何雍南意思深厚，程千一才气英多，然其工古人格调，出入诸大家，则皆同，故能蔚然为东南之望。南北士过京口，识不识必以二子为归。辛亥夏，余自扬州渡江游金、焦，就访二子，则知名姓甚熟，盖曾得余文邹程村处，选入《文概》中，于是属予叙其二家之文。”

何絜《晴江阁集》卷五《喜闻魏叔子至邗上》："三载频传风鹤声，翠微烟火逼孤城（原注：叔子居翠微峰，近宁都城二十里）。音书望断江南北，出处思凭尔弟兄。芳草衰时难放眼，新莺啼处最关情。轻舠忽报来邗上，梦里相寻喜月明。"

《宣统丹徒县志续志》卷四《人物志・儒林》："何絜，字雍南。诸生。性纯孝，幼时事亲如成人，善养志。父稽甫，明亡后披缁入山，诫诸子勿以功名为念。絜敬承父命，以时往来山中定省温凊，二十年如一日。天资颖慧，力学不倦，研精经史，擅著作才。家素贫，道义自守，不事干谒，中年绝志进取，名流争望丰采。……曾应聘一再修邑志、郡志，又主纂《江南通志》，删定校正，群相推服。工诗古文辞，与宁都魏禧、上元宗元豫、关中王岩、遂安毛际可、会稽孟远、同邑程世英诸人商榷得失，为文字交。……著有《孝友录》、《交游录》、《文章声价录》、《殉国传信录》、《晴江阁诗文集》三十卷。"

同书卷五《人物志・文苑》："程世英，字千一。诸生。父达昌，由歙流寓丹徒，遂注籍焉。世英幼聪慧，四子《毛诗》，皆母氏闵口授。长益肆力于学，与董文友、邹讦士、陈其年辈相友善，声誉大起。尤与邑人何絜以文章行谊相砥砺，尝与絜有《文概》一选，操论甚严，不滥收录，有裨文教。……尝应聘修邑志及《镇江府志》。著有《晓山诗集》。"

与宗元豫相处甚洽，时元豫之父尚未安葬，叔子赠以赙贶，又为其父作传。

《魏叔子文集外篇》卷十七《同知潮州府宗公家传》："公名万化，字罗中。……公子元豫，节士也，与禧交笃，因出俞少卿所为志铭，请立传。"

《广陵思古编》卷一宗元豫《祭魏冰叔文》："慈亲见背，逾时未葬。君闻蹙然，众前诮让。俾余举事，厚贻赙贶。先子怀才，龃龉于世。君为作传，潜德表著。君之高义，存没沾濡。"

四月，李清七十初度，叔子应其子之请，作寿序。

《魏叔子文集外篇》卷十一《李映碧先生七十寿序》："先生七十初度，在今辛亥四月。先生之子与禧交，来征辞。"

《咸丰重修兴化县志》卷八《人物志》："李清，字心水，一字映碧。思诚孙。崇祯四年进士，授宁波司理，多所平反。擢刑科给事中，谪浙幕。旋起吏科，转工左。俄出封淮府，国变，得不与。福王立，进工科都给事中，迁大理丞。南都失守，方奉使祭南镇，复不与。归隐邑之枣园，四十年不窥户。蔡中丞士英、徐相国元文先后特荐，皆不起。"《清史稿》卷五〇〇《遗逸一》称其"晚著书自娱，尤潜心史学，为《史论》若干卷。又删注《南》、《北》二史，编次《南渡录》等书，藏于家”。

严沆至扬州，访叔子，讲布衣之好。叔子为《三严先生崇祀录》作序。

《魏叔子文集外篇》卷十三《书禹航三严先生崇祀录后》：“癸卯，始游吴越，……则人人言给事中严公贤（原注：名沆，字灏亭）。又八年，游扬州而公至，乃辱临禧，讲布衣之好，开诚乐易，殆过向时客沈、陈时所称道。已，读《三严先生崇祀录》，乃知公盖訒公先生冢子，世父即印持、叔父即无敕两先生也。”

按，“癸卯”之后八年，当为本年。

《国朝杭郡诗辑》卷一：“严沆，字子餐，号灏亭。余杭人。顺治乙未进士，历官户部侍郎。有《皋园诗文集》四卷。”《康熙钱塘县志》卷十九《人物志·名臣》称其“少时驰誉，所交皆耆旧英杰。丧乱以后，奔走凋零，咸依以为命。家素贫，后贵，所得俸钱，宗党之外，尽以周给朋友。主考山东，所拔皆奇士，齐鲁间称得人”。

五月四日，严沆招饮于扬州绣鹤堂寓所，叔子同王岩、孙枝蔚、程邃、汪楫、邓汉仪、计东、董訚、浦龙渊、章士斐、孙浣思等人与会。诸人饮酒甚畅，各有诗纪事，叔子有《辛亥端阳宴集诗》。计东作诗各赠与会诸人。

计东《改亭集》卷一有《广陵五日讌集作》，序云：“宁都魏叔子禧、长安王筑夫岩、三原孙豹人枝蔚、泰州邓孝威汉仪、歙汪舟次楫，皆天下骏雄魁杰之士。侨客广陵，舟车之冲，人物辐凑，诸君独拥书键户，不妄征逐，非深相知，即当世巨公，不往一见。禹航灏亭严先生，自其祖父总持声教，历先生父子四世矣，声位通显，益折节下贤士，故他贵人所不能致者皆来集。辛亥五月四日，会饮绣鹤堂先生寓也。诸君既至，先生故人程叟穆倩舆病来。孙无言往淮阴，故不果来。浦潜夫以论《易》就先生，章子淇上、孙子嘉客，西泠旧耆，旧同先生来游东。先生年家子朱云卿、董方南从先生游者。饮酒至醉，各称诗纪事。予退而赋章如宾主之数，纪人物交游本末，俾后之观者有所考焉。”

《赠魏叔子》云：“当世天下士，多在布衣中。魏子来深山，意气沉以雄。兵法耽左氏，著论才无穷。本是管葛俦，自拟庞德公。文不遗屠贩，谒不先王公。灼灼双眸光，顾盼群伦空。文章虽寄志，矩矱求其工。良规时往复，羁旅相过从。勉旃抑龙性，从容俟微风。吾闻赣州田，嘉谷亩百钟。躬耕梅川边，川水日淙淙。”

《魏叔子诗集》卷四有《辛亥端阳宴集诗》，序云：“辛亥端阳前一日，禹航严公颢亭招饮广陵寓室，同集者长安王筑夫、三原孙豹人、歙县程穆倩、休宁汪舟次、泰州邓孝威、嘉兴计甫草、吴县浦潜夫、吴江董方南、钱塘章淇上、孙嘉客，居停主人云南朱云卿。饮酒甚畅。既罢，甫草曰：‘是不可无作。’于是筑夫、豹人并久侨广陵，咸谓予江右地最远，宜倡同人，人各写怀，不限格韵，先成一百六十字。”

《溉堂续集》卷四有《端阳前一日严颢亭都谏招饮江都寓宅》，题下注云：“同集者为予乡王筑夫，宁都魏冰叔，泰州邓孝威，钱塘章淇上、孙嘉客，吴江浦潜夫、计甫草、董方南，歙县程穆倩，休宁汪舟次，居停主人云南朱云卿。”

《雍正扬州府志》卷三十一《人物志·文苑》：“邓汉仪，字孝威，泰州人。淹洽通敏，贯穿经史百家之籍。尤工诗学，为骚雅领袖，太仓吴伟业、合肥龚鼎孳皆与为倡和，登坛执牛耳者数十年。康熙己未，举博学宏词科，汉仪奉召赴京师试，授中书舍人，即辞归。偃仰山林，日以吟觞自适，暇或扁舟至郡，坐卧董子祠中，执经问业者，车马塞衢巷。念诗学荒芜，乃品次近代名人之诗为《诗观》，凡四集，别裁伪体，力追雅音，海内言诗之家咸宗焉。”

《清史列传》卷七十《文苑传一》：“计东，字甫草，江苏吴江人，寄籍浙江嘉兴。工为文，年十五补诸生，声誉日起。顺治十四年，举顺天乡试。十八年，以江南奏销案，被黜。大学士王熙器重东，屡欲荐之，未果。会诏举博学鸿儒，而东已前一年卒，年五十二。东少负经世才，意气勃发，尝自比王猛、马周。始遭世变，著《筹南五论》，经画明晰，持谒史可法，可法奇之，以时势所值，弗能用也。伏匿里门，深自韬晦。既，贫无以养，始出就举。已而复黜，益放废，矢志纵游四方，……尝从睢州汤斌讲学，……又从长洲汪琬受欧曾义法，……（宋）荦巡抚江苏，……特序其遗文刊之，为《改亭集》十六卷，又《诗集》六卷。”

《同治苏州府志》卷一百六《人物三十三》：“董訚，字方南，号如斋。十岁解五经大义，与群儿游处，恒拱手危坐。康熙十二年成进士，选庶吉士，以御试第一授检讨。在翰林十余年，纂修会典，注礼经。迁国子监司业，校文拔士，悉除宿弊。甫三月，声誉大著。丁外艰归，以毁卒，遗言用衰服殓。”据同书卷一三八《艺文志》，董訚著有《清慎堂集》二十卷。

同书同卷《人物三十三》：“浦龙渊，字潜夫。精《易》学。顺治中，大学士洪承畴经略西南五省，辟置幕中，奏授城步知县，后罢归。所著《周易通》、《周易辨》，采众说而会通之，论者谓其可以翼往圣而开来学焉。”《乾隆吴江县志》卷三十七《别录》称浦氏“字孟跃，一字潜夫。与尤本钦、平章善，才亦相埒，时号浦尤平”。《魏叔子文集外篇》卷八《周易辨序》称“浦子历世久，练于物务，隐约、仕宦、安乐、患难，无不身尝试，然后伏首筚门，矻矻然穷年而著书”。

《民国杭州府志》卷一四五《文苑二》：“章士斐，字淇上，钱塘诸生。早丧父母，居贫苦，读经史百家，靡弗淹贯。明知县顾咸建会课诸生，手两卷不能镇定甲乙，适临川陈际泰至杭，出示之。际泰曰：‘某卷清庙明堂之器，可取科第如拾芥；某卷奇峭幽折，殆昌黎所谓凿空构立者，断为古文作手。然鸿飞冥冥，非网罗中物也。’咸建曰：‘吾固拔其必传者。’遂取士斐为首，以姚元瑛次之。后元瑛成进士，士斐以明经终。其诗淡泊明净，有陶音。”

姚礼《郭西小志》卷九：“孙嘉客，名浣思，钱塘人。著有《持怀集》。少为诸生，声名籍甚。明季东南文社方盛，争得浣思为坛坫主。性好客，四方来谒者屦满户外。尝敕中厨肴核，与客聚谈诗文，累日夜不倦。罹祝融之祸，遂贫。晚年闭户著书为乐。卒之日，口占四绝，端坐而逝。”《溉堂续集》卷四《酬家嘉客》称其“酒徒只解耽三雅，诗老谁能胜百篇”。

按，朱云卿名号及生平事迹未详，俟考。

过计东寓所，为连床语。计东出示《思子亭》卷，叔子感而有作，书卷后。

《魏叔子文集外篇》卷十三《书计甫草思子亭卷后》：“甫草客扬州将归，予过之，为联床语。其表弟董方南出示所作《宣城林氏双烈传》，书后附载宋既庭氏女景昭，年十三，夫死守贞，居小楼十年不下，微闻亲戚有欲夺其志者，辄不食，凡二十日，呕血至尽死。予惊问方南，女之夫何名？曰：‘吴中所谓计孺子准者也。’……甫草乃持一卷授予，悲且叹曰：‘在是矣。’予览诸君子折衷情礼，论既备，乃叹若孺子者，固宜有宋女之为之妻也。”

按，《同治苏州府志》卷一百六《人物三十三》云计东“有才子准早夭，筑思子亭，以孝贞女宋氏合葬。宋氏，准聘妻也”。朱鹤龄《愚庵小集》卷十四亦有《题思子亭卷子》，中云：“计孺子之殇也，余为哀词哭之。……迄今逾十年，凡宗党姻戚谈及孺子之早慧而贤，无不絫欷太息，奭乎有余悲焉。为之父者，独能憖置诸怀哉！此思子亭之所为作也。记斯亭者，名贤数十人。”

浦龙渊出示《周易辨》，属叔子为之序。

《魏叔子文集外篇》卷八《周易辨序》：“浦子潜夫既作《易通》十卷，又取先代注《易》之家其合经者录之，不合者据经文辨之，虽程、朱书一无所附会，凡二十卷，曰《周易辨》，间出其书示禧而属之叙。”

按，《周易辨》作于何年，已不可确考，或即作于本年游处时，姑系于此。

五月，闵本贞、闵本光之祖母百岁，叔子为作寿序。

《魏叔子文集外篇》卷十一《闵氏熊太君百岁叙》："辛亥五月，歙县闵氏熊太君寿百岁，其孙文学本光以故交来乞言。"

按，熊太君亦为闵本贞之祖母，同卷《闵母七十寿叙》云："予交歙县闵君本贞"，其母"归士升翁也，姑熊太君在堂，母事之，得其欢。……昔者熊太君寿百岁，予谬为颂祝之文。时太君从本贞居"。此"颂祝之文"即《闵氏熊太君百岁叙》，本贞、本光当为两兄弟。又，《闵母七十寿叙》作于康熙十七年（1678），参见该年谱。

《民国尤溪县志》卷七《政绩志》："闵本贞，号质庵，徽州人。明敏综核，莅事无疾言遽色。丙子饥，顽民谋反，本贞先期扑灭，民赖以安。又捐置文庙祭品。旋升刑部主事。"《闵母七十寿序》称其"年甫壮，醇厚有长者之德。不事制举业，而斐然温文，好诗书。由国子监授职，将宰百里，不慢不骄，乐交四方之贤士"。

六月，在扬州，病热，张天枢、鲍夔生偕程谦来访。叔子读程谦诗，恨相见晚，应其请，为其父撰墓表。

《魏叔子文集外篇》卷九《一石山房诗序》："辛亥六月，客扬州，病热。下邳张天枢九度、歙州鲍子韶挟一客过予，丰仪甚美，不通名刺。坐定，天枢挥扇不已。予窃视扇上有《登焦山诗》：'沧江如此急，乱石自中流。'予惊赏，谓：'此何人作？'天枢手指客曰：'是程山公诗也。'予取扇卒读，而揖山公曰：'吾固闻君，不谓遂至此耶！'于是恨相见晚。山公则益出其诗。"同书卷十八《歙县程君墓表》："程氏于新安为著姓，出周程伯休父后。东晋元谭由广平持节守新安，有善政，诏赐宅于歙，遂世为歙人，多达者，其四十九世孙谦与禧交，奉其父仲熙君状属禧表墓石，不获辞。"

《同治赣县志》卷四十三《人物志·寓贤》："鲍夔生，字子韶，歙县人。父叔裔，崇祯末以孝廉令广之始兴，遭乱弃官，避地赣邑。夔生少从父兵间，娴兵略，意气豪上，所论交皆当世知名士。纵游吴越燕齐间。丁巳，从某都督征吉安。戊午，从尚之孝剿崖石。及平闽汀诸贼垒后，先以儒服借箸军门，谈言微中。脱善类于厄，士论归之。"《魏季子文集》卷十四《鲍子韶墓志铭》称鲍氏"号镈斋，又号咄斋"。据《民国歙县志》卷十《人物志·士林》，鲍氏著有《江上集》、《红螺词》、《红楼合选》、《蕉桐引》。

《民国歙县志》卷十《人物志·诗林》："程谦，字山尊。诗工五言律，魏禧序之。著《一石山房稿》、《春帆集》。"《施愚山集·文集》卷七《程山尊诗序》称

“程氏自侍御公以下世贵显，程子独屈首文学，以诗鸣一时”，“不善治家人产，席其先之旧业，读书喜客，家稍落。……有园一区，藏书万余卷，暇则为诗歌自娱。所与交者黄冈杜于皇、南城徐仲光、宁都魏凝叔、京口蒋前民，皆一时文字之游”。

按，张九度名号及生平事迹未详，俟考。

叔子与鲍夔生相谈累日，鲍氏遂以叔子为师。时鲍氏将北游，叔子作叙赠行，勉以“智深勇沉”、“集思广益”。

《魏叔子文集外篇》卷十《送歙县鲍生北游序》：“门人鲍夔生将发广陵游北京。……今遇予广陵，年逾三十，魁然伟丈夫。而一旦立谈为弟子，是岂有所未足于心耶？……虚憍之气，胜不可居功，一败则难以再振。故古人之成大事者，必智深而勇沉，广益而集思。得其道则可以将，可以相，反其道则不能治一家。”

《魏季子文集》卷十四《鲍子韶墓志铭》：“（夔生）尝游吴、鲁、燕、齐间，一时吴、鲁、燕、齐知名士，无不愿交先生者。过宁都魏叔子于扬州，相与谈论累日，出，语人曰：‘魏先生真吾师。’遂执义于叔子之门。……其在扬州也，见先叔兄于朋友规励以义，阅人诗文尽意无貌言，君慨然曰：‘人短魏叔子者，妄甚。’乃北面称弟子。”

按，《魏叔子文集外篇》卷十一《鲍生四十叙》云：“往生北游，吾为文送之，欲其因书记之任，习文武吏事，知四方大利害。今九年矣。”文作于康熙十八年(1679)，逆计之，《送歙县鲍生北游叙》当作于本年。

夏，同宋曹、曹溶、邓汉仪、诸九鼎、朱彝尊、程邃、查士标、孙默等人集扬州城北，游虹桥，泛舟湖中，饮酒作诗。

宋曹《会秋堂集》有《同曹秋岳司农暨魏冰叔、邓孝威、诸骏男、朱锡鬯、程穆倩、查二瞻、孙无言诸君郊园集饮，限韵二首》，其一有语云：“晨风动良会，同心谢嚣尘。乃期城北游，所遇多故人。……避暑贵涤荡，载泛虹桥津。斗酒适幽兴，含情各已伸。”其二有语云：“三年旱与水，我生适遭遇。大水倾人魂，骨断淮南路。更逢旱魃殃，天心何不悟。”

按，江南地区自康熙七年（1668）起，灾荒频仍。《清通鉴》载：康熙七年戊申（1668），“江南淮安府、扬州府所属高邮、兴化等十四州县本年份水灾”。同书又载：康熙八年己酉（1669），“本年江南江宁等四卫及高邮、兴化等四州县，……遭受水灾”。《清史编年》卷二载：康熙九年庚戌（1670）七月初三，“差部院大臣踏勘江南淮扬二府水灾，视灾情赈济”。《曝书亭集》卷八《旱》：“水潦江淮久，今年复旱荒。翻风无石燕，蔽野有飞蝗。”诗作于“重光大渊献”，即康熙十年辛亥（1671）。宋曹所述，与以上所引相合，故系此事于此。

《文献征存录》卷十：“曹溶，字洁躬，又字秋岳，号倦圃，嘉兴人。崇祯丁丑进士，补行人，考选御史。顺治元年，起河南道御史，督学顺天。迁太仆寺卿，再迁副都御史，掌院事。擢户部侍郎，左迁广东右布政使，遭丧归里。服除，补山西按察副使，备兵大同。缺裁后签发四川军前候用。丁忧，不复出。有《静惕堂集》。康熙十七年，举博学鸿儒，以病辞。荐修《明史》，不赴。……雄才博赡，与龚定山齐名，人称‘龚曹’。好收宋元人文集，有《静惕堂书目》。”

《乾隆杭州府志》卷九十四《人物志·文苑》：“诸九鼎，字骏男，一名昙，字铁闇，钱塘人。弟匡鼎，……并有令闻，时人方之机云、轼辙。九鼎才巨而学赡，贯穿经史百家之言。为人英伟倜傥，有不可一世之概。著有《诸铁闇集》、《乐清集》。”

《雍正扬州府志》卷三十三《人物志·方伎》：“查士标，字二瞻，休宁人，居江都。以善书名，尤长于画，摹倪瓒，得其远神，而性迂好洁，亦复似之。求画者，视其人可交，俄顷即应。否则，投以重币，强要致之，终不应也。流传人间者，书多画少，虽片纸，人争贵之。”

八月，客嘉兴，与曹溶游，以李天植嘱之，并为曹氏《金石表》作序，愿曹氏所好止此，而措意于士人。

《魏叔子文集外篇》卷六《与周青士书》：“既念潜夫老病，死旦暮事耳，决不得殡葬。仆隔四千里，今又无能赠，乃以属倦圃曹先生。先生曰‘诺。’而属进之于云球处候平安。”

同书卷八《曹氏金石表序》：“槜李曹侍郎好古法书，聚之数十年，……自大禹《岣嵝碑》以下，凡八百七十余卷，惧其散失，欲以示后之人，于是自为《表》，属予叙之。……公好士，敏于知人，士有一能一才，必倾身下之为之地，其贤不在好古法书。虽然，公年将老，志壮，天下士属望公甚重。吾愿公所好止此，不复更措意，而取欧阳子所谓得于有力之强者，合并用于好士，则必有奇伟特达如古之士者归于公，当不止如今日所得。……盖辛亥仲秋日。”

与俞汝言结交，甚笃，常纵谈至深夜，博论古今治乱人物。时俞氏方授徒，常辍课业相过从。叔子读其文集，甚赞赏之，为作序。

《魏叔子文集外篇》卷十《俞右吉文集叙》：“辛亥客嘉兴，交俞子右吉，爱其人，数与言议，其于人贤不肖无所私，予以刚许之。读其《淅川文集》，议论蹈厉，有毅然不挠之气，其色凛凛若不可犯。……予每与抗谈，夜至闻鸡声不辍，窃用相伤悼，读其文，废卷而叹也。嘉兴余多君子交，于右吉尤笃。而右吉方授徒，尝尝辍课诵相过从，或同扁舟访友百里内外。”同书卷十八《处士俞君墓表》：“往予客嘉兴曹侍郎所，君日日过从，相与博论古今治乱人物甚合。予尝访友数十里百里，君未尝不偕。”

盛百二《柚堂文存》卷三《俞先生传》：“俞淅川先生汝言，字右吉。……尝馆于鹤州朱氏，时江西魏禧来，寓于曹侍郎之倦圃。先生辍馆事，与之论古今治乱得失，旬余不休，所见无不合者，禧大喜倾倒。”

《清史列传》卷六十八《儒林传下一》：“俞汝言，字右吉，浙江秀水人。少孤力学，具经世才。明亡，弃诸生，自号浙川老民。……家贫，无隔宿舂，而浩然自得。族父某富而无子，汝言次当后，或觊之，遂谢去。出游燕、赵、韩、魏、宋、卫、闽、粤之乡，越云中、雁门，归而闭户著述，篇帙之富，当代无比。……生平熟精诸史及明代掌故，著有《晋军将佐表》、《礼服沿革》、《汉官差次考》、《宋元举要》、《历纪年》、《崇祯大臣年表》、《卿贰表》、《明世家考》、《寇变略》、《弇州三述补》、《品级广考》、《谥法考》、《双湖杂录》等书。又有《京房易图》及《先儒语要》六卷、《淅川集》十卷。”

自嘉兴抵桐乡，与汪文桂、汪文柏兄弟游，挑灯夜谈，信宿即别。于汪氏兄弟甚为称赏，曾为其诗作序。

汪文柏《柯庭余习》卷四《魏叔子自禾城过访，信宿言别，次韵奉酬》：“吴阊通槜李，来去未经旬。露菊难留客，云帆惯逐人。文工身就老，交晚意弥亲。倾耳聆高论，挑灯那厌频。”

《柯庭余习》卷首《同学评论》：“魏叔子曰：柯庭近体雅藻绝俗，工三唐之调，七言古尤傲兀而多风。”注：“《汪氏三子诗序》。”

按，据“露菊难留客”语，叔子访桐乡当在秋天，姑系此事于此。又，《汪氏三子诗序》未见今本《魏叔子文集外篇》；叔子与汪文柏酬答诗，亦未见今本《魏叔子诗集》。

《光绪桐乡县志》卷十五《人物志·文苑》：“汪公文桂，初名文桢，字周士，号鸥亭。……由府学贡生考授内阁中书。与弟晋贤森、季青文柏并负时名，世称‘汪氏三子’。公自幼嗜学，与两弟昕夕勖励。弱冠失怙后，以养母不就铨选。家故有华及堂，在桐邑城中。公复筑裘杼楼，聚书万卷，校勘不辍。与海内名流订缟纻之交，如黄梨洲、王玠石、朱竹垞、汪钝翁诸先生，月辄缄札榷艺业。江右魏冰叔，粤东屈翁山，八闽余澹心，江南北邓孝威、顾侠君，浙东毛大可、姜西溟、吴孟举，歙县吴菌次、汪蛟门、尤悔庵辈，皆诗札往复，岁无旷邮。其过从尤数者，有吴江徐腥庵、俞鹿床，长洲俞旅农，常熟顾雪坡，嘉兴周篔谷、沈蓝村，号为华及堂六客。”

同书同卷《人物志·文苑》：“汪公文柏，字季青，号柯庭，文桂弟。附贡生，官东城兵马司正指挥，调北城，改行人司行人。学问淹博，不亚两兄，海内名流，皆相结纳。别筑古香楼，收藏法书名画，暇辄焚香啜茗，摩挲不厌。诗文之外，善画墨兰，雅秀绝俗。官指挥时，颇著循声。因性好习静，三年京宦，即乞身归与两兄优游林下，极唱酬之乐。六十七岁先两兄卒。”

九月，于太湖舟中致书周篔，嘱周氏为李天植谋继粟。

《魏叔子文集外篇》卷六《与周青士书》：“顷酒间语及曹先生暨足下，慨然作悲敬，欲联数同志为挨月供，使高士夫妇不转沟壑，仆直下感激，如饿得饱。明日仆之灵岩，候继公病，便往造徐昭法，匆匆刺舟，未竟斯绪。伏念贫士中负古谊，不惮劳苦求请以益于人者，非足下谁属？仆重足下，非特以能诗古文已。愿足下力肩曹先生首倡，率必多应者。费度每月米五斗，银五钱，人占一月，周乃复始。力不赡者，或月二三人占之。……辛亥九月日，太湖舟中禧拜白。”

至苏州灵岩，访徐枋于山中，索近作，并示以《与周青士书》。徐枋以为应从李天植志，听其饿死可也。

罗振玉《徐俟斋先生年谱》：康熙十年辛亥，“病血痢两阅月。宁都魏叔子禧来访，并出所作《致周青士篔书》示先生，乞青士向曹秋岳为李蜃园高士谋继粟事，先生曰：‘秋岳，今之贵人，李先生必不食其食。己不能济，听其饿死可也。’已而高士果不食而饿死”。

《魏叔子文集外篇》卷六《与周青士书》后有叔子自记，云：“余访徐昭法山中，索示近作，见此书。昭法曰：‘君意良厚，恐李先生不食他食。君子爱人以德，君力所不及，听其饿死可也。’顷沈进之来，云周云球致予此意，李先生坚谢之。”

罗振常《订补涧上草堂纪略》卷上有《俟斋先生答姜奉世书》，文末有徐熊飞《跋》，云：“徐俟斋先生尺牍一通，绎其辞意，大约丧子后与人书也。其曰‘鄙怀癖见，断所不敢承’，高情绝俗，与龙湫山人无异，宜魏冰叔为山人谋月供，先生早知其不纳也。”

久怀宏储之为人，欲访之，未遇，有诗赠之。

《魏叔子文集外篇》卷五《与徐昭法书》："弟久怀灵嵒老人能为天地留正气。耑趋方丈，亦冀得见君子。会闻外事，又复远举。怅望太湖，郁如滓渤，相见当有日也。"同书卷六《与周青士书》："明日仆之灵岩，候继公病，便往造徐昭法。"《魏叔子诗集》卷四有《赠灵岩老人》，题下原注云："师名宏储，号继起。"

《清史稿》卷五百一《遗逸二》："理洪储，字继起，兴化人。本姓李，父嘉兆与中州理㐁和耻与贼同姓，皆改理氏，天下称'二理'。洪储早岁成家，南都覆，明之遗民多举兵，洪储左右之，被逮，获免，好事如故。人戒之，则曰：'吾苟自反无愧，即有意外风波，久当自定。'又曰：'忧患得其宜，汤火亦乐国也。'……洪储在沙门，宏畅宗风，笃好人物，海内皆能道之。（徐）枋曰：'此其迹也，但观其每年三月十九日素服焚香，北面挥涕，二十八年如一日，是何为者？'"

九月，李世熊七十初度，与彭士望各作文以寿之。李世熊读后，几不成寐。易堂诸子亦相率为诗文寿之。

李世熊《寒支二集》卷五有《与彭躬庵》，题下原注："躬庵、冰叔各撰七十寿序见赠。"文云："拜读尊序，愧感交集。……乃又有冰叔一篇，于前后世人思索不到处，拈出一确然实有之事，又探出本人肺肝无处告诉者，隐跃即离。始读之而狂叫大笑，以为实然。既而累欷太息，以为无是也。已又以为何必无是，则又大笑。是夕也，倏拍案起舞，倏挥涕沾襟，倏又微吟长啸，膏火屡续，几不成寐。"

《耻躬堂文钞》卷七《李元仲七十序》："易堂、程山诸子皆闻先生之风而慕之，相率为诗文以为先生七十寿。"《邱邦士文集》卷十七有《李元仲七十寿》诗，《魏季子文集》卷二有《李元仲七十》。

按，叔子之文则未见今本之《魏叔子文集外篇》，存于何处，待考。

十二月一日，返扬州，为程邃作《燎衣图记》。

《魏叔子文集外篇》卷十六《燎衣图记》："《光武燎衣图》，唐吴道子画，友人程邃得之新安僧渐江。……予季弟礼尝经光武村，作诗，予读之慨然。今览此图，不胜叹息，呵冻书此。辛亥腊月朔日易堂魏禧扬州记。"

冬，客扬州，买田民李氏之子，名阿邗。

《魏叔子文集外篇》卷十八《阿邗墓记》："辛亥冬，予客扬州，有田民李氏，以饥鬻其八岁子，予得之，名曰阿邗。"

冬，为求子嗣，于扬州买一婢。

《魏叔子文集外篇》卷六《寄门人赖韦书》："吾去冬于扬州买一婢，身间垂一年，抱子之信殊不有，姑听之，无所庸心。"

按，此书作于"壬子七月"（参见该年谱），故"去冬"当指本年。

冬夜，与蒋易过访程谦，兼订明春游黄山之约。

《诗观二集》卷七程谦《冬夜喜魏冰叔蒋前民见过，兼订游黄山约》："贫家有良夜，客至喜开尊。海月照初满，梅花香欲繁。霜寒孤雁出，风定远江喧。渐水还相约，春山到苹门。"

《雍正扬州府志》卷三十二《人物志·隐逸》："蒋易，字前民，江都瓜洲人。少补诸生，即弃去。家故饶，有洲田数十顷，坍于江，遂致穷饿，意泊如也。为诗不取时好，五言律尤劲健，得少陵风格。黄冈杜濬与友善，甚称之。晚年无子，家益窘，卖画自给。人得其写生一二笔，争以为宝焉。"据陈田《明诗纪事》，蒋易著有《石闾集》。

结识许承家。冬夜，同黄云集许氏宅，纵谈文史至夜分始别去。程邃迟至，未及与魏、黄二人晤面。

《魏叔子诗集》卷四《同黄仙裳集许师六斋迟程穆倩不至》："风雪满扬州，寒气逼窗几。客暇过黄君，许子适步趾。彼此久知名，不用通姓氏。诘旦折柬招，尊酒谈文史。曰坐无杂宾，但有程黄尔。高斋剪明烛，疏盘延素鲔。……纵谈左氏书，黄君亦唯唯。独恨老酒人，迟之不来止。"

《昭代诗存》卷八许承家《雪夜魏叔子、黄仙裳集小斋，夜深别后，穆倩复过痛饮》："江夏论交久更亲，宁都倾盖话沾巾。孤鸿万里他乡客，残雪三更隔代人。共把青编摩岁月，闲将白眼向苍旻。酒阑车辖冲泥至，寒漏深杯不厌频。"

按，叔子所作诗在排列上紧接《辛亥端阳宴集诗》，所记当为本年冬事，故系于此。

《雍正扬州府志》卷三十八《人物志·隐逸》:"黄云，字仙裳，世居泰州之姜堰镇。穷研经籍，少即以诗文名家。慷慨尚义，志欲与东汉人相颃颉。初受知于太守陈素。素乏嗣，被枉破家，云不避险难，与之同游汝宁，竭力周旋，人以为难。晚年愈贫苦，屡辞聘召，益肆力于诗歌，东南言风雅者，必宗焉。所著有《桐引楼集》、《七律分韵》、《五言诗抄》行世。"《淮海英灵集·甲集》卷三称其"号旧樵"，"善谈论，慷慨负气，遇俗人，稍不如意，辄谩骂，人目为狂"。

《乾隆江都县志》卷二十三《人物志·文苑》:"许承家，字师六，承宣弟。幼与兄刻苦力学，同负盛名。康熙乙丑成进士，改庶吉士，授编修。年六十余，掌院知其宿学，遇有大著作，多属之。辛未，充会试同考官，将循资迁坊局，念兄方里居，亦请假归，追随如少壮时。及兄殁，思念流涕不置。振急周乏，于友谊尤笃。与人交，推心置腹，蔼然可亲。所著有《猎微阁集》。"

黄云以黄阳生诗相示，请叔子作序。

《魏叔子文集》卷九《黄屺怀诗序》:"泰州黄仙裳氏有才子曰阳生，三岁而失母。及其长也，取《国风》'陟屺瞻母'之义，字曰'屺怀'。仙裳以诗名于世，爱此子也，而尝示余以其诗。……属余序屺怀之诗。"

按，黄阳生，字屺怀，号月舫。黄云长子。《黄屺怀诗序》称其"才高，不肯试有司。好为诗，诗清逸，多唐人气调，自号晋渔以见志"。著有《月舫集》、《念祖集》、《郁李集》、《吴越集》等，均未见传本。

黄泰来前来扬州诣叔子，叔子见其制举文，称其才美。

《魏叔子文集外篇》卷九《黄屺怀诗序》:"仙裳氏更娶，有仲子交三，尝诣予扬州，见其制举文，甚才美。"

《江苏诗征》卷六十四:"黄泰来，字交三。仙裳子。黄秋谷云:交三为宗梅岑诗人之婿。好读书，尝谓古人不难期，患不立志耳。所选《诗传》，删除俗调。著《岱青楼集》、《浮香阁七律》、《观海集》、《洗花词》。"《国朝画识》卷七:黄泰来，"年方韶秀，雅娴词赋。兼工隶篆、绘画诸技，与阿兄月舫称'二难'"。

过江闿宅，得知江天一事迹，感士林为江氏立传者多错误，为其作传。

江闿《江辰六文集》卷七《尺牍·寄闵宾连书》：“向者魏叔子过敝庐，予偶语及士林有为家文石公立传者，事多错误，因出其事迹与去。叔子曰：‘吾将有以纪其实也。’忽忽七年，叔子且死。昨从友人寓见叔子全集，始知传成入集。文凡二千余字，无一懈笔。不惟此传可传，叔子可谓不食其言矣。”

按，叔子与江闿何时相交，难以确考，或在本年游扬州时，姑系于此。又，江天一，字文石，安徽歙县人。诸生。家贫好学。明亡后，从其师金声举兵抗清，攖险固守，与清兵相持累月。后兵败被执，不屈死，谥节愍。《江天一传》见《魏叔子文集外篇》卷十七，汪琬《尧峰文钞》卷三十四亦有《江天一传》。再次，邓之诚先生称江闿“为其父七十征诗文引，序先世甚详，居歙之江村，为天一从孙”（《清诗纪事初编》卷五）。

《道光徽州府志》卷十二《人物志·宦业》：“江闿，字辰六，歙江村人。少负隽才，为王新城弟子，外舅吴园次有‘吾家叔宝’之誉。康熙癸卯，寄籍贵州，领乡荐，榜姓越，改复本姓。召试博学鸿词，授益阳令，建立十九贤祠，设书院课士，有驱虎、祈雨、退水诸异政。时长沙初复，大兵南下，羽檄旁午，刍茭供顿，应给裕如。以卓异赐袍服，擢均州牧，摄郧阳守。调任解州，摄平阳守。任满报最，内升员外。”

吴自充之子荣弟为江闿妹夫，应其请，叔子为作《吴君幼符家传》。

《魏叔子文集外篇》卷十七《吴君幼符家传》：“幼符名自充，歙之长林里人也。……魏禧论曰：‘予客广陵，交越辰六。’幼符子荣第为辰六妹婿，因介之奉其状请立家传。予为长太息，不能已也。”

交江九万，应其请，作《明右佥都御史江公传》、《江氏四世节妇传》。

《魏叔子文集外篇》卷十七《明右佥都御史江公传》：“公从孙九万以公建白关国家大事，惧渐就湮没，无以传信，请禧为立传，使后之作史者有所考焉。”同书同卷有《江氏四世节妇传》，文后有作者自记，云：“予客扬州，得交光禄之冢孙元里，出其四世守节事实请为立传。”

按，“江公”指江东之，东之字长信，安徽歙县人。万历五年（1577）进士，授行人司行人。迁山东道监察御史。又，“光禄”指江应全。江应全字左衡，父早殁，母万氏遗腹生。家贫，事两孀母极孝，崇祯三年（1630），二母得奉旨旌表，建坊石奉祠，应全亦于是年以恩例官光禄寺署丞。年八十，卒于家。其事迹详见魏禧《江氏四世节妇传》、《民国歙县志》卷八《人物志》。

《民国歙县志》卷八《人物志·孝友》："江九万，字元里，江村人。祖母杨氏疾危，与妻黄氏日夜侍侧，同日刲股和药以进，疾得苏。生平急人之难，倾囊不吝。与弟九皋同修合郡节烈祠，赡孤恤贫，义举甚多。"

与余思复游处，推重其诗文。

余思复《中邨逸稿》卷下《祭魏冰叔文》："往岁亥子，复幸周旋。于扬于苏，每见惓惓。亟称我文，忘我所短。"同书卷首萧正模《余中邨先生传》："为诗清真旷远，以王、孟为宗，桐城钱饮光、宁都魏冰叔、宁化李元仲咸推重之。"

《乾隆将乐县志》卷九《人物志·文苑》："余思复，字不远。明诸生。幼笃学，嗜韩吏部书，日取考亭旧本，反复吟讽，至忘寝食。……客游江南，笪在辛一见，奇其文，为延誉，施愚山、王烟客诸名士恨相见晚。……所著有《山居集》、《中邨逸稿》、《吴游草》。"《余中邨先生传》："初名有成，明亡弃诸生，改今名。晚游吴越归，因指其所居之儒源，号中邨也。……明运既去，绝意进取，放浪山水间。"

冬，与兄魏际瑞同客武进，居陈玉璂之宅，谈甚洽。玉璂得尽读叔子笥中之文，以"洁"称赏之。叔子属陈玉璂为《左传经世》作序。先是五六年前，玉璂已从邹祗谟处得读魏氏兄弟文章，为之心折，将叔子所作序跋各一篇编入《文统》。

陈玉璂《学文堂文集》"序四"《张古迂古文稿序》："辛亥冬，宁都二魏子主予家。"同书序四《魏冰叔文集序》："初，亡友邹程村自西江归，携冰叔文稿二十余篇、史论二卷。越数岁，冰叔来吾毗陵，得尽发其笥读之。呜呼！信如冰叔，始可以洁称也。已而出所著《左传经世》一书，识见议论，皆前古所未有，然后知冰叔之学固自有本。"

同书"序一"《左传经世序》："五六年前，亡友邹程村江右归，携冰叔《左传经世》自序一篇、跋一篇，予爱其言，急登之《文统》中，思见其书不可得。今年冰叔来毗陵，始得发其笥读之，冰叔属予为序。"《魏伯子文集》卷首陈玉璂《魏伯子文集序》："独亡友邹程村归自西江，携宁都魏氏三兄弟钞本百余篇，尤为心折，尝语程村：文人古今所难得，或旷世而相接，或越在千里百里，始得一二人。今乃聚于一室，异哉!"

《魏叔子文集外篇》卷六《答友人论选文统书》："旧秋仆自浙过毗陵，与椒峰谈相得，会须为家兄弟刻集，椒峰遂授馆舍，至淹旬时，日夜有校雠。”

《清史列传》卷七一《文苑传二》：“陈玉璂，字庚明，亦武进人。康熙六年进士，授内阁中书。十八年，试博学鸿儒，罢归。少有大志，凡天文、地志、兵刑、礼乐、河渠、赋役诸大事，究心源流，言之娓娓。读书至夜分，两眸欲阖，用艾灼臂。能诗文，下笔千言，旬日间动至盈尺，时称俊才。宾客辐辏，酬应旁午，弹琴投壶，亦乐为之。偶有触发，见诸诗文。然其失亦在贪多务得云。著有史论数百卷，又有《学文堂集》四十三卷。”《鹤征录》卷六《与试未用》：“陈玉璂，号椒峰。”

与恽日初为忘年交，为其文集作序。郓氏性严，与人寡合，然独好叔子兄弟。时郓氏逃乎禅，或有非之者，叔子以为合乎义。又与恽格为纪群交。

《魏叔子文集外篇》卷八《恽逊庵先生文集序》：“辛亥余客毗陵，先生与为忘年交，出文集示余而命之序。……先生世变逃乎禅，或者非之，余以为合乎义。盖僧服而蔬食，不交当世者垂三十年。仲子格抗志养亲，工于诗而以画名，予与为纪群交。先生性岩岩，与人寡合，年逾七十志不挫，独好吾兄弟，以为可与言。”

孙静庵《明遗民录》卷五：“恽日初，字仲升，号逊庵，武进人也。举崇祯六年乡试副榜，久留京师十六年，应诏上备边五策，不报。知时事不可为，乃归。携书三千卷，隐天台山中。三年而两京亡，唐王立福州，鲁王亦监国绍兴……遣使聘之，固辞不起。清兵下浙，避走福州。福州破，走广州。广州复破，乃祝发为浮图，复至建阳……金坛人王祈聚众入建宁，属县多响应。于是建阳士民数百人，噪于日初之门，固请不得……王祈力战死……日初收残卒，走广信，寻入封禁山中……散众，独行归常州。久之，张煌言与郑成功军薄江宁，败走。讹传张公弟凤翼乃日初门人，从师匿，县官将搜捕。日初色如常，曰：‘吾当死久矣。’既而事解。卒年七十有八。少与杨延枢、钱禧交，为文章纵丽，于百氏无所不窥，尤喜宋儒书。”

恽敬《大云山房文稿初集》卷三《南田先生家传》：“先生讳格，字寿平。后以字行，改字正叔。……先生年十三，随父逊庵先生依王祈于建宁。陈锦破建宁，被略。锦无子，其妻子之。后从锦游杭之灵隐寺，遇逊庵于涂。逊庵因与寺主谛晖谋，俟锦妻入寺，给言此子宜出家，不然且死。锦妻留之寺中，泣而去。先生始得归。先生以父兄忠于明，不应举，惟攻古文词。其于画，天性也。山水学王蒙，既与常熟王翚交，曰君独步矣，吾不为第二手也。遂兼用徐熙、黄筌法作花鸟，自为题识书之，世称南田三绝。……先生家甚贫，风雨常闭门饿。以画为生，然非其人不与也。”

十一月二十一日冬至，为魏际瑞文集作序。

《魏叔子文集外篇》卷八有《伯子文集叙》，末署“辛亥长至日叔弟禧拜书于毗陵之客园。”

按，本年冬，叔子与兄同客武进，故此“长至”当为冬至。毗陵，县名，原为春秋时吴季札封地延陵邑，西汉时改置为毗陵县，唐改为武进县。又，据《近世中西史日对照表》，本年冬至为十一月二十一日。

邵长蘅来访，握手把谈，持论甚合，恨相知晚。邵氏于叔子文甚为赞许。

《邵子湘全集·青门簏稿》卷七《魏叔子文集序》：“宁都魏叔子兄弟皆以能文章名海内。客冬，叔子来毗陵，余识之寓楼，握手语移时，恨相知晚。盖余亦喜为文章，持论颇与叔子合。顾余碌碌，度无所用于世，聊以文墨自嬉。叔子磊落，喜交豪杰士，其智略辐辏之气时露眉宇间。故发为文章，每至谭说经济，议天下古今之变，率凿凿副名实，不为无用之言。”

《清史稿》卷四八四《文苑一》：“邵长蘅，字子湘，武进人。十岁补诸生，因事除名，旋入太学。工诗，尤致力古文辞，陶炼雅正。与景（冯景）同客（宋）荦幕，长蘅亦觥觥持古义，无所贬损，时论贤之。著有《青门稿》。”

骆钟麟知常州府，多善政，叔子贤之，与之游。又因骆氏与孙容也相习。骆氏离职后，孙氏亦返乡，然与叔子通音书，间岁不绝。

《魏叔子文集外篇》卷十一《孙容也七十序》：“予往客毗陵，闻太守骆公多善政，方重兴延陵书院，与大夫士讲学其中。予甚贤骆公，意必有贤者客左右之。他日饮贺天石所，坐上有夙客，见予至甚欢，若重相知者。予私问天石何人，曰：‘此太守内客孙君容也也。’予观其人，颇不类为太守客者，与之谈，果君子。既，骆公再枉车骑过予，予与孙君益习。骆公内艰去，君亦行。尝以书问予吴中，且曰：‘吾有少子季樊负志气，颇爱之，将率之来受业。’未几，予还山，季樊更作书千余言及所作文字邮致山中，观其意志议论，非凡子也。予报书数百言，而君自数千里书问来者，间岁不绝。”

《民国杭州府志》卷一三五《仕绩四》：“骆钟麟，字挺生，临安人。顺治三年举人。明年会试副榜，知陕西盩厔县。李颙讲学里中，钟麟尊以师礼。……康熙元年夏，大雨，渭水南溢，将及城，率僚属跽雨中为民请命。久之，雨止，水徙北流者数里，人以为精诚所感。八年，迁江南常州知府。为政简易，民有讼者，辄恳恻诲谕。九年，大水，遍历四乡劝赈。十年，大旱，葛衣草屦步祷，躬诣郡狱。日食粝饭一盂、菜一匕，引咎自责，言与泪俱，闻者感动。建延陵书院，率士大夫会讲其中。寻以艰去。郡人思之，祀名宦祠。”

按，孙容也里籍及生平事迹未详，俟考。

袁骏来武进，与叔子、魏际瑞相见，际瑞为《霜哺篇》作序。

《魏叔子文集外篇》卷十二《霜哺篇跋》：“袁子见禧兄弟于毗陵，苴绖齐衰节母之丧。及小祥矣，求所以传其母者亡异平日。吾伯子为之叙，而禧方病，未有以应也。”

按，《魏叔子文集外篇》卷十八《袁君泰徵同配吴节母合葬志铭》云：“骏十四，佣书四方，陈征君继儒见而器之，又知孺人苦节，作诗以纪孺人，名曰《霜哺篇》。”据此，可知首题“霜哺”之名者乃晚明著名文人陈继儒。此后，为《霜哺篇》作序、题咏者指不胜屈，如宋琬《千秋岁·为吴门袁生题霜哺篇册》（《二乡亭词》卷二）、吴伟业《题袁重其霜哺篇》（《吴梅村全集》卷六十《辑佚·诗》）、王昊《霜哺篇为袁生赋》（《硕园诗稿》卷七）、姜宸英《霜哺篇序》（《姜先生全集·真意堂佚稿》）、徐开任《霜哺篇为袁重其节母赋》（《愚谷诗稿》卷二）、魏际瑞《霜哺篇序》（《魏伯子文集》卷一）、王士禄《千秋岁·题霜哺图为袁重其寿母》（《炊闻词》）、李清《霜哺墨迹序》（《吴郡文编》卷二一三）等。

《同治苏州府志》卷八十八《人物十五》：“袁骏，字重其。早丧父，佣书养母。以贫甚，母节不能旌，乃征海内诗文曰《霜哺篇》，多至数百轴。凡士大夫过吴门者，无不知有袁孝子也。弟孤贫，置产以赡之。母老不能行，庭前花开时，骏负母以看，作《负母看花图》，题咏亦数十轴。”钱谦益《有学集》卷十六《霜哺篇墨迹卷序》称其“布衣蔬食，佣书问字，年齿未衰，俨然如遗民故老”。

久历世变，始悟昔日之厚自期待者，盖妄也。

《魏叔子文集外篇》卷十《送歙县鲍生北游叙》：“今年四十有八，益读书，久历世变，方潦倒偷活草间，数受人欺绐，始信天下事本难为，知人不易，富贵功名不可倖，而向之厚自期待者，盖妄也。”

谢文洊致书孔用仪，称叔子“事势人情，透彻底蕴”。

《谢程山集》卷十二有《答新城孔用仪》，原注曰："辛亥。"中云："文洊腐朽弃材，不适世用。日与二三子省愆救过，自惧不给。求如勺庭，事势人情，透彻底蕴，所过人才，辄获启发，实远拜下风。足下所谓相为源流，此在学术则然；若论两人身分，则勺庭波澜阔大，定知其源之悠长。文洊不过窦滴涓流，稍资亰注，求泛艋艟而溉阡陌，乃勺庭之分量，文洊但有望洋而叹耳。"

方以智卒。

清康熙十一年壬子（1672）　四十九岁

初春，邵长衡以《青门五真图》属叔子作记。叔子遂作记，称道邵氏才华、志向。

《邵子湘全集·青门簏稿》卷十一《与魏叔子乞记书》："去冬梁溪朱生为仆写五真图。……顷已装成册子，乞先生作一记，用楷书书其前。……新年尚有一两日应酬，到郡城即相见。"同书卷七《青门五真图诗序》："图青门子像凡五，装潢成册。图之次：首展卷，次课耕，次游岳，次垂竿，最后蕉团。……画者梁溪朱生旭，补图者生之父芾，宁都魏禧作记。"

《魏叔子文集外篇》卷十六《邵子湘五真图记》："邵子高才，工文章，有用世之志，为遗世之想；以读书始，而将以逃禅终。"

按，叔子客居武进之时间为去年冬至今年春，故邵长衡所云"新年"，当指本年。

春，任源祥抵武进，访陈玉璂。叔子初疑任氏为乡三老，及读其文，乃叹服，遂与之定交，源祥亦甚称誉叔子文。源祥与叔子、际瑞、张古迂游息于学文堂之警斋，与陈玉璂论诗古文，甚洽。

《魏叔子文集外篇》卷八《任王谷文集序》："宜兴任王谷，隐君子学古而能文者也。其人易直淳古，故其文多真气而又深于古人之法。壬子春，予同客毗陵陈椒峰家，日夕论古文，各出所作相劘切，予甚好之，而王谷乃言吾平生好侯朝宗文，今观子，殆胜之也。……然初与王谷饮酒，貌朴鲁，终夜讷讷，意以为乡三老挟《兔园册》来者尔。既知其姓名，又尽读其文，乃大惊。时家伯子在座，因相笑曰，世何必无邱邦士。"

《学文堂文集》序四《张古迂古文稿序》："辛亥冬，宁都二魏子主予家。越一月，宜兴任王谷亦至，古迂方为予八九岁儿师，居学文堂东偏。四人者，朝夕相友善也，而好论文。冰叔曰：'文之为道不一，其妙在转，转易流便无力，故宜用驻法。骏马下坂，虽疾驱若飞，而四蹄著石处，步步有力。又当明于断续之法，如复冈断岭，望之各成一山，察之各有脊脉相连。故文有上下意绝不相属，合之自成片断者。'”

瞿源洙《笠洲文集》卷七《任王谷先生传》：“宁都魏冰叔客游吴中，先生与之遇于毗陵。先生貌朴鲁，对人讷讷，冰叔意轻之，以为乡三老挟兔园册来者。既知其姓名，又出其橐中文尽观之，冰叔乃大惊。语人曰：‘貌固不可相士，彼神明内蕴，致工也深，宜雪苑侯先生高气雄辩、凌厉一世而独与王谷相引重也，予则瞠乎其后矣。’遂与之定交。一日，会饮于陈椒峰之警斋，椒峰请记于在座诸君，先生文先成，诸君传观击节，冰叔亦为之搁笔焉。”

《鸣鹤堂文集》卷六《警斋记》：“学文堂之东，有精舍二间，南向，一施栏楯，一窗棂，题曰警斋，陈子读书之奥区也。……余偕魏伯子、叔子暨古迂游息其间，与陈子论诗古文，时又所警发。”

按，此文末有叔子评语，云：“陈子请记于在座诸君，先得此文，诸君因为之阁笔。”与瞿源洙所记相合。又，张古迂名号及生平事迹未详，俟考。

《嘉庆增修宜兴县旧志》卷八《人物志·文苑》：“任元祥，字王谷。明季诸生，鼎革以后弃之。秉性端方，笃于孝友。平生寡言笑，及作诗文，下笔千言立就。四方名士多乐与之游。著有《鸣鹤堂文集》十卷、《诗集》十卷。”《任王谷先生传》：“王谷先生世居宜邑之筱里，初名元祥，后更源祥，王谷其字也，又自号善卷子，学者称息斋先生。”陈去病《五石脂》称其“为文特佳，品尤峻绝，以名节自砺。其生当鼎革之秋，欲有所为，而志不得达。则退而隐遁，著书以老，盖古之遗民也”。

时宜兴任氏大宗祠已建成，任源祥属叔子为记。

《魏叔子文集外篇》卷十六《任氏大宗祠记》：“十六世孙明铉病革，以属其子源祥，源祥久乃得纠宗人为之，经始于壬寅，至丁未凡六年而成。……祠成，源祥为文述其事。庙制、祭礼、宗法，皆井井有条，一准于古，通以今所可行者，于是再拜属禧为记以勒于石。”

李逊之来访，以《李忠毅公年谱》相示，叔子受而卒读，气结填膺，涕下不能止，慨然作序。

《魏叔子文集外篇》卷八《李忠毅公年谱序》：“公死四十七年，禧客毗陵，公子逊之出公《年谱》见示，且命之叙。叔子受而卒读，气结填膺，涕下不能止。”

同书卷十六《落落斋记》："予生晚，不获见公，幸因肤公请，叙公《年谱》。"

按，李忠毅公即李应昇，字仲达，李诩曾孙。万历四十四年（1616）进士，四十八年（1620）授南康府推官，士民服其公廉。天启二年（1622）擢福建道御史，屡上疏讥斥陋习，敢言人所不敢言。天启六年（1626），为魏忠贤所害，年仅三十四岁。崇祯元年（1628）追赠太仆寺卿，谥忠毅。详见《明史》卷二四五。又，天启六年（1626）至本年，正为四十七年，故系此事于此。

《南明史》卷九十四《列传第七十·文苑一》："江阴李逊之，字肤公，太仆卿李应昇子。安宗立，伏阙为父请谥。南京亡，弃诸生，以学行称。"《落落斋记》："肤公当国变弃诸生，性疏懒不治事，而独好学，以诗文自娱。"据《江苏艺文志·无锡卷》，李逊之著有《三朝实录》、《三朝野记》、《泰昌朝记事》、《崇祯朝记事》、《李忠毅公年谱》等。

与杨珅交善，为作《明云南右参议杨公墓表》。

《魏叔子文集外篇》卷十八《明云南右参议杨公墓表》："公讳惟寅，……生万历丁丑，卒崇祯戊寅，享年六十有二。明年冬，公子琛、珅、玗祔葬公于洋溪祖墓之穆。公葬既三十三年，宁都魏禧客武进，与珅友善，珅乃捧公状稽首言曰：'……窃独私念，非子无以表先大夫者，敢再拜稽首以请。'禧既以不文辞，不获。"

按，据文中所述，杨惟寅葬于崇祯十二年（1639）。崇祯十二年后推三十三年，正为本年，故系此事于此。

张惟骧《清代毗陵名人小传稿》卷一："杨珅，字逢玉，号砥斋。武进人。明崇祯九年副贡。少颖异，九岁属文，踔厉风发，顷刻数千言。弱冠才名大振，江浙诸君子皆争与交，诸名宿先后梓选其文传海内。尤与杨维斗、钱吉士及同邑恽日初相友善，以文章道义切磋。……中年丧偶，独居三十余年。手不释卷，原本经义，旁及子史以至汉魏唐宋诸名家诗文，无不手披口诵。其古文宗昌黎，诗宗子美，然不欲以诗文自名，惟以明正学、辟异端为己任。"

应蒋登贤之请，作《蒋君墓志》。

《魏叔子文集外篇》卷十八《蒋君墓志》："蒋君既没之九年，予游武进，其仲子登贤奉状请志。按，君讳大谟，号吉先，其先兰溪人也。"

按，文中有"甲辰春以疾终，享年六十有七"语，甲辰（1644）至本年，正为九年，故系此事于此。又，蒋登贤生平事迹未详，俟考。

三月，客苏州，交姜垛、姜安节、姜实节父子，晨夕过从。姜垛置酒款待，赠以诗。别后姜垛又尝赠以序，并作诗怀之。叔子应姜实节之请，作《敬亭山房记》。

姜安节《府君贞毅先生年谱续编》（康熙刻本《敬亭集》卷首）：壬子年，六十六岁。“是年三月，遣安节长女嫁解元杨公维斗孙去病。时宁都魏冰叔、和公兄弟客吴门，晨夕过从，情文款洽。”《敬亭集》卷三有《晤魏冰叔和公兄弟》（二首），其二云：“相知不在久，邂逅即通家。粔籹聊堪设，糟醨莫谩加（原注：冰叔食糖不饮酒）。水边吴苑鸟，天上楚江槎（原注：时和公将游楚）。迟暮还同惜，羲和驻日车。”

魏禧《姜贞毅先生副室王孺人墓志铭》（载姜垛《敬亭集》附录《墓志铭》）：“余于壬子客吴门，获奉教贞毅先生，与安节、实节兄弟交好。”《魏叔子文集外篇》卷十八《阿邗墓记》：“壬子，予客吴门，莱阳姜给事亦侨吴，与予交笃。”同书卷十七《明遗臣姜公传》：“公有赠禧序及见怀诸诗，皆未出。公死，而公二子乃写寄禧山中也。予客吴门，数信宿公。每阴雨，公股足骨发痛，步趾微跛踦。哀哉！”

《魏叔子文集外篇》卷十六《敬亭山房记》：“三公者皆贤人，吾将比柳子之贺丘遭也，遂因仲君实节之请为之记。”

徐鼒《小腆纪传》卷五十六：“姜垛，字如农，莱阳殉节诸生泻里次子也。崇祯辛未进士，由知县入为礼部主事，擢礼科给事中。在官五月，上三十余疏，卒以论二十四气蜚语事，与熊开元同下诏狱，逮至吴门，杖一百，几死，复系刑部狱。甲申正月，谪戍宣州卫。乙酉，南都亡，与弟垓避兵天台，鲁监国召为兵部侍郎，诏使敦促，垛知事不可为，竟不起。寓居苏州。……自号宣州老兵，欲结庐敬亭山，不果。病革，语其子曰：‘敬亭，吾戍所也。未闻后命，吾犹罪人也，敢以异代背吾死君哉！’卒葬宣城。”

《皖志列传稿》卷一：“姜安节，字勉中。山东莱阳人也。父垛。……安节少颖异，颠沛中不废学。长益工诗古文。顾以累代忠贞，体父志，不求宦达，杜门学道。……学者称兹山先生，卒谥孝明。著有《易学待旦》、《古大学释》、《中庸衍义》、《孝经正义》、《仰幸录》、《白云集》、《千秋楼诗文集》。”据《千顷堂书目》卷二十八，姜安节尚著有《永思堂诗钞》。

冯金伯《国朝画识》卷四：“姜实节，字学在，号鹤涧。莱阳人。前明礼科给事中垛子。垛……后寄居于吴，遂为吴人。学在工诗，善书画，山水橅法云林，涉笔超隽，为时所重。晚年建二姜先生祠于虎丘，又筑谏草楼于祠后，为栖息所。足不入城市。人称鹤涧先生。”

四月，朱彝尊返乡。行前戴苍为画《烟雨归耕图》，叔子适至，题其卷。戴氏又为叔子画《看竹图》，叔子请朱彝尊作记。

《曝书亭集》卷六十六《看竹图记》："宁都魏叔子与予定交江都，时岁在辛亥。明年，予将返秀水，钱塘戴苍为画《烟雨归耕图》，叔子适至，题其卷。于是叔子亦返金精之山，苍为传写作《看竹图》，俾予作记。"同书卷八《题竹垞壁》："买断竹垞将四载，园林新笋未经尝。今来散帙时初夏，忽见抽梢喜欲狂。"

《魏叔子文集外篇》卷十六《看竹图记》："戴生名苍，字葭湄，西陵人，写人婉婉如生，笔文秀绝天下矣。辛亥冬，相遇于扬州，予方毁服急装，而戴生为予写山居像：冠一幅，布衣，方领宽博，前后修竹万竿，清溪带其下，曳杖躧履独行而容与。予亦自惊为绝似也。色微皙，然在山中时恒如是。衣领右弛见胸，尤得神解。"

《朱竹垞先生年谱》：康熙十一年壬子（1672），"四月，旋里"。

按，《题竹垞壁》作于"玄黓困敦"，即康熙十一年壬子（1672）。"初夏"当指四月。又，王国维《阅古漫录》云："朱竹垞先生《烟雨归耕图》，康熙壬子西泠戴苍写，有竹垞自书赞及《百字令》一阕，并同时诸名士诗词。余见竹垞弟子顾中邨仲清重摹本，今备录之。"在王先生所录的诗词中，有叔子古诗一首，即《魏叔子诗集》卷二收录的《题友人烟雨归耕图》。再次，戴苍为叔子所画的《看竹图》，今存。据雅昌艺术网，这件作品为设色纸本，卷首有程邃题写的"看竹图"和款识及印章、魏禧的题跋及印章，卷末有徐晟的题跋及印章和戴苍的款识及印章。程邃的款识云："壬子孟夏吾友叔子先生命书。黄海弟程邃顿首。"印文分别为"黄海程邃穆倩氏□□"、"江东布衣"。魏禧的题跋云："修行万竿，清溪一曲。曳杖容与，适我幽独。壬子孟夏叔子书。"印文分别为"禧"、"冰叔"、"勺庭"、"猫迂颠懒"。戴苍的款识云："壬子初夏西湖戴苍写。"印文分别为"戴苍"、"葭湄"。

夏，与归庄订交，归庄以诗赠之。二人每晤，均出示其文，互相攻谪。先是，叔子年未三十时，已闻归庄名、读其诗。后数度游江南，欲交之，均相失。

《魏叔子文集外篇》卷十一《归元公六十叙》："吾年未三十时，闻归震川先生有曾孙庄，抱高节，负才使气，善骂人。既有传长歌至山中者，凡三千余言，上溯鸿濛，下及季世，驱使神仙鬼怪之物，呵帝王，笞卿相，践籍古之文人，恣睢佯狂，若屈平、李白沉冤醉愤无聊之语。……予惊怖其人，疑不可近。及数游吴、越，人颇名其狂，予愿交之，而动辄相失。壬子夏，侨吴门，元公闻之，趣过予，予方畏暑未之报，元公则四五至不为嫌。每至，挟其文，予亦出新旧文，二人者相攻谪其不足。”

《归玄恭先生年谱》“康熙十一年壬子”条：“至吴门，晤姜学在实节、王勤中武及魏冰叔禧。”“是年诗，有……《赠魏叔子》。”

按，叔子所云长歌即《万古愁》，全祖望《题归恒轩万古愁曲子》云：“世传《万古愁》曲子，瑰瓌恣肆，于古之圣贤君相，无不诋诃，而独痛哭流涕于桑海之际，盖《离骚》、《天问》一种手笔，但不能定其为何人所作。近人或以为谑翁，或以为道隐，或以为石霞，皆鲜证据。惟魏勺庭征君及其事于《恒轩寿序》，予始取而跋之。”（《鲒埼亭集外编》卷三十一）据此可知，《万古愁》在当时流播众口，其作者则鲜为人知，而据叔子此序可判定该曲为归庄所作。《恒轩寿序》即《归元公六十序》。又，归庄赠叔子诗未见通行之《归庄集》，或已佚。

《乾隆昆山新阳合志》卷二十八《人物志·隐逸》：“归庄，字玄恭，昌世子。少通五经，工诸体书，性豪放善饮，酒酣落笔，辄数千言不能止。……乙酉六月，邑人将举兵，先杀县丞阎茂才，其议实倡于庄。已而亡命，谢儒冠，往来湖山间，远近谈忠义者，以庄为归；而庄能揆是非，辨真妄，未尝轻以身殉，卒免于难。庄性好奇，为诸生时，忽请于学使者，改名祚明，自后或称归藏，或称归乎来；其字或称悬弓，或称园公；既薙发僧装，称普明头陀，亦称鏖鏊钜山人。生平最善顾炎武，以博雅独行相推许，而俱不谐于俗，里中有‘归奇顾怪’之目。诗歌、古文、墨竹无不工。……晚年不能自给，寄食僧舍，顾非素交，虽厚赠弗纳。卒年六十一。”

与姜埰、归庄过从密切，常聚谈竟日。

《魏叔子文集外篇》卷十四《哭莱阳姜公昆山归君文》：“禧乃先到公门，公欣然屣履接之。每过，必具馔。……每酒具，必招元公，三人者谈竟日去。”《敬亭集》卷三《魏冰叔归元恭见过》：“留客蓬门僻，占星处士高。形踪皆异地，涕泪尚吾曹。上古探金版，中厨敕涧毛。谁能河朔饮，一盏尽酕醄。”

夏，谒李清。李清出示明洪武四年《会试录》，叔子有感，作文以纪之。

《魏叔子文集外篇》卷十六《洪武四年会试录记》：“呜呼！此洪武四年《会试录》，国家养士三百年所自始者也。……是录崇祯时兴化李公为吏科给事，得于垣中。壬子夏，禧谒李公，伏出见示。……李公名清，字映碧，古所谓不愧科名者，宜其宝而藏之，历患难播迁，不敢失坠也与？”

六月，应王武请，作《画猫记》。

《魏叔子文集外篇》卷十六《画猫记》："壬子六月，宿与日并直危。俗传二危合，画猫，鼠辄辟去。吴中王忘庵故工是，宗人石园自昆山买舟来乞画，画成予适至，属记之。"

《国朝画征录》卷上："王武，字勤中，吴人，文恪公鏊六世孙。以诸生入太学。工画花草，多逸笔，点缀流丽多风。王奉常称之曰：'近代写生，率有画院习，独勤中神韵生动，当在妙品中。'笃论也。名重于时，性乐易，不设城府，平生不趋谒权贵。晚年自号忘庵。卒年五十有九。"

卧疾十三日，试诸医不效，乃迁居武进，延石震，试其药辄愈。应石氏之请，为《脉学正传》作序。

《魏叔子文集外篇》卷八《脉学正传叙》："壬子岁，予在吴门卧疾十三日，试诸医不效，迁客毗陵，询此地高手为谁，皆曰石君瑞章精脉理，著书甚多，且其人有德君子也。予延至，见之辄喜，温良谨厚，若饮我以参苓，试其药辄愈。石君乃出所辑《脉学正传》属叙之以行。"

李经纬《中医人物词典》："石震，明末清初医家。字瑞章，武进（今属江苏）人。得名医周慎斋传，精医理，有卓见。尝谓治病必先固其元气，而后伐其病根，不可以欲速计功利。刻有《慎柔五书》、《慎斋三书》、《脉学正传》、《运气化机》、《医案》等行世。"

七月十四日，归庄六十初度，叔子为文以寿之，以为归氏"文学与人"均足以自寿。

《魏叔子文集外篇》卷十一《归元公六十序》："元公六十无子，又以生斯世无所自表见，不欲为寿，诸遗老强欲寿之。或谓元公辑先太仆全书，辛苦营刻之，将有成，此一节者可以寿。予窃谓不然。人借先世以为名，此庸丈夫耳。以元公文学与人，虽使上世微，不登于世族，亦足自寿。元公持其狂无少衰焉可矣！"

七月，有书致门人赖韦，为赖韦废学而叹息。时属文者日众，又不得却，故甚欲归山中自息。

《魏叔子文集外篇》卷六《寄门人赖韦书》："壬子七月禧曰：前得韦来札，具悉规爱。念吾体羼，欲省思虑，少作文，啬养精神，为生子计，甚善。吾于文章有嗜好，而客外方，属笔墨者日众，势不得却，故甚欲归山中自息也。……韦言近以杵臼居市中，废学，良为叹息。”

七月，客扬州，浙江巡抚范承谟数招叔子入其幕，并属叔子为范文程作传，叔子未赴。范氏属魏际瑞以疾病召，叔子至，乃相与大笑。

《魏叔子文集外篇》卷十二《东房奏对大意跋》：“壬子秋七月，予客扬州，浙抚军范公数招予，未赴，而属伯子以疾病召。比至，乃相与大笑。”同书卷八《赖古堂集序》：“大中丞范公极谦下之，尝属禧为其太傅公传，禧逡巡以草野辞。”

《四库全书总目》卷一七三《集部·别集类二六》：“（范）承谟，字觐公，号螺山。镶黄旗汉军，大学士文程子也。初充侍卫。顺治辛卯，诏八旗子弟均得应试，遂以是科中式举人。次年壬辰成进士，改庶吉士，授宏文院编修，官至浙闽总督。康熙壬子，逆藩耿精忠叛，承谟抗节死，赐谥忠贞。”

七月，访朱彝尊。朱氏之宅多竹，二人甚赏竹之品格，彝尊诫叔子“毋徒恃其已学”。

《曝书亭集》卷六十六《看竹图记》：“予性癖好竹，甲申后，避兵田舍，凡十余徙，必择有竹之地以居。其后客游大同，边障苦寒，乃艺苇以代竹。……归，买宅长水上，曰竹垞。叔子过予，言金精之峰十有二，其一曰翠微，易堂在其上，梧桐、桃、李、橘、柚皆植，独竹不生。种之，自叔子始。近乃连冈下上，无非竹者。盖予两人嗜好适同也。珍木之产，由两叶至寻尺，岁久而林始成。又或萎于霜，或厄于闰。若夫竹，苟护其本，则末乃直上，匪特有君子之守而已，其勃然兴起，突怒无畏，类夫豪杰之士，拔泥涂而立加万夫之上。……文章之为道，亦犹种竹然，务去其陈根，疏而壅之，其生也，柯叶必异，然则叔子毋徒恃其已学者而可矣。”

按，“长水”即嘉兴，《嘉庆嘉兴县志》卷二《建置》云：“今嘉兴县于古为槜李为长水，至秦始置县。”又，叔子访朱彝尊或在七月间，《曝书亭集》卷六十八《题福州长庆寺壁》云：“壬子六月，偕歙人郑理晓行城下。”同书卷四十九《圣教序跋》云：“钟山纪檗子客于燕。壬子八月，过其寓斋。”可见朱彝尊本年六月游福州，八月已入京。

拜朱茂曙墓，感汪琬所作墓志铭于朱氏之著述削而不书，遂补缀其略。

《静志居诗话》卷二十二“朱茂曙”条《附录》：“魏冰叔云：先生弱冠日就婚京师，时太傅文恪公在位，日侍履絇，获闻中朝掌故。中岁游学留都，谭礼部元孩引以相助，博稽旧典，撰《两京求旧录》一编，遇乱，避地栖真寺南，盗至胠箧失去。寻移渚城之西，转徙新胜塘北，沈上舍驾推宅东北隅霁容阁以居。抄撮《韩诗内外传》章句，以授门弟子。生平不喜作韵语，偶然成绝句小诗，辄工妙。予尝过长水，拜先生墓，览汪户部所为志铭，于先生撰述，削而不书，爰补缀其略。”

按，上引文字，未见于今传本《魏叔子文集》。又，朱茂曙，字子蘅，朱彝尊生父。天启初，补秀水县诸生，明亡后弃去，以枯棋一局、浊醪数杯以消暇日。康熙二年（1663）病逝，乡人私谥安度先生。汪琬所作墓志铭见《钝翁前后类稿》卷四十四，题为《朱君子蘅墓志铭》，据今人李圣华先生考证，此文作于康熙六年（1667）（见《汪琬全集笺校》），文中称其“为人循循儒雅，笃于孝友，所交皆贤士大夫”，“少善属文，文恪公于诸孙中最爱异之。工行楷书，能画山水竹石，为董文敏公所称。性尤喜弈”。再次，叔子何时拜朱茂曙墓，难以确考，或在本年访朱彝尊时，姑系于此。

秋，拟返乡，将闭户不出，又念与知交终焉离隔，不无佷恨于心。闰七月十六日，作《看竹图记》。朱彝尊填词送之，徐震亦有词送之。

《魏叔子文集外篇》卷十六《看竹图记》：“壬子秋，将归勺庭。念友不能尽交，人情物务不能尽阅识，诵杜甫‘在山泉水清，出山泉水浊’，慨然太息，将复闭户不出。独知交中怀道执义古之忠孝者，先进、后进，咸有其人，终焉离隔，不无佷恨于心，乃以图尾纸请留笔墨。”文末署“闰七月望日，易堂魏禧自记，时年四十有九”。

朱彝尊《曝书亭集外稿》卷六有《永遇乐·送魏冰叔还山》，上片云：“之子言旋，为君斟酌，使我心苦。阴雾离披，荒城古道，野水平桥路。风波四起，宛其深矣，送客泊舟入浦。争奈何、蛩鸣唧唧，千声万声秋雨。”

《留青新集》卷七有徐震《归去好·送魏善伯、冰叔两先生还宁都》，上片云：“二难眉宇，真江北江南，都无俦侣。照耀前人还待后，一对瑶花琪树。羡文艺渊源接汉唐，更诗词隽逸移宫羽。奈连镳未几又分裾，留不住。”

按，叔子本年因范承谟之故至杭，或拟与际瑞同返乡，但后又游苏州、江阴等地，冬日始还乡。又，朱彝尊之词作年不详，据词中“千声万声秋雨”，当作于秋季。本年秋，叔子将返宁都，词或作于此时，故系于此。再次，徐震，字修雷，里籍、生平事迹均不详。

八月十二日，丁观夏卒。将葬，蔡德烈介其二子丁起、丁越奉状乞叔子作志铭。时叔子已与丁氏兄弟外舅徐柯、李楷结交。

《魏叔子文集外篇》卷十八《太学丁君墓志铭》："君姓丁氏，讳观夏，字又兼，苏州人。壬子八月十二日卒于家。将葬，蔡君德烈介其二子起、越奉状诣禧乞铭。起外舅文学徐君柯、越大外舅工部员外李公楷皆与禧交，不获辞。"

《同治苏州府志》卷八十八《人物十五》："徐枋……弟柯，字贯时，年十五补诸生。父汧殉节后，遂杜门不出。所居二株园，四方宾从，文酒宴集，有贵公子之风。善属文，尤长于诗，兼工书法。晚自号东海一老。卒年七十五。"徐柯著有《一老庵遗稿》四卷、《一老庵文钞》一卷，见《江苏艺文志·苏州卷》。

《江苏艺文志·苏州卷》："李楷，字仲木，清吴县人。崇祯举人。"据此志，李楷著有《蓉山集》，《江苏诗征》卷九十二收有其诗一首。

八月，宗元豫闻叔子拟还宁都，自扬州来相送。十日买舟，十三日抵虎丘，是日入城访叔子。叔子遂与其同访姜安节。

《广陵思古编》卷一宗元豫《虎丘中秋观月记》："壬子八月，拟过吴门送别魏子冰叔。以十日买舟，十三日泊虎丘，寓僧舍。是日入城访魏子，因同访故人姜子，宿魏子寓。"

按，"姜子"当为姜安节。《广陵思古编》卷一有宗元豫《思嗜轩记》，中云："莱阳如农姜公，……上书忤权奸，遭严谴，遂避地吴门，干旌屏谢，闭户穷经史实学。日夕与长君勉中讲画，父子自为师友。……迨公殁，姜子孺慕不衰。""如农姜公"即姜埰。

八月十四日，沈白招叔子、宗元豫同饮。午后，同游苏州虎丘，观灯听曲。与张若羲、张锡怿、许葵园等人相遇于千人石上。

宗元豫《虎丘中秋观月记》："次日微雨，沈生招魏子饮，拉同往，亭午犹霏霏不绝。午后雨止，沈生已舣舟在门，因同游虎丘。舟中小饮毕，散步千人石上。云阴解驳，反照下射，相顾乐之。别主人已，见松际清光，复与魏子啜茗石上，时苦太热。顷之，千灯尽张，错落高下，隐映林间。冶游少年，各为曹伍，或丝，或竹，或肉，竞出长技，嘈嘈不辨。已闻岑楼中清音袅袅特异，偕魏子攀萝拾级而上。"

《魏叔子文集外篇》卷九《虎丘中秋谯集诗序》："壬子八月，余客吴门，将归翠微峰，宗子发自广陵独身持襆被来送，以十三日至，十四夜观灯、听度曲于虎丘。云间张带三、越九、许葵园扁舟来，与同郡沈贲园相遇于石上。”

《乾隆上海县志》卷十《人物·隐逸》：“沈白，字涛思，一字贲园，隐君求子也。幼时一就童子试，遂绝意应举。即父求隐居之梅化源，筑结绳书屋，歌啸其中。诗不尚雕绘，意偶感发，任笔挥洒，自有恢奇怪伟之致。书法云烟落纸，如倪云林画竹，自写胸中逸气。事父画像，晨起必拜，饮食必祝，终身不少变。年七十八而卒。”《国朝画识》卷五称其“又号天庸子”。《光绪青浦县志》卷二十一《人物五·隐逸》称沈白“父求，字与可，少有隽才，饩于庠。申酉间当贡，弃去。隐于诸翟镇之梅花源，以诗文自娱。殁后，学者私谥贞愍”。

《清诗纪事·明遗民卷》：“张若羲，字昊东，一字带三，江南华亭人。明崇祯十六年癸未进士，入清不仕。”董含《三冈识略》卷八称其“性高洁，隐居莱花泾，不入城市，缁衣禅笠，萧然世外。喜饮酒，每从相知浮白纵谈，意气甚壮。然外虽颓唐，而内实沉照，隐约玩世，人莫能窥其际也”。

《乾隆上海县志》卷十《人物志·名臣》：“张锡怿，字越九，号宏轩。顺治乙未进士，试身言书判第一，授泰安州牧州。……广学舍，减香税，清逃人，复四氏学，州人碑以纪绩。会校秋闱，以元卷改字被议，世祖知其名，许归籍。居乡，留心地方利害，海邑倚重者垂四十年。……所居点云阁，著书其中。”据《嘉庆松江府志》卷七十二《艺文志》，张锡怿著有《南归稿》、《涉江稿》、《漫游稿》、《啸阁余声集》。

按，许葵园名号及生平事迹未详，俟考。

八月十五夜，与宗元豫及云间诸子张若羲、张锡怿、许葵园、吴懋谦、朱轩、张永澂等讌集于虎丘，锡怿、懋谦、沈白均有诗，叔子为激楚之歌。张若羲以被寒不出。十六日，宗元豫送叔子入城。十七日，宗元豫辞别叔子。

《虎丘中秋观月记》：“十五夜，同魏子候月，邂逅云间诸子。石上小饮已，分韵赋诗，夜分诗成方别。是夕也，郡守宴客，歌声寂寂。夜深，皓魄中天，清光可掇。游人杂沓纷挐，不及昨游之静适也。十六日，送魏子入城。是夕，月亦朗，予倦甚，不复游，与僧对酌，一灯荧荧而已。次晨别魏子，返棹。”

《魏叔子文集外篇》卷九《虎丘中秋讌集诗序》：“明日夜，吴六益、朱雪田、张梅岩亦至云间至。于时天助清气，明月扬辉，绿树华灯，高下千火，肩摩之声砰若殷雷。既而人影渐稀，青天月正，越九移尊可中亭畔，觥筹既交，吟咏遂发。六益于是卷袂挥毫，俄成七言二律。杯酒未凉，观者如堵。余乃反复其诗，为激楚之歌。人声无哗，木叶欲下，贲园、越九诸子相次诗成。……是夕也，……带三先生以被寒不出，亦有诗。”

《嘉庆松江府志》卷五十六《古今人物八》：“吴懋谦，字六益，华亭人。名医中秀子。中秀字端所，家静土桥，与董宗伯、陈征君游。乙酉，年八十余，被难。懋谦负尸趋北郭，洗血葬之。庐墓三年，栖迟养德。康熙间，海宇平定，风雅道兴，乃提琴负书，浪游荆、豫、晋、岭南、蓟北间，所至与名公巨卿交，人以七子中谢茂秦方之；又与北地申凫盟齐名，有‘南吴北申’之号。晚归郡城，筑独树园于东郊，与白燕庵邻，自称独树老夫家。年七十三卒。门人私谥贞硕先生。有《华苹初集》、《苧庵二集》及《豫章》、《虔州》诸稿。”

《国朝画识》卷四：“朱轩，字雪田，华亭人，乃云来先生次子。初师董元宰，家多收藏宋元诸家，莫不私淑。论者谓其有石田之笔力、董元宰之名贵、赵文度之天趣。然以铁门限之，烦率多应酬。有窥见其富美者，方知雪田画为士大夫冠冕。”

《全清词·顺康卷》：“张永瀓，字又李，号梅岩。江苏松江（今属上海市）人。”张永铨《闲存堂诗集》卷一《赠同游诸子·家梅岩》称其“束发事诗书，致身苦不蚤”，“君如天际鹤，修翼越尘表”。潘钟麟《深秀亭诗集》卷二十一《张梅岩中翰》称其“孝廉及清时，一生丰温朴。酒怀夜夜开，无往不行乐。交道久弥敦，摇之诚不浊”。

九月九日，与吴钟峦之季子抵江阴访李逊之，宿落落斋，作《落落斋记》。

《魏叔子文集外篇》卷十六《落落斋记》：“江阴李忠毅公有贤子曰肤公，尝刻公文行于世，题曰《落落斋集》，盖公所自名其读书之室以见志者也。……壬子九日，又同吴霞舟先生之季子公及访肤公赤岸，得信宿此斋，肃然如临神明焉。……余以肤公之为子，殆无愧是斋者，于是复因其请为之记。”

按，《落落斋记》为《常郡八邑艺文志》卷四所收录，文末署“时则壬子岁之九日也”。

应吴钟峦之子请，为《端友集》作序。

《魏叔子文集外篇》卷八《端友集后叙》：“武进吴霞舟先生，仗节自焚于东海。其先二十五年，其门人江阴李忠毅公仲达劾魏阉逮狱死。同学程家伊辑二公平日问答之辞、往复手书及诗文刻以传世，因先生之斋而名之曰《端友集》。后四十五年，先生之诸子光年七十，笃学好文章，介二公令子再拜稽首请于禧，使更叙之。”

按，《江苏艺文志·无锡卷》称《端友集》"辑成于天启六年"。天启六年(1626)后四十五年，计之正为本年。又，吴钟峦，号霞舟，江苏武进人。明崇祯七年(1634)进士，授长兴知县，迁桂林推官。福王立，擢礼部主事。鲁王起兵，以为礼部尚书。清兵至宁波，吴钟峦渡海入昌国卫，之孔庙，抱孔子木主自焚死。事迹见《明史》卷二七六。

九月，至常熟访毛扆，毛扆出藏书相示，并手捧《五经》置几上，嘱叔子记之；又请叔子作《瞿塘神祠记》。

《魏叔子文集外篇》卷十六《汲古阁元人标点五经记》："壬子九月，禧从虞山访扆，出藏书相示，自盥手捧《五经》置几上曰：'扆不肖，不能继先人志，独得此，借手报先人，若有神焉相之者，愿子属笔记之。'因随手指示《毛诗》经文与世本不同者三十三字。"

同书同卷《瞿塘神祠记》："瞿塘神祠者，不知其名所自，居人戈氏世奉祠者也。常熟县东南三里有戈庄，戈氏聚族居之，毛君子晋实其出。……毛君卒，岁久，祠渐堙。君季子黼季念先人孝思不可以替，更谋修饬之，立石示后人，请记于予。"

《清史列传》卷七十一《文苑传二》："（毛晋）季子扆，字斧季，陆贻典婿也。最知名，尤耽校雠，有'海虞毛扆手校'，及'西河汲古后人'、'叔郑后裔'朱记者皆是也。兼精小学，何焯辈并推重之。"

九月，应姜寓节之请，为撰《莱阳姜公偕继室傅孺人合葬墓表》。

《魏叔子文集外篇》卷十八《莱阳姜公偕继室傅孺人合葬墓表》："壬子九月，寓节来言曰：'……先人懿行不获传后世，寓节罪益不胜诛。敢奉状再拜以请，赐之大文，镌诸墓门之石。'"

《同治苏州府志》卷一一二《流寓二》："（姜垓）子寓节，字奉世。年十二侍父疾，即断酒肉，居丧哀瘠逾成人。继母病，偕妻刲臂肉以进。及殁，几至灭性。生平笃师友之谊，初垓会试，出徐汧之门，汧子枋隐山中，常濒于饥寒，寓节月有馈问，给其不足。宁都曾传灿侨居吴而客死于燕，有妾生子女五人，茕茕无倚，寓节割宅处之而抚其孤。蜀人唐甄以县令落职，寄居吴，寓节时赒恤之。四方遗民来吴者常主其家。卒之日，吴人谥之曰孝正。"

为姜安节乳媪作墓铭。

《魏叔子文集外篇》卷十八《姜氏乳媪墓铭》："乳媪张氏，山东莱阳人，姜君安节所授乳者也。……安节，礼科给事中姜公埰之子，公尝令仪真而家焉。媪死，姜君葬之仪真西门外。又数年，索予铭墓以报其德。"

按，姜安节七岁丧母，乳媪抚之如出腹子。崇祯十六年（1643），莱阳陷于清兵，姜安节祖父、季父阖门殉难。时安节年仅十一，被清兵所掠，乳媪不惜性命，竭力护持，其事迹详见该墓铭，此不赘。

叔子久客吴门，秋日，邵长衡怀之，寄以诗，请叔子勤致书札。

《邵子湘全集·青门簏稿》卷五《魏冰叔久客吴门却寄》："阊门枫赤雁来初，有客扁舟怅索居。虎阜笙歌埋宝气，苏台麋鹿走荒墟。百年风土吴都赋，异代兴亡越绝书。见说魏收新著述，清秋书札莫教疏。"

与宋实颖交善。乙酉之变时，实颖母叶氏赴井死；越二十五年，实颖女景昭又以死殉夫。是年秋，叔子闻其事，感而作《宋烈母传书后》。

《魏叔子文集外篇》卷十三《宋烈母传书后》："夫人姓叶氏，以名族归子坚先生。……乙酉闰六月，剃发令下，……实颖与父谋出避兵，夫人正色言曰：'出走者汝辈事尔，吾妇人去将安之？昔伯姬不避火，《春秋》美之。火且不得避，况兵乎？'于是实颖奉父出，而夫人闭户坐达曙。俄闻有兵持刃触门者，门未启，夫人遽同季子实方、女雪娥、实颖妇朱氏，则牵袂奋身赴井死矣。……越二十五年，而实颖有贞女景昭以死殉夫，盖亦渐被夫人之遗教而自奋于义与？实颖字既庭，年未三十，名重天下，与禧交善。（原注：既庭既举于乡，当国者爱其才，欲授以翰林中书，不就，而让其同年某云）至今述其事，尝流涕。壬子秋，敬书此于《姜行人垓传》后。"

《民国吴县志》卷六十八《列传六》："宋实颖，字既庭。少为诸生，受知于徐汧。顺治辛卯，举顺天乡试，与吴下诸名人倡慎交社，声誉籍甚，后以江南奏销案诖误。康熙戊午，复还举人。己未，以博学宏词召试，罢归。久之，授扬州兴化教谕，课士尚经术、斥浮夸，历十六年告归，诸生祀之学官旁。实颖淹贯经史，诗文典雅，为词坛名宿。"宋实颖著有《读书堂》、《老易轩》、《玉磬山房》等集，见《清史列传》卷七十《文苑传一》。

秋，与唐景宋相交，甚洽，为其诗集作序，称道其为人，并示以《日录》。唐氏读后甚为敬服，抄录后付印，并作序称道之。曹溶闻之，赠以绝句二首。

《魏叔子日录》卷首有署“吴门同学弟默斋唐景宋题”之《日录序》，云：“康熙壬子秋，于西城里见宁都魏叔子先生，其人粹然圭璧也。读其文，莹然冰雪也。交甚合，出其《日录》三卷示余，余受而卒业。以浅言出妙义，以至理入人情，别是非，示从违，昭昭然白黑之在目。……余喜而抄录，弗敢私以独善，乃付剞氏，公诸天下后世。”

《魏叔子文集外篇》卷九《唐邢若诗序》：“唐子邢若，以君子称于吴门，而好风雅之言，裒所为诗，将刻之。……盖《三百篇》学士大夫以至征夫思妇皆有之。不假学问而能工者，意真也。……邢若家庭孝友，笃于行善，每岁所为利泽人事甚多，而绝未尝有近名之意，独恂恂然以为吾之为人当如是而已，此其人固得《三百篇》之意者。”

《静惕堂诗集》卷四十三《唐邢若刻魏冰叔〈日录〉成二首》：“屋梁落月恨参差，欲起安车病骨迟。金匮竟虚良史笔，郁孤台下泪如丝。”“新编堪向国门悬，石老山荒闷不传。赖得故人增气象，吴阊夜雨湿鹍弦。”

按，“唐邢若”当即唐景宋，其人生平事迹有待详考。

十月，交徐晟，见其所著《纪孝诗》，遂与孝子父子相识。孝子之父出示归庄所作《孝子传》，叔子读之，感其事，跋《传》后。

《魏叔子文集外篇》卷十二有《跋归庄黄孝子传后》，文后署“时壬子十月朔日”。文中云：“今年客吴门，交徐祯起晟，则见《纪孝诗》千数百言，而孝子父舍美先生年八十四，徒步辱临禧，禧报谒，因拜孝子。……先生出示归元恭庄所作《孝子传》，读之令人毛发寒磔，心悲痛，涕泪下不能止。”《归庄集》卷七有《黄孝子传》。

《同治苏州府志》卷八十八《人物十五》：徐树丕“子晟，字祯起。博学工文。鼎革时，年甫壮，即弃诸生，从父隐居。家贫，授徒养亲，垂四十年。康熙癸亥，树丕殁，晟亦六十六矣，哀毁得疾，营葬甫毕而卒”。《静志居诗话》卷二十二：“徐晟，字祯起，一字损之。……祯起交情真挚，悃愊无华，诗皆自道性情。”据《江苏艺文志·苏州卷》，徐晟著有《续姑苏名贤小记》、《成友札小引》、《陶园文集》、《陶园删定诗集》、《陶园词》等。

徐晟好叔子之文，出其诗属叔子序之，叔子甚称赏其品格与诗作。

《魏叔子文集外篇》卷九《徐祯起诗序》：“徐子祯起，名晟，吴门之隐君子也。少以制举文名海内。既谢去，攻古文辞、诗歌，诗尤工。徐子好吾古文，则出其诗属予叙之。……徐子执节守道三十年，日困于饥寒，不变其守。与人忠信笃厚，而别识甚精。其为诗，自汉魏以暨三唐，则又皆学之能工。余读其《黄孝子向坚纪孝诗》及《冬日感遇诸作》，顿挫沉郁，几与古人方驾。”

秋，染病，服刘元稷之药而愈。友人徐晟极推许元稷曾祖与父之德行。元稷出家藏书画相示，叔子既感元稷淳笃好仁，又感徐晟言，作《书全冲堂卷后》。

《魏叔子文集外篇》卷十三《书全冲堂卷后》：“壬子秋，禧客吴门，病，饮世医紫谷君之药而愈。紫谷姓刘氏，名元稷，吴中号为博雅。登其堂，多法书名画，因瞻其曾祖廉使笔山公像，有古大臣威仪。吾友徐晟言，笔山公以名进士给事中，历官潘、臬，清慎廉法。……徐晟又云：‘元稷父维申先生，恂恂退让君子……’元稷既出卷示禧，请书其后。禧惟元稷淳笃好仁，有君子之行；又感晟言，不敢辞，遂敬书数言以窃附于乡先进之后云。”

《国朝画识》卷七：“周恺，字晋卿。刘元稷，字子谷。吴县人。皆工山水。”

在刘家与僧顿修相交，顿修仰慕叔子已久。

《魏叔子文集外篇》卷十《赠顿修上人序》：“壬子岁，余在吴门，遇僧顿修于刘紫谷家，勿识也。既知予姓氏，则追而反予曰：‘予方慕子二十年，尝欲走宁都，登翠微峰易堂求见子者也。’盖顿修往学道庐山，与南康高士宋未有善，因知予。既以母老归，力作种茶以养母。……（予）既私于紫谷，乃知顿修固归安茅氏鹿门先生之曾孙，国变后弃儒而僧者也。”

《民国庐山志》卷九《历代人物·明》：“顿修，故名家子，数不偶，备尝险阻，遂祝发为僧，师事禅伯天然，居庐山之栖贤寺，数返浙东省亲。宋之盛尝与论儒释之理。”

过访汪琬，商讨文章。十月，再致书汪琬，并以所撰《蔡忠襄公传》请教。叔子推服汪琬文，然不赞同汪文“醇而未肆”，欲有所商榷，先致以书，而世人不察，以为文人相倾，叔子因刻前书以就正海内。

《魏叔子文集外篇》卷六《又与汪户部书》：“壬子十月日禧顿首。仆于当世文少所推服，独见阁下文而喜。往昔冒昧奉书，欲有所商略，阁下顾不以未同之言为罪，两次相见，益得闻所未闻。……闻者不察，谬谓仆与阁下蹈文人相倾之习，大不然矣。仆用是刻前书就正海内，试览仆所与人往还论文书，固有推服如阁下者乎？……比者仆不自揣量，谬受蔡君九霞之请，为尊忠襄公立传。……阁下今之明镜也。又阁下方侃侃持直道，其何所吝针砭于仆，谨缮写一通奉览。”同书卷八《愚山堂诗文合叙》：“予病废三十余年，不敢怀一刺一启事干贵人，独往好户部文，欲有所商榷，先之以书。而世不察也，以为相訾议。”

按，据文中所言，叔子此前已有书致汪琬，且已刊印，然检今之《魏叔子文集》，未见该书信，不知尚存人间否，俟考。

《乾隆元和县志》卷二十四《人物志》：“汪琬，字苕文，号钝翁。乙未进士，授户部主事，旋为员外郎，左迁西城兵马司。已而分司大通桥、榷龙江关税务。家居十余载，以博学宏词征授翰林院编修，与修《明史》。琬宦不达，浮沉郎署，入史馆者无几时，而直节峻望，为清议所宗。诗文称一代作者，与新城王阮亭、中州汤潜庵、大梁梁曰缉、宛陵施愚山辈切劘砥砺，蕴藉深醇，精严法律，本朝数十年来以古文名家者，未能或先也。……著有《类稿》、《续稿》、《尧峰文钞》。卒年六十七，私谥文清先生。”

十月，黄沆从粤扶榇还乡，应其请，叔子为其父黄子锡作墓志铭。先是，叔子曾与子锡相遇于南昌，子锡画便面赠之，后又以《匡庐雪霁图》赠叔子。

《魏叔子文集外篇》卷十八《贡士黄君墓志铭》：“君讳子锡，字复仲，晚耕于杼山，自号丽农。……禧尝与君相遇于南州，为画便面，寒崖枯木。禧客扬州，君又作《匡庐雪霁图》以寄，曰：‘聊与君永结岁寒耳。’……辛亥，禧客嘉兴，则君已之粤。今年再之嘉兴，冀君归，相与结友，申知己之言，而粤中讣至矣。冬十月，君子沆从粤扶丧还，禧适在吴门。沆再拜稽首泣奉状而请铭，予不敢辞。君之卒也，岁在壬子，月季春，日二十有一。”

《嘉庆嘉兴县志》卷二十五《列传五》：“黄子锡，字复仲，承昊子。诸生。志趣奇伟，平生最急友难。晚年游粤东。……著有《丽农山人遗稿》。”《静志居诗话》卷二十一：“复仲裙屐翩翩，风神谐畅，落笔山水绝伦，晚以穷死。”《贡士黄君墓志铭》称其“年十五，补嘉兴诸生，试辄高等，并三十九人饩，文名日起。浙东、西皆知黄复仲，张公溥、陈公子龙咸器之”，“每岁三月十九日，必素食北向而叩首”。

吴参自易堂来苏州访叔子，信宿即别。

《魏叔子文集外篇》卷十四有《哭吴秉季文》，序云：“岁壬子，予客吴门，吴子秉季自易堂来过予，信宿即别，之杭州。”

安璜闻叔子能文，托顾景范乞为《西林集》作序。

《魏叔子文集外篇》卷八《西林集叙》："《西林集》者，无锡安懋卿先生所著。先生讳绍芳，所居胶山下西林，山水林树最美，先生筑馆著书其间，有《青萍》、《芳草》、《二京》诸集行海内。先生子璜汇而刻之，统以《西林》名篇云。先生生嘉靖中，其殁也在万历乙巳，距今六十八年。是集刻于万历己未，亦五十四年。……而璜谬以禧为文，属常熟顾君祖禹走吴门客舍，奉先生集命禧更序之。于是璜年七十有五矣，禧重违长者意，不敢辞。"

《皇明遗民传》卷五："安璜，无锡人。父绍芳，字懋卿，有《西林集》。璜好学能文章，甲申后屏居不交人，不事佛而蔬食者三十年。手辑父稿而刻之。"《江苏艺文志·无锡卷》称其"字渔玉，一作字元卺，号海岸。……常熟县庠生"。据此志，安璜著述尚有《甲申编》、《西林纂》一卷等。

按，"万历乙巳"为万历三十三年（1605），"距今六十八年"，计之正为本年。

交李模，李为叔子叙蔡懋德之事。李模继而读叔子所作《忠襄蔡公传》，赞此文"能令公须发毕见，光气炯炯犹生"。李模又命叔子作《碧幢铭》。

《魏叔子文集外篇》卷十七《明右副都御史忠襄蔡公传》："岁壬子，禧客吴门，得交李公模，言往巡按北直时，公为井陉道，凡事咨决于公。公留心人才，人有一能者，必籍而记之，是以所至得人。"文后有李灌溪（李模）评语，中云："叔子来吴，吴人竞慕文谊，为公传，能令公须发毕见，光气炯炯犹生，又非食知人之报耶?"

《魏叔子诗集》卷一有《碧幢铭》，序云："吴门李灌溪先生名其燕私之居曰'碧幢'，盖古树扶苏，交荫若幢然。仰而视之，湛湛深碧，若不见天。先生以碧幢为毡车者三十年。树日古，先生亦老，且八十。……吾辟于树：元冬枯落，中含生意。然碧幢四时皆碧，不改柯易叶。然则变有不变，老有不老。……是以先生为婴儿，为碧幢。禧受先生命，为铭曰。"

《同治苏州府志》卷八十一《人物八》："李模，字子木。其先太仓人，避倭移居郡城。祖志学，为诸生，孝友刚方，以笃行称。父吴滋，万历己未进士，累官湖广副使，所至有声，卒年八十九。模以天启乙丑成进士，除东莞知县。举卓异，授御史，屡上疏言事。巡按真定诸府，与分守中官陈镇夷相劾奏，贬南京国子监典籍。福王立，起为河南御史。……见时事不可为，遂以病归。事父依依孺慕，当事式庐，稀得一见。里居三十余年，年八十二卒。"据《民国吴县志·艺文考一》，李模著有《猎微荟编》、《遂生日编》、《碧幢全集》三十卷等。

按，蔡懋德，字维立，号云怡，江苏昆山人。万历四十七年（1619）进士，

官杭州推官，累擢至右佥都御史。崇祯十四年（1641）冬，巡抚山西，与李自成战，兵败，自缢身亡，谥忠襄。生平事迹详见叔子此文、汪琬《尧峰文钞》卷十四《蔡忠襄公墓志铭》、毛奇龄《西河合集》卷七十八《忠襄蔡公传》等。

与蔡方熺、蔡方炳兄弟交，得尽读其父蔡懋德书，又诠次蔡懋德之行事为传。先是，蔡懋德督学江西时，叔子父魏兆凤、师杨文彩曾受其知爱。

《魏叔子文集外篇》卷十七《明右副都御史忠襄蔡公传》：“禧往交公伯子方熺，既交仲子方炳尤笃，得尽读公书，更诠次公行事为传，欲使后世知所法，故详不厌焉。……禧生也晚，公督学江西时，方五六岁，而禧师杨公文彩与陈公、揭公同贡士，最受知于公。公又以理学师儒，举先征君兆凤于巡按御史，上之朝。故公之学与所以造士之方，禧长而闻诸父师也。”

按，叔子何时与蔡方熺、蔡方炳兄弟交，不详，或因李模在本年相识，姑系于此。

《光绪昆新两县续修合志》卷二十四《列传三》：“懋德长子方熺，字涵之。痛父殉流贼之难，绝意仕进，隐居以老。虽屡空，不肯干人。卒日，贫无以殓。”

《同治苏州府志》卷九十六《人物二十三》：“蔡方炳，字九霞，懋德次子。补长洲学生。博涉群书，于理学、政治、典故，考订该洽。能诗，兼工篆草。初懋德殉流贼之难，藁葬太原城外东冈，值世乱道梗，不得通。至顺治五年，方炳始往山西扶父柩归葬，撰行状上之史馆。康熙戊午，举博学鸿词，报罢归，益潜心理学，体究良知之指。睢城汤斌抚吴，延与讲论，深相契合。于成龙总制两江，重其学行，辟修《一统志》。”据《光绪昆新两县续修合志》卷五十，蔡方炳著有《四书绎》、《历朝经济录》、《修齐录》、《墨泪集》、《秋寻集》、《未尊集》、《愿学斋稿》、《编年诗》等。

刻诗于苏州，刘永日承其事。时值刘氏六十初度，应其请，叔子为作寿序。

《魏叔子文集外篇》卷十一《剞氏刘永日六十序》：“岁壬子，予刻诗吴门，旌德刘永日实承事焉。永日私于陈生集武而告予曰：‘吾行年今六十矣，又无子，念人生如秋草腐耳！天于下土，松柏、蓬藋，日月之光，雨露之润泽，不别物而皆受也。其肯宠我以一言乎？吾且不朽。’……永日虽六十，剞劂精良，日从阊门外抵予馆舍，酷日风雨不辍，其气力精强，有非少年辈所及。”

应袁骏请，为其父母作合葬墓志铭。

《魏叔子文集外篇》卷十八《袁君泰徵同配吴节母合葬墓志铭》："吴门袁氏有节母，年二十六而嫁，嫁四岁而寡，守其子，年八十七而歿。子曰袁骏者，事母孝，又仆仆走四方，求能文之士作诗文以表其母。于是节母名闻天下，而骏亦以孝名。壬子，予客吴门，骏来言曰：'吾母之丧及小祥矣，贫不得葬。……是冬也，将合葬于吴县九龙坞先君子之穴。先君子有隐德，骏三岁而孤，矿石之文阙焉弗备。人知吾母而不知吾父，请子合铭之以传，吾子孙世世之德也，愿子弗辞。'乃奉考妣状再拜属禧。"

与叶奕苞订交。

《魏叔子文集外篇》卷九《金石录补题词》："予与九来交九年。庚申秋，就医吴门，九来棹舟访予者数反。"

按，"庚申"为康熙十九年（1680），逆推九年，正为本年，故系此事于此。

《同治苏州府志》卷九十六《人物二十三·昆山县》："叶奕苞，字九来，国华次子。少师事葛芝、叶宏儒，务根柢之学，工诗，善书法。康熙戊午，举博学鸿词，罢归。葺半茧园，与海内名流姜宸英、施闰章、陈维崧及同里徐开任、归庄等流连觞咏，文采辉映一时。间集秦汉以来金石碑刻，辨证隶释最详核。"陈维崧《叶九来诗序》称其"年少负盛才，为人礌砢善使气，目光闪闪若岩下电。酒间谭说，声如洪钟"（《陈迦陵散体文集》卷一）。叶奕苞著有《昆山志稿》二十卷、《金石录补》二十七卷、《经锄堂文稿》六卷、《经锄堂诗稿》八卷。并善词曲，著有杂剧《长门赋》、《奇男子》、《老客归》、《燕子楼》等。

与尤侗过从，为作《尤展成像记》。

《魏叔子文集外篇》卷十六《尤展成像记》："悔庵自作《水哉轩记》，翠微魏禧作《悔庵像记》。"

按，此文在《文集》中，置于《蘧园双鹤记》、《落落斋记》之前，《瞿塘神祠记》之后，或亦作于本年，姑系于此。

《清史列传》卷七十一《文苑传二》："尤侗，字展成，江苏长洲人。少博闻强记。弱冠补诸生，才名籍甚。历试于乡，不售，以贡谒选，除直隶永平府推官。……坐挞旗丁，镌级归。康熙十八年，召试博学鸿儒，授翰林院检讨，分修《明史》，撰志传多至三百篇。居三年，告归。……其诗词古文，才既富赡，复多新警之思，体物言情，精切流丽。每一篇出，传诵遍人口。著述甚富，《全集》五十卷、《余集》七十卷、《鹤栖堂集》十卷。"尤侗一字同人，更号悔庵，见《清人室名别称字号索引》。

与申继揆游处，为作《蘧园双鹤记》，又为其父申用嘉作传。

《魏叔子文集外篇》卷十六《蘧园双鹤记》："吴门申勖庵先生家有阁曰来青阁。……岁戊申，有大鸟翩然降于南除，群笑而哗曰：'鹤也！鹤也！'明年己酉，先生八十初度，月在仲春，阁之后复一鹤来。……又三年壬子，宁都魏禧来吴门，闻斯事，既得交于先生，退而叹曰。"同书卷十七《明广西右参政通奉大夫申公家传》："公名用嘉，……公之子九人，贵者六人：继揆，刑部郎中，……以诗文名。年八十三，视听步履不衰。禧得与交，出示所为状，命传公也。"

《江苏艺文志·苏州卷》："申继揆（1590—1674），字维志，号勖庵，晚号蘧园。明末清初吴县人。时行孙，用嘉长子。由长洲县庠生承祖荫补中书科舍人，授征仕郎，迁刑部主事、员外郎，再升郎中。任广东恤刑。入清未仕，归于里，两举乡饮大宾。"据《民国吴县志·艺文考一》，申继揆著有《申比部诗集》。

与薛氏望衡而居，与薛长卿、薛艺父子游。时薛氏将复姓，作序赠之。

《魏叔子文集外篇》卷十《赠薛艺复姓仲氏叙》："薛君长卿以文雅居吴市，恂恂君子也。其子艺亦谨饬好学。壬子，余侨吴门，与薛氏望衡而居，乐与其父子游，乃知长卿固嘉兴仲氏。……是冬，长卿将为子艺取妇。吾谓长卿当因是时击豕酾酒，召婚友告二氏先祖，使艺复仲姓。"

与金俊明游处，称道其"怀道抱贞"；又览其父朱允元行事，感而作《朱参军家传》。

《魏叔子文集外篇》卷十七《朱参军家传》："吴门之隐君子曰金俊明，余见之，年七十一矣，倘所谓怀道抱贞、老且死牖下者，非耶？工书法，穷不得食，以书法自食，赋诗读书，何其萧然乐耶？俊明之父曰朱参军，余览其行事，悲哉！……参军负材不试，俊明自废放，穷饿以老，岂所谓天道者耶？"

按，金俊明生于万历三十年（1602），本年七十一岁，故系此事于此。又，此文后有郑士敬（即郑敷教，字士敬）评语，称"全以感慨为文，呜咽淋漓，如潇湘秋水，木叶乱下，真司马子长之文也"。

《清史列传》卷七十《文苑传一》："金俊明，原名衮，字孝章，亦吴县人。明诸生。少随父官宁夏，往来燕赵间，以任侠自喜。诸边帅争欲延至幕府，不就。既归里，折节读书，自经史子传，以至天文、水利诸书，靡不研究，著名复社中。……国变后，弃诸生。杜门佣书自给，不复出。工诗古文，善书画，……喜画树石，尤工墨梅，时拟之郑思肖兰。……与汪琬交莫逆，琬尝谓其激昂奇伟之材，与傲兀不平之气，不得已寓诸书画间云。卒，年七十四。著有《春草闲房集》、《退量稿》、《阐幽录》、《康济谱》。”

交蔡元宸。因蔡元宪与朱时洽交，值朱母八十初度，叔子为作寿序。蔡元宸向叔子述蔡德馨之为人，并介蔡元宪乞叔子作《蔡君惟明墓表》。

《魏叔子文集外篇》卷十一《朱太母八十寿叙》：“岁壬子，余客吴门，蔡生元宪介其舅氏朱君时洽以交。朱君醇厚称于庠序，事母孝。时母夫人徐年七十七矣，朱君谬好吾文，以予将还山而不出也，奉母行略，命蔡生属余为文寿母之八十，且曰：‘吾无以显扬吾母，惟是也庶几有传乎！’予嘉朱君意，不敢辞。”

同书卷十八《蔡君惟明墓表》：“君苏州吴县人，讳德馨，字惟明。……死之年，岁在甲午，距其生凡四十有六。子三：元宪、元基、元亮。元宪学成为诸生。予游吴门，交毗陵蔡公元宸，元宸先世亦居西洞庭，视君父行，为予道君为人，因介元宪乞予表君之墓。元宪又出袁君征所作君传。……禧不文，遂不辞而为之表。”

《乾隆武进县志》卷十《人物志·文学》：“蔡元宸，字靖公。崇祯癸未进士，授户部主事。时马士英当路，欲招致门下。元宸曰：‘宰相无私人，何门生为？吾官可弃，门生不可为也。’士英恚甚，遂拂衣归里。性旷达，与人交，辄推肺腑。好学能诗，辑《史论》六卷。”

按，朱时洽名号及生平事迹未详，俟考。

与周茂兰、周茂藻、周茂萼兄弟交，三人均为周顺昌之子。顺昌得赠恤后，周茂兰曾上血疏，发倪文焕、毛一鹭奸状。叔子盥手正襟，诵血疏。

《魏叔子文集外篇》卷十三《书周茂兰血疏后》：“崇祯初，天子既诛逆阉，自杨忠烈讳涟、周忠介讳顺昌以下，得赐赠恤有差。时忠介公长子茂兰，以为杀吾父者逆阉，所以杀吾父者倪文焕、毛一鹭也。……于是草疏发二人奸状，刺血疏之。……禧盥手正襟，诵茂兰血疏，叹古今为孝子者，当如此矣。……茂兰字子佩，吴人所称芸斋先生者也。今年六十八矣。与其弟茂藻、茂萼，皆守义执节，不愧其父，禧并得与友，而先生行尤高云。”

按，周茂兰生于明万历三十三年（1605），今年六十八岁，故系此事于此。又，周顺昌，字景文，号蓼洲，江苏吴县人。万历四十一年（1613）进士，官福州推官。天启中，任吏部文选司员外郎。以忤魏忠贤被逮，死于狱中，谥忠介。

生平事迹详见《明史》卷二四五。

《复社姓氏传略》卷二："周茂兰，字子佩，忠介公顺昌长子。顺昌被逮，茂兰尾舟徒行至京口，顺昌恐其俱死，麾之返。顺昌丧还，泣血三年，惨动行路。愍帝立，诛逆阉，赠顺昌太常卿，给荫谥，建祠赐额。茂兰以父仇未报，刺指血上疏，请诛阉党倪文焕等，得俞旨。既归，不就荫叙。国变后隐居不出，汤斌抚吴，式庐就见。郡举乡饮宾，坚辞不应。年八十二以诸生终，私谥端孝。"

同书同卷："周茂藻，字子洁，顺昌次子。诸生。有文行。"据《千顷堂书目》卷二十八，周茂藻著有《蛩吟草》，《江苏诗征》卷八十一收其诗一首。

按，周茂萼字号及生平事迹未详，俟考。

钱澄之访叔子于苏州，二人相见，涕泪交颐。盖钱氏慕易堂之风概已甚久，易堂诸子亦尝从方以智处索钱澄之诗。

钱澄之《田间诗集》卷十八《客隐集·吴门遇魏凝叔》："古人不可见，交道日以衰。我生逾六十，几人真相知。窃闻易堂风，高义我所师。子栖冠云巅，我居枞江湄。相去三千里，不见遥相思。……确斋与和公，扁舟江口维。访我不得遇，留诗情见词。从此十余年，迹若东西弛。但接青原讯，争索田间诗。我诗不足好，所好其声悲。阊门访子寓，觌面还猜疑。上阶道名姓，再拜涕交颐。思君三十年，此见一何迟。我老遭多难，憔悴鬓如丝。君年才五十，犹见盛壮姿。虽无膝下物，同气足自怡。"

按，《客隐集》题下有原注："壬子"，可知该卷诗均作于康熙十一年（1672）壬子，故系此事于此。

《道光桐城续修县志》卷十五《人物志·儒林》："钱澄之，字饮光，原名秉镫，字幼光，号田间。崇祯间诸生。弱冠时尝面斥阉党巡按御史某，名闻四方。是时几社、复社始兴，秉镫与陈子龙、夏允彝交最善，遂为云龙社，以联吴淞，冀接武于东林。宏光时，党祸大作，避难闽中，黄道周荐诸唐王，授吉安府推官，寻改延平府推官。桂王时，擢礼部主事。己丑，特试授翰林院庶吉士兼诰敕撰文。遇事直言，皆切时弊，忌者日众。乃于庚寅年请假间道归里，隐居田间。后更出游燕、齐、吴、越，所交俱名贤。覃思撰述，卓识精义，俱探古人之微。"据同书卷二十一《艺文志》，钱氏著有《藏山阁诗文集》四卷、《田间诗学》十二卷、《田间诗集》十卷、《田间文集》三十卷。

以易堂诸子文集赠朱鹤龄，朱氏为作长歌，甚称赏之。

朱鹤龄《愚庵小集》卷三《宁都魏凝叔惠贻易堂诸子文集》："易堂风节吾所畏，文笔贾勇相切劘。翠微峰前鱼鸟乐，碧桃红蕖烂漫姿。观彼论撰颇英鸷，起衰振靡实有期。"

按，此诗作年不详，但排列上，前一首诗为《刈稻行》，题下注曰："壬子"。此诗亦或作于本年，姑系于此。

《明遗民录》卷六："明朱鹤龄，字长孺，江苏吴江人。诸生。性好学，遗落世事，晨夕一编，行不识路，途坐不知寒暑。或谓之愚，因以愚庵自号。尝笺注杜子美、李义山诗，故所作韵语，颇出入二家。明亡，屏居著述，与顾亭林友，亭林以本原之学相勖，始湛思覃力于诸经注疏，及先儒语录。著有《尚书埤传》、《禹贡长笺》、《读左日钞》、《诗经通义》等书。……又著《愚庵诗文集》。"

王世桢隐于苏州，叔子闻而访之。见其所著，请归于客舍，手抄之，并作序。

《魏叔子文集外篇》卷八《阴符昌言序》："梁溪王础臣报服雄略，隐于吴门之塾，予闻而访之，见所为《阴符钩玄》者，请归于逆旅，手抄之既毕，遣使还其书，而作书于础臣曰：子之书则善矣，所以命名非也。子之书当曰《阴符昌言》，不当曰《阴符钩玄》。……础臣报书曰：'子之言，则吾既得闻命矣。'遂书以为序而归之。"

陈恭尹《独漉堂集·文集·行状·王楚尘行状》："君讳世桢，姓王氏，江南无锡人。……十三遍读子史，著书名《史用》，游于黄蕴生、杨维斗两先生之门，学益大进，补弟子员。未几而有甲申三月之变，恸哭出门，谒督师史公可法于淮阳，进以救时之策，史公大悦，延入幕府。……南都既溃，寄迹僧寺者三年，念久违父母色养，幡然而归，娶于同邑顾氏。三载顾卒，奉父母居洞庭东山之宋湾者八年。教授生徒，借修脯以供甘旨。……留村吴公之令无锡也，奇君之才，周旋其患难。及开府于闽，君访旧谒之，适有总督两广之擢，复约之入粤，前后数至。……卒于广州卖麻街公馆。……性伉直，负高气。……初字础臣，中岁易'臣'为'尘'。"据《江苏艺文志·无锡卷》，王世桢著有《代啸音稿》。

与徐崧游处，书其父徐元瑛之遗事。

《魏叔子文集外篇》卷十三《书徐华国遗事》："华国名元瑛，性刚直，力举三四百斤，好辑先儒语录，工赵文敏书。子崧善诗，以风雅名当时，余盖与交云。"

《乾隆吴江县志》卷三十七《别录》："徐崧，字松之。少从史玄游，善诗，好山水。著有《百城烟水》九卷。"袁景辂《国朝松陵诗征》卷四引尤侗、张云章语，称其“一瓢两屐，彳亍数百里，过名山大川，徘徊眺望，即一丘一壑，亦必穷搜幽妙，寻章摘句，收拾奚囊中”，“学诗于史弱翁，壮岁即有名。好远游，所主必僧寺。爱广交，所契半方外，故其诗能得禅理，而所选《缟纻》、《云山》、《缬林》诸集，人才略备”。据《江苏艺文志·苏州卷》，徐崧尚著有《东南舆地记》、《臞庵集》等。陈维崧《陈迦陵俪体文集》卷六有《续臞庵集序》。

邂逅汪森，与之游。汪森又因徐崧乞叔子为其祖父作传。别后，汪氏作诗怀之。

席居中《昭代诗存》卷十有汪森《秋日怀魏叔子》，云：“羡君高隐翠微山，云水苍茫日闭关。坐卧自宜诗酒寄，兵戈那闻道途难。砌虫唧唧寒窗外，秋草萋萋玉露间。曾记东吴成邂逅，西江何处更追攀。”

《魏叔子文集外篇》卷十七《汪翁家传》：“汪翁名可镇，字景仁，休宁人。……子淇好行其德，与翁类，先翁三年卒。淇子文桃、文桢、森、文柏并好文雅。文桢、森先后与余交，因吴江徐君崧奉状请为翁立家传，余乃按状铨次之。”

《清史列传》卷七十一《文苑传二》：“汪森，字晋贤，浙江桐乡人，原安徽休宁籍。官广西桂林府通判，调太平，迁知河南郑州事。会丁母忧，未赴官。服阕，补刑部山西司员外郎，擢户部江西司郎中。年六十一，以告归。森少工韵语，与嘉兴周篔、沈进相切劘。既，复与黄宗羲、朱鹤龄、朱彝尊、潘耒诸大师商榷，艺业益进。……晚岁家居，以著述自娱，辑《虫天志》、《名家词话》等书。卒，年七十四。所著有《小方壶存稿》十五卷、《桐扣词》三卷。”

与张伦游处，于其为人及文章，甚为赞赏。

《魏叔子文集外篇》卷八《张无择文集序》：“张子无择，吴门之学者也，博极群书，好考据，所著书数百卷，他杂文亦百数十，而皆以质胜。……张子书自天文、地理、田赋之务，以及艺事无不究。……夫张子之人，亦以质胜者也。张子性忠信，好儒先之书，弃诸生三十年，无日不学问。处乎城市，若不知有人，心无所慕乎名，名亦不至，顾独罴罴然而好予，然予见之辄愧色。”

《同治苏州府志》卷八十二《人物九》：“张伦，字无择。为人修介寡合，于天文、地理、医药之书无所不贯，而尤邃于六书之学。当世无知者，惟赵均极推服之。”

有鹤曾集张文钺庭，能文之士竞为诗文咏之，积日帙成。张氏自常熟来谒叔子，

请为序。

《魏叔子文集外篇》卷九《来鹤诗叙》："新安张君以韬，侨于常熟，屋城之南偏，有鹤翩然下庭际，久而不去。于是主人以'来鹤'名其堂，自为记。四方能文士，咸和诗歌之，积日帙成，累十黍而未止。主人爱鹤，重文雅，将付诸梓人。时予客吴门，乃命扁舟谒予为叙。"

《雍正昭文县志》卷九《列传·游寓》："张文钺，字以弢，新安人。好聚书画。有白鹤下庭不去，因颜其堂曰'来鹤'。名人题咏。吴伟业为之序。"

按，吴伟业所作序见《梅村集》卷二十三，题为《来鹤集序》，中云："新安张君以韬侨居虞山，有鹤来集其庭，一时文士多投赠之作，而乞余为之序。……新安俗多素封，君独孝友温睦，工诗善书，多长者游，又不骛走声利，有退让君子之风，其能冥机事而葆天真者耶！"何絜《晴江阁文集》卷八有《王石谷为张以韬索题来鹤庭》。

与钱𪾢游，称其"隐居好学"。钱𪾢以《禹贡翼传》属叔子叙之。

《魏叔子文集外篇》卷八《禹贡翼传叙》："太仓钱梅仙纂《禹贡翼传》，属余叙之。余尝以谓《尚书》史之太祖，而书法尤莫尚于《禹贡》。既读钱子《翼传》，知其用心专而功博，乃相与论曰。……予惟钱子隐居好学，志当世之务，故其书援古证今，足以资兴利除害者。"

《同治苏州府志》卷一百《人物二十七》："钱𪾢，字梅仙，陈瑚弟子。学有原本，不务词章。客游四方，必奉父母木主以往，所至焚香上食，事之如生。有问业者，必语以分年读书之法。"《归庄集》卷九《钱梅仙像赞》称其"以子之才，顾不屑干时，穷年俯首而训蒙"。据《宣统太仓州志》卷二十五，钱𪾢著有《家礼汇参》、《乡饮酒礼辨》、《广平丧礼仪》、《七庙制》、《江南救荒六议》、《三吴水利议》、《学古堂文选》等。

按，叔子与王世桢、徐崧、汪森、张文钺、钱𪾢相识之具体时间，已不可确考，或均在本年游苏州相交，姑一并系此。

与王廷铨相交，寓其南京红板桥南楼，喜其慨慷之气，为其诗集作序。

《魏叔子文集外篇》卷九《长啸阁诗叙》："王子璞庵，以雄才闻于南北，而好为诗歌。律绝诸作多唐人风调，七言古则磊砢跌宕淋漓，虽春秋佳日，燕酬欢乐，其慨慷之气有不可得而遏抑者，足与其表相称。……璞庵贫，无一亩之田、半亩之官以自养。僦屋而居，仰交游而食。四方士尝满其南楼，尊酒频注，耳熟赋诗，浃日夜不倦。”

按，叔子何时与王廷铨相交，已难以确考，然本年叔子返宁都时，归庄已来南楼送别（见后谱），故二人相交，当不晚于本年。

金鳌《金陵待征录》卷五《志人》：“王廷铨，字朴庵，闽人，居金陵。查初白题其游卷云：‘流离满前皆孩婴，道旁见之泪纵横。尔生其间一苍生，补救敢于乾坤争。’又《秋怀》诗云：‘采蘩桥畔留诗别，母在尤宜惜其身’。”

与华坡往还，甚相得。叔子甚赞赏其诗，尝作诗赠之。华坡得叔子诗，捧读而泣。

《魏叔子文集外篇》卷九《华子三诗叙》：“吴门华子三，好为诗。……吾尝论子三诗，文雅蕴藉，不为钩棘之言霍靡雕绘之辞，而自然多情。……予至吴，相与往还。……率未尝作诗酬答人，独作诗赠子三，子三乃捧诗而泣。……哭二日夜，两目尽肿。”《魏叔子诗集》卷六有《口占赠华子三》。

《国朝画识》卷六：“华坡，字子三。少与顾贞观、杜诏等为诗社，亦善画。晚隐居坊前之邹庄，流水孤村，柴门一曲。兴至则吟小诗，或解衣盘礴，终岁闲甚。除夜，独孑孑有事，或问之，曰：‘古人祭诗，吾兼祭画。’取一岁所作诗稿画本，享以干脯，酹以苦酒，聚而焚之。著《诗集》十二卷、《华氏文献集》五卷。”据《锡山历朝书目考》卷八，华坡著有《画学精微录》二卷、《画学溯源》四卷、《卧游子集》十二卷、《花影集》二卷、《天全子诗集》四卷。

时宾客不绝，求文者甚众，乃请华坡佐笔墨。将还宁都时，华坡又送之舟中，怅然泣下。

《魏叔子文集外篇》卷九《华子三诗叙》：“将归翠微峰，请子三来佐笔墨。予时寓红板桥南楼，宾客早暮至不绝。每夜断灯火上，始得从容盥漱者几二月。……及行，送予舟中，相与拜，子三哭不能起。”

为邓焮《淮游草》作序，称道其于诗用力甚勤。

《魏叔子文集外篇》卷九《淮游草序》：“邓子木上自金陵之淮，得五言律诗三十首。……木上诗雅驯而多牢壮之气，选词征调，不斮至于工不止。”

按，文中有“予尝客宝应，拜二烈士祠”语，据此，此文当作于叔子游宝应之后。文中又云“木上年方壮”，据今人李圣华的考证，邓焮为邓旭（字元昭）长

子，生于顺治四年（1647），“与弟炜、烺、熯、煊、爌皆能诗”（《方文年谱》）。则邓焮本年二十五岁，其父邓昭于明末自安徽寿州迁居南京，而本年叔子又尝客居南京，与邓焮有会晤之可能，故此文或作于本年，姑系于此。

又，宋琬《安雅堂文集》卷二《贺邓元昭太史举第八子序》载有邓旭诸子之名："吾年友元昭太史，行年五十有八，而膝下称丈夫者七人，曰焮、曰燏、曰炜、曰煜、曰熯、曰熺、曰炳，皆太史所自命名。七人或游于庠，或歌于塾，或执勺以舞，或竹马以嬉，莫不兰茁其牙而玉生于砌。”不过，宋琬所记之名与邓焮等人的自述略有不同，《林屋诗集·跋一》署名为“康熙三十年二月初三日男焮、炜、烺、熯、煊、爌”。两相对照，“烺”、“煊”，不知是否后来所改之名？“爌”或为第八子之名。

再次，据笔者初检，邓旭诸子中，邓熯、邓煊，《乾隆上元县志》卷十八《人物志·治绩》有其传。邓熯字五至，号缄斋，由明经授国子监助教，官至工部都水司主事。邓煊，字六御，以明经任贵池县训导，擢云南临安府经历，署宁州知州，以劳瘁卒于官，著有《青嶰堂集》。其余诸人事迹未详，邓焮的生平资料亦较罕见，魏宪《诗持二集》卷六云："邓焮，木上，吴门人。”收录有《送杜苍略先生游滁阳》、《恭寄家大人楚中》等五首诗。叔子云其“承其家大夫之学，竭其才可以无所不能，今能于诗已如此”，“《怀古诗》悠然有言外之旨，诸如《骨殖船》、《回军黄河》、《清江浦》诸作，则又多慨当以慷之风焉”。此外，《林屋诗集》由邓焮及其诸弟编校，《跋一》云："先太史公著作甚多，或随手弃置，散佚过半，焮等搜葺旧帙，凡得古今杂体诗若干首。”《跋》似由邓焮执笔。

将返乡，归庄闻之，甚不舍，持酒食访之，赠以诗。

《魏叔子文集外篇》卷十四有《哭莱阳姜公昆山归君文》："禧将归，元公持羊羹、脯鱼、酒一尊过禧南楼。开三面窗，瞻眺云树，曰：‘相见几何，君遽去？’饮不尽欢，若不胜情者。……及行，又出赠诗，盖赠余诗凡三矣。……遂去，不复见。而公闻禧归有日，数使仲子邀宿止。先是禧言束装行，公辄涕泣，或失声，气逆上。”

冬，自苏州还宁都。归庄送于浒墅关上，握手再拜，痛哭久之。

《魏叔子文集外篇》卷十四有《哭莱阳姜公、昆山归君文》，序云："壬子冬，余自吴门归。”文中语云："（元）公之别禧也，棹小舟，独送禧于浒墅关上，握手再拜，痛哭久之。他日过禧寓门，有‘高楼及春，长风千里’之诗。”

陈玉瑾作文送之。

《学文堂文集》“序十二”《送魏冰叔归宁都序》：“冰叔兄善伯应聘浙抚范中丞数年矣，忽以书招冰叔，述病且笃。冰叔戒舟疾趋至，兄固未尝病也。善伯曰：‘中丞重弟名，知弟素不肯见贵客，故属予作书如是。’冰叔曰：‘吾当急还金精山。’姑苏某当事具金币乞冰叔序其诗，冰叔投之河，引舟去。其归也，同人酌酒送之，而予赠言以为别。”

顾祖禹亦有诗送之。

《道光赣州府志》卷七十六《艺文·国朝诗》有顾祖禹《送魏叔子还宁都》，云：“天地方冱寒，君行涉江水。问君行何为，抱膝深山里。易堂好弟兄，事业寄文史。天空雕鹗飞，日落云霞起。遥望翠微峰，迢迢四千里。吾欲牵君衣，君行其少俟。好风从东来，扬帆疾如驶。山中正春光，寒香放梅蕊。”

刘士弘闻叔子将归，前来拜访，握手甚欢，继同叔子同溯舟江上凡二十日。舟抵芜湖，刘氏道别，叔子感其为人，作序赠之。

《魏叔子文集外篇》卷十《赠刘毅可叙》：“休宁刘君毅可以气谊闻于人，而侨家芜湖。予数游江南，过之弗值也。……壬子仲冬，予在吴门，治装归，而毅可忽款门来相见，握手甚欢。毅可好古名人墨迹器玩，善鉴别。方与友人期观唐、宋、明法书，遽辞之而同予溯舟上。舟大风不前，自吴门达芜湖迁延凡二十日，予同毅可益相知，虽怀归急，不觉其行之迟也。……毅可与吾友曾止山最善，道毅可性笃孝，年二十时尝刲股疗其母疾而不敢闻于人，四方赠言罕及者。呜呼！毅可之不徒以气谊贵也久矣，而况以技乎？舟至芜湖，毅可将摄衣辞而归其家也，予不能已于言，于是率尔为叙以赠之。”

《乾隆太平府志》卷二十九《人物志·流寓》：“刘士弘，字毅可，徽人。少有至性，刲股疗亲。善诗古文词，喜韬略。走西粤，以策干抚蛮灭寇将军，招谕獞猺，多纳款列奏，人以通判用。士弘不乐仕进，遂谢去，为汗漫游。涉江揽胜，留繁，寓居城南。著作盈笥，多失。陈伯玑、杜湘草、魏冰叔、杜茶村诸名流一时倾倒，皆赠以传序。”

归途中闻周亮工卒，悲之，欲办香哭之，然同舟人以岁且尽不肯停泊，叔子无奈，遂怅望而去。先是，周亮工编《尺牍新钞》，魏氏父子有五人入选。后陈玉瑾又携魏氏家集访周亮工，周氏甚为赞赏。叔子曾与周亮工同客苏州，然以布衣不敢见。

《魏叔子文集外篇》卷八《赖古堂集序》："公之生也，禧兄弟无葭莩交，公《尺牍选》，自先征君以下，表章奖进者，三世五人焉。他日禧与公同客吴门，心钦钦然不敢以布衣见。既而闻公卒，窃悲悼，将归山中，舟过上新河，持曾子止山之书，以办香入哭公，而同舟人岁且尽不肯泊，遂怅望而去，至今犹不能释诸怀也。……武进陈进士椒峰尝携禧家集过公金陵，雪霁，束装行，公谓陈君曰：'且为三魏迟一日发也，吾方抄录未竟。'椒峰卒留一日行。"

按，《赖古堂尺牍新钞三选结邻集》卷十四共收录魏兆凤、魏际瑞、魏禧、魏礼、魏世杰之书信共十八通。魏兆凤，《与人五则》；魏际瑞，《答蔡白采书》、《与弟子论文六则》；魏禧，《答南丰李作谋书》、《与彭中叔》、《与友人》、《与人论地狱书》；魏礼，《答杨御李书》；魏世杰，《与临川王元升书》。又，周亮工，字元亮，号栎园，河南开封人。明崇祯十三年（1640）成进士，官山东潍县知县，迁浙江道监察御史。入清后，历任两淮盐法道、淮阳海防兵备道、福建布政使、左副都御史、户部侍郎等。博及群书，工诗文，嗜书画，精于鉴赏，著述甚富，有《赖古堂集》、《因树屋书影》、《读画录》、《闽小纪》等。

客苏州、扬州几二年，不通干谒，然慷慨笃行奇伟之士辐辏于门。

《魏叔子文集外篇》卷六《寄门人赖韦书》："吾在外不通干谒，客扬州、吴门几二年，不能束装归。然笃行奇伟之士，交颇不乏人。他日足为山中人道者，此耳。"《魏昭士文集》卷三《赠王政子序》："勺庭伯父往客广陵，四方慷慨魁奇廉贞文章之士、方外技术，数千百里间辐辏于门，晨昏客坐不绝人。"

应黄世琼之请，为其曾祖父黄学思作墓表。

《魏叔子文集外篇》卷十八《明知分宜县黄公墓表》："公讳学思，字子述，更号中吴。中隆庆丁卯举人，知江西分宜县事。生嘉靖丁酉，卒天启辛酉，享年八十有五。公之卒也，讵今壬子盖五十有二年，曾孙世琼奉公状再拜乞表公墓。予嘉世琼孝，久不忘其祖，而予江西人也，于分宜为同乡，公之行又有足书者，不敢辞。"

是年仲冬，彭士望致书贺贻孙，介绍易堂，尤称道魏氏兄弟。

《耻躬堂文钞》卷二《与贺子翼书》："岁杪，往哭密公于五云。因过研邻，蒙主人内外恳款坚留，期今年来此休夏，爰止再月。闰秋入省，从湖东暂归宁都。山弟侨宁都二十八年矣。……所居山名易堂，南昌林确斋与弟携俪偕作，其曰李、曰邱、曰魏、曰彭、曰曾，皆邑人。魏母兄弟三人及林子与弟为九人，并皆齿兄弟。……人外交而海内亦遂传其姓氏，颇重其人与其文章，而三魏为尤著，所称善伯、凝叔、和公是也。……仲冬，始得还山。"

按，方以智卒于康熙十年（1671）十月七日，是年十二月，彭士望前往泰和吊唁，《耻躬堂文钞》卷八《首山濯楼记》云："（辛亥）冬十月，（墨历）老人野死万安。是腊，予哭老人于亦庵影堂中。"与《与贺子翼书》所叙相合，故"今年来此休夏"云云，当指本年。信中又云"弟侨宁都二十八年"，彭士望于顺治二年（1645）迁居宁都，至本年正为二十八年，故此信必作于本年。又，贺贻孙，字子翼，江西永新人。明诸生。崇祯时，与陈宏绪、陈世溥等结社于豫章。明亡后隐居。顺治七年（1650），学使慕其名，特列贡榜，不就。康熙十七年（1678），当道以博学鸿儒荐，贻孙削发衣缁，逃入深山。能诗，著有《水田居文集》、《诗触》、《诗筏》、《骚筏》等。生平事迹详见《清史列传》卷七十《文苑传一》。

释大宁卒。

《龙眠风雅小传》：大宁，"康熙壬子秋，方建佛殿于萧曲。拮据瘏瘁，感微疾，沐浴礼佛而终，年四十余"。

清康熙十二年癸丑（1673）　五十岁

正月十三日，五十初度，汤来贺作文赠之，寄予厚望。

《内省斋文集》卷二十三《魏冰叔五十序》："今冰叔初度，海内士人莫不翘首跂足，冀其大用。贺知将来论道经邦，调元赞化，尽行其学于天下，俾举世咸跻仁寿，则今日之庆，岂特冰叔之期颐而已耶？贺与诸同人将踊跃称觥，拜首扬言，以为四海苍生祝。"

正月，还宁都。

《魏叔子文集外篇》卷十八《阿邗墓记》："癸丑正月，阿邗从予还宁都，家人上下皆喜。"

四月，住新城县桂山，同孔鼎过前溪访友，有诗纪事。

《魏叔子诗集》卷四有《癸丑四月住桂山，时薄暑乍消，风微日静，遂同孔正叔先生过前溪访友，出画题此》。

八月十五，吴荣第之母五十初度，叔子作文寿之。

《魏叔子文集外篇》卷十一《吴母五十序》："癸丑中秋，吴母罗夫人五十初度，吾乡涂子山介其子荣第来乞言于予。"

按，吴荣第生平事迹未详，俟考。

八月，病伤寒。十月，头风发。十二月，头风再发，于枕上相继得姜埰、归庄讣，悲伤不已。

《魏叔子文集外篇》卷十四有《哭莱阳姜公、昆山归君文》，序云："癸丑八月，病伤寒。十月，骤头风发欲死，十二月又发。枕上得姜勉中、学在讣，始知尊先生死矣。泪微下辄头痛，不敢哭。既又得归子元公凶信。"

十二月，应门人杨良肱之请，为其父母作墓志铭。

《魏叔子文集外篇》卷十八《文学杨君同配曾孺人墓志铭》："岁庚戌十有二月，文学杨君卒。……元配曾孺人，……生一子良肱。……君卒四年，良肱得吉壤于某地，乃诹日奉父母以葬，在癸丑十有二月，而良肱于予为门人，次其父母状，稽首顿首而请铭。"

吴肃公致书叔子，并录文数篇请教。先是，沈泌还里，已向吴氏盛推叔子文；吴氏又从沈寿民处得读叔子文，极慕之。

吴肃公《街南文集》卷五《寄与魏冰叔书》："沈子方邺还里，盛推先生文。予心跃然而未遑悉也。一日，诣姑山先生草堂，遽谓我曰：'宁都三魏，吾子知之乎?'时八十里重茧方憩，日已西暝，亟出示所谓叔子文集者。肃公眇生也，不能灯下，嘱同坐稍洛诵之，悄然倚听。灯灺四射，湖波夜沸，姑山先生更相击节，若庄周所称孔子夸王骀于常季，而愿相率以往也；若成连之引伯牙，窅冥于山水之际而移我情也。假其帙归而卒业，出入怀袖，累月不能释。……先生诸论，出入乎欧、苏，时则漭沆中暗泉通地脉；时则冈回岭抱，孤峰天末；时则云蒸霞蔚，飘忽无际；时则风雨飒沓，茂林修树中霁月印澄潭。虽欧、苏之忽焉吾前，莫之易也。夫然后知宇宙之大，数百年之久，固有人焉绍文章之绪。……窃闻先生有道，不靳切劘，爰不能匿丑，谨录所撰若干首。恨不得缩地以前，承砭艾而得所为膏肓腠理之疾以自霍然也。”

按，书中有“肃公土木偶也，生四十八年矣”语，据吴肃公之生年计之，此信当作于本年。

《嘉庆宣城县志》卷十五《人物志·儒林》：“吴肃公，字雨若，号晴岩，宗周裔也。从叔氏坰、征君沈寿民学。坰谢去举子业，肃公亦深村键户，力穷圣学以崇实用，凡异端邪说堪舆禄命之术，举不能惑。是时姚江《传习录》充斥宇内，肃公辞而辟之。……治古文直逼《左》、《史》，诗不屑三唐以下。”《街南续集》卷六《街南遗老吴晴嵒暨配麻氏合葬墓志铭》自称“善病，多废疾，目眇、臂挛、疝痔、鼻渊，晚而喘咳足痿，然未尝废卷册也。……所著诗文集、《明诚录》、《正王》、《大学述》、《五行问》、《易问》、《读礼问》、《读书论世》、《葬惑辨》各若干卷，辑《通识》百二卷、《明语林》十六卷、《阐义》十二卷。……一号逸鸿，人称街南先生，幅巾皂帽，衣袂轩举。人甚之，当事或式庐重之。授徒，工书法及医糊口，与妇麻氏贫窭，甘之终其身”。

王紫绶来访，与魏氏兄弟订交。时王氏任江西按察司副使。

《乾隆赣州府志》卷四十一有王郊《守赣实纪》，中云：“康熙十二年冬十月，诏以王紫绶补江西按察司副使，分巡赣南道。……十一月抵任。……时尚无烽火之惊，公整饬吏治，和辑士民。葺廉泉书院，仿王文成遗教而修行之，闻风来者，皆虚怀延接。宁都有三魏先生，布衣抗节，公造庐订交。”

《道光赣州府志》卷四十一《统辖名宦》：“王紫绶，字金章，河南祥符人。顺治三年进士，授国史院编修，历官左春坊。康熙十二年，授赣南巡道。时汀、吉皆为滇吴闽耿逆孽侵犯，官兵援剿道赣，供亿无虚日。紫绶曲意奉其大帅，务以全活良善。旁邑草贼窃发，严设屯练诸法，比闾恃以无恐。调浙江粮储道布政司参政。鸿词科兴，咸属意，紫绶竟弗及而卒。”

曹溶从沈皞日处得叔子山中消息，作诗怀之。

曹溶《静惕堂诗集》卷二十二有《融谷粤归得冰叔山中消息二首》，其二云：“纪律无严帅，西江困土兵。翠微原奥壤，贞士不虚名。竹写书楼敞，滩衔画鹢轻。赖君传款语，似绕勺庭行。原注：冰叔居翠微山，室名勺庭。”

按，此诗排列上紧接《挽姜如农给谏二首》，而姜埰卒于本年，故此诗或当作于本年，姑系于此。

为曾灿诗作序，称其诗“日趋于老朴”。

《魏叔子文集外篇》卷九《曾止山诗序》：“所为诗，工美多艳。及遭事变，更历患难，诗日趋于老朴。”

按，张慧剑《明清江苏文人年表·康熙十二年》据郑振铎《西谛书目》卷四，云曾灿于“此际自刻《曾青藜诗》八卷”，叔子此序或作于本年，姑系于此。

致书魏世傚、魏世俨，指示作文之法，诫以珍惜时光，勿悠忽度日、少得便足。

《魏叔子文集外篇》卷七《寄诸子世傚世俨》：“作文贵先立意，不必求异，但须有独到处，便足异人。然既有好意，须思此意如何方能发得透确，用何陪宾，用何引证，前后当如何位置，一一要合古人法度，文成乃粲然可观。……汝兄弟若悠忽度日，少得便足，真被古人‘小时了了，大时不了了’二语骂杀矣。”

按，此文中有“我追思如俨年，正昨日事，时我已有才名，今忽忽五十，苦不逮人，一无成就，蹉跎时月”语，故系此事于此。

归庄卒。杨彭龄卒。

清康熙十三年甲寅（1674）　五十一岁

正月十三日，叔子五十一初度，弟魏礼、侄儿魏世傚各作文寿之，世傚称叔子为“石隐”，叔子闻其言，颔而微笑之。彭士望应魏礼之请，亦作文寿之，称道其文章品德。

《魏季子文集》卷七《叔兄五十一岁序》：“吾兄弟三人如一身，乡党亦言之。……今吾兄弟无间。至于叔兄五十一之年，岂易得乎！特吾兄弟平日之相期许者，各视头颅，不能无恨然与执爵之际也。”

《魏昭士文集》卷三《勺庭伯父五十有一序》：“甲寅正月十三日，吾勺庭伯父五十有一。先二日，傚执事水庄，间以私意言于勺庭同门生曰：‘天下之为隐者众矣，然古所称隐士，石隐为上。……吾仲父自甲申后弃举子业，居山中三十年。既数游江淮间，交天下奇士，游愈远而志愈坚。其所以训迪后生者，主于有用之学，至今年五十一而心弥笃也。傚私意其非尚石隐者乎？’伯父闻其言，颔而微笑之。儆于是跪以进一觞。”

《耻躬堂文集》卷七《魏叔子五十一序》：“又明年甲寅春正月上元之先二日，年五十有一，季子谓予、邦士不可以无言。……求文章卓然有用，能自成就，以布衣久隐畏约，抗行天下，惟叔子一人而已。”

三月，为位白衣冠相继哭祭姜埰、归庄，作《哭莱阳姜公、昆山归君文》，时水庄拥曝轩落成。

《魏叔子文集外篇》卷十四有《哭莱阳姜公、昆山归君文》，序云：“明年甲寅三月，水庄拥曝轩落成，乃为位，白衣冠以哭。书曰：‘明遗臣如农姜公位。’不书官，公志也。稍降，书曰：‘明处士元公归君位。’哭，上香，献酒，三四拜讫，以寓钱借文而焚。”

春，邓汉仪得叔子还山近耗，喜而作诗。

邓汉仪《慎墨堂诗拾》卷六《得魏叔子还山近耗喜而有作》：“虔南半壁散青峰，落日人归乡思浓。休拟辞家侵战马，正堪闭阁讲潜龙。春风江店遥闻信，细雨山堂独种松。安得夜深携襆被，与君同宿翠微峰。”

九月，女静言卒，甚悲痛，作《祭亡女文》。时置婢妾人凡四五，卒未有子。

《魏叔子文集外篇》卷十四《祭亡女文》：“维甲寅九月日，勺庭老人谨以牲醴香楮陈于亡女静言之灵而言曰。……吾自抚汝至今十六年，置婢妾人凡四五，卒未有子，而汝又夭，则信乎吾命之孤也。……吾年衰，不能伤于哀乐，达人任命，如泛虚舟，然终不能禁吾之执汝绋而痛哭也。”

九月，阿邗死，叔子悲之，作《阿邗墓记》。

《魏叔子文集外篇》卷十四《哭莱阳姜公、昆山归君文》：“甲寅九月，阿邗死，禧甚伤之，为墓记。”同书卷十八《阿邗墓记》：“阿邗方颐秀目，脑后削如切瓜。自吴门时数患头疮，医不效。今六月病，每头重，行立善倾跌，遂痴惰，前后若两人，见者皆恶之。九月死，予哀之数出涕。”

十二月，为魏际瑞所藏泰西画作跋。

《魏叔子文集外篇》卷十二《跋伯兄泰西画记》："甲寅嘉平，伯兄出示泰西画，叹其神奇，甚欲得之。……伯子又述客言，泰西人作宫殿图，千门万户，不可方物。"

曾灿以母病逝返里，理毕丧事后至翠微山，与叔子相持痛哭。

《六松堂集·曾青藜文集》卷十三《哭魏叔子友兄文》："比至甲寅，老母之变，弟以烽火阻隔，抱恨终天，虽得于兵燹扰攘之际，匍匐来归，一襄葬事，而罪已不可赎矣。而弟之见绝于吾兄，亦诚不可挽矣。虽然，兄之心又何尝一日忘弟哉！当弟以丧毕入翠微，相持痛哭，几至失声，遂不能成礼而退。"

从叔父魏纯臣病逝，叔子应其子请，作墓志铭。

《魏叔子文集外篇》卷十八《从叔父笃棐翁墓志铭》："从叔父笃棐翁，讳纯臣。……享年六十有六，以疾终。配陈氏，性婉淑，……先翁一年卒。二子：际登，县诸生；兰，武学生。皆母出。……二子既合葬翁母某地，来属禧为铭，禧谨志其大略，再拜而铭之曰。"

按，文中有"翁生己酉"语，"己酉"为万历三十七年（1609），再据"享年六十有六"计之，魏纯臣当卒于本年。

杨龙泉三十初度，叔子作文勉之。

《魏叔子文集外篇》卷十一《门人杨晟三十叙》，题下原注云："字御李。"文中云："门人杨晟三十初度，肃衣冠见于先生，再拜稽首而请曰：'晟之年及三十矣，愿先生有以教训晟也。'……吾先生年八十即世，志气清明，唯以晟、晋之能成人为吾属。晋明年亦三十，《诗》曰：'明发不寐，有怀二人。'晟与晋其曰勉矣哉！"

申继揆卒。

清康熙十四年乙卯（1675）　五十二岁

二月十八日，与林时益、彭大、彭子务同集悠然亭看白桃花，时吴正名在越，以兵戈道阻未能至。

《朱中尉诗集》卷四《乙卯二月十八日，彭天若、彭子务同集饮魏冰叔于悠然亭看白桃花，有怀吴子政在越，白桃，子政移栽者》：“半日南风尽日催，春光不肯少迟回。泉清纵可浮花瓣，量小终愁放酒杯。苍壁夜深银海眩，晴轩亭上玉烟开。栽桃忽忆刘郎远，兵气难消那得来。”

《道光直隶宁都州志》卷二十二《人物志·处士》：“彭大，字天若。好学工诗，重声气。甲申弃诸生，隐三巘。积书数百卷，洁一室，坐卧其中，流览不倦。著有《云庄文集》。”

彭子务，魏世儆之妹夫，《魏昭士文集》卷三《赠彭子务妹婿序》称其“性通敏，与人无不交，而言足以发其胸中所有”。

三月三日，侄子魏世杰三十一初度，叔子为作序，魏礼亦作诗示之。

《魏叔子文集外篇》卷十一《诸子世杰三十初度叙》：“乙卯三月，诸子世杰年三十有一，勺庭叔父呼而进之曰：‘杰，前！汝亦尝念汝之生时耶？汝生崇祯甲申之明年，纪年乙酉，三浃乙为今乙卯。’”

《魏季子文集》卷二《兄子世杰三十一岁赋示》：“春花烂漫飞，三月重三日。汝生当旃蒙，于今三十一。”

暮春，因祀事进城。二日后，应温匡云之邀，与魏礼等同人至借一亭赏牡丹。

《魏叔子文集外篇》卷九《借一亭赏牡丹诗序》：“乙卯暮春，予以祀事入城。温子匡云曰：‘吾欲洁新尊，来子兄弟于借一之亭，而寒雨不解，亭际牡丹仅蓓蕾，子能待乎？’予谢不能，温子乃为期二日。明日雨止，又明日晴，而牡丹花。同人既集，春日载暄，高树绛桃之英沾于衣带。”《魏季子文集》卷四有《温匡云招赏紫牡丹》。

按，温匡云之名及生平事迹未详。《魏季子文集》卷七《温匡云诗序》称“温子匡云与予生同里同岁”，“温子具经世之才，日接于事，为邑里解纷纠，而腹笥便便，学业日上。……其诗多悲壮郁勃而气调昌明，无滞响，有弹丸脱手之便利”。

四月，叔子为邱维迎作启文募集资金，欲为赤贫之邱氏“再营半室”。

《魏叔子文集外篇》卷二十《为邱而康冠石造屋启》：“只此一寻容膝之地，便为三世聚首之居。吾辈自顾晏安，心怀怵惕，凡在交谊，久有同情。今欲权规隙场，再营半室。是为友生弟子量力裒赀，于五月内续付中叔收贮，至六月中汇交确斋料理。……乙卯四月禧启。”

按，叔子在文中描写邱维迍居处的庳陋：“如斗之室，床灶横陈；敝席为门，风雨直入。兄因妹长，寄卧城头；翁避媳炊，立餐檐下。”易堂诸人为解其困而发起募捐。

致书王乃明，时消夏于山中，读《三国志》。

《魏叔子文集外篇》卷七《与王乃明》：“弟消夏山中，读《三国志》，叹此时人才，诸葛君而外，断推鲁子敬为第一。是时英才辈出，止知各为其主，独子敬能见大体。……乙卯四月日。”

按，王乃明名号及生平事迹未详，俟考。

闰五月，为魏际瑞《四此堂摘钞》作序。

《魏叔子文集外篇》卷八《四此堂摘钞叙》：“《四此堂》者，吾伯子东房所为浙江幕府奏记、告谕、公移之文也。……伯子既抄所作，归示儿辈，予因得尽观。……善治者，能使恶人不害民而已足矣；善田者，能使恶草不伤苗而已足矣。而草之为类，虽爱苗，固不可得而尽除，则亦天理之所兼容，人情之必至也。知此说者，可以读东房之书。世杰退以告伯子，伯子闻而是之，遂敬书以为叙。时乙卯闰五月。”

六月十八日，作《书伯子示杰、儆等疏后》，约定三兄弟卒后葬于勺庭。

《魏叔子文集外篇》卷十三《书伯子示杰、儆等疏后》：“吾兄弟既定葬勺庭，便欣然有‘夕死可矣’之意。……乙卯六月十八日勺庭叔子禧书。”

《魏昭士文集》卷六《享堂记》：“时大人年四十三岁，归而兄弟之情益笃。饮食居处必偕，定议身后将必合葬于勺庭之堂事，更勺庭为三魏享堂，而别构室于箭道之西以居勺庭子若孙。”

六月，致书陈恭尹，以为当人才寥寥时，志士应“厚自培养”，并呈新作数首。先是，叔子尝为其点定古文辞。

《魏叔子文集外篇》卷七《答陈元孝》：“人还得手教，具悉近指。……天地闭塞，人才寥寥，一二志士，当厚自培养，以供后进挹注。若源之不浚，数流而竭，已则枯槁，乃思润物乎？此盖诸君子所不能辞其责者。……新作数首呈削，望批示还教之，并致告于诸同学，俾仆知得失所在，幸甚。乙卯六月日。”

《耻躬堂文钞》卷三《与陈元孝书》：“前承寄近所作古文辞，叔子曾为点定，且相与论列，未审得邮达否？”

按，味其语意，是陈恭尹先有书致叔子，然检陈氏《独漉堂集》，仅有一通《与魏冰叔书》，中云：“所示为文之道，皆弟意中所悉也。”而叔子此信，并不涉及“为文之道”，然现存《魏叔子文集外篇》收录致陈恭尹之书，仅此一通。据此，可知叔子致陈恭尹书，当不止一通；陈恭尹致叔子之书，亦不止仅《独漉堂集》所收录之一通。

七月一日，应门人曾庠之请，为《阳明别录选》作序。

《魏叔子文集外篇》卷八《阳明别录选序》：“门人庠复请序《阳明别录》，禧告之曰，吾所以序《四此堂》尽矣，然犹可为子言者。……乙卯七月朔，魏禧敬序。”

八月，将复游苏州，时妻病重，惧其死，往果榼山斋宿占卜。

《魏叔子文集外篇》卷二十二《述梦》：“乙卯予将复游吴，以妇病惧其死，去翠微二里有果榼山，斋宿往卜，辞皆大凶。八月廿七日也。”

八月十五，作《东房奏对大意跋》。

《魏叔子文集外篇》卷十二《东房奏对大意跋》：“东房之疾恶，疾其害于人者。季子曰：‘伯子疾恶如仇，而视民如伤。’得之矣，惜其言不用于时。虽然，使其言用，虽千万年太平矣。乙卯中秋叔弟禧跋。”

九月初三日，齿痛，头风大发。二日后，与魏礼入城就医，及山蹬，失足几坠山谷。

《魏叔子文集外篇》卷二十二《述梦》：“又六日为九月初三，齿痛，头风大发，右臂患转剧。……又二日，同和公入城就医，及山蹬忽失右足，坠蹬数级，左足垂空，身偏侧崖外，而右臂故痛不能用，左手四指急撮石壁小凸处，作势向内，和公走下拽之，得不坠。”

初九日还山。初十日，病又发作。

《魏叔子文集外篇》卷二十二《述梦》："九日还山，明日病又作，夜寝，室多寒咳者，鸡鸣而寐。"

客有告邹升易堂诸子事，邹升又读叔子文，心慕之。九月一日，邹氏自赣州溯江而上。十一日，抵宁都，即登山见叔子，彭士望、邱维屏、林时益、彭任先后至。是日坐勺庭中，月出如白日，相与坐中夜乃罢。邹升留翠微八日乃去，邱邦士作文送之。

《魏季子文集》卷十二《邹幼圃来翠微峰记》："乙卯九月，邹子特自赣州来。于是彭躬庵、邱邦士、林确斋、彭中叔皆来，中叔有姻事。人会者皆曰：'客来何奇也?'……邹子曰：'予溯滩已，辄索舟中人，指翠微峰一望见之。至宁都如至吾无锡，登山见诸子如履吾堂房而见家人也。'邹子至之先日，夜大月。至日，天暗晦，吾叔子叹曰：'安得月光来延吾客乎?'薄暮坐勺庭中，风起云四尽，月出如白日，池水光可见须眉，邹子大叫奇绝。确斋新病，蕴火重絮从之。相与坐中夜乃罢。邹子住七日。"

《朱中尉诗集》卷四有《乙卯九月十七日同躬庵上翠微会邹幼圃作》，中云："嘉客忽传来石鼓，病夫直欲立金精。盘山借草路频歇，斗壁摩天步缓登。"

《文瀫初编》卷十二邹升《游翠微峰记》："越二年，有西江之行。客有告余以翠微峰之胜及易堂诸君子者，继又读易堂魏叔子《翠微峰记》，心益慕之。乙卯九月朔，从赣买舟，逆流而上。十一日，达宁都。魏季子期以十七日与诸君子会于易堂，余遂以是日登翠微。……顶上多松，行二十余步，屋西面群峰，俯三巘，如盆石然。循岭西行里许，缘崖而下，松益多，为魏季子吾庐。庐有楼，竹千干，风击之有声，而松桂辛荑，映带森蔚。从吾庐北下三十余磴，折而左，为石阁，伯子东房读书处。……时东房入粤，履其房户，慨然。叔子勺庭去石阁五十余步。……予及叔、季布席庑下，意兴悠然，不复欲他去。而彭躬庵、林确斋、丘邦士从冠石，彭中叔从三巘，先后至，乃相与俱登易堂。易堂在山之北，其去勺庭倍吾庐，石磴险仄。叔子授以杖，令其门人任道爰掖而下，下上数折，乃及堂。堂，伯子之居也。……余与两魏子论古今兴废，及确斋作苦食力，辄为呜咽。宜诸君子独恋恋于是。余何能信宿去此，因留翠微八日。以二十四日赴躬庵、确斋约，为冠石游。"同书卷十王畿《送魏叔子先生归翠微峰序》："友人九揖邹子则从赣逆溯滩路，穿贼垒，经旬而达翠微，以谒先生于易堂，握手月余不能去。"

《邱邦士文集》卷八有《送邹九侯自翠微还归序》。

《江苏诗征》卷八十六："邹升，字九揖，号幼圃，无锡人。《江苏诗事》：九揖尚气谊，有节概。”魏礼《魏季子文集》卷七《邹幼圃诗余序》称其“能著述，自古文至诗余、套数曲，无弗作且富”，“诗余、曲尤佳好”。《魏昭士文集》卷三《送邹幼圃序》云“家君道先生性真朴，好学不倦，工诗文”。

十二月，魏际瑞之妻邱孺人病逝，叔子应魏世杰之请，为其母作墓表。

《魏叔子文集外篇》卷十八《先嫂邱孺人墓表》：“乙卯十二月之朔，日未出，兄子世杰绖冠苴带泣而拜伏于勺庭，稽颡言曰：‘吾母捐弃不孝杰八月矣，杰自痛无以报称母。……墓门之石，敢表以叔父之文，敢请。’予曰：‘吾兄既质言之矣，予何能文？虽然，予少长于嫂，嫂十五而归兄，为崇祯癸酉，予年十岁。先征君家法严，叔幼不得出入房户，饮食不共案，然顾时见嫂，岁时相次礼谒。及今嫂之亡，事嫂凡四十三年，于嫂习，予何能辞？’”

致书于友人，论省刑。

《魏叔子文集外篇》卷五有《与友人论省刑书》，文首有“乙卯月日禧白”之语，可知此文作于是年。

吴参卒。

《道光宁都直隶州志》卷二十三《人物志·寓贤》：“吴参，……乙卯秋，卒于杭。”

清康熙十五年丙辰（1676）　五十三岁

春，将南游，魏世傚负笈从之，临行前，请叔子为选《八大家文钞》若干，叔子乃为《八大家文钞选》作序。

《魏叔子文集外篇》卷八《八大家文钞选序》：“诸子世傚将负笈从游，请曰：‘茅氏《八大家文钞》卷帙多，唯伯父择其尤者，俾抄而读之。’于是得若干首以命傚而告之曰。……予记诸语并示兄子世杰，而因命傚录于篇端，以为序。”

《魏昭士文集》卷三《八大家摘钞序》：“丙辰春，傚将负笈从勺庭伯父南游。先是，请于伯父为选《八大家文钞》、《方舆纪要》、《阳明别录》、东房伯父《四此堂稿》共若干本，装潢之，以藏于笥。既思八家文有未录其篇而数行数语为伟论美言不可舍弃者盖多矣，于是摘而钞之，为帙凡七。”

二月，三藩之变起，吴三桂之部将破吉安，魏氏兄弟闻警，省王紫绶。王氏以幼子王郊托付，使父事魏际瑞，以叔子为师。

《乾隆赣州府志》卷四十一有王郊《守赣实纪》："十五年春二月，吴逆伪将高得捷、韩大任由桂阳袭破吉安，赣州戒严。……（尚之信）以严自明为先锋，逆击镇南兵，长驱直抵南康，赣兵望风鼓栗，人情汹汹。……三魏先生闻警来省，公曰：'吾父以诸生骂闯贼死，未知葬所。今吾受天子命，不能保封疆，是不忠也。辱先人名，不孝也。死无辞，然有以累先生。'乃属幼子郊于善伯，使父事之，变姓名为魏世隆。以冰叔为师。其弟和公潜往嵯峨寺，将经纪后事。时郊年十三。"

五月，奉近作请邱维屏雅正，并询问兄之平安。

《魏叔子文集外篇》卷七《与邱邦士》："近作奉政。弟文谬为当世所赏，然能知吾疵病者，惟先生耳。每于论次，增长一分学识。尝语天下士，此君吾友而师，非标榜也。东方传闻大异，不知家兄平安若何？……丙辰五月日白。"

六月二十八日立秋，为姨孙杨都人书扇。

《魏叔子诗集》卷四有《书杨都人扇》，序云："丙辰立秋日，姨孙杨都人卖茶赣州，出扇索书，时舟子解维待发，信笔口号。"

按，杨都人名号及生平事迹未详，俟考。又，据《近世中西史日对照表》，康熙十五年（1676）立秋为六月二十八日。

与魏世傚同下江南，然阻兵于吉安山中。世傚病鼻衄，叔子忧甚。

《魏季子文集》卷十二《长儿世傚三十一岁乙丑腊月示记》："傚之二十有一年，予命习奔走，更兵戈危疑之地，改岁而返。其明年，从吾叔子下江南，阻兵于吉安山中，遂病鼻衄，涌出绳韧不得断，每日夜堆起床前数寸许。方六七日，气息惙然，才属兵乱，绝医药，吾叔子涕泗怆苦。"

在山中闻吴参之讣，作文悼之，然因变乱起，不能赴杭吊唁。后易堂诸子共作文祭之。

《魏叔子文集外篇》卷十四有《哭吴秉季文》，序云："丙辰，予在山中得秉季讣，乱作不能往，而孤正名亦遂葬其父于杭之河渚。"《邱邦士文集》卷十六有《易堂祭吴秉季文》。

梁份昼夜兼程，走百十里至吉安山中，就叔子区画大事。是年二月，梁份曾赴长沙为韩大任向吴三桂乞援。

《怀葛堂文集·哭魏勺庭先生文》："昔夫子居庐陵万山中，份揭衣水行，日夜百十里就区画大事，其后成败不失锱黍。此惟份知之，而未尝与人言者，意将见诸行事，使苍生实被其泽，而夫子亦因以不朽。"

按，未知梁份就叔子区画者为何事，刘献廷《广阳杂记》卷二载：丙辰二月，"梁质人自江西为韩非有（即韩大任——笔者注）求援。三桂之意先败安王而后援吉安，订于三月初一日合围。留质人曰：'汝于壁上观吾军容，归以语东方诸豪杰也'。"梁份与叔子区画之大事或与此有关。

寓居吉安富田村五日，寻求文天祥之子孙，未有闻者。不久战事起，未及拜谒文天祥之祠墓。

《魏叔子文集外篇》卷十一《欧阳介庵七十寿序》："丙辰，寓富田五日，询文氏子孙，无闻者。又值有兵事，不获展拜信国祠墓以为恨。"

秋，游泰和，居水云庵。王愈扩兄弟前来诣叔子，愈扩中道病作，返回。愈融前来拜谒，与叔子议论累日夜，并携文请叔子论定。叔子有诗赠王愈融。先是，愈融已从方中履、彭士望之口得知叔子文章德行。

《魏叔子文集外篇》卷八《王竹亭文集序》："丙辰秋，予与吾友彭躬庵相见于富田，曰：'吾往言王竹亭，今为湖西一人无疑，吾今而后，其可以死矣夫。'予惊叹，欲急见之，而竹亭且来，中道病作。已，谒余金莲山。"

《魏叔子诗集》卷六《水云庵酬王侣薪见过》："云外来嘉客，灯前共啸歌。浊醪人未醉，霜气落明河。"

《瑞竹亭合稿》卷下王愈融《上勺庭先生书》："壬子岁，同桐城方君素北坐舟中，素北道先生之贤不容口。继侍躬庵先生游，益知先生文章德行倾海内，于年少后学竭力成就之，不欲使天下有遗才。呜呼！先生用心如此，虽千百世后闻其风、读其文章，犹将观感奋兴，况生同时、郡邑相比邻，其谁复甘自弃者。……

融私淑先生久，不能负担登翠微峰，四拜勺庭阶下。去秋，融得亲见先生于水云庵中，议论累日夜，则皆所谓功与德并具者。退而叹息，未尝不当食而忘、寝而不寐也。”

同书同卷王愈融《复彭躬庵书》云：“壬子之冬，再谒先生于谷村。先生不以融不才，以礼见之，继而自道向往之志。……今年秋，先生至泰和，先之以手谕，娓娓百十余言。融捧读之际，念先生之不忘融如此，岂真以为可造而欲进之耶？拟即负笈从游而先生行旌已发，惆怅者久之。继数见魏先生于水云庵中，魏先生教融不倦如我先生。”

《光绪泰和县志》卷十八《列传》：“王愈融，字侣薪，愈扩弟。补弟子员。壬子冬，从彭士望于谷村。继又于水云庵中与魏禧议论累日夜，学益大进。愈扩客死滇，愈融悲悼不自胜，郁郁致疾卒。所著诗古文与愈扩并刻为《瑞竹亭合稿》。”

吴三桂部将进占县城，叔子与王愈扩兄弟避兵于云坞，相与论文，意气激昂。叔子为其文集作序，称道其文“大小修短，各有意思”。

《魏叔子文集外篇》卷八《王竹亭文集序》：“丙辰秋，……（王愈扩、王愈融）谒余金莲山，又同避兵于云坞，所言皆天下伟人大事，并恨相得晚。然竹亭终好古文，相与议论《左》、《史》以下，各尽其所见，又出平生所为文，使予论定。竹亭之文，大小修短，各有意思，不苟作，尤长于论古人。……云坞去郡城数十里，去孔道数里，时郡中大攻战，炮声彻左右耳，而予方叙竹亭之文，与竹亭上下古今，意气益激昂闲暇。”同书卷十一《湖南道王公六十寿叙》：“予客庐陵，与公及公子进士愈扩为纪群交，仲子诸生愈融与其友王生弘极方从予学古文。”

按，王愈扩、王愈融合撰的《瑞竹亭合稿》，现有光绪三十一年（1905）刊本，题为《瑞竹亭合稿二卷附文一卷诗一卷》，藏江西图书馆，笔者所见为《四库全书存目丛书补编》据原刊影印本。此书卷首亦载有魏禧所作的《序》，只是文字略有不同，如“恨相得晚”，《瑞竹亭合稿》本作“恨相见晚”；《魏叔子文集》收录的此文未署明写作时间，《瑞竹亭合稿》收录的此文则末署“康熙十五年丙辰宁都魏禧勺庭撰”。

又，江西图书馆藏本《瑞竹亭合稿》卷首还载有魏禧所作的另一篇《序》，文末署“康熙十二年癸丑菊月上浣年家眷同学弟宁都魏禧勺庭撰”。此序殊不可解。第一，此《序》叙述叔子与王愈扩兄弟相识以及避兵云坞的时间，均与叔子的《王竹亭文集序》、王愈融的《上勺庭先生书》相左，文中云：“壬子秋，与吾友彭躬庵聚首于吉之水云庵中。未几，别余还里。犹忆躬庵与余谈次，谓吾来吉郡得一门下佳士王侣薪，因识其兄进士若先。……余中心藏之，屡欲过访，未果。……次年春，余赴金莲山谒若先，留寄，又同避兵云坞，与若先兄弟促膝议论《左》、《史》以下，各尽其所见。”“壬子秋”的“次年春”，即康熙十二年癸丑（1673）。然而蒋良骐《东华录》卷十一云：康熙十五年（1676）“二月，吴三桂伪将高大杰陷吉安”。故叔子及王愈扩兄弟不可能于康熙十二年（1673）避兵于云坞。

第二，文中有多处文字与“康熙十五年丙辰宁都魏禧勺庭撰”的《序》大致相同，例如“人但知王氏兄弟之文”至“不知其何以用也”和“今古文遍天下”至“顾求为不朽”两段，未知何故？此《序》或为刊刻者所修改？

《光绪泰和县志》卷十八《列传》：“王愈扩，字若先，梅冈人。登康熙庚戌进士，以古文名。彭躬庵士望相见于富田，推为湖西一人。尝游金莲山，与宁都魏禧避兵云坞。著有《竹亭集》，禧为之序。……按，愈扩别字鹤林，后客死滇中。”《四库全书总目》卷一九四《集部·总集类存目四》称王愈融兄弟“俱从魏禧游。愈扩文长于论古，颇能曲折如意，盖其师授如是也。愈融笔力稍弱，风骨尚未老成，较亚于其兄”。

作书致兄魏际瑞、弟魏礼。

《魏叔子文集外篇》卷十四《祭伯兄文》：“吾前年避兵泰和山中，寄兄弟书，欲自吴、越返后，杜门不出，吾三人促膝相守以终余年。”

按，《祭伯兄文》作于康熙十七年（1678）戊午（参见该年谱），“前年”云云，当指本年。

九月，过泰和首山亦庵，拜方以智爪发塔，怆然落泪，有诗呈中千和尚、方中履。

《魏叔子诗集》卷四《丙辰九月，避兵过亦庵，礼药地大师爪发塔有作，呈中公兼寄令子素北》：“仓皇过亦庵，炮声彻两耳。逡巡忆旧游，仿佛如梦里。绿藓沿堂阶，接迹交兵子。信步转回廊，遗塔俨然在。惊视再拜兴，泪落滴阶戺。”

按，方以智卒后，在江西泰和首山建有爪发塔。《浮山志》卷九有吴道新《壬子春迎无和尚爪发于华严建塔，偶成一律次涤岑韵》诗，同书卷二《建置·祖塔·无可禅师爪发塔》：“在华严寺后，吴水部道新募，……于癸丑十一月朔日建。”又，“中公”即中千和尚，方以智《冬灰录》卷首有《亦庵中千师设茶筵请示》，《魏叔子文集外篇》卷八《首山偶集序》有“中公证道于药地久矣，与之交，如布衣食粟”语，均可证。

又，亦庵为方以智息影之地。《耻躬堂文集》卷八《首山濯楼记》："首山亦庵，中千公即陶庵之旧为大悲阁，阁中为楼以居其本师墨历老人。老人安之，名曰'濯楼'。……先启祯间，萧次公为陶庵，杂莳林木，引水灌湖。……乙酉乱作，残于兵。丙戌，始迎中公居之，草创为亦庵。……癸卯，老人始至，顾而乐之。时方主青原，不能分席，中公特为斯楼为老人归休之地。"

《光绪吉安府志》卷三十七《人物志·仙释》："中千，号贤公，庐陵人。受法于青原药地，居泰和之亦庵。庵为萧太常士玮所建，尝置赈狱义田，又编辑同时诗文为《首山偶集》，宁都魏禧序之。"

中千好诗，尽出所作属叔子论定。叔子相继为《涤余遗诗》、《首山偶集》作序。先是，中千欲自负其稿，走数百里，诣翠微峰谒叔子，会乱作，未果。

《魏叔子文集外篇》卷八《首山偶集序》："亦庵中公集其首山之文若诗，将授梓人，请叙于予。"同书卷九《涤余遗诗引》："中千好诗，及所作他文已成帙，终藏弃不令孟昉见之，而与王子竹亭谋，欲自负其稿，偕走数百里，诣翠微峰谒予，会乱作，不果。予适到首山，中千大喜，尽出稿属予定之。"

按，此序中有"会乱作，不果"语。康熙十二年（1673）十一月，吴三桂起兵反清。十二月，清廷发兵征讨之。湖南、江西等地兵祸连结，动荡不宁。据《明清史料》丁编第九本所载《安徽巡抚靳咨文》，康熙十五年（1676）二月，吴三桂部将高大杰乘清兵岳乐部进取袁州、萍乡入湖南之机，集数万兵力围攻吉安。十五日，吉安陷落。文中所言之"乱"当指此事，故知此文当作于康熙十五年后，故系于此。余英时先生认为《首山偶集序》当作于"庚戌夏季，或更稍前也"（《方以智晚节考》），或可商榷。

中千从泰和梅氏处得父童思善之遗书《禹贡图说》，校刻行世，属叔子序之。

《魏叔子文集外篇》卷八《童氏禹贡遗书叙》："泰和潋溪之童氏有楚白君者，绩学好文，五经皆有解，以贫教授四方。生子幼而君死，子且为僧，著书尽散失。僧曰中千，名兴贤，药地老人之大弟子也，四方士君子甚亲敬之。而盱江梅君藏君《禹贡图说》于兵燹中，以归兴贤，兴贤执书大恸曰：'父赍志死，吾又且为僧。吾死，父其速朽乎！吾何以令吾父有传也？'于是请于里君子王竹亭为之叙，复再拜以属余。"《光绪泰和县志》卷十八《列传》："童思善，字楚白。"

按，此文作于何时，已难以确考，或作于本年与中千游处时，姑系于此。

秋，客居画秋阁，与萧小翮、萧从泓父子交，夜与萧从泓论诗。

《魏叔子文集外篇》卷十一《龙令君夫妇六十叙》：“丙辰秋，予客萧生从泓之画秋阁，夜与论诗，言唐人无寿诗。有之，不过如王昌龄《河上老人》之作。又为言诗体各各不同，因及古人‘八音体’之工巧。”同书同卷《萧小翮五十序》：“丙辰秋，孟昉诸子从泓执贽见于画秋阁上，因交泓尊人小翮君，盖孟昉母弟也。”

按，“孟昉”即萧伯升，《光绪泰和县志》卷十八有其传，叔子尝与之游，参见清康熙九年（1670）庚戌谱。据文中所述，萧小翮为萧伯升之弟，其子为萧从泓，二人生平事迹均未详，俟考。

计东卒。骆钟麟卒。

清康熙十六年丁巳（1677）　五十四岁

初春，避兵于回龙庵。大雪，与寺僧煨榾柮，因僧请，为僧作募钟诗。

《魏叔子诗集》卷八有《为回龙庵僧募钟》，序云：“石壁回龙庵在万山中，山僧以耕凿之余，手剪荆棘独建此，有鼓而无钟。余避兵是庵，丁巳初春大雪，与山僧煨榾柮，因以为请。”

三月，吴祖锡卒，叔子闻之，有《哭吴稽田文》。

《魏叔子文集外篇》卷十四有《哭吴稽田文》，云：“呜呼哀哉！生重泰山，死轻鸿毛。君胡不生，而死蓬蒿？……梦梦者天，不遗斯人。呜呼哀哉！予将畴依？北望君墓，涕泣涟而。”

按，吴祖锡之卒年，全祖望《鲒埼亭集外编》卷十二《吴职方传》载：吴职方祖锡，“（康熙）己未，卒于山东胶州，遗命不必归附，即葬于大竹山中”。《清史稿》卷500《遗逸二》亦云：“康熙己未，客胶州大竹山，郁郁靡所骋。会怀宗忌日，恸哭呕血死，遗命藁葬山中，年六十有二。”但杨宾《晞发堂文集》卷三《徐昭法吴稽田两先生合传》称吴氏卒于康熙十六年（1677）三月，何龄修先生认为：“祖锡死时次子濩侍侧，而杨宾与濩至契，故其言可信。”（《吴祖锡的复明运动》）又，魏世俨《魏敬士文集》卷六《遥哭吴稽田先生文》：“戊午六月，俨从勺庭仲父授经，闻仲父言稽田吴先生之义，心期慕之，欲往拜其墓。”是吴氏必当卒于康熙十七年戊午（1678）之前。

三月，客居吉安山中，遗书魏世杰戒勉。甲申后，叔子以古文教授山中，世杰从之讲论最久。

《魏叔子文集外篇》卷八《梓室遗稿序》："予谬以古文教授山中，兄子世杰从讲论最久，颇得窥门户，尝能删除吾文字，论古人亦自出意见相发明。……丁巳三月，予客庐陵山中，还书戒勉，欲其卒有成就，不幸逾五六月而杰以伯兄之变死矣。"

三月，致书兄弟，并作诗怀之。时魏际瑞在粤、魏礼在赣，已数月不相见，且久不得家信。念已须白齿豁，不禁怆然。

《魏叔子文集外篇》卷六《寄兄弟书》："别兄又八月，弟亦十月不相见，此间八九月不得家信，未晓兄弟行止及家中人安善。念兄岭外尤兀兀。世儆归，过期不至，恐属有何事。……此番归后亦绝不出远，吾兄弟年迫五十、六十。……禧须白齿豁，霰亦已甚，揽镜自照，殊怀悽怆。……丁巳莫春日，庐陵山中，禧白，并示儿辈及勺庭门人。"

《魏叔子诗集》卷七有《客庐陵山中怀伯兄在广东季弟在赣》，诗云："岭南岭北多烽火，六月谁通一纸书。"

暮春，独居吉安山中，夜来喝酒而醉，梦甲乙造语，作《甲乙问》。三月十一日，作《梦故人》。

《魏叔子文集外篇》卷二十二《甲乙问》："丁巳暮春，独居庐陵山中，门人遣奴献酒，夜饮尽一杯则醉，不反而寐，梦甲乙造语，纷纶可听，鸡鸣觉寤，追书所折衷，作《甲乙问》。"

《魏叔子诗集》卷四《梦故人》题下注云："丁巳三月十一日庐陵山中山中作。"

居吉安山中凡三月，读书最多，曾于万籁寂寥时，高诵秦汉文。亦健作文。

《魏叔子文集外篇》卷六《寄兄弟书》："今住庵老壮僧两个，多空屋，洁敞，门外左右山翼抱，微似勺庭。……数年来此三月读书为多，亦健作文。庵在万山中，五里先后无人家，鸡鸣狗吠之声不至。……禧尝夜独坐至四五十刻，一灯晃晃，万籁寂寥，高诵秦汉人文字，邃谷流泉，若相响答。"

王弘极来谒，受业为弟子，从叔子学古文甚勤，日相问难。叔子应其请，为其父作墓志铭。

《魏叔子文集外篇》卷十八《王君墓志铭》："弘极贫苦无人状，长自力学，学举子业，无师授，文日有名，补诸生，冠其曹。岁丁巳见予，再拜受业为弟子。于是再拜泣而请曰：'哀哉，吾父死四十五年矣！吾父死国事而不有传也。弘极生不见父，又父死不使有传，虽死，何罪之足赎？今幽室石无文，先生其肯幸死者，弘极死且幸甚。"同书卷十一《湖南道王公六十寿叙》："予客庐陵，……诸生愈融与其友王生弘极方从予学古文。"同书卷六《寄兄弟书》："有王生从学古文甚勤，日相问难，说奇赏处，惜儿辈不在。"

按，据《王君墓志铭》，王弘极之父名鉴，吉安庐陵县人，其先人乃兴化人王祥。王祥从朱元璋起兵，祥及其子均战死。天下大定后，赠祥为定远侯。王祥之孙王业守吉安，世袭吉安所副千户，宣德年间战死于浙江。王业之孙王庄，弘治年间亦战死，明廷赐葬及祭，官其子世袭指挥同知。明清易代后，王庄八世孙王弘极成为平民。

三月，将赴南京，魏世傚送之赣江。叔子为世傚删定其文，舟中无事，与之论文，并作《耕庑文稿引》。

《魏叔子文集外篇》卷八《耕庑文稿引》："丁巳暮春，予之秣陵，傚送予赣江，欲以其文请正于世之大人先生，予更为删定若干首。舟中无事，尝与论吾兄弟及兄子世杰之文，傚因请曰：'傚其何如？'予指江中滩石，谓之曰：'汝文其似此矣。'傚性狷急，勇于事，其为文，笔气亦颇肖吾庐，特展拓少耳。当其锋锐所至，往往有没羽之力，故其他日可造而至也。"

四月，访萧孟昉于泰和县白渡。

《魏叔子文集外篇》卷十六《白渡泛舟记》："丁巳四月，予访萧子孟昉于白渡，舍龙眠陈子之室。门临清溪，平坡曼衍，绿草延缘，洲渚迴间。……予甚乐之，独恨未有亭阁足游憩。"

四月，因萧孟昉而知欧阳士钊，欲见之，然士钊居山中，不获往。叔子敬其为人，为文以寿其七十。

《魏叔子文集外篇》卷十一《欧阳介庵七十寿序》："丁巳四月，客孟昉，则尝道其姻旧介庵先生。……予固愿见，而介庵居山中，不获往。既而孟昉言曰：‘去年五日，先生寿七十，时予浮家江南。今归而子适来邑，士君子欲因予乞一言以举觞，可乎？’……然吾低徊于文忠公所以为人，益叹介庵之不可及也。天下刚德者多褊戾，优柔和平者，临节而失其守，古今类然。公和易正直，兼古贤者所难能。”

《光绪泰和县志》卷十八《列传》：“欧阳士钊，字介庵。喜施予，好儒先之学，言规行矩。明季以明经补岭南广文，未就，隐居四十年。于蜀江洲筑半山寺，奉外父曾太常汝召。宁都魏禧为作记。”

四月，闻魏际瑞自广州出，遂溯赣江省兄，连床四夜。

《魏叔子文集外篇》卷十四《祭伯兄文》：“旧年四月，闻兄从广州出，吾溯赣省兄。兄见我来，鼓掌大笑，拍肩执手，自面及背，周身抚摩，若慈母之获爱子，连床四夜而后南行。”

按，祭文作于康熙十七年（1678）戊午（参见该年谱），“旧年”云云，当指本年。

五月九日薄暮，访萧孟昉，时萧氏初营膝寓，叔子有诗赋之，又与萧氏父子等人共泛舟于江上，扣舷而歌之。

《魏叔子文集外篇》卷十六《白渡泛舟记》：“五月八日，晴天无云，江水倒入，浸灌坡陀，绿顶微出。明日大涨，东西弥漫，势合大江。极目所周，不下十里。……孟舫方营膝寓，予薄暮过之，登黛横楼以观，涨水周虎落，楼在中央。孟舫曰：‘月出风微，与子泛舟乎？’予大喜。于是牵野航、悬蹑板而坐，浮乎中流。波平如絚，人影在江。……时同泛者孟昉二子从湑、从沛，弟子从泓，妹婿陈子则象，白水僧寂闻。……既夜，舟子回船鼓枻，予扣舷而歌曰。”《魏叔子诗集》卷五有《萧孟昉初营膝寓，予适来客，赋二百二十四字》。

五月，作《华子三诗叙》，时将买舟下江南。

《魏叔子文集外篇》卷九《华子三诗叙》：“予将买舟来吴门，遂与子三相见，而先叙其诗寄之，终前诺，且以问子三。丁巳孟夏日。”

弟魏礼忧叔子之孱疾，命魏世傚从之。叔子待世傚于吴城，世傚至，病甚。叔子

欲使世傚归里，世傚不从，乃同赴江南。

《魏昭士文集》卷三《奉辞父母往江南序》：“丁巳五月，世傚将束装从勺庭伯父于江南，承父志也。……吾父于兄弟如一身，勺庭伯父远游多孱疾，吾父尝忧其独行，且使傚得以就学，皆吾父之志也。傚于是叩首告行。”

《魏季子文集》卷十二《长儿世傚三十一岁乙丑腊月示记》：“傚之二十三年，始下江南。……吾叔子先待诸吴城。傚至吴城，疾甚，狂奋欲踊身湖水中，众掖之登岸。适其外兄贾将归里，叔子垂涕语傚曰：‘汝病亟矣，谁无父母妻子，盍速附汝外兄归，毋往江南。’傚曰：‘岂不甚思父母，然有命焉。今病在呼吸，诚当见父母，病或愈。否则，二千里之水，能保必至乎？宁往江南，凭依伯父，犹若见吾父母也。’叔子曰：‘汝乃能如是。’少间，遂行至扬州。”

六月，作《墓表志铭引》，又作《夏云》诗。

《魏叔子文集外篇》卷十八《墓表》前有《墓表志铭引》，文后署“丁巳仲夏日，魏禧自识”。

《魏叔子诗集》卷五有《夏云》，题下原注云：“丁巳作。”

于南昌再遇叶藩，叶氏出示《白云图》，请叔子题辞。

《魏叔子文集外篇》卷十二《题叶桐初白云图》：“余往遇叶子桐初于吴门，年少，才英多而绝意仕进。丁巳，南昌再遇之，出王廉州所写《白云图》及诸题跋。”

《宣统太仓州志》卷三《人物四》：“叶藩，字桐初，祖云林、父中密皆死于兵，母陈氏抚之成立。终身不应试，黄冈杜濬器之，妻以女。客游四方，名公卿争延礼之。晚客涿州，卒于旅次，年六十。吕楠哭以诗云：‘一棺雨雪三千里，八口饥寒五六年。’”叶藩号南屏，见《全清词钞》卷三。

按，叔子与叶藩初识之时间不详，俟考。

杨敏芳客南昌，胡映日介叔子以见。杨氏久闻叔子名，既览《续论》，甚喜。七月九日立秋，杨氏为《续论》作跋。时杨氏六十初度，叔子以文赠之。

《魏叔子文集外篇》卷一附有杨敏芳《续论跋》：“魏叔子天资高迈，好学不倦，经子百家之书无不贯穿，而尤长于论史。往刻《史论》二卷，近又著《续论》

十篇。……晋人王半叟，年少有志于学，读叔子之文而高其人，代刻十论以倡同志。长卿未尝著书，有则时时为人取去，其信然哉。丁巳立秋日泾阳同学弟杨敏芳跋。”

同书卷十一《赠杨仲子六十叙》：“秦人杨仲子，客南昌之蓼洲，吾友胡心仲奇之，介余以见。既览余《续论》十篇，喜而序之。与之谈，无不尽。……方心仲言余于仲子，仲子曰：‘吾闻之久矣，得毋为文章知名之士矣乎?’盖见余而后交相得。”

按，据《近世中西史日对照表》，康熙十六年（1677）立秋为七月九日。又，杨敏芳生于明万历四十六年（1618），参见天启四年甲子（1624）谱。

《乾隆江都县志》卷二十二《人物志 · 笃行》：“杨敏芳，字兰佩，陕之泾阳人，为名诸生。父罢宦侨江都，岁必再省覲。既，即弃学籍，侍父养。有劝其进取者，谢曰：‘金紫何如斑衣之乐也。’事兄极友爱，寝兴饮食与俱。……敏芳学问渊博，尤究心于儒先宗旨。其为文，师秦汉唐宋诸大家；诗亦雅粹。宁都魏禧、无锡顾祖禹辈咸服膺之，称之为扬州杨仲子。所著有《流音园集》行于世。”《皇明遗民传》卷六：“杨敏芳，字仲子，秦人。家世显仕，兄弟惇厚有家法，并工制艺。国变弃诸生服。”

七月，至扬州。八月，闻李清染疾，至兴化省之，再读《南北史合注》，竟日夜为之作序。旅途中，见江南百姓苦于赋役、水灾，不禁慨然。

《魏叔子文集外篇》卷八《南北史合注序》：“扬州之兴化李廷尉清著《南北史合注》，钱塘吴文学任臣著《十国春秋》，常熟顾处士祖禹著《方舆纪要》。吴、顾二君余与友，读其书而序之，廷尉公先进为忘年交。丁巳七月，禧自江右来扬，闻公疾，往省，再读《合注》，竟日夜而为之序。”

同书卷十《赠黄书思北游序》：“江南号称乐土，然民困赋役，不啻十室而五。而扬之下县，七年被水灾，民死亡殆尽。前八月，予之兴化省李廷尉疾，舟百里行田中，茫洋若大海无畔。其不能去者，则蹑板而炊，妇稚赤踝相向水立，拾螺蛤于泥中。舟子言如是者数州县，凡千数百里也。而予五客扬，自始至迄今，每来则灾民之乞食于市者，相摩肩不绝，城以外多道死。呜呼！何其甚哉！”

吴参之子吴正名闻叔子抵扬州，从杭州来候叔子。

《魏叔子文集外篇》卷十四有《哭吴秉季文》，序云：“丁巳，予客扬州，正名自河渚来候，予适病，见正名，执手大恸。”

与王待游约在此时，曾为王待《燕子矶游诗》作跋，甚称许其诗文。王待亦以叔子为师。

《魏叔子文集外篇》卷十二《王季守燕子矶游诗跋》：“余尝九日登燕子矶。……读季守《游览诗》，大者嵂崒，小者魄磋，使颜、谢挥毫，未知谁工也。季守为古文，波澜浩瀚，有长江千里之势，诗乃复尔，所谓君才无施不可。”

按，叔子与王待游处始于何时，难以确考。《江泠阁文集》卷四《祭王季守文》云：“忆庚申岁，子师魏子冰叔没真州，子来讣，予痛甚。”《江泠阁文集续》卷下《书魏冰叔祭文后》又云：“庚申冬仲十有七日，叔子卒于真州之旅次。既十日，其门人王子待来讣。”是叔子逝世前，王待已以叔子为师，姑系此事于此。

《咸丰兴化县志》卷八《人物志·文苑》：“王待，字季守。天性孝友，精诗古文，名动公卿间。邓汉仪称其幼而颖慧，长而博综；所为诗，轻妍秀妙，复沉炼英多。魏禧称其文有长江千里之势。数奇不遇，著《东皋集》、《醉娱集》，亦散佚不传。”

八月，杨敏芳六十初度，叔子以序赠之。先是，杨氏客南昌时，二人已有过从。

《魏叔子文集外篇》卷十一《赠杨仲子六十叙》：“秦人杨仲子，客南昌之蓼洲，吾友胡心仲奇之，介余以见。既览余《续论》十篇，喜而序之。与之谈，无不尽。……仲子今年六十，视南阳出草庐、士元治中时，年不啻倍之，而神明精强自得，其藏弥深，其发也吾不得而知之矣。”

按，吴嘉纪《陋轩诗》卷八有《八月十二日寄杨兰佩》，原注云：“时杨六十初度。”第四首云：“芦中畴昔数追随，同齿（原注：余年亦六十）同心人未知。”据汪懋麟《吴处士墓志》，吴嘉纪于康熙十六年丁巳（1677）为六十岁，杨敏方既与吴嘉纪同齿，本年亦为六十，故系此文于本年。

秋，在扬州，冷士嵋偕宗元豫来访，时叔子卧病不能谈，冷士嵋留两日去。逾月，冷士嵋以书来，道向往之意。

《魏叔子文集外篇》卷八《冷又湄江泠阁集叙》：“丁巳秋，又湄同宗子发渡江访予扬州，予适卧病，不能谈，留两日去。既而读赠予诗，病已，读《江泠集》。逾月，则又湄以书来，洒洒千余言，道向往之意。吾读之，不知其所以异于古人者何在。”

黄对明年春将北游，叔子以序赠之。

《魏叔子文集外篇》卷十《赠黄书思北游序》：“丁巳之秋，予自江西来扬州，黄君清持之仲子书思以高才不录。明年春，将就学于成均以试。黄子冲然而质，好学问，请一言赠其行。”

《民国歙县志》卷十《人物志·诗林》：“（黄）朝美子对，字书思，仪真岁贡生，官当涂县训导。著《雪田集》。”《道光重修仪真县志》卷三十六《人物志·文学》：“黄对，字书思。本徽州歙县人，因先世业鹾，遂占籍仪真。长于诗歌，与丁汉公、程穆倩诗酒流连，有名于世。”《诗观三集》卷五称其“闭户读书，精研古今之业，为一时钜公所激赏，行将驰骤天衢。所为诗疏朗高迈，尽脱时蹊；而于人伦时务，极为关切，岂可仅以词人目之。”据《诗观三集》，黄对著有《望石楼诗集》。

仲秋，客扬州，金镇访叔子于曲巷，以《重建平山堂记》见属。

《魏叔子文集外篇》卷十六《重建平山堂记》：“公名镇，字长真，浙之山阴人。丁巳仲秋，余客扬州，公自至江南来摄盐法，乃停车骑，步趾委巷而揖余，以记见属。”

李斗《扬州画舫录》卷十六《蜀冈录》：“（康熙）十二年，山阴金长真镇知扬州府事，舍人汪蛟门懋麟修复平山堂。……时萧山毛奇龄、宁都魏叔子、郡人宗观及长真、蛟门皆有记。会太守迁驿传道。十四年过郡。……金公性好古，守汝时考淮西旧碑，勒段、韩二文于碑之阴阳。迨移守扬州，军兴旁午，公日觞咏蜀冈，兴文教，继风雅。……后金公迁按察驿传道移江宁，按部过郡，与蛟门构真赏楼祀宋诸贤，停车盖，步曲巷，访宁都魏叔子禧，其折节下士，有古人风。”

按，叔子此文，为清人汪应庚编纂的《平山揽胜志》卷四所收录，同卷还有金镇的《重建平山堂记》、毛奇龄的《复修平山堂记》、汪懋麟的《重建平山堂记》、宗观的《修复平山堂记》等。阮元《广陵诗事》卷七云：“时宁都魏叔子、萧山毛秋晴并撰《重建平山堂记》，宣城施愚山撰《平山堂诗记序》，江南江北传为盛事。”

《嘉庆扬州府志》卷四十五《宦绩三》：“金镇，字又镳，浙江山阴人。举人。康熙十三年补扬州知府。值撤藩兵变，长江上下，风鹤相惊，维扬适当其冲，城中震恐，一日三徙，有争门而奔者。镇力为慰谕，人心始安。时兵马绎骚，镇处以镇静，事治而民不扰。迁江宁驿传盐法道副使。”《雍正扬州府志》卷二十七《名宦下》称其“更修郡志四十卷，皆手自编纂。擢江苏驿盐副使，晋按察使”。

阎修龄自淮上奉其《阎氏本支录》请叔子作序。九月，阎修龄六十一初度，其子阎若璩遣使者奉书币来乞言，叔子遂为文寿之。王源亦有文寿之。去年，阎修龄六十初度，以妻丧不忍为寿。

《魏叔子文集外篇》卷八《阎氏本支录叙》："岁丁巳，禧客扬州，阎君再彭修龄自淮安奉其《本支录》谒禧为叙。"同书卷十一《阎再彭六十叙》："淮安阎子再彭六十有一，子若璩闻宁都魏禧来广陵，奉书币乞言以佐觞。余进使者而问之曰：'江南北称寿以十为数，今不于丙辰于丁巳，何居？'使者对曰：'吾君生丁巳九月之十日，君夫人后君一年，先七日而生。往君五十时，尝展一年，待夫人以举觞。今夫人且陨，君哀其贤，既为之蔬食不饮酒者期月，犹不忍自为寿也。'"

《居业堂文集》卷十六有《寿阎再彭先生六十有一序》。

《同治山阳县志》卷十三《人物三》："（阎）修龄，字再彭。……少折节读书，明末领乡荐，尝从漳浦黄道周游。甲申后落诸生籍，遁迹白马湖滨，结蒲庵隐居其中，号饮牛叟，风雅之士一时翕集。如河滨李楷、黄冈杜浚、太原傅山、南昌王猷定、宁都魏禧，皆下榻相待。"李元庚《望社姓氏考》称其"与同里张虞山、靳荼坡为方外交，朝夕行吟，结望社相倡和。其诗高洁无烟火气，不减储、王，著有《秋心》、《冬涉》、《影阁》诸集，《红鸥亭词》行世。"

同书同卷《人物三》："阎若璩，字百诗，号潜邱。顺治中诸生也。其先山西太原人，世居淮安。……幼时资性苦钝，每诵读，恒至千百过。年十五，冬夜读书，有所疑滞，愤不暝寐，漏四下，笔砚皆冻，而坚坐沉思。顷之，心忽开朗，隐隐有声如门牖洞辟，屏障尽撤。自是颖悟异常，凡九经诸史注疏百家之说，皆能暗诵，综核贯穿，略无遗脱。尤长于考据，抉摘讹谬，援引根柢，发先儒所未发。康熙中，举博学鸿辞，罢归。徐尚书乾学奉敕修《一统志》，开书局于洞庭东山，延若璩与顾祖禹、胡渭诸人主其事。"

甲申后，阎修龄之妻丁氏劝其弃举业，修龄遂以诗名，慎检持。是年，叔子应阎氏父子之请，作《阎母丁孺人墓表》。

《魏叔子文集外篇》卷十八《阎母丁孺人墓表》："淮安阎君再彭修龄之妻，姓丁氏。……崇祯甲戌，孺人年十七，归再彭。……夫妇欢相得，白首如年少人。甲寅八月，孺人以微疾卒。……呜呼！国不幸而有忠臣，家不幸而有烈女节妇。……甲申后，孺人劝再彭弃科举学，再彭遂以诗名。平生慎检持、畏物议。……予与再彭、若璩皆有交，于是孺人葬四年矣，乃请予为文表其墓门。"

按，"甲寅"为康熙十三年（1674），据"葬四年矣"推之，此文当作于本年，故系于此。

秋，王源前来拜谒，于叔子之言甚为敬服，并再出《项籍论》。叔子称赏其文，欣然作《信芳斋文序》。

《魏叔子文集外篇》卷八《信芳斋文序》："丁巳秋，崑绳谒余广陵，颔下须已长四寸，目光闪闪逼人，比著书高二三寸，而崑绳年亦已三十矣。再出《项籍论》，则议论多肯要，法度老成，且曰：'源往者不自得，久而心服先生之言。'于是纵观其文，文之可施于用者十而五矣。崑绳为人伉爽好大略，为文多法《史》、《汉》。吾门人孔生尚典，文最英悍，余尝譬之駃騠之马，然其实用处不及崑绳也。嗟乎！吾老矣，而崑绳今不可为少，彼邓仲华、周公瑾何人哉！"

《居业堂文集》卷六《复陆紫辰书》："源生平服膺者，惟易堂魏叔子先生。丁巳，谒先生邗上，一见，未他语，辄曰：'有东南第一人，子愿识乎？'问之，顾景范也。"同书卷十七《廖处士墓志铭》："且夫修辞立其诚，圣人立言与德功相表里，非为娱目邀名欺世之具，近日作者惟宁都魏叔子先生，言经济即可见诸用，言道德即其所能行，而章法一准乎古。"

秋，徐介买舟至扬州，访叔子，称吴参不绝口。

《魏叔子文集外篇》卷十四《哭吴秉季文》："丁巳秋，河渚高士徐孝先访予扬州，其贤兄也不置口。"同书卷十《徐孝先诗序》："杭州孝先徐先生危言危行，孤行其志于世者三十余年。……孝先不轻出闾里，前年买舟特访予扬州。"

阮元《两浙輶轩录》卷二："徐介，初名孝直，字孝先。更今名，字坚石，号狷庵。仁和渌里人。著《贞白斋诗集》，又集《杜诗》。"钱林《文献征存录》卷一："徐介，字狷石，陆圻景宣甥也。性静退，寡嗜欲。……著一麻布头巾，数十年不易。入河渚，爱其山水幽绝，无结庐之资，借其友施相宅居焉。萧然吟玩，不问世事。喜饮酒，善哭。……介尝集陶、杜诗各一卷。新城王士正与㧑谦并称之曰'二高士'云。"

是时，叔子应吴荣芝之请，为其父作墓志铭。

《魏叔子文集外篇》卷十八《歙县吴君墓志铭》："丙辰九月九日，歙县吴君孟明卒于扬州，于是子姓哭于寝，外姻诸友哭于堂。……明年，宁都魏禧客扬州，君之子荣芝将谋葬君，率其诸弟奉君状拜稽首来乞铭。"

按，吴孟明既卒于“丙辰”，故此文当作于本年。又，吴孟明，名自亮，字孟明，《民国歙县志》卷九《人物志·义行》载其传。叔子《歙县吴君墓志铭》称其“幼慧读书，及长，君监公家日落，……遂弃而业贾”，“为人孝友，敦族姓，乐施与，急人之患难”。

陆廷伦自泰州来访，叔子序定其文稿，甚称道其人其文。先是叔子慕陆氏文章，曾两过兴化而访之，然皆不值，留书而去。

《魏叔子文集外篇》卷八《陆悬圃文叙》：“兴化宗子发、陆悬圃，以高节能文章名于江北，四方士称曰‘宗陆’。予与子发为莫逆交，叙其文。又尝读悬圃文，慕之。两过兴化皆不值，留书与之而去。丁巳，予客扬州，悬圃得书，自泰州来会，于是益读其文矣。悬圃文以直道自任，有毅然之色，与其为人相似。其论必关世道，法必取裁于古人，为今文章士所不易得。”

按，叔子留与陆廷伦之书，未见今之《魏叔子文集外篇》，不知尚存于人间否，俟考。

《雍正扬州府志》卷三十二《人物志·隐逸》：“陆廷抡，字悬圃，兴化人。少负异才，博闻强记，以能文知名。甘心隐约，不屑为荣利计。日坐卧小楼，足不入城市者三十年。专心致志，尤在史学。……同邑李清称其心口并瘁，既枕籍而厌饫之，故其文体大思精，必传于后也。所著有《酩酊堂文集》行于世。”

时王仲儒与陆廷伦一同过访，叔子向其索诗。

王仲儒《西斋集》卷十《赠陆悬圃六十》：“谁欤许汝称作者，宁都魏叔今韩欧。过逢犹记我亦在，枉索诗句欣相投。霜月定交黄叶寺，瓦缶焉得齐鸣球。”

《雍正扬州府志》卷三十一《人物志·文苑》：“王仲儒，字景州。兴化人。幼时颖异，工举子业，淹贯经史，为诸生领袖。中年绝意场屋，专肆力于诗，沉雄浑噩，独步少陵，不屑道轻靡脆弱一字。弟熹儒，字歙州，以诸生贡入成均。亦擅诗文，工书法，与兄齐名；著述之富亦相埒。海内知名之士游辙所至，靡不与之结契。艺林中评品风雅，必屈指‘兴化二王’云。”

徐乾学两度来访，叔子遂与定交。

《魏叔子文集外篇》卷十《徐健庵春坊五十叙》：“往丁巳予客扬州，公先顾予于委巷者再。既相见握手，四顿首而起，欢然如少旧之交。昔唐后阅除目见员半千名，惊曰：'吾谓是古贤，乃在朝耶？'予闻公名久矣，意以为耆艾人也。及见公，伟然秀泽，询其年，才四十有七。"

吴修《昭代名人尺牍小传》卷六："徐乾学，字原一，号健庵，昆山人。八岁能文。康熙庚戌三人及第，官至刑部尚书。敕修《一统志》、《会典》、《明史》、《古文渊鉴》等书，皆奉命总裁。好奖进人物，海内名士辐凑其门。家有传是楼，藏书甲天下。与弟秉义、元文并以文章显世，号'三徐'。有《读礼通考》、《澹园集》、《传是楼书目》。"

周斯来访，宾主纵论古近人文章及立身作人事。周斯于叔子文甚为赞赏，叔子亦喜周斯之学行文章，引魏世傚与之相见，世傚喜甚。周斯曾览世傚文，奖进之。

《魏昭士文集》卷二《答周盛际先生书》："己未月日，世傚顿首。往家勺庭伯父自扬州还山，云闻有溧阳周先生者，高行博学，工文章，将选有明三百年文人，仿茅氏为八大家而及我焉。傚闻之，心喜。既幸伯父见知于世，又思此先生者非好学深思之士与古人为徒者，亦安能知吾伯父之深若此，而又隐身晦迹，与吾伯父、父为同道。……前年，傚从伯父客扬州，甚病，不见客。闻客座谈论，宾主并大声疾呼。傚惊异，窃听，皆论古近人文章工拙之故及立身作人事。伯父遽呼傚曰：'来，此即向所称溧阳周盛际先生也。'盖先生有耳聋疾云。傚是时则喜甚，而先生曾览傚文，亦相为奖进。既去，又赐手书。"

按，此文作于康熙十八年己未（1679），"前年"云云，当指本年。

《嘉庆溧阳县志》卷十三《人物志·儒林》："周斯，字盛际。明季诸生。与芮城辈并称高士。间客淮扬，间教授生徒。年逾耄耋，不仕，卒。斯讲学必宗程朱，古文亦高简有法。其居乡尤以正人心、厚风俗是亟，每朔望，恒具衣冠，与族众讲论乡约，奖善惩过。诸孝义贞节独行可劝者，载笔以传之。著有《山中集》、《治河策》等书，藏于家。"

秋，许承家邀叔子、盛符升、徐乾学、方亨咸、李柟、程邃等人集浔园。

许承家《猎微阁诗集》卷一《和盛珍示见赠韵，时邀珍示同徐原一宫詹、方邵村侍御、李倚江太史、魏叔子、程穆倩诸子集浔园》："高柳低城阙，回塘抱石矶。故人江上至，相对静中机。荷偃红初没，林疏绿渐微。秋风无限恨，把酒对斜晖。"

按，此诗当作于本年，《扬州足征录》卷二《诰授光禄大夫都察院左都御史木庵李公暨元配叶夫人合葬墓志铭》云："（李）柟，……己酉，赴北闱，登贤书，

成进士，选庶常。七月，扈从至沙河。乙卯散馆，仁皇帝亲试阁中，擢第一，以卷有水迹易第二，授检讨。丙辰，请假省亲。戊午还朝。”据此可知，康熙十四年（1675）乙卯至康熙十七年（1678）戊午期间，李柟仅能在康熙十五年（1676）丙辰、康熙十六年（1677）丁巳这两年参加此次集会，而康熙十五年秋，叔子因兵事滞留于江西泰和（参见该年谱文），未至扬州，且诗中所写为秋日景色，故系此事于此。又，浔园或为许承家之宅第，《猎微阁诗集》卷二有《春二月同乔石林坐浔园，值王仔园、汪叔定、蛟门、夏次功自平山堂晚过，痛饮得春字》诗，中云：“蜀冈车马控游尘，归去群敲白鹭巾。借草行杯知兴尽，扣门入坐转情真。”

《光绪昆新两县续修合志》卷三十一《人物志·文苑》：“盛符升，字珍示。世居淀湖。少补诸生，从张溥、夏允彝游。顺治庚子举乡试，出新城王士正之门，益殚究诗学。康熙甲辰成进士，授内阁中书，移疾归。起补礼部主事，纂修会典，视榷赣关，擢广西道御史。尝疏请详定律例，语甚恺切。旋罢归。……知县董正位聘修邑志，与叶奕苞辈参稽考订，垂成而正位去官，工遂寝。”据《江苏艺文志·苏州卷》，盛符升著有《诚斋诗集》八卷，今存抄本。

《道光桐城续修县志》卷十六《人物志·文苑》：“方亨咸，号邵村。三岁能记典故，九岁落笔成章，十三岁补县学生。顺治丙戌举人，丁亥进士。由县令擢刑部，历谳湖广、广西两省，慎恤刑狱，全活千余人。旋授陕西道御史。丁酉科场狱兴，谪宁古塔。逾二年释归，遂不复仕，颜其居曰邵窝。亨咸美丰姿，长髯玉立，见者称为神仙中人。工诗，为王阮亭尚书所称叹。尤善书画，人得其寸缣尺纸以为宝贵。著有《楚粤使草》、《班马笔记》、《怡亭杂记》等书。”

《雍正扬州府志》卷二十九《人物二》：“李柟，字木庵，兴化人。明少师春芳五世孙，给事中清子也。康熙癸丑进士，选庶吉士，授检讨。历官坊阁学，晋工部侍郎。……祭告南岳，旋奉命督学两浙。在道闻母丧，奔归。服阕就职，转户部，擢左都御史。……秉宪五年，以原官致仕，卒于家。赐祭葬如例。所著有《大远堂奏议》、《文集》、《药圃诗集》、《律例集解》若干卷。”李柟原名叶，字倚江，见《木庵李公暨元配叶夫人合葬墓志铭》。

秋，侨居杨衡选之宅。杨氏介凌元鼒与叔子相见，相处甚欢。叔子于凌元鼒之诗甚为欣赏，为作序。后又应凌氏之请，作《有怀草堂记》。

《魏叔子文集外篇》卷九《容轩诗序》：“凌子蔚侯，秦人也，而家广陵，以能诗名。予尝于曾子止山《过日集》、邓子孝威《诗观》见之。及予客广陵，主其乡人杨子圣藻，又为予道蔚侯近诗之美。介而相见，魁然伟杰，为真秦产。蔚侯折简招予，谈甚欢。出其近诗，都雅婉丽，则多广陵之风焉。”

同书卷十六《有怀草堂记》："凌子蔚侯取《小宛》首章之义，题其草堂曰'有怀'，谒予为记。"

按，叔子与杨衡选、凌元鼐游处当为本年事。《魏昭士文集》卷六《研斋记》云："岁丁巳，予客广陵，主杨子圣藻舍馆。……圣藻曰：'吾居室之旁筑小斋为读书处。曩者专事帖括，不知古文学，今得与子之伯父朝夕讲论，吾将以研名其斋'。"此伯父当指叔子，因本年二月，魏际瑞即入清赣州统帅幕府为宾客，《魏叔子文集外篇》卷十八《先伯兄墓志铭》载：（信丰摄印官）"具谳书递至赣，赣大帅见伯名大喜，跃履出，握手相与入，遂留为客，时丁巳二月也。"而本年八月，魏际瑞即奉命前往吴三桂部将韩大任营中招抚，直至被害，故本年不可能至扬州与杨衡选、凌元鼐二人游处。又，《溉堂文集》卷三亦有《有怀草堂记》，云"草堂在桥墅之大宅后，宅广可二十亩。草堂之侧有亭，前有危石，杂植花木"。

《淮海英灵续集・庚集》卷一："杨衡选，字圣藻，泾阳人。江都贡生。与魏叔子、孙豹人、孝穆交笃。著《披香文集》。"《魏昭士文集》卷五《杨圣藻小影跋》称其"喜谈兵，与人言天下古今事，神气慷壮"，"所传小影，科头趺坐，执书熟视而无言，若潇散物外者"。

《淮海英灵续集・己集》卷三："凌元鼐，字蔚侯，江都人。"凌元鼐又作凌元鼒，《诗观初集》卷九："凌元鼒，蔚侯，陕西兰州人，《存园诗集》。"孙枝蔚《有怀草堂记》云："蔚侯家号素封，年方妙盛，负才不羁又能澹然名利之场。"

十月五日，携魏世傚与黄云、黄泰来父子会饮于扬州。黄云追忆甲申三月十九日事，喟然长叹，泪流不已。他日复如此。先是，黄云之师陈素勉云以忠孝。叔子瞻视陈素像，感而作《陈澹仙先生像记》。

《魏叔子文集外篇》卷十六《陈澹仙先生像记》："丁巳十月五日夜，禧与泰州黄云会饮，追及甲申三月十九日事。因道闻报时，禧与先征君痛哭几气绝。云乃喟然长叹，泪流被面，哭哽咽不能止。合座欷歔，谓黄子天性忠孝，久而不忘若此。云曰：此陈先生之教也。先生知泰州，多善政，云弱冠受国士知。每身造庐，或下榻信宿，数勉云以忠孝。云驽下，终身不感忘。国变，先生守义，侘傺以死。云家有桐引木楼，今削木主祀先生，配以师友贤者。又使画工画先生像，凡出千里必偕。禧敬请瞻视，丰颐广额，鬓须眉，仪观俊伟，眉端微愁色，佩剑而独行。"

《魏昭士文集》卷三《黄仙裳先生六十序》："予忆岁丁巳，与先生聚首广陵，予方病甚，先生视之，情甚笃。尝会饮酒中，语及兴废事，先生辄呜咽，泪簌簌不能仰视。他日又复如此。"同卷《黄交三诗序》："丁巳冬，予三至广陵，交三亦以试事来相见。”

十月十四日，魏际瑞被韩大任杀害。魏世杰从魏礼奉遗体归，殓于翠微山麓。世杰自父被害后，痛不欲生，遂自残，号呼二十日后死，年仅三十三岁。时叔子尚客扬州。

《魏叔子文集外篇》卷十八《兄子世杰墓志铭》：“岁丁巳十月十四日，伯兄既为韩大任所害，时予客广陵。世杰从季父夜奔上乡，奉遗体以归，殓于翠微山麓。……世杰于是长号踊而呼曰：‘天乎！天乎！’拔佩刀自到。人强持之者再，遂握拳捣其胸，死血入少腹，腹痛偻不能立，呼号二十日死。盖十一月初五日也，距其生年三十三。”

按，魏际瑞被害一事，叔子、魏礼、《清史列传》卷七十《魏际瑞传》均有记述，略云：韩大任，吴三桂部将。康熙十二年（1673），吴三桂举兵反清，他任兵曹。十四年（1675），与高得捷共同攻陷江西吉安。十六年（1677）四月，韩大任败退吉安，溃军十万两窜宁都之上乡，百姓遭蹂躏。当事者试图招降，谈判多次未成功，而韩大任自言“非魏伯子吾不信也。”时魏际瑞正为清军统帅哲尔肯之宾客。“当事以属伯，伯既痛桑梓之祸无有穷期，又所闻大任颇为当世豪，亦欲有以全之，遂慨然行。”（魏禧《先伯兄墓志铭》）未曾料到的是，八月初八，魏际瑞刚进入韩大任营中，清军突然从东路逼近韩军。韩大任于是怀疑魏际瑞出卖自己，乃拒而不见，不容分辩。先是将魏际瑞囚禁，10 月 14 日，终将其杀害。康熙十七年（1678）一月，清军败韩大任于鸬鹚寨，韩大任入福建，后率军至汀州向康亲王杰书投降。据昭梿《啸亭杂录》卷九的记载，韩大任降后任内务府包衣参领，后随佟国纲征讨噶尔丹，阵亡。

叔子欲以文就正雷士俊，而雷氏已病逝，不胜惋惜。十月，应雷毅之请，为《艾陵文集》作序，推雷士俊为“近代作者”。

叔子《艾陵文钞序》：“《艾陵文钞》十六卷，泾阳雷伯籲先生遗集也。先生以古文名天下垂四十年。既没，其子毅钞其文之可行世者，请序于宁都易堂魏禧。……今天下古文大兴，其卓然能名一家者不少人，独先生为之于举世不为之日。先生倡之，筑夫和之，数十年天下言古文者，江淮之间，必以雷、王为归。呜呼，岂虚也哉！……先生于古人之法，既铢两悉合，而为文一本于真气，其为近代作者无疑也。……（禧）后此为文数变，再过扬州，欲以就正先生而先生死矣，至今仅得叙先生集。呜呼！先生死，犹幸筑夫之老且康强，为文日益工，先生之文，其必有以论定也夫！康熙丁巳冬十月宁都魏禧撰。”

十月，梦中闻老僧击鼓声，甚妙，得二诗句，续成后赠契公。

《魏叔子诗集》卷五《丁巳十月，梦中闻鼓声甚妙，得二句，续成赠契公》：“长夜霜严天不曙，老僧夜起自击鼓。我于梦中闻妙音，不减刘琨独起舞。”

按，契公生平事迹未详，俟考。

冬，寓黄朝美家，闵世璋与程休如来访。黄、闵二人道程氏之善德，叔子感之，作《程翁七十寿序》。

《魏叔子文集外篇》卷十一《程翁七十寿序》：“丁巳冬，予饮黄君荩臣家，时闵君象南同一客至，髭须皤然，温然而恭，神明清而强。二君顾谓予曰：‘此程翁休如也。识之乎？’予揖而言曰：‘未也。……’二君曰：‘去腊翁寿七十，……吾三人者，五十年昆弟交也，敢请子之文追寿之，可乎？’余笑曰：‘可也。’遂书以寿翁。”

《民国歙县志》卷十《人物志·诗林》：“黄瀚……子朝美，字荩臣，号清持。举乡饮大宾，晚年读书学禅。著《拳石斋诗集》，魏禧为作序。”《诗观三集》卷四称“清持翁虽居阛而爱静读书，晚年学道参禅，有萧然物外意。教诸子，以文武成大名。喜为诗，清秀闲远。年虽七十余，而词炼气足，正使少俊家有所不能及。杜茶村、魏叔子为序而行之”。杜浚《变雅堂文集》卷六《孝逸先生传》称“荩臣生而质实厚重，不好嬉戏，异乎常儿，然内实英敏”，晚年“吟咏不辍，或与朋友唱和，或命诸子继作，积之成一卷，为《拳石斋诗》”。

《雍正扬州府志》卷三十二《人物志·笃行》：“闵世璋，字象南，本歙人，世居江都。自奉惟老屋数椽，布衣蔬食，而遇族党贫老孤独者，竭力周之。葺学宫，新圣贤像。岁祲，设法捐赈，全活甚多，通郡皆称为善人。四举乡饮大宾，卒祀乡贤。其所创育婴堂，规划周详，至今因之。”

按，程休如名号及生平事迹未详，俟考。

十月，将自扬州之苏州，于实庭置酒送别，叔子因王雅介，得读其诗，作《树德堂诗叙》。

《魏叔子文集外篇》卷九《树德堂诗叙》：“丁巳孟冬，予将自广陵之吴门。于子实庭絜尊酒，招予为别。……时王正子在坐，因为予言，实庭故工诗，而实庭让未遑也。予索览不得，正子乃强发其箧，得五七言律绝一帙。予命童子移烛去，即于坐上读之，清华而多姿，若春风桃李，而垂柳飏其上，清溪带其下也。”

按，于实庭名号及生平事迹未详，俟考。

《道光泰州志》卷二十七《人物志·流寓》：“王雅，字正子，宁波人。先世多显达，奉母避乱居扬州，又迁泰州。母席晓经史，识大义，躬自课子，雅故博通群籍，工诗古文词。与吴江包咸善，咸于康熙间为泰州校官，雅来依以居焉。后游燕、齐，复至粤东，遂卒于粤，母犹居泰。所著有《闲居》、《客游》诗稿。”

十一月十五日，与友人过扬州育婴社，有感闵世璋之善行，作《善德纪闻录叙》。

《魏叔子文集外篇》卷十有《善德纪闻录叙》，题下注曰：“为闵象南作。”文中云：“予游扬州，闻善人闵君象南力善数十年不倦，无几微近名之意。……余感闵君行善与先征君类，爰诠次所闻条于左，持归山中训家子弟，风厉吾乡人。”文后附录云：“扬州育婴社者，收道路弃子女而乳之。……丁巳十一月望日，偶同友人过其社，则妇人之襁乳婴儿以来者百数十。”

十一月，应于王庭、于王臣之请，作《于母七十寿叙》、《桃花源图跋》。

《魏叔子文集外篇》卷十一《于母七十寿叙》：“正子曰：‘……今吾友广陵于君王庭、王臣之母夫人，独身冀其子以至于今七十年者，凡三十四年矣。……方甲申三月京师陷，逾二月，而翁以疾卒海陵。……母以一少妇人，衰衣雪涕，携弱子稚女窜走山谷，东西转徙无定处，卒能免外侮，守故业，教其子以成名……’而母二子方惧其母之无传也，于是仲冬日二十有五，为母七十初度，正子介二君操名纸诣予，再拜奉母夫人之行述而乞言。”

同书卷十二《桃花源图跋》：“右《桃花源图跋》，广陵于君王庭属其友写以寿母夫人者。予叙母七十文成，相与夜饮酒。……予出家门二年，因于君请跋图尾，盖不胜故山之思云。”

按，崇祯十七年甲申（1644）至本年为三十四年，故系此事于此。又，于王臣名号及生平事迹未详，俟考。

《淮海英灵集·戊集》卷一：“于王庭，字伯扬，江都人。”

冬，吴仪一、邓汉仪、程邃、宗观、姜梗、姜宸英等人来访，纵论当世古文家长短。叔子出文数篇相质，吴仪一摘抉文中之失。

方象瑛《健松斋续集》卷首吴仪一序："忆丁巳冬，客扬州，与邓孝威，程穆倩，宗鹤问，姜铁夫、西溟访魏凝叔寓斋，纵论当世古文家长短。予独推遂安方子渭仁之文为至醇，众请语其概。予曰：'为文不可一日不学，不学则心放而言，不能循乎理。甲寅、乙卯间，方子避寇，侨居杭城。予每过之，读书声闻户外，其好学甚而能养其心也，故其为文醇而无杂。盖操是说以相天下之能文者有年矣。'凝叔曰：'然。'出文数篇相质。予剥其止友昝婢细事也，而题曰省刑书，剌剌千余言不已，失事之权衡。论岳鄂王事，谓宜铸高宗像跽于其墓，则乖君臣之义。用字如以肱触其背，烦累非史家法。孝威诸子皆惊顾以为狂，铁夫解之曰：'史家字法，何一定之有?'予曰：'然则韩宣子肘之子反病左氏简乎?'凝叔愀然谓予曰：'吾文病多而吾苦疾病，又谬得名。病则时时失学，且不耐思；而以名求吾文者不能谢，强应之，稿甫脱手已镂板行矣。信如子言，放其心而求理之醇，弗可得也，请以已刻文尽为删之。'明日，予同姜京兆北征，遂不果。"

《乾隆杭州府志》卷九十四《人物志·文苑》："吴仪一，字瑹符，亦字抒凫，钱塘人。所居名吴山草堂。髫年入太学，名满都下。经史子集，一览成诵。奉天府丞姜希辙重其才，延之幕中。遍历边塞，诗文益工。尤长于词，陈检讨维崧推其词为天下第一，王士正亦推重之。"

《雍正扬州府志》卷三十一《人物志·文苑》："宗观，字鹤问，兴化人，居江都。以江宁籍中壬午副榜，司铎贵池，迁常熟，皆以训士有方，为四方称道。生平好古勤学，长于吟咏，而襟怀旷朗，不问家人生业。其诗萧疏幽隽，在王、孟、韦、柳之间，新城王士祯甚爱赏之。"

《两浙輶轩录》卷三："姜梗，字铁夫，号桐柏，会稽人。著《曹山草堂》、《饭犊居》等集。"引孙度曰："《府志》载国初以来诗人，云诸生则姜梗云云，事迹未详，《越风》止存二首。兹采得《饭犊居诗》一卷，为同邑董昊宪选刻，乐府、五古直溯上游，五七律雄浑中时见流丽。"

《清史稿》卷四八四《文苑一》："姜宸英，字西溟，慈谿人，……绩学工文辞，闳博雅健。屡踬于有司，而名达禁中。圣祖目宸英及朱彝尊、严绳孙为海内三布衣。侍读学士叶方蔼荐应鸿博，后期而罢。方蔼总裁《明史》，又荐充纂修，食七品俸，分撰《刑法志》。……尚书徐乾学领《一统志》事，设局洞庭东山，疏请宸英偕行。久之，举顺天乡试。三十六年，成进士。……明年，副（李）蟠典试顺天，蟠被劾遣戍，宸英亦连坐。事未白，卒狱中。……著《湛园集》、《苇间集》。"

为汪懋麟作《十二砚斋记》。

《魏叔子文集外篇》卷十六《十二砚斋记》："汪舍人客京师，梦得十二砚，因以名其寓室。他日问于魏子曰：'是梦也，为致耶？为咸陟耶？'魏子曰：'致也……'"

《百尺梧桐阁文集》卷三《十二砚斋记》："壬子秋九月，余清羸卧疾，梦入广庭，四面列大几，几上古砚多不可以数计，墨光滢滢。爰取其十二出，登小舟，历山涧，见夫清泉白石，洗弄不辍。觉，于枕上赋诗纪梦，喜而名其斋。噫！亦幻且怪矣。而四方贤士之与余友者不以为幻且怪，多乐为传道兼为作记。"

按，据汪懋麟自述，可知"十二砚斋"之取名，在康熙十一年（1672）九月，以十二砚为题作文者必在此之后。又，据《除夕拜两大人像涕成六百字同叔定家兄作》，汪懋麟康熙十二年（1673）至康熙十六年（1676）之行迹亦可知。康熙十二年，汪氏以母病逝返扬州。（"癸丑请觐省，讵意遭哀毁。老母舍我去，此痛永无已。"）康熙十五年（1675）七月返京。（"侍养欲终焉，有司迫我起。牵衣愁出门，孟秋河水弥。"）当年十二月再度离京，次年春抵扬州。（"算程只数月，里门便可企。……季冬驱马回，冰霜折鞭箠。上春渡黄河，望乡已先喜。"）而叔子自康熙十二年正月返宁都后，至康熙十五年均未至扬州，二人无晤面之可能。故叔子此文，极有可能作于本年。再次，当时以十二砚为题作文者甚多，如朱彝尊、姜宸英、计东均有同名之作，分别见《曝书亭集》卷六十六、《湛园未定稿》卷七、《改亭集》卷九。

《雍正扬州府志》卷三十一《人物志·文苑》："汪懋麟，字季甪，江都人。康熙丁未进士，授中书舍人。每入直，必携书卷，竟夜展读。时有楚人朱二眉，号神仙，倾动公卿。懋麟著《辨道论》，力诋其妄。值忧归。膺荐举博学，不赴。服阕，以主事衔入史馆，与修《明史》。越三年，补刑部主事，能辨疑狱。寻罢归，杜门绝俗，昼治经，夜治史。以郑樵《通志》浩繁，手为删订。其为文，法欧、曾；诗合唐宋为一家。著有《百尺梧桐阁集》二十三卷。"

朱彝尊编《竹垞文类》成，叔子为作序，甚赞赏其文。

《魏叔子文集外篇》卷八《朱锡鬯文集序》："所作文，考据古今人物得失为最工，而经传注疏亦多所发明。……三吴顾宁人、汪苕文，博学穷物理，余最爱其文有根据，而锡鬯皆与为友，虚己以下之，相与切劘其学，又能出新意自见，此其文之日工也夫。"

《曝书亭全集》附录朱桂孙、朱稻孙《祖考竹垞府君行述》："（魏）处士以古文自命，独称王父所作，谓考据古今人物得失为最工。"

按，《竹垞文类》乃朱彝尊自编的一部分类诗文集，《曝书亭集》卷首查慎行

序云："（锡鬯）平生纂著，曾两付开雕，未仕以前，曰《竹垞诗类》、《文类》。"《曝书亭集外稿》卷首李宗昉序云："余考先生未入翰林时，尝自编其行藁为《竹垞文类》。"《清诗纪诗初编》卷七云："《竹垞文类》刻于康熙十六年，尚题'布衣朱彝尊'，为诗十四卷、文十二卷。"《竹垞文类》今存两种刊本，一为二十五卷本，上海辞书出版社有藏；一为二十六卷本，国家图书馆有藏，《四库全书存目丛书》据原刊影印。影印本卷首有王士禛、叔子所作的序。王士禛序云："迨今丁巳，予复入京师，而锡鬯又将有金陵之行。……锡鬯过别予，以所著《竹垞集》属序。予因述其所有感于中者，而并道予二人离合之情以遗之。锡鬯其亦有感于予言也。"据此，可知王士禛序作于本年。是年，龚佳育擢江南布政使，朱彝尊为其幕僚，故有南京之行，而叔子客游扬州，或有可能与朱氏晤面，并应邀作序，故系此事于此。又，叔子序收入文集后，删去文末署名"宁都魏禧顿首撰"，题为《朱锡鬯文集序》。

十二月，与魏世傚自扬州出发，欲至杭州凭吊吴参。抵无锡，魏引追及，叔子始闻魏际瑞之凶信，即心肝碎裂，遽返。

《魏叔子文集外篇》卷十四有《哭吴秉季文》，序云："丁巳，予客扬州，正名自河渚来候。……期以冬春之交趋河渚拜墓道。十二月发扬州，抵无锡，得先伯兄凶问，遽归。"同书同卷《祭伯兄文》："方和公遣魏引讣扬州，追及吾于无锡，当食，引至。吾与世傚乍见惊愕，疑吾妇痼疾三十年，必今死也。问之，乃得兄信，再问而得所以死状。魂魄飞散，心肝碎裂，抢地呼天，如梦如死。"

按，闻魏际瑞凶信之地点，叔子自述为无锡，魏世傚所记则为京口，《魏昭士文集》卷三《黄仙裳先生六十序》云："及予在京口得东房伯父讣，走广陵取行李。先生闻之，漏五下造予里门，不得启。先生直立，俟之犁日相见，执手大哭。又质衣为奠祭礼，追致于京口。"与叔子自述略有差异，录以备考。

王愈融致书叔子，欲执贽门下。

《瑞竹亭稿》卷下王愈融《上勺庭先生书》："自唯庸鄙无似，欲执贽门下，逡巡不敢出口。既而自思先生于后学，如天地之化，酝酿亭毒，春气勃发，万物向荣。于是激而为雷霆，散而为和风时雨，桃李兰芝松柏之属，咸相长养，下至藜藿楚茨、无名之草，以求润泽于门下，先生其肯许之乎？先生所造就士多贤，其于炉冶，足当先生之薪者凡几辈，融亦愿借先生交之。融再拜。"

按，文中有"去秋，融得亲见先生于水云庵中"语，而王愈融见叔子，为康熙十五年事（参见该年谱），故此书应作于本年。

张士骥五十初度，宁都士绅欲寿之，张氏固辞谢，后与叔子日亲善。叔子感张氏品行，作文赠之。

《魏叔子文集外篇》卷十《赠张骀庵广文序》："南昌张君骀庵以高科为广文先生于吾宁，宁之士诵法其文章，又亲炙其教。君初度，诸士将举觞，相率而属予为之辞。君乃趋驾而谢曰……予曰：'诺！'遂以谢里中士。而君于予日亲善，往还数数，有加礼焉。予叹君能自降阶笃朋友之好，非寻常科名士所及，而所以教吾宁士者，其于大本恢恢然矣。"

按，文中云："君去戊己之际且三十年，年逾五十。""戊己"指顺治五年戊子(1648)、顺治六年己丑(1649)，逆推之，本文约作于本年，故系于此。

《乾隆南昌府志》卷二十四《人物志·孝友》："张士骥，号骀庵。顺治甲午乡试第一，选宁都教谕。戊子之乱，士骥奉父母避兵于山庄，游骑猝至，母王氏投于河。士骥痛哭且殉，以父命止。后里中横逆起，父产荡析，负笈四方，取束脩以养，父卒，始授官，每当食而叹。年五十，绅士称觞，固辞之。后告归卒。著有《四书纂要》。"

骆嘉泰乞叔子为其父骆钟麟作墓志铭，叔子辞之。

《邵子湘全集·青门簏稿》卷十二《中宪大夫常州府知府骆公墓表》："公讳钟麟，……子嘉泰、嘉豫、嘉观，皆诸生。公卒后一年，嘉泰状公行事，介蘅之族兄赞来请表其墓。蘅少贱，不敢当，固辞。赞曰：'泰之请也，诚蕲其文之足不朽公者，不以名位，将乞铭于宁都魏禧，禧亦布衣士。子幸许之。'蘅曰：'诺。'"

《魏叔子文集外篇》卷八《赖古堂集序》："常州太守骆公与禧交，卒，其子以志铭请，亦辞。"

清康熙十七年戊午（1678）　五十五岁

是年正月，清廷下令开博学鸿儒科，令在京三品以上及科道官员、在外督抚布按，凡有学行兼优、文词卓越之人，不论已仕未仕，各举所知。严沆、余国柱、李宗孔以叔子名上。

《清圣祖实录》卷七十一"康熙十七年正月"："乙未。谕吏部：自古一代之兴，必有博学鸿儒振起文运，阐发经史，润色词章，以备顾问著作之选。朕万几余暇，游心文翰，思得博学之士，用资典学。我朝定鼎以来，崇儒重道，培养人材，四海之广，岂无奇才硕彦，学问渊通，文藻瑰丽，可以追踪前哲者？凡有学行兼优、文词卓越之人，不论已仕未仕，令在京三品以上及科道官员、在外督抚布按，各举所知，朕将亲试录用。”

《魏季子文集》卷十五《先叔兄纪略》：“戊午，用严公沆、余公国柱、李公宗孔荐举博学宏辞，累征，以病辞，未就。”

按，余国柱，字两石，湖北大冶人。顺治九年（1652）进士，授兖州府推官，迁行人司行人。康熙十五年（1676），考授户科给事中，官至户部尚书兼武英殿大学士。以党结明珠被革职，卒于家。生平事迹详见《清史稿》卷二六九《列传五十六》。李宗孔，字书云，江苏江都人。顺治四年（1647）进士，由部郎授御史，改给事中。以直著名，不附不阿。后请假归。康熙三十八年（1699），在家晋大理寺少卿。生平事迹详见《雍正扬州府志》卷二十九《人物》。

正月，还乡，与魏礼相见，抱头痛哭。闻魏世杰亦死于非命，哀伤逾节。因念三孤孙幼稚，乃留身教之。时闻孔鼎衰惫，然以病不克前往探视。

《魏叔子文集外篇》卷十四《哭吴秉季文》：“明年春到山，乃知兄子世杰以父死非命，哀逾节，距二十日而死。又三孤孙幼稚，乃留身教之。哀痛之余，精神沮丧，心贸乱，不复意人间事，出游无时。”同书卷十四《哭涂亦振文》：“岁正月，吾自京口奔还，哭吾兄、吾兄子于山下。孔正叔先生今年八十，闻健饭颇不如昔，欲来新城一望见之，病不得行。”同书卷十八《兄子世杰墓志铭》：“世杰……子三：家桂、家驹、家栋。予得讣，奔还，恸几绝。念诸孙无师，身自教之，为句读训诂，明年更就外傅。”

《魏季子文集》卷八《与顾袁州书》：“家叔兄去腊于贵里得讣，今春抵山，兄弟相见，抱头痛哭，不知何者为生为死，而头风宿疾连月大作。”

二月初六日，作文祭兄魏际瑞、侄子魏世杰，魏礼亦有文祭兄、侄。邱维屏与诸友人同祭魏际瑞父子，邱氏作文以致悲愤之情。

《魏叔子文集外篇》卷十四《祭伯兄文》：“维戊午二月朔有五日，叔弟禧叩首椎膺，痛哭陈哀于吾伯兄之灵曰。”同书同卷《祭兄子世杰文》：“维戊午二月朔有五日，勺庭叔父禧谨以卮酒酹于诸子世杰之灵，哭而言曰。”

《魏季子文集》卷十六有《祭伯兄文》、《祭兄子文》，《邱邦士文集》卷十六有《众祭魏善伯父子文》。

自魏际瑞及其子卒后，叔子欲以祖父所遗之学租令魏世傚游大学，世傚婉辞之，宁以布衣之身支撑门户。

《魏昭士文集》卷三《析产序》："初，伯父、伯兄以长嫡应试，为坟墓门户计。一旦皆殒，仲父欲去大父所遗学租二百石令游大学。予从容请曰：'二父处隐约三十余年，且年老善病，家门之责，非□而谁。特既久绝进取之念，思无负生，我今若此，是老女适人矣。宁浮沉隐见，规方作圆，强与富贵人周旋，则布衣韦带未尝不可持门户也。'仲父乃颔之。"

是年，杨龙泉与僧人倡众修复金精山仙女庙。五月，叔子为作碑记。

《魏叔子文集外篇》卷十六《重修金精山碑记》："金精洞，汉女张丽英飞升后，其名胜闻天下。宁都固僻县，然以金精显。仙女庙，汉魏来宜有之。……崇祯甲申之变，予侨家金精峰顶，而数百年之木松、杉、修竹，为势家翦伐已尽，殿宇日就倾圮，道人卞醇，醇与吾友李咸斋、彭天若倡修之。未二十年，瀑水败殿东角，楼亦就圮。岁戊午，吾门人杨御李授徒洞中，慨然感之，与主僧倡众修举，加丹臒焉，请记于予。……戊午五月邑人魏禧撰。"

五月，闻孔鼎讣，捧书痛哭，然因病且盛暑不能前往吊唁。

《魏叔子文集外篇》卷十四《祭孔正叔先生文》："戊午四月二十有四日，新城高士孔正叔先生以八十寿终于桂山。逾月，子兴鹏讣至。禧捧书痛哭，以病，盛暑不得往。易堂先后辈咸相悼叹。"

五月十九日，读孔鼎四月手札。时孔氏已于四月廿四日辞世，叔子感而泣下，为刻其原札，并作跋语。

《魏叔子文集外篇》卷十二《跋桂山先生手札》："此桂山先生戊午四月手札也，以月之十九日到翠微。禧展读未竟，泣下如雨。"文后自记云："先生札作于四月上旬，予将以七月诣先生，而先生已于四月廿四日弃人间世矣。予薄德不敢当先生语，然先生精诚奇至，可贯金石而泣鬼神，自不可泯灭于世，故为刻其原札及此跋存诸集。"

六月，授经于魏世俨，并讲述吴祖锡之行事立心，世俨甚期慕，遂为文悼之。

《魏敬士文集》卷六《遥哭吴稽田先生文》："戊午六月，俨从勺庭仲父授经，闻仲父言稽田吴先生之义，心期慕之，欲往拜其墓，而山川阻隔，不能至。于是为文而遥哭之曰。"

《清史列传》卷七十《文苑传一》："（魏）世俨，字敬士。善病如其兄，然不废翰墨。与从兄世杰及兄世傚，时称小三魏。著有《为谷文稿》八卷。"

六月，吴正名自宁都赴杭州河渚省墓，叔子因悲怆而展拜吴参墓无时，遂作祭文授正名。

《魏叔子文集外篇》卷十四《哭吴秉季文》："出游无时，展拜秉季墓未知期日，而正名又自山中省墓河渚。于是为遥哭之，书授正名拜而焚于埏道。"

按，《魏季子文集》卷七《送门人吴正名往河渚省墓序》云："戊午六月，吴正名将往河渚省父墓，遂归贵池，拜先祖之垄而复还山中。"以此知吴正名往河渚为本年六月。

六月，闵本贞母七十初度，叔子为作寿序。

《魏叔子文集外篇》卷十一《闵母七十寿序》："予交歙县闵君本贞。……戊午六月，母七十初度，本贞帙母行述，再拜乞言于禧，禧反帙再拜而谢曰：予固已知之矣。"

七月，林时益呕血死，享年六十一岁。林氏病笃时，叔子曾视疾三昼夜。林氏卒后，又与彭任亲为举棺含殓，并作《朱中尉传》。

《魏叔子文集外篇》卷十七《朱中尉传》："戊午八月复病，呕血死，年六十一，盖中尉以戊午生戊午死云。死之日，士望阻于楚，唯魏禧、彭任亲举尸入棺含殓焉。"同书卷十四《哭涂宜振文》："惟确斋吾视疾三日夜，手亲含殓，举尸扶头以入棺。"

八月十五日，头风大作，辗转于床席三日。

《魏叔子文集外篇》卷十四《哭涂宜振文》："确斋死七月，中秋之夕，予头风大作，转床席方三日夜，而兄之讣又至也。"

八月十八日，闻涂斯皇病逝，以魏际瑞父子之哀，疾甚不得往，后为文哭之。涂氏卒于七月，病笃时，曾遣人告叔子，望叔子来。

《魏叔子文集外篇》卷十八《中书涂君墓志铭》：“戊午七月，以足疾终于寓室。……方君病笃，与禧六年不相见，属禧门人趣使来一言。禧以先兄、兄子之哀，疾甚不得往，而君且死矣。”同书卷十四《哭涂宜振文》：“呜呼！吾不幸而又哭吾宜振也。……七月之杪，确斋丧发引而葬，吾门人任安世自新城归，追及丧车于山下，哭尽哀。既拭泪而谓予曰：‘宜振先生方痼脚疡，医弗效也。谓先生且来，胸中欲相语甚多。’孰意兄遂死。”

九月，抵新城，为文以哭孔鼎先生。

《魏叔子文集外篇》卷十四《祭孔正叔先生文》：“九月禧行，易堂诸子各致生刍之奠，附书吊兴鹏，而禧为文以哭先生曰。”

九月，编次魏世杰遗稿而刻之，并作序，痛惜其不克永年以死。

《魏叔子文集外篇》卷八《梓室遗稿序》：“吾尝谓吾及门中，唯杰将来可独任事，读书处士，足有成立，乃不克永年以死，可不重哀而痛惜哉！简其笥中得存稿若干首，为续刻而编次之。……嗟夫！予年衰无子，他日尝以遗稿属杰及诸书未行世者，为吾次第刊布，而今乃以其残文断简烦吾老人也，悲哉！戊午九月勺庭叔父禧抆泪书。”

十一月，坚以病辞博学鸿词征，宁都州尹不听，强舁至南昌。叔子卧竹筐中诣会城，赣抚疑其诈，以板扉舁之入署。叔子絮被蒙头卧，称疾笃，乃放归。时与任安世同行，叔子意已决，如不获请，即引决。是年，当道敦迫诸遗民就道，隐逸之士亦有争趋辇毂、惟恐不与者，故叔子辞征，为人称道弗绝。

《魏叔子文集外篇》卷十一《萧孟昉六十叙》：“戊午仲冬，予辞征，舆疾章门。”同书卷十《赠别方西城叙》：“往戊午冬，予舆疾寓章门，与西城仅隔一壁。”《道光宁都直隶州志》卷二十三《人物志·寓贤》：“任安世，字道援，九江人。……魏禧举博学宏词，以疾辞。当事敦逼，不得已，诣会城，携安世行。禧卧竹筐中，怀药语安世曰：‘吾此行不获，请必引决，以骸骨累君。’”

王先谦《东华录·康熙二十二》：康熙十七年七月，“吏部题各省题荐人员原令其作速起程。今陕西李容、王宏撰……山西范鄗鼎、江西魏禧，并以疾辞。”

佚名《啁啾漫记》："当征试时，有司迫诸遗民就道，不容假借。惟李容、黄宗羲、应抝谦、嵇宗孟、顾景星、蔡方炳以死拒得免。其他类胁以威势，强舁至京，如驱牛马然，使弗克自主。而犹美其名曰圣天子求贤之盛典也，其然岂其然乎?""魏禧被征，又疾辞，宁都州尹不听，强舁至南昌。赣抚疑其诈，以板扉舁之入署。禧絮被蒙头卧，称疾笃，乃放归。"

《笠洲文集》卷七《黄九烟先生传》："当己未庚申间，罗天下才隽殆尽，而关西李中孚、阳曲傅青主、宁都魏冰叔，三人独超然远引，至今称道弗绝。"

王应奎《柳南随笔》卷四："康熙丁巳、戊午间，入赀得官者甚众。继复荐举博学鸿儒，于是隐逸之士争趋辇毂，惟恐不与。四明姜西溟宸英有诗云：'北阙已成输粟尉，西山犹贡采薇人。'时以为实录。"

时方士琯客南昌，与叔子相邻，间以诗示之。叔子闻方氏吟诵声，有诗赠之。

《魏叔子文集外篇》卷十《赠别方西城叙》："往戊午冬，予舆疾寓章门，与西城仅隔一壁。西城夜咏诵不辍如今时，间出其诗示余，颇有吾伯子风气，心窃怪之。"《魏叔子诗集》卷六有《寓方西城后院，闻主人吟诵声，有赠》。

《民国歙县志》卷十《人物志・诗林》："方士琯，字西城，路口人。为诗多新意秀句，与魏禧兄弟倡酬。长洲李果辑其诗为《鹿村集》。"朱观《国朝诗正》卷四称其"天性孝友，持身接物，靡不以诚而慷慨任侠，尤为人所不为。……读其诗，嵚崎历落，一如其人"。

十一月八日冬至，施闰章自京师致书叔子，道仰慕之情，并邮诗及传记诸作，瞩叔子论而序之；又属宁都县令照顾魏氏兄弟。时施氏获读叔子文已有年。

《施愚山集・文集》卷二十八《寄魏凝叔》："性癖嗜诗，二十年来未尝一付剞劂，诸公流传并友人选刻，近始合编为集，约近四十卷，尚须捡括。今视所往三册，可得其梗概也。文二百余篇，多牵率，昌黎所谓'俗下文字'。适偶抄一帙，中有李忠肃、袁江督二传，据其家传成文，并贵乡先进，倘有牴牾，烦为是正。……仆老矣，苦被敦迫入待诏，昏耗迂钝，明年当如杨朴处士一诵诗即见放矣。"同书卷九《魏和公五十序》："戊午春，以博学宏词征，不起。余恨不得见其人，会同年王君令宁都，余亟属曰：'毋失凝叔兄弟!'且寓书焉。"

按，《魏叔子文集外篇》卷六有《答施愚山侍读书》，云："禧伏枕山中，得奉戊午长至日手书暨大刻数帙。"故知施氏此书作于长至日。《寄魏凝叔》末云"呵冻信笔，以当接对"，故此"长至日"当为冬至。据《近世中西史日对照表》，本

年冬至为十一月八日。又，叔子与施闰章直接通音问当自本年始，然而直至叔子病逝，二人未曾相见。再次，施氏文中云“仆读先生之文有年矣”，又云“向从程穆倩递中得所惠文集，知有意向仆”。可见魏、施二人虽从未相见，然叔子尝赠以文集。

《清史稿》卷四八四《文苑一》：“施闰章，字尚白，号愚山，宣城人。……少孤，事叔父如父。从沈寿民游，博综群籍，善诗古文辞。顺治六年进士，授刑部主事，以员外郎试高等。擢山东学政，崇雅黜浮，有冰鉴之誉。秩满，迁江西参议，分守湖西道。……康熙初，裁缺归。……十八年，召试鸿博，授翰林院侍讲，纂修《明史》，典试河南。二十二年，转侍读，寻病卒。……为文意朴而气静，诗与宋琬齐名。……著有《学余堂集》、《矩斋杂记》、《蠖斋诗话》，都八十余卷。”

十二月，宋荦出榷赣关，孙枝蔚、汪楫均以诗送之，兼寄怀易堂诸子。

《溉堂续集》卷六“戊午五古排律”《送宋牧仲员外榷税虔州兼寄怀易堂诸子》：“朝廷倚筹画，关市有光辉。谋国才须展，论文事不违。山川谁共赏，耆旧许相依（原注：谓彭躬庵、魏凝叔、和公、曾青藜诸子）。公事如多暇，携尊访钓矶。”

汪楫《京华诗·送宋牧仲员外榷赣州关兼寄易堂诸子》：“我友魏禧家宁都，深岩拾橡随猿狙。征书屡下不就道，比来踪迹知何如。……彭（原注：躬庵）丘（原注：邦士）曾（原注：青藜）魏（原注：和公）尽佳客，藜苋讵损郇公厨。两壁旧有虎头画，罗生脱手如临摹（原注：关署有顾见山画壁，宁都罗饭牛画绝类之）。貂裘鹿裘鹤氅裘，相将共入沧州图。归时见示易堂唱和作，绝胜石家七尺高珊瑚。”

按，宋荦离京为本年十二月，宋荦《西陂类稿》卷四十七《漫堂年谱》：康熙十七年戊午，“十一月，堂官保举才能，奉命出榷赣关。……十二月，……出都时博学鸿词诸公集阙下，以诗文相送者甚伙。”

十二月，魏礼、魏世儆来南昌，魏世儆父侍叔子。十二日，萧伯升六十初度，时以方以智一案系狱，戒子弟勿为寿。萧氏在狱中，不废吟诵，叔子叹服之，应萧从泓之请，为文以寿，魏礼、彭士望均为文寿之。

《魏叔子文集外篇》卷十一《萧孟昉六十叙》：“戊午仲冬，予辞征，舆疾章门，吾友研邻子会以蜚语羁郡舍。逾月，六十初度，研邻诸子从泓，余门人也，来乞言。予曰：微子谒之，吾固将言之。……于是口授从泓，庄录而献之。”

《耻躬堂文集》卷七《萧孟昉六十序》："予与萧子研邻别且六年，及归会城，展先垄，始知研邻以凿空之诬久羁于此。戊午冬腊，年六十，戒子弟勿为寿，而宣城施公愚山、宁都魏子叔季则不能已于言。"

《魏季子文集》卷七《萧孟昉六十序》："戊午冬，予从家叔子辞征来会城，而萧子研邻亦以凿空之诬久羁旅于此，时腊月六十初度，研邻豫戒诸子曰：'吾委身患难中，毋寿我为也。'"

《魏昭士文集》卷五《跋萧研邻先生六十序》："泰和萧研邻先生以贤豪名海内，今年忽婴蜚语，客羁南昌郡舍。予父侍勺庭伯父疾，腊月，同客会城，见先生左图右书，日夕叉手吟诵，泮然若无事。伯父、父益叹服，四方人士见且闻者，皆以为患难中无此人也。先生之名因是以益起，而月十有二日，适先生六十初度，伯父、父皆为文祝先生。"

按，萧伯升入狱，当因方以智之"粤难"案牵连而起。康熙十年（1671），方以智被捕，押解赴岭南，舟次万安惶恐滩时去逝。然"粤难"之详情，今实已无从考见。《施愚山集·文集》卷二十八《与孟昉书》云："顷闻讼未释，鄙人惑焉！昨制台下车，又有含沙射影者矣。"余英时先生认为："孟昉挈家至皖江，事在乙卯孟夏。……据《愚山年谱》，（施闰章）乙卯五月有金陵之行，则此书作于乙卯，必矣。乙卯上距密之死难，已越四年，距粤案之结亦近两年（事详《死节考》，见下），似应与密之一案无涉。然余颇疑孟昉讼事或亦由密之粤难辗转牵引而起。何者？愚山书言'闻讼未释，鄙人惑焉'，则此案拖延已久，并非始于乙卯，与密之难事，时间衔接。此可疑者一也。"（《方以智晚节考》）

又，魏礼《萧孟昉六十序》云："吾尝见研邻处他人之患难矣。有高僧无可中奇祸，人之闻之者，咋舌摇手，如疫疠猛火不敢近，所亲信或委而去。研邻则挺然身左右之，居停食饮，出气力，以致其事之白然后已。而研邻自处患难，则优游闲适，若无所事，图史不去手，作书亲故，益潇洒磊落，多见道之言。"（《魏季子文集》卷七）文中提及的"高僧无可"即方以智。方中履《祭萧孟昉文》云："方先公之罹祸，孤忠正气，自分一死，不肯以累故知。而孟昉复壁之义，举幡之勇，将忘其身家而为之。及孟昉之遭蜚语，余一门吁天，傀焉其穷，曾不能奔蹈水火，脱君于篴舆之厄、槛车之危，此余兄弟之所以负惭饮恨而涕洟。"余英时先生认为："中履此文，缠绵往复，显有难言之隐。自'先公……不肯以累故人'至'孟昉之遭蜚语'，一气而下，尤似其间有某种关联，此可疑者二也。""密之难事初起，萧孟昉尝藏匿之于其家。此即'复壁'之所指也。"（《方以智晚节考》）任道斌《方以智年谱》"清康熙十年辛亥"条载："三月，濯楼落成，密之已定日期，将由亦庵迁居，因'粤难'作而不果。""泰和中千公等竭力为密之辨冤，萧伯升欲藏密之以避难。密之为不累亲友，谢却萧伯升好意，自诣庐陵就监。"

十二月，叔子得放还山，方士琯以酒饮之，且诵魏际瑞之诗。叔子驻杯而听，凄然泣下。

《魏叔子文集外篇》卷十《赠别方西城叙》："及得放还山，西城持尊酒饮予，则自言得伯子诗于扬州，好之，且饮且诵其赏心之句，反复吟哦。予时与季弟驻杯而听，凄然泣数行下。"

上船时，汪秋浦索诗序于叔子，叔子倚枕口授之。

《魏叔子文集外篇》卷九《汪秋浦诗引》："歙汪子秋浦好为诗，诗凡二百余首，盖得于清气者多焉。……予得放还山，已舆床上船，秋浦索数言于册，为倚枕口授，秋浦自书之。"

按，汪秋浦名号及生平事迹未详，俟考。

又口占一诗，答杨益介。

《魏叔子诗集》卷五《口占答杨友石》："天寒作客殊草草，水雪堂中寒正好（原注：友石名所居水雪草堂）。自笑虚名累此身，无端风雪章门道。"题下有注曰："时戊午十二月。"

返宁都途中，道经南丰，与谢文洊聚谈竟夕。

《谢程山集》卷十五《宁都魏季子五十一序》："戊子岁寒，从叔子自豫章辞征归，道由南丰，聚谈竟夕。"

孔之逵五十初度，以诗赠之，时从南昌归。

《魏叔子诗集》卷四《赠门人孔用仪五十》："风雪章门归，寻医嘉禾城。百里隔黎水，怅然感我情。……汝年甫及艾，岂当遽无成？勉率二三子，洗我处士声。"

冬，门人吴正名自杭州河渚归，并持顾祖禹之书至。

《魏叔子文集外篇》卷十一《孙容也七十叙》："戊午冬，门人吴子政自河渚归，持吾友顾景范书至，言季樊不禄。"

从汪楫处得周在浚之书币，叔子受书返币，为《赖古堂集》作序。

《魏叔子文集外篇》卷八《赖古堂集序》："栎园周公既卒之六年，长君在浚寓书币于友人汪楫以授宁都魏禧。汪君再拜属禧为公神道之文。禧受书反币，再拜而谓汪君曰：嗟乎周公，禧何敢辞。"

《清史列传》卷七十《文苑传一》："周在浚，字雪客，河南祥符人。官经历。父亮工，……在浚夙承家学，淹通史传，尝注《南唐书》十八卷，为王士祯所称。又尝合《天发神谶碑》三段，贯以钜铁，重为《释文》一卷，考证精审，……工诗，尝作《金陵百咏》及《竹枝词》，流传最盛。著有《云烟过眼录》二十卷、《晋稗》、《梨庄》、《遗谷集》、《秋水集》。"

温闻衣五十初度，以诗赠之。

《魏叔子诗集》卷四《赠温闻衣五十》："我昔与君齿，长君五年尔。"

按，温闻衣名号及生平事迹未详，俟考。

严沆卒。恽日初卒。孙默卒。

清康熙十八年己未（1679）　五十六岁

二月，杨龙泉之母徐氏病逝，叔子应杨氏之请，为撰墓表。

《魏叔子文集外篇》卷十八《杨母徐孺人墓表》："孺人姓徐氏，明崇祯戊辰选贡生杨一水先生之侧室也。……岁己未二月，孺人无疾而终，距其生壬子七月，享年盖六十有八。子一：晟，县学生，今名龙泉。……晟将以某月日奉孺人葬某处，请禧表其石。"

致书冷士嵋，言家庭变故及辞征博学鸿儒事。春，冷士嵋复书，慰以失兄、失侄子之痛，并寄《翠微山歌》请正。

《江泠阁文集续》卷上《答魏叔子》："忽拜手书，如十朋之赐。发函伸翰，乃悉东房令兄，以桑梓故罹奇祸，令侄兴士，复身殉父难，一时惊愦错愕。越日甫定，既而读两祭文，足下友于之痛，缠绵肫笃，怛恻真至，令人悽伤，不忍迫视。中承却聘，不改初服，盖遐心莫迩，前哲所称，鸿飞冥冥，非弋人之所慕矣。……南望江云，引领翠微之峰，情何有已，因退成《翠微山歌》，寄达左右。

非敢谓能道万一，然或于足下初怀，不大相河汉耳。首春犹寒，计山中当益盛，惟顺时珍摄，以副悬祷。”

按，据“忽拜手书”云云，叔子当先有书致冷士嵋，然检今存之《魏叔子文集》，未见此书，不知尚存人间否？俟考。

春，鲍夔生四十初度，作序赠之，魏礼、魏世傚亦有诗文赠之。时鲍夔生自京师还赣。

《魏叔子文集外篇》卷十一有《鲍生四十叙》，《魏季子文集》卷四有《鲍子韶四十》。《魏昭士文集》卷三《赠鲍子韶四十序》：“己未春，鲍子子韶自京师返吾赣，予适以事至，相握手甚欢。……是时，鲍子适四十初度。”

四月，谢文洊先生六十四初度，叔子作序赠之。

《魏叔子文集外篇》卷十一《赠谢约斋六十有四叙》：“乙卯四月，程山先生六十初度。……及己未，东南既定，烟火千里，……盖先生已六十有四矣，予更请以《易》论。”

五月初一，复书与施闰章，赠以家集，甚称道施氏之论议及诗文，赠以序，并请施氏为魏礼五十初度作寿序。

《魏叔子文集外篇》卷六《答施愚山侍读书》：“己未五月朔日，禧伏枕山中，得奉戊午长至日手书暨大刻数帙，鼓舞惭愧。……执事书中论议，往往先得我心。……家食之日，禧又得读执事文，简洁而雅醇，意思深长。”同书卷八《愚山堂诗文合叙》：“士大夫之能诗古文者，数百年以来，于今为盛，予最爱吴门汪户部、宣城施愚山先生之文。……岁己未，施先生自京师以书来，邮其诗及传记诸作，属予论定而叙之。……先生文，意朴气静，初读之，若未尝有所惊动于人，细寻绎之，则义味深长，详复而不厌。……先生诗古节雅音，得风人之性情。”

《施愚山集·文集》卷九《魏和公五十序》：“戊午春，以博学宏词征，不起。……明年得凝叔报书，赠我序。尽出其家集，有《和公集》十六卷，且曰：‘吾季向公久，今五十矣，原假一言。’适秋病，概谢它文字，然发《和公集》读且遍。凝叔又为文以序其生平，盖已略尽其为人矣。”

夏，为辞博学鸿儒征，避居苏州吴传鼎之家。时病剧，吴氏悉心调理，叔子病赖以愈。吴氏持节操好文士，尤喜隐逸之士。叔子敬其为人，以言赠之。

杨宾《杨大瓢先生杂文残稿・唐铸万传》："己未夏，宁都魏禧以文名当世，辞聘避吴门枫桥吴传鼎家。"

《魏季子文集》卷七《吴瓶庵赠言序》："吾闻瓶庵于吾叔兄也，方剧病，迎舍其家，食饮以时，必手致啖，过数必节之。节其接宾客，节其作文。凡意所欲得，无待求取，应不愆毫发，病赖以瘳。……瓶庵尤喜隐逸士，先叔兄伏处草土之人耳，其子弟又皆鄙野穷贱，瓶庵且如是。"

《怀葛堂集・瓶庵赠言跋》："余客姑苏，曾一览瓶庵赠言，诸体无不备，意以为世之赠言已耳。俄而闻诸君子称道瓶庵甚具，百工下走颂瓶庵不去口。俄而余师勺庭魏夫子亦主其家，亦以言赠瓶庵。"

按，叔子赠瓶庵之言，未见今本《魏叔子文集外篇》，不知尚存人间否，俟考。又，易堂中他人亦有以言赠吴传鼎者，如彭任有《吴门歌为扬州吴瓶庵作也。吴门，市中机利之所处，而瓶庵独好义如是。又闻瓶庵常自恨幼失学。夫学者，士也，士与贾所趋异也，今世之所谓士则贾焉而已矣。瓶庵乃独能为士之所事，殆与今世之士者异。赋短歌寄之，非为魏叔子致一人之私也》。再次，吴传鼎的字号、里籍、家世及生平事迹，均可见叔子所作《瓶庵小传》。其死因，叔子未及记载。《六松堂集・曾青藜诗集》卷七有《病中哭吴瓶庵》，其一有语云："入梦常弹亡友泪（原注：魏叔子死，瓶庵语及必涕零），分金每念客途贫。如何末路成冤报（原注：瓶庵忽遭奇祸，遂以忧死），欲上凌霄叩紫宸。"不知"奇祸"指何事，俟考。

《魏叔子文集外篇》卷十七《瓶庵小传》："瓶庵幼失怙废学，长自力于学。好文墨士，于贤人隐君子尤尊敬之。……瓶庵之父往侨维扬，会逆庵魏忠贤用事，有假其威虐人者，君以布衣叩阍抗疏，几危而免。瓶庵殊多父风也。父尝刲股以疗亲病，瓶庵父病亦刲股。瓶庵之妹死，有遗子女，并婚嫁之如己出，其孝友如此。……瓶庵姓吴，名传鼎，禹存其字也，或曰雨岑，盖徽之休宁人云。瓶庵父字绍素。"

唐甄怀所著《衡书》来访，叔子读未竟，已极钦佩，因呼传鼎共读之，后又助此书付梓。

《杨大瓢先生杂文残稿・唐铸万传》："己未夏，宁都魏禧……辞聘避吴门枫桥吴传鼎家。枫桥去城十里许，大陶平旦盥沐，怀所著《衡书》，自持刺往访之。及门，日已午，门者相其衣冠，受其书与刺而谢之。大陶馁不能行，虽去，犹徘徊桥上下。禧方袒裼卧竹床纳凉，见其书，读之至《五行》，蹶然起，呼门者追客，必使返，而大陶犹在。禧衣冠迎入，扶大陶坐堂上，而自拜于堂下，曰：'五百年无此文矣！'因呼传鼎具食，共读之。读竟付梓，而《衡书》始著。"

《潜书》附录王闻远《西蜀唐圃亭先生行略》："宁都魏叔子见先生《潜书》，曰：'是周秦之书也，今犹有此人乎！'每接宾客及致书于人，必称唐子之文掩汉而上之。"

《乾隆吴江县志》卷三十六《人物志·寓贤》："唐大陶，字铸万，四川达州人。父阶泰，崇祯中为吴江知县，后以礼部郎致仕，挈大陶寓居吴江，齑志以殁，家族熸于贼。大陶以顺治十四年举人知长子县，即罢归，侨寓郡城西之枫桥。往来邑中。为人高洁英奇，好古博学。晚年奋以圣贤为归。所著文，气充词达，有裨于学术治道。……其文名《衡书》，后改名《潜书》，潘耒为之序。大陶家酷贫，年七十余卒，无子。"《西蜀唐圃亭先生行略》云其"为长子令甫十月，以逃人诖误去职"，"后更名曰甄，别号圃亭"。

按，叔子助刻的《衡书》，署名唐大陶。《四库全书总目》卷一二五《子部三十五·杂家类存目二》著录，称是书"凡《核儒》、《仁师》、《五行》、《审知》、《利才》、《释孟》、《受任》、《抑尊》、《权实》、《贱隶》、《贞隐》、《明悌》、《富国》十三篇，大抵学《庄》、《列》之寓言"。同书同卷又著录署名为"唐甄"的《潜书》，称是书"凡九十七目。……甄与魏禧友善，故其文格颇相类"。其实，《衡书》乃《潜书》的初刻本，后来逐渐增加到九十七篇，并改名为《潜书》，署名唐甄。《四库》馆臣不加细察，误以为唐大陶、唐甄乃两个人，因此将《衡书》、《潜书》当成两种著作分属俩人。对此，今人吴泽民已作辨别，详见《潜书·再版编校说明》。

七月，于泰和县春浮园再晤赵嶷，时魏氏三人文集已梓成。先是，叔子之文未付梓时，赵嶷曾于南昌读之。

《魏季子文集》卷首赵嶷《魏季子三家文集序》："嶷与善伯交浅，冰叔交且云深。两人之文皆在未锓版之先，善伯于章贡出示其稿，匆匆未甚读。冰叔于南昌出示其稿，得揭其要者深读之。其后己未七月，晤冰叔于泰和萧氏园馆，三魏集犁然梓成，而后乃得读和公文。时冰叔恸善伯尚未已也，曰：'吾兄有用之才，固胜于文，惜哉！'"

按，叔子何时与赵嶷在南昌相见，不详，俟考。

《乾隆庐陵县志》卷三十二《人物志·文苑》："赵嶷，字国子，高塘墟人。气质高迈，不事诡随。博览经史诸子，善属文，古奥沉郁，不肯蹈袭前人、规步世俗。或未之知，殊不屑意也。喜作草书，笔意奔放，有怒猊抉石、渴骥饮泉之势。而屡困场屋，仅博副车，独与其徒微言高论于荒江老屋之墟而已。其所著作多散佚无存，旧志即其所修也。”赵嶷之父尔圻、子泌俱工诗善书，见王岱《了庵文集》卷六《题赵孝泌临兰庭本》。

八月，吴正名赴杭州之河渚，叔子作《孙容也七十叙》，寄顾祖禹以赠孙氏。

《魏叔子文集外篇》卷十一《孙容也七十叙》：“己未八月，吴生复自山中之河渚，因为叙，寄景范以追贻君云。”

八月，袁启旭游岭南，道经赣州，遇魏礼，相谈甚欢，作诗纪事并怀叔子。

《中江纪年诗集》卷一《虔州逢魏和公因怀令兄冰叔处士》：“四海心期归薜荔，一天凉雨过梧桐。谈深岸帻荒台月，赋就同裳落木风。”诗末有原注：“时冰叔屡征不出。”

按，此诗编入“己未”稿，排列在此诗后的作品相继为《南安二首》、《梅岭二首》、《南雄客楼》。《南安二首》有句云：“乱山苍翠外，一雁去吴天。”“征衣宽岭路，戍鼓警秋宵。”《梅岭二首》有句云：“鸟外秋林闻叱驭，关前野寺许探梅。”描写的均为秋日景色，而《南雄客楼》明确交代登楼时间为八月，详下文。

《嘉庆宁国府志》卷二十九《人物志·文苑》：“袁启旭，字士旦，国学生。工诗而好游，自题其草曰《江湖一客诗》，苍秀雄丽，抗衡作者，与同邑施闰章、梅庚负盛名都下。宋实颖序其《中江诗钞》，云：‘以《秦风》之悲壮而兼《楚骚》之哀怨，真东南第一才子也。前辈惟梅村先生可以方驾，近则其年得其丰腴，汉槎有其英概。’其推服如此。”

九月，袁启旭自岭南返江南，陈恭尹以诗赠别，兼怀叔子兄弟。

《独漉堂集·江村集》有《走笔送袁士旦归江南兼怀魏凝叔、和公，杨长苍》，中云：“半月赵佗国，三秋文献祠。好游年少事，搔首鬓如丝。”

按，袁启旭《中江纪年诗集》卷一“己未”稿《南雄客楼》：“八月高城瘴未收，西风旅馆一登楼。……路经大庾稀来雁，目断关河渺渺愁。”可见袁启旭于本年八月入粤。排列在此诗后的作品相继为《凌江登舟》、《夜过弹子矶》、《观音岩》、《大风夜投中宿峡不得登飞来寺》、《佛山中秋抱病》、《南海寓楼遣兴》等，均为在粤时所作。陈恭尹称袁启旭“半月赵佗国”，实则袁启旭在粤逗留一个月。

袁启旭离粤时，作诗四首，留别陈恭尹、梁佩兰等人，其一云："一月羊城住，离歌忽地闻。……来趁珠江雨，归看建业云。"（《雨中留别陈元孝、梁芝五、冼乔之、离幻禅师四首》）可证袁启旭归江南时当在九月。

九月，阎修龄六十三初度，叔子作文以寿。

张穆《阎若璩年谱》康熙"十八年己未"条："《北行日札·贺阎牛叟先生寿序》：阎子百诗，今之所谓博学君子也，应诏入都，与余数相往来。己未春，乞予言为其尊人牛叟先生寿。……时先生年六十有三矣，初度之辰，在九月十日。先是，友人魏君冰叔、李君之德既各有作云云。"

按，检今《魏叔子文集外篇》，仅有《阎再彭六十序》，未见此六十三寿序。该文存于何处？是否尚存人间？俟考。

九月，欲就医泰和，过赣州，借宿贾重仪之宅。贾重仪出崇祯帝之御书，叔子惶恐悽怆者久之。

《魏叔子文集外篇》卷十六《崇祯皇帝御书记》："己未九月，禧就医泰和过赣，会捉船，不得行，卧故贾将军季公子重仪所，偶论古帝王工书法，实天纵，非人力也。重仪因言'吾家藏有崇祯皇帝御书，盖先将军举葬杨文正公，公子以是报'。……禧敬请瞻仰，免冠叩头展视，草书唐人句'当轩半落天河水，绕径全低月树枝'十四字，上朱玺'崇祯之宝'。……皇恐悽怆者久之。"

按，据文中所述，贾重仪当为贾熊之季子，其生平事迹未详，俟考。

从贾重仪寻杨廷麟之墓，道迷，久而得之，拜伏，不胜呜咽，有诗纪事。

《魏叔子诗集》卷七有《拜杨文正公墓》，序云："清江杨文正公廷麟以丙戌殉义赣州，辽东贾将军收葬之，事详《崇祯御书记》。往禧求公葬处不获。己未九月，就医泰和过赣，得从贾公子寻公墓而拜之，因遂有诗。"《魏叔子文集外篇》卷十六《崇祯皇帝御书记》："庚戌岁，（文正）公公子来求尸，得之。将军为改葬，立墓碑，致祭成礼。葬后十年，其家人无有至者。重仪使人道禧往，道迷，久而后得之。拜伏，不胜呜咽。"

宋荦榷关赣州，甫至，即致书叔子。九月，叔子以兵滞于赣州，遂与宋荦定交。宋荦留饮于书斋，甚洽，叔子即席作诗，宋荦亦作诗酬之。叔子又因宋荦之请，为作

《书商丘宋氏家乘后》。

《魏叔子文集外篇》卷十《赠宋员外榷关赣州叙》："商丘宋君牧仲以刑曹郎榷关赣州。……己未九月，予头风作，就医泰和，舟阻兵于赣，君闻而就交焉。先是君甫至，寓书山中数百言，以官守不得至，且迎予，予病辞。及相见，甚相得也。君语民生困苦必蹙额而忧。予私念：君少以诗文名海内，有才者不必有德，好文学者疏吏治，古今所同叹。而君顾若是，岂不为贤人乎哉!"同书卷十三《书商丘宋氏家乘后》："宋氏后裔，览观兴起，世德名位，传于无穷，即叔孙穆叔所称'三不朽'何以过焉？禧因员外荦之请而为书其后。"

《邵子湘全集》卷首宋荦序："韦布之士，以能文章名海内而余获交者，得三人焉。一为侯朝宗，一为宁都魏叔子，其一则毗陵邵子湘。……己未，余榷关赣右，始交叔子。……叔子抗志穷山，晚乃客游吴越间。尝一被征，托疾坚卧不应。未几，以旅死。"宋荦《绵津山人诗集》卷八《双江倡和集上》有叔子《宋牧仲使君留饮书斋，即席有作》诗，云："秋晚寻医过赣江，使君迟我读书堂。风吹北院清歌隔，雨洒东窗夜话长。兰簿交新浑似故，橘盘坐久不闻香。最怜出语关民瘼，手把醇醪未忍尝。"同书同卷有宋荦《奉酬》。

按，叔子此诗《魏叔子诗集》卷七收录，题为《柬宋牧仲员外》。

《昭代名人尺牍小传》卷十二："宋荦，字牧仲，号漫堂，又号西陂。商丘人。文康公子。年十四，以大臣子入宿卫。改黄州通判，官至吏部尚书。工诗，与渔洋齐名，毗陵邵子湘有《渔洋绵津合刻》。抚吴时，尝选《江左十五子诗》，提倡后学。有《西陂类稿》。精鉴藏，能画。"李元度《国朝先正事略》卷九称其"淹通典籍，且练习掌故，诗文皆为当时所推"，"官部曹时，与龚芝麓、孙北海、吴梅村、熊次侯、王渔洋、宋荔裳、计改亭、陈其年、尤西堂、朱竹垞相倡和，列《十子诗选》中"。

秋，袁启旭自岭南返江南，欲访叔子于翠微峰。叔子适过赣州，得相见，甚喜。读其诗，称赏之，为作序。袁氏有诗赠叔子，极称道其气节及著述。

《魏叔子文集外篇》卷九《江湖一客诗叙》："宣城袁子士旦亦工诗而好游，自题其草曰《江湖一客诗》。……袁子自岭南出，欲访予于翠微峰上，余适就医过赣，相见甚惊喜，与之谈浃日，又读其诗，其志趣岂客中人哉！而其诗苍秀雄丽，足于作者抗衡，吾甚怪夫袁子年甚少，何其老于诗若是也!"

袁启旭《中江纪年诗集》卷一"己未"诗有《赠魏叔子征君》，中云："寒皋动微风，秋水盈金塘。愿言溯伊人，轻舟来远方。神感形易觌，邂逅章贡阳。倾心酌浮醴，披豁陈衷肠。抵掌谈《春秋》，辨晰精毫芒。古貌世所违，经术义犹详。末俗激颓波，峻节存孤芳。”

杨钟羲《雪桥诗话余集》卷一：“魏叔子少好《左氏》。及遭乱，放废山中二十余年，时取读之。于古人经世大用、《左氏》隐而未发之旨，随笔评注，以示门人，成《左氏经世》十卷。袁士旦《赠叔子诗》有云……”

连日与袁启旭夜谈于旅舍。

《中江纪年诗集》卷一“己未”诗《与魏征君夜坐》：“旅馆惊秋叶，清尊送晚凉。为怜高士影，坐爱明灯光。论世存微尚，还山剩薄装。连宵有良会，珍重竹间床。”

秋，屈大均携家度岭，过江西时，有诗寄叔子、魏礼。时屈氏欲入翠微山与易堂诸子相讲习，后未果。

《屈大均全集·翁山诗外》卷十《宁都魏叔子季子隐金精山诗以寄之》：“螺川南上更登舻，滩尽高台见郁孤。秋气惊来江上早，雪花吹到岭头无。天留一剑知何意？人在三门尚有徒。”《魏昭士文集》卷三《屈翁山文外序》：“又闻其欲寄孥于赣，来吾翠微山中相讲习，故人谓郦生狂而生自谓不狂也。”陈伯陶《胜朝粤东遗民录》卷一《屈大均传》：“己未，复奉母黄与侧室陈及子避地江南，又欲留居于赣，入翠微山中，与易堂诸子相讲习。未几，侧室及子俱死，遂归。”

按，《宁都魏叔子季子隐金精山诗以寄之》一诗在《翁山诗外》中，在排列上置于《上十八滩》、《下十八滩》、《闰八月十五夕舟次赣州》之前，汪宗衍《屈大均年谱》“康熙十九年庚申”云：“秋，度岭返粤，时欲寄孥于赣，与翠微易堂诸子相讲习而未果。”“考陈垣《中西回三史日历》，康熙十九年庚申闰八月，与诗合，则翁山以庚申南归可证也。”邬庆时先生认为魏世傚《屈翁山文外序》“只云‘又闻其欲寄孥于赣，来吾翠微山中相讲习’，而无年月，亦不言在返粤或去粤时。以情势言，去时仓皇出走，不择而栖，而归时则归心似箭，无可留恋。读《诗外》二《将归省母留别诸友人》，《诗外》三《将归粤东省母留别王二丈亹祁四丈骏佳》，《诗外》十《从沔鄂将归先寄故园诸子》诸诗，可见先生居留江西之意必不在归时，今不从，将此条改系于己未”。(《屈大均年谱》)

十月，游泰和，客欧阳士钊所，与其谈论古今，兼及诗歌。时士钊孙士杰侍侧，心有所动，乃乞叔子诗集读之，极敬佩。

《魏叔子诗集》卷首欧阳士杰《序》："己未孟冬，勺庭夫子信宿蜀江，与家大人谈论古今，旁及诗歌。士杰侍侧，亲承德音，虽不知何者为工，而心戚戚若有所动。更请先生诗集读之，如入大海宝藏，心疑目眩，不知其所取舍。"

与欧阳士钊同游半山，作《半山寺记》。

《魏叔子文集外篇》卷十六《半山寺记》："蜀口洲渡小江而北行里许，有古柏绕垣，垣内广地二亩，屋五分之一，曰半山寺，盖洲欧阳氏介庵所为延僧奉佛香火处也。……予己未冬，客介庵所，同游半山，因为予道本末而属之记，以示后人。"

十月，将归易堂，欧阳士杰乞叔子为其师作五十寿序。

《魏叔子文集外篇》卷十一《欧阳期伊五十序》："欧阳介庵翁常为予道其族子期伊君贤且能文，因得交之。介庵孙士杰，予门人也，方师期伊为制举业。己未十月，予将归易堂，士杰请曰：'月之十二日，师期伊五十初度，杰敢乞先生之言为寿。'"

十一月十八日，季弟魏礼五十初度，叔子作《季弟五十述》。是日，彭士望亦住翠微峰，诸弟子侍坐，彭氏以十字勉之，叔子又益以"执谦"二字。李世熊亦作诗为魏礼寿。

《魏叔子文集外篇》卷十一有《季弟五十述》，序云："岁己未之仲冬十八日，予季礼年五十有一。子儆、俨、侃将觞诸宾，乞言焉。儆生晚，二子尤幼，予季平生事弗详。渊明曰：'今我不述，后生何闻哉！'作《季弟五十述》。"

《魏昭士文集》卷三《彭躬庵先生七十序》："己未嘉平之朔，彭躬庵先生寿七十。先是十有二日，儆父五十，先生旬日住翠微，儆奉左右，时同堂通家子皆与执事，饮酒中，先生顾儆兄弟等而言曰：'少年之有志者，能以十字自循省，其庶几有成。'儆请其目，先生屈指而数之，一曰存心，二曰积德，三曰思过，四曰力学，五曰求友。勺庭伯父深然之，曰：'请更益以二字曰执谦。'先生亦首肯深然之。"

《寒支二集》卷一有《寿魏和公五十》。

十二月初一日，彭士望七十初度，以诗文来寿者，皆谢之。叔子私序之以告同学。

《魏叔子文集外篇》卷十一《彭躬庵七十序》："先生出矢言，谢远近交之以诗文来寿者，余则何能已于言？故不敢诵言以侑先生之觞，而私序之以告同学云。"

十二月，梁份辞别叔子还乡，魏世傚、魏世俨均作序送之。先是，梁份于本年春再至翠微峰。

《魏昭士文集》卷三《送梁质人归南丰序》："己未季冬，南丰梁子质人谢教授而归，明年将存江南。"《魏敬士文集》卷三《送梁质人归南丰序》："己未春，梁君再至翠微。"

按，梁份此次来翠微峰，魏礼曾邀其长期定居，魏世俨《送梁质人归南丰序》云："先生相与谈书夜，遂邀训予弟侄于山中，欲令其徙妻子而居焉。"

冬，魏世俨侍侧，问梁份之为人，叔子以为当以畏友事之。

《魏敬士文集》卷三《送梁子游江南序》："予生长十有八年，足迹不出间域，常深自愧恨。然间从诸父兄后得交数人，其二人为南丰甘子、梁子。己未冬日，予侍勺庭伯父侧，因问梁子为人。伯父曰：'汝当以畏友事之。'"

为程山五君子黄熙、甘京、危龙光、汤其仁、曾曰都五十岁补作寿序。

《魏叔子文集外篇》卷十一《赠谢约斋六十有四叙》："及己未，东南既定，烟火千里，行李数往还。予以《易》、《姤》之义追叙五君子五十。"同书同卷《赠程山五君子五十序》："黄君维缉之五十以辛亥、甘君楗斋以壬子、危君二为以丙辰、汤君长人以丁巳、曾君美公以戊午。五君子者，予皆欲得序之未遑也。"

《乾隆南丰县志》卷二十六《人物》："曾曰都，字姜公。既饩于庠，忽弃去，揭学田百亩，还诸族躬，豆腐酿酒以自给。受业程山，其学务实体诸己，因自号体斋。手书经史语录人文行谊关风化者为《有用录》百余卷。"

同书同卷《人物》："危龙光，字二为，号在园。顺治丙子籍诸生。年二十，名噪甚，有告以过者，虽厉辞无所忤。继母悍，龙光委曲承顺，化为慈。友于诸弟，周恤无厌怿。祖庙毁，倡建复其旧。祭产薄，设法广之。族有弗类之行，每相戒无使龙光知。行吕氏乡约法，朔月一举，扬善罚恶各有籍。"

同书同卷《人物》："汤其仁，字长人，号密斋。岁贡生。留心经世利物事。江藩追征脚耗，官民交困，其仁因魏和公达总制，上疏得免征。居家作敦睦会，又作植寡成孤会，朔望聚子姓讲先正格言，劝善纠过，闾里化之。著有《四书切问》、《省克堂集》。”

孙枝蔚闻叔子被召博学鸿儒不至，称道之。

《溉堂后集》卷二“己未七言绝句”有《处士三人被召不至，美之，以诗各一绝》，第一首题为《魏凝叔》，云：“高卧金精（原注：山名）三十年，曾无足迹到长安。伯原能作《救荒策》（原注：凝叔亦有《救荒策》，故以杜伯原比之），只不能为修史官。”

按，王晫《今世说》卷三载：“孙豹人应召入都，初以老病辞，不许。既将还籍，复有年老授衔之命。吏部集验于庭，孙独卧不往。旋受敦促，乃徐入逡巡。主爵者望见其须眉皆白，引之使前，曰：‘君老矣。’孙直对曰：‘未也。我年四十时即若此。且我前以老求免试，公必以为壮。今我不欲以老得官，公又以为老。何也?’众皆目笑其愚，孙固自若。”孙氏对博学鸿儒之态度，于此可见。

有书寄宋曹。

《会秋堂集》卷四有《寄挽魏处士冰叔四首》，其二有语云：“感君己未岁，曾寄数行书。激切怜予老，飘零与世殊。”

按，检今本《魏叔子文集外篇》，未见致宋曹之书，或已佚。

始识王炜，相见即直吐胸臆，讨论方今人物。叔子于王炜之学识、涵养甚为钦敬。

王炜《鸿逸堂稿·与魏冰叔书》：“积岁神交，一旦把袂，快何如之。相见即求攻己之短，言论直吐胸臆，此尤弟所深异者。魏先生岂独以文高天下哉!”同书《与魏和公书》：“后来吴门，于虎丘晤止山，止山涉世深，未惬鄙慕。久之始识叔子，即从询方今人物。叔子顾座客笑曰：‘适论此，何意遂相及，此真吾所急。’即举李元仲、顾景范、万充宗，因谓吾：不避内举，舍弟亦其一。”

顾祖禹《鸿逸堂稿序》：“有问诸葛君何以能苟全乱世，王子曰：‘甘贫贱、能忍事而已。’魏叔子禧每三复此言，以为非学识深、涵养至者不能道也。”

按，王炜闻叔子及易堂之名甚久，故信中言“积岁神交”。《与魏和公书》云：“廿五六年前偶客贵省，有自赣来者，称易堂诸君子以经术、经济、文学相砥砺。……去年冬归葬先母，道西泠，充宗已束装戒途，闻弟至，-走简索《易赘》，以不能留晤为恨。孰意今秋亦作古人。”充宗即万斯大，万斯大卒于康熙二十二年

(1683)，既言“今秋”，则此信必作于该年。由该年逆推二十五年，为顺治十五年戊戌（1658），王炜时客居江西。《鸿逸堂稿·书文先生所寄葛巾集序后》云“越二纪戊戌，予客鄱阳”，可证上述推论不误。王炜在回忆初识叔子时言：“炜交最晚，知逾廿年。相见薄讶，名胡早传。”（余思复《祭魏冰叔文》）自顺治十五年（1658）起逾二十年，约为本年，故系此事于此。

《民国歙县志》卷七《人物志·文苑》：“王炜，号不庵。自其祖龙山及父贯一世传理学，年二十读《易》山中，豁然会心，有《易赘》之作，阐发《中庸》、《春秋》、《周礼》。上自天官、地志以及兵机、战阵、玉函、金匮之书，骑射、击刺之法，靡不毕究。所与游皆当世名儒，如夷山、虚壑、张长公、蒋山佣、史汉水诸君子，每不远千里相切磋。著有《葛巾子内外集》及《鸿逸堂稿》。”王炜后改名为艮，字无闷，见其所著《不庵记》。

邱维屏卒。李模卒。

清康熙十九年庚申（1680）　五十七岁

立魏世侃为嗣子。

《魏昭士文集》卷六《享堂记》：“伯父死于兵乱。……越二年春正月，大人命季弟世侃为仲父后。而是冬，仲父复以疾卒真州，命世傚扶丧归葬。”

自赣州寄书袁启旭，约以二月过舍。

《中江纪年诗集》卷二“庚申”诗《接魏叔子征君书约二月过舍》：“秋风携手郁孤台，别后离愁黯不开。百粤人归初病起，双江春暖一书来。云辞仙洞花应满，水涨鱼汀雁正回。准拟柴门迟系艇，细留旧雨倒新醅。”

按，“双江”指赣州，《独漉堂集·文集·字说·命儿赣字端木说》：“然赣之为州，合章、贡二水而得名。”

二月十五日，余为霖来宁都，闻叔子名而读其文，引为同道。叔子赴江南，余氏作文送之。

余为霖《石松堂集》卷三《送魏叔子南游序》：“岁在庚申二月既望，谒春如王夫子于宁川，闻有人焉曰魏君叔子者，行洁而文纯。予欲见其人，莫之即也。读其集于净土庵，相其品于温匡云年友之宅。杯酒论文，上下今古，非正直刚方者摈弗录。嗟乎！直道之弗行，匪伊朝夕矣。惟魏君其由旧哉！夫江右之为习，父以诏子，师以训弟，自象山陆夫子来，鲜不由是，而魏君守之勿失，得谓非吾道中人哉！"

《同治金溪县志》卷二十三《人物志·仕绩》："余为霖，字蕴隆，竹桥人。少英敏，嗜读书，然不屑为章句学。为人明决敢任，有用世之志。家无担石，豁如也。年二十，登顺治八年乡荐。康熙中，授山东齐东知县。……修文庙，立义学，捐俸买吴庄田三顷，以养士劝学。莅官既久，治声大著，李文襄之芳为文以叙其绩。旋丁父忧。服阕，补四川阆中县。为霖与大冶余某为兄弟交，某贵显，有贪恣名。为霖惧其援己也，力以母老乞养归。后某卒败，人尤多其识云。"著有《石松堂集》八卷。

二月，接黄云、陆廷伦、王雅三人书，因作《罗母六十序》。

《魏叔子文集外篇》卷十一《罗母六十序》："己未十月，歙县罗母叶太君六十初度，友人黄仙裳、陆悬圃、王正子并寓书山中，介其子庆善、述善、教善来乞言。书至，踰母寿已百二十日，然余不可以无言，敢借手三君以复三令子。"

按，据文中所述计之，此文当作于本年二月，故系于此。

三月，拟就医于双林，中道病作，力疾下清江县樟树镇，于舟中招见熊兆行。旋赴南昌，方士琯至其寓所，门人熊颐为之切脉和药。十五日后辞行，感方氏品行，作叙赠之。

《魏叔子文集外篇》卷十《赠别方西城叙》："庚申三月，予就医双林，中道病作，力疾下章门，使门人清江熊颐主医药。故人方子西城舆致其寓室，日用毕具，旬有五日而起。夜寝，常朗朗闻西城读书声，因念西城处鱼盐市，翛然自修洁，又乐交文章学问士，不侵然诺于朋友，其遇予厚，非偶然也。"同书卷十一《熊见可七十有一序》："庚申，余就医双林，道病，过樟树，招见可至舟中，须发尽白，气尚犹昔也，而见可旧年已七十。至南州，则颐先在，朝夕为余切脉和药，病竟以瘳。"

春，卧病南昌，朱修龄过访。时朱氏倡义鸠资以赎浙东之女妇，团圆者以千万计。叔子感其事，口授梁份书《纪略后》赠之。

《魏叔子文集外篇》卷十三《书赎难妇纪略后》："钱塘朱君修龄倡义以赎浙东

之女妇，其非财力所及，则又济之以诡秘变械之术。所谓挈母以归其子，妻归其夫者，先后以千万计。……庚申春，余卧病南州，朱君俨然过余，余见君，欲下拜君，不胜，然口犹可以言也，于是口授门人书《纪略后》贻君。”

按，朱修龄访叔子前，彭士望已与朱修龄相识，梁份已闻其事迹而仰慕之。梁份《送朱修龄叙》云：“吾师树庐彭先生游楚，识朱子修龄于二眉山，亟推其贤。迩者浙人被难女子系累以万计，修龄出力脱之。天下闻者莫不引领修龄以济一方者济天下。而余之愿见修龄，若不可以一日释也。庚申初夏，余在南州侍勺庭夫子疾，因得邂逅交修龄，数数好从修龄游而修龄且遽行矣。”（《怀葛堂文集》）故叔子文中之“门人”当指梁份。

又，朱修龄之名及生平未详，《书赎难妇纪略后》称其“为二眉先生高弟，先生以道术济天下之困，修龄是举，其亦云中之鳞爪尔”，此与李渔的记述相合。检《笠翁一家言全集》卷二、卷四，有《赠朱修龄典籍》（联）、《朱修龄广厦乐成》（联）、《朱子修龄倡义鸠资赎难民妻女纪略》等文，记颂朱修龄于耿精忠叛乱之后，大力救赎难民妻女，“计前后所完离散之夫妇、迷失之子母、分群拆队之兄弟姐妹，殆万有余家”，称赞朱修龄乃“士林之豪杰、当世之仁人”。朱修龄之生平，李渔亦云“予友朱子修龄，为世称‘朱神仙’二眉先生之高足”。“二眉先生”当为朱方旦。《清史稿》卷二七一《王鸿绪传》云：“时湖广有朱方旦者，自号二眉山人。造《中说补》，聚徒横议，常至数千人。自诩前知，与人决休咎。巡抚董国兴劾其左道惑众，逮至京，得旨宽释。及吴三桂反，顺承郡王勒尔锦驻师荆州，方旦以占验出入军营，巡抚张朝珍亦称为异人。上密戒勒尔锦勿为所惑。方旦乃避走江、浙，会鸿绪得其所刊《中质秘书》，遂以奏进，列其诬罔君上、悖逆圣道、摇惑人心三大罪。方旦坐诛。”朱方旦被杀乃在康熙二十一年（1682）。孟森先生著有《朱方旦案》（载《心史丛刊》一集）一文，对此案考证甚详，可参阅。

春，顾景星锄园，检得叔子所寄书，感而作诗。前年，清廷开博学鸿儒科时，叔子曾致书景星。

顾景星《白茅堂集》卷二十一“庚申稿”有《锄园暇检得魏冰叔禧前岁所寄书》，诗题后原注云：“魏与予同征，独得不赴。”诗云：“万山容一老，兵后有来书。不赴君王召，真全处士疏。春霜梅蕊放，永日竹烟虚。自愧归栖倦，牵儿漫把锄。”

按，检今本《魏叔子文集外篇》，未见叔子致顾景星书。此书不知尚存人间否？俟考。

《光绪昆新两县续修合志》卷三十四《人物志·游寓》：“顾景星，字赤方，一字黄公，湖广蕲州人。生而颖异，六岁能赋诗，长而究心经世之略。明季流寇陷蕲，游寓昆山。后往来吴楚间，当事交章荐辟，皆不就。康熙戊午，征举博学鸿词，以病乞还，颜其堂曰白茅。有集行世。”《清史列传》卷七十《文苑传一》称其“为文纵横奥衍，与广济张仁熙、竟陵胡承诺俱著名江汉间”。

郑闱庆来访，叔子延见于榻前，并应郑氏请，为其父作《郑礼部集序》。

《魏叔子文集外篇》卷八《郑礼部集序》：“余庚申卧疾章门，郑子闱庆以名纸款户。禧闻郑子好古学，而才力能自济于难，士之有用者也。亟延见于榻前，郑子则手奉其所刻先人礼部君遗集，呜咽以授禧而属之叙。他日读之，文若诗并雅畅，得古人风轨，其名于今之世固宜。意所谓国门有人，待贤子孙而流布者，其在斯欤?”

按，“礼部君”即郑日奎，字次公，号静庵，江西贵溪人。顺治十六年(1659)进士，选国史院清书庶吉士，改工部屯田司主事，历官至礼部郎中。著有《郑静庵先生诗集》、《文集》等。《乾隆广信府志》卷十六《人物·先正》称其“喜为诗，得二李骨法。其古今文，排宕宏肆，驱策百氏，不以累其空灵”。

《同治贵溪县志》卷八《人物志·善士》：“郑闱庆，字介繁，翰林日奎子。早孤，孑立，能不坠其家声。好游，辙几遍，所至为诸巨公推服。时汤惕庵、叶讱庵、王阮亭并以品望诗文重天下，咸形诸歌咏，反覆郑重。居乡，持礼法，不为溪刻崖岸之行。雍正六年，举乡饮宾。”

四月，仍卧病南昌，有感而作数语励志。

《魏叔子日录》卷一：“能知足者，天不能贫；能无求者，天不能贱；能外形骸者，天不能病；能不贪生者，天不能死；能随遇而安者，天不能困；能造就人才者，天不能孤；能以身任天下后世者，天不能绝。庚申四月，卧病南昌，感而书此。”

四月，项志发来谒，叔子因其请，作《项节母家传》，称道项氏母、妹、娣三烈妇。

《魏叔子文集外篇》卷十七《项节母家传》：“节母姓吴氏，歙县人，嫁同县项君德辅。德辅服贾广德，遭兵乱伤卒，母年二十有三。讣至，欲从死，念子志发才三岁，女二岁，又遗腹待生，死则诸孤无所托，乃勉自活。……庚申四月，志发谒余南州，请传母苦节。言至此，泪下如雨不能止。……母有族妹，嫁从子志震，震病瘵死，死之日，妻遽以刃自断其喉。”

按，叔子此文的记述略有误，此误乃由项志发而致。康熙三十年（1691），魏世俨至南昌，项氏请魏世俨订正。《魏昭士文集》卷四《敬书项节母传后》云：“辛未秋，予过南州，项君又纪其从嫂死烈事来言曰：‘……往叔子先生为家母传，问烈妇与家母为何亲属。某以妹对，故《传》称妹。家母曰：误矣，此族姑行也。而先生没真州，遂未及厘正。今其可不正乎？’”又，项志发名号及生平事迹未详，俟考。

胡在恪过访，叔子应其请，作《胡太夫人八十序》。

《魏叔子文集外篇》卷十一《胡太夫人八十序》：“荆州胡公在恪以观察驻节南昌，既告养归里。庚申，复以公事至，而禧将南下，适忧采薪，卧蓼洲之上，公乃枉车骑临禧于床帏曰：‘吾见子寿吴氏程母之文，甚悦之，其辞可举也。’公于是口诵其百余言。既而曰：‘吾亦有母，年且八十，愿得子之一言。’禧谢曰：‘公少年成名进士，再督学于江南，江南士之魁天下跻尊遂者，不知其几，而顾鳃鳃于布衣之言乎？’公笑曰：‘非是之谓也，子毋辞。’于是出《行略》一帙再拜而属之禧。禧再拜而受。”

《光绪荆州府志》卷四十九《人物志·宦绩》：“胡在恪，号念嵩。……生而颖敏。顺治戊子解元，乙未进士，历官刑部郎中。提学江南，一时得人最盛。补江西驿盐道，厘剔陋弊，商民感悦。进摄臬篆，尝平反大辟重囚十余人，纵遣之。……以母老乞养归。囊无官物，茅屋数椽，晏然自乐。性孝友。……于书无所不窥，好为诗，有《真懒园集》。康熙癸亥，总修《湖光通志》。乙丑，修《荆州府志》。卒年八十二。”

五月，离南昌赴江南，魏世俨欲从游，叔子未允。魏世俨作序送之，日盼叔子归。叔子屡回书，问世俨学问进否。

《魏敬士文集》卷六《哭勺庭仲父文》：“忆当庚申季春，仲父将游三吴，俨请奉行李以从，仲父曰：‘汝稚齿，未知任远行否。我不二年即归，归即不复出，当教汝辈山中，汝惟勤学殚思，奚以速为？’俨盖汲汲焉，日望仲父来归，导俨之就乎道，以渐造至于成也，而仲父屡还书，亦深以俨学业进否为问。”

同书卷三有《奉送勺庭仲父游三吴序》，中云：“世以古文辞隐节为予仲父幸者，俨窃以为非幸也甚矣乎！予仲父之不幸，特以文章见也。或曰：仲父之齿未也，靡七十而始遇。少康、太公望八十而有后车之载，盖有时焉。然则俨所谓今仲父之不幸者，乌见其终于不幸乎！兹于仲父之游三吴也，敬以是言。”

夏，赴江南，将就医于桑林，魏世傚、梁份同行。时梁份以彭士望之命随叔子出游，且为门人。自此，梁份与吴正名立叔子门，其文章视同门生为翘楚。

《怀葛堂文集·哭魏勺庭先生文》：“份事树庐夫子于今八年，视份犹子。今年春，更命从夫子出游，且为门人。……树庐夫子语份云：‘老父耄矣，以子从勺庭，岂无所为欤？’”《魏叔子文集外篇》卷十一《门人梁份吴正名四十序》：“二生立吾门，其文章视同门生为翘楚，其成将不可量。……份负笈从吾客江南。”

《魏敬士文集》卷三《送长兄再之江南游金陵序》：“金陵古之都会，吾长兄两欲游其地而皆不得，今更从勺庭伯父就医桑林，谓俨曰：‘吾此行不游金陵不归也。’”

汤中《梁质人年谱》：清康熙十九年庚申，“是年春，质人以彭躬庵之命从魏叔子出游，且为其门人”。

至南京，暂停于此。与梅文鼎相交，连床十余日，梅氏以《历法通考》属叔子作序。叔子赴吴兴，梅氏以诗赠行。

梅文鼎《绩学堂文钞》卷三《梁质人四十寿序》：“庚申夏，梁子质人从其师勺庭先生来江南，余并获交焉。”《绩学堂诗钞》卷二“庚申稿”《喜魏冰叔征君来白门，即送之吴兴，用王璞葊韵》：“思君拟入翠微游，何幸相逢江上舟。雅望四方归霁月，高文一字即阳秋。楼窗夜午占朱鸟，酒盏天清对白鸥。不尽连床旬日意，迟迟应为野人留。”

《魏叔子文集外篇》卷八《历法通考叙》：“余养疴金陵，与宣城梅子定九相见于王子璞庵之南楼，定九不以余为不知，出示历算诸书，算书将次刊行，而《历法通考》，世未之知也。余既不知历学，不能言其精微之处，览其大纲。……余故不辞而为之叙，使天下知有是书，必有能为梅子刊布且实见诸施行者，非能叙梅子之书也。”

《嘉庆宣城县志》卷十五《人物志·儒林》：“梅文鼎，字定九，别号勿庵。岁贡生。……操履纯洁，不欺屋漏。其学一以躬行实践为宗，而推本于诚敬，绝不为理学空谈。人望之，如岱松岳石，凛凛不可犯。……生平博览群书，于天文地理，莫不究切。而历算之学，目力尤深，自言废寝食者盖四十年。……康熙乙酉，车驾南巡，以荐征诣行在所，赐坐赐食皆弥日。授以官，以老辞。御书‘绩学参微'并诗扇，宠其归，时敕有司存问。卒年八十有九。上闻，命官经纪其丧。所著有《勿庵文集》若干卷、《诗集》若干卷、《历算丛书》八十八种。"

时丁炜将赴江西任赣南分巡道，道出南京，访叔子于客舍，言谈甚洽。丁氏赋诗赠之，并出《问山诗集》请叔子作序。叔子以《左传经世》相示，丁炜阅后甚为叹服，愿助资付梓。

《魏叔子文集外篇》卷九《问山诗集叙》："庚申五月，雁水丁公以分守岭北，路出金陵，部民魏禧将就医桑林，亦暂停于此。公闻之，枉车骑临客舍，不值。明日报谒，公首询地方利弊，继谈诗，因出《问山诗集》而命以序。"

《魏季子文集》卷八《与丁观察书》："继又得先叔兄还书，言丁公枉车骑顾我，对其人，如春和之浃物；读其诗，温柔敦厚。其必敷政优优者也。"

丁炜《问山诗集》卷二《魏冰叔征君挽诗》："喜近郑公乡，获縻中孚爵。征骖税白门，征君时行药。邂逅遘彼姝，问俗造东郭。授我《经世》编，精思铄公谷。析义知服胜，讽本希延怍。愿发橐中装，镘钵佐刀错。庶几麟经旨，千秋朗玉烛。"同书卷四《魏冰叔处士就医金陵晤次赋赠》："邂逅本无期，欢然似素知。莺花行药地，风雨纫兰时。客舍书床集，河桥酒舫移。翠微先立马，待咏彼姝诗。"

按，咸丰四年（1854）丁拱辰重刊本《问山诗集》卷首，载叔子所作的《问山诗集序》。

《乾隆晋江县志》卷十二《人物志六·文苑》："丁炜，字澹汝，号雁水。以人才举授漳平教谕，改鲁山丞，迁献令。献地僻事简，得肆力于诗歌古文词。擢户部主事。历员外、郎中，出为赣南道，升湖广按察使，因得目疾归。越七年卒。炜诗力追唐宋诸家，济南王阮亭亟称之，与同时海内十子齐名。著有《紫云词》、《涉江》、《问山诗文集》。"

午日，同梅文鼎、甘京、甘表、丁炜、丁焯、黄虞稷、王廷铨、杜濬、蓝涟、程邃、吴疆、陈周、施璜、蔡歷、蔡玺、蔡灵等人同游秦淮河，梅氏有诗纪事。

《绩学堂诗钞》卷二"庚申稿"有《午日同诸公泛舟秦淮》，题后有文曰："同游者南丰甘健斋、衷素、梁质人，宁都魏叔子，泉州丁雁水、韬汝、黄俞邰，漳州王璞庵，黄冈杜于皇，侯官蓝公漪，扬州程穆倩，婺源吴季六，溧阳陈二游，徽州张贯玉，休宁施虹玉，宣城王四及，主人则歙张永孚，上元蔡龙文、玑先、铉升、五玉。"

《乾隆南丰县志》卷二十六《人物》："甘表，字中素。天姿卓落，有用世才，而肮脏不可羁勒。少从父游程山、易堂间，当时知名士皆器重之。为古文纵横出入，颇得名家秘鑰。诗语抒写性情，一切风云月露之形，吐弃殆尽。生平崇尚古处，举止落落，非世俗所得移易者。其后大司农李振裕、御史大夫甘过枢争列名荐表，表辞之甚力。既老，曰：'吾驰驱四方，竟何益哉！'遂返了溪，不复出。所著有《膜堂存稿》、《逸民传》。"

陈寿祺《东越文苑后传》卷一：（丁炜）"从弟丁焯，字韬汝。副贡生，官理藩院知事。亦能诗，有《沧霞集》。"《问山文集》卷一《弟韬汝沧霞诗集序》云："韬汝，先伯父迪功公次子也。与余少壮至今相依，无异同怀。韬汝幼颇聪慧，与余同事杨可庇先生。先生故耽吟咏，余占毕之暇，即学治声律。韬汝时方九龄，间亦属和，辄有警语动人。稍长嗜古，博及群书，涉诵便能记忆。""于制举业备极攻苦，年几壮，始隶河间诸生，旋游雍改业而南，京省文场屡隽报罢。卯秋几售，复乙置副车。今年齿且非壮矣，方斤斤帖括，以与后进角竞工拙。宜其为诗，多感愤无聊之语。"

《乾隆晋江县志》卷十二《人物志六·文苑》："黄虞稷，字俞邰。七岁能诗，有神童之称。稍长，工帖括，才思飙发，原本经术。十六，入江宁庠。父居中，购书八万余卷，虞稷与同志校刻诸书，汲汲表章父兄之遗文，广搜博览，探精抉要。康熙十七年，举鸿学博词，罗继峰荐至京。丁内艰，未及与试，嗣充《一统志》纂修官。告竣，辛未七月，买舟归江宁，四日卒于家。虞稷天性孝友，持己衿廉而勇于义。著有《我贵轩》、《朝爽阁》、《蝉窠集》、《楷园杂志》诸集。"

《清史列传》卷七十《文苑传一》："杜濬，字于皇，湖广黄冈人。明副贡生。少倜傥，尝欲赫然著奇节，既不得有所试，遂刻意为诗，于并世人，独重宣城沈寿民、吴中徐枋。避地金陵，寓居鸡鸣山之右，茅屋数间，梁攲栋朽，求诗者踵至，濬多谢绝。……性廉介，不轻受人之惠。晚年穷饥自甘，……著有《变雅堂集》。"《方苞集》卷十三《杜茶村先生墓碣》称其"本名绍先，号茶村"，"诗学太白，尤工五言"。

《乾隆福州府志》卷六十《人物志·文苑》："蓝涟，字公漪，侯官人。父籀，字兴汉，善篆隶书。涟博物洽闻，工诸体诗，超越遒逸，而篆草八分，皆有父风，兼擅绘事。居道山麓老屋三间，图书插架。客至，呼酒赋诗，竟日忘倦。自题其门曰：'朱绂不贪缘骨相，沧江终老作诗人。'其志尚如此。性喜游，足迹遍齐鲁卫魏吴越。在粤东羁迟尤久，与梁佩兰、屈大均、陈恭尹交善。晚岁再至，粤人咸尊礼之，为刻其集曰《采饮集》，遂卒于粤。"

《乾隆婺源县志》卷二十七《人物十三·方技》："吴疆，字季六，蕉源人。岸伟驱干，多力，善骑射，尝手博两虎。能诗，所咏《忠愤吟》，甚悲壮慷慨。工书画，尤长墨竹，至今竞赏之。性豪迈，喜任侠，交游四方，多名俊。欲以韬钤树立，值时艰，不获售。……时会饮，酒食盈案，只手举几足行，盘旋久之，复故处，不少倾滴，以相戏乐，人称为吴千斤云。竟落拓终老，识者为惋惜焉。”

《嘉庆溧阳县志》卷十三《人物志·儒林》：“陈周，字二游。幼嗜学，至映月读书。比长，尽通经史百家言。明季避兵山中。入国朝，屡为当事荐引，以母老不赴。与同邑芮城交好。……郡守张某荐宏博，辞之；督抚延致，并不就，答以所著书一部。然周颇游江湖间，交结知名士如黄冈杜濬、宁都魏禧、宣城梅文鼎辈十数人，柞与讲学谭艺，往来倡和。晚益多购书籍以自娱。因病肺，遂精医术。卒年七十五。著书别见《艺文志》，余多散佚不存。”据同书卷十五《艺文志》，陈周著有《二史备闻》、《濑水备闻》、《三才象测》、《力耕堂近刻》等。

《乾隆婺源县志》卷二十七《人物志·学林》：“施璜，字虹玉，号诚斋。祖由诗春迁居黎阳。少颖异，尊崇正学，精究关闽濂洛源流，主讲席于黎阳、还古两书院。锡山世泰高公延主东林，讲明性学，从游甚众。相国熊公互相师友，几三十年。后归婺省墓，谒紫阳、云峰诸先贤祠，乡人士多从讲学。盘桓月余而去。所著有《西铭问答》、《小学》、《性理》、《近思录》诸书发明。”

《江苏诗征》卷一三八：“蔡歷，字龙文，江宁人。祖庚子。”

《道光上元县志》卷十五《人物志·仕绩》：“蔡望，字铉升，号甘泉。康熙庚辰进士。由中书授瓯宁令。瓯邑产米，奸贾兴贩出洋，米价腾贵，致民艰食。望牒各宪勒石严禁。决狱明慎，五年中未有入人重辟者。摄崇安，改建文庙。向分校文武两闱，时称得人。致仕归，居乡醇谨，寄兴篇章。有《香草堂集》。”

同书同卷《人物志·仕绩》：“蔡灵，字五玉，号得斋。康熙丁巳岁贡。任东流训导，加意课士，两护县篆，有政声，卒于官。”

王四及，名号不详。《问山文集》卷八《题王四及游西山诗草卷》：“《游西山诗草》，宣城王子四及所为作也。在岁戊午，余督通惠河，蝶园徐先生偕四及游潞阳。余交徐先生，因遂得交四及。迨余持虔节，道经白下，遇四及还宣城，送之以诗。忽忽六七年间，至是复与四及会于洪都。读所吟咏，清秀挺拔，又得当代巨公许可评论，盖亦诚足当之也。”

按，张贯玉、张永孚、蔡玑先等名号及生平事迹未详，俟考。

张贞闻叔子调疾南京，以状来乞传，叔子力疾为作《安丘张夫人家传》。

《魏叔子文集外篇》卷十七《安丘张夫人家传》：“安丘张君贞哀其母之苦节，以状来乞传，禧以疾辞。贞再拜流涕曰：‘若吾母者，其可无传哉？吾之至于金陵，非有他也，闻君调疾于此，故来乞君文。文五日不就，请待十日；十日不就，请旬月。’禧叹曰：嗟呼孝子哉！遂力疾而为之传。”

《鹤征录》卷三《未试丁忧》：“张贞，字起元，号杞园，山东安丘人。康熙壬子拔贡生，候补翰林院待诏，著有《杞田》、《半部》、《潜州》、《娱老》等集。富孙按，先生少好学，博览群书。遨游四方，与海内名流扬榷今古，时称为文章巨手。尝游愚山之门。事节母尤孝，克承其志。荐举以母忧不赴。后史馆缺员，以翰林待诏用，亦不就。退居杞城故园，日以著述为事。”据庄一拂《古典戏曲存目汇考》，张贞著有剧本《画衣记》。

夏，与魏世傚至邓尉山访曾灿，与曾灿联床，慷慨言天下事，勉励曾灿爱惜生命。时彭子务亦客苏州。

《六松堂集·曾青藜文集》卷十三《哭魏叔子友兄文》：“枫桥联床之夕，酒酣耳热，慷慨言天下事，勖弟以爱惜躯命，早图还山，以待上元，勿徒以贫贱困厄为戚。”

《魏昭士文集》卷三《曾若思二十序》：“庚申夏，予从仲父过曾止山于邓尉。时妹婿彭子务从其尊先生至。”

七月，叔子在苏州光福大病，仅存皮骨。当沉疴时，念妻子无依，儿尚未婚娶。时彭士望亦至邓尉山亦病，惺惺相惜。八月，病稍愈。

《六松堂集·曾青藜文集》卷十三《哭魏叔子友兄文》：“去夏，兄与躬兄先后同来邓尉，相继而病，兄尝语弟以躬兄年老不归，恐终为旅人累；而躬兄亦念吾兄肌体尪羸，不欲其去吴阊而就扬州。八月，两兄少瘥。”

《魏叔子文集外篇》卷六有《寄儿子世侃书》：“自出门后，三次大病，参药之费，计五十金。七月光福一病，仅存皮骨，揽镜自照，陡然心惊。当沉疴时，自念家死客死，要有前定，然汝母无依，汝尚未婚娶成立，不能不心动耳。吾垂六十无子，立汝为后。”

七月，陈仪卿六十初度，叔子作文以寿。

《魏叔子文集外篇》卷十《陈仪卿六十序》：“陈君仪卿籍泉州石湖岛，以积著业侨家吴门之南濠。……庚申七月，仪卿六十初度，诸亲姻友欲为仪卿寿。……于是介袁子随安乞言于余。”

按，陈仪卿名号未详，俟考。

梁份、吴正名四十初度，叔子作序文，赞其“忠笃信实”、“于世为有用之才”，并以此文示彭士望，士望亦为梁份作序。时梁份客南京，未至苏州；吴正名曰来江南，未至。

《魏叔子文集外篇》卷十一《门人梁份吴正名四十序》：“岁庚申，门人南丰梁份、贵池吴正名并四十。二生深相结，其忠笃信实可倚托，于世为有用之才，则一也。……份负笈从吾客江南，正名曰来，且未至。”

《耻躬堂文集》卷七《门人梁份四十序》：“庚申伏日，同勺庭及次儿厚本客邓尉山，偶览韩昌黎送区宏南归诗，为咨嗟太息不能已。……因与勺庭语及之。是时余门人梁生份从勺庭南游留金陵未至，而勺庭示余所作份四十序，余感而叹曰。”

黄修生前甚为称赏叔子之文。五月，应黄中坚之请，叔子为其父黄修作墓志铭。黄中坚阅文后，致书感激，并再乞叔子为其父作传，然叔子不及见此书而病逝。

《魏叔子文集外篇》卷十八《文学黄君墓志铭》：“履和公配徐子，子三。甲子之七月七日，是生文学君。……君讳修，字人闇，行一。勤于学，试郡县有声。……君卒年五十有六，后其生之月日凡五月十有二日。子一中坚，府学生，娶许氏。……子中坚既能读其父书，年、月、日将葬君某处，自为状介姜君奉世乞铭于予，予乃按状述次而铭之曰。”

黄中坚《蓄斋集》卷六《寄魏叔子先生谢墓志铭书》：“自枫江言别，忽逾两月，未审继见在于何时，怀想之私，无可言喻。昨止翁使至，承惠寄先君子墓志铭二十册，捧读之，哀与感并，因叹先生固先君子之知己也。……若先君子者，诚足以当先生之铭，而先生之铭，则诚足以传先君子之人也。且夫先君子不可谓非先生之知己也。犹忆往岁，侍先君子于姜奉世斋中，见先生所著书，举以示坚曰：‘此必传之作也，当与昌黎、东坡相伯仲。’其佩服先生而思得见先生者，已非一日。岂知先生涉敝地，而先君子竟不及见先生也乎！……顾窃不知量，倘得更为作传，以厕独行之末，则尤先君子之幸也。非坚之所敢望也，先生其许之否乎?”文后有作者附记，云：“此书于庚申五月中授曾止山，而魏先生即于九月中作古。后于金陵先后遇梁质人、吴子政两君，皆云未见。乃知此书竟尔浮沉也。”

按，《蓄斋集》卷十二《先府君文学纯庵公行述》后附有叔子所撰墓志铭，文末有注云：“时康熙十九年五月。”又，《寄魏叔子先生谢墓志铭书·附记》云叔子“于九月中作古”，不确。叔子卒于本年十一月十七日，详见后谱。

《民国吴县志》卷六十六《列传四》：“黄修……子中坚，字震生。移居郡城。

为诸生有声，屡试不售，遂弃举子业，肆力古文。著有《蓄斋集》十六卷。”冷士嵋《蓄斋集序》称其“少负文名，志大期远，有不可一世意。中岁遭无妄，历艰危忧患几十年所。虽困于时，然年未艾即以明经荐。人劝之仕，君以性不能苟合，谢不应。遂专心古学，惟以著述自娱”，“其诗皆高朗可诵，有新颖之色云”。杨宾《蓄斋集序》称其“有名诸生间，视科第为不足取，久之不售。复为其仇所陷，十年乃得白，而颠毛种种矣。遂绝意进取，务为古文”。

七月，在苏州，编定文二集，作自序。

《魏叔子文集外篇》卷八《二集自序》：“今初集目录已定，续此所作别为二集。”文末署“庚申七月望，易堂魏禧识于吴门”。

徐枋元配张硕人病逝，叔子赠以赙金。徐枋致书叔子，不受赙金，而请叔子为张硕人作传。

徐枋《居易堂集》卷三《答宁都魏凝叔书》：“病困之秋则惠大药，死丧之戚则损赠赙，旅次珍摄，乃复如是，则先生之于不肖何如者。况被之以明训，勖之以宏图，人非木石，敢不勉旃。……内子贤声颇著中外，儿女又皆极孝，大殓之际，哭声若崩城，唁者、役者无不堕泪，亦可悲矣，亦可见矣。重承明训，故絮及之。惠赙已领至意，谨完上。倘叔子先生果能洞鉴微末，非阿私所好者，不吝锡以一言，则荣被泉壤，是所愿也，非所敢望也。敢布腹心，伺道驾入山，尚当率儿子泥首以请也。”

按，徐枋丧偶在本年，《居易堂集》卷十七《怀旧篇长句一千四百字》云：“前年悼亡五十九，天胡厄我丧吾偶。居恒依依若无之，闺中又失一良友。”《徐俟斋先生年谱》亦载：康熙十九年（1680），“先生元配张硕人卒，硕人有淑德，魏叔子以赙至。以书却其金，而请以一言光泉壤”。又，据文中“被之以明训，勖之以宏图”语，叔子当先有书信致徐枋，然检《魏叔子文集》，致徐枋的书信仅一通，信中未提赠赙事，且有“顷游武林，与魏美为昆弟交”云云，当不作于本年。再次，《魏叔子文集》未见张硕人小传或墓志铭，叔子于本年冬即遽逝，或不及作。

八月初一，于苏州致书儿子魏世侃，时已病甚，力疾书之。

《魏叔子文集外篇》卷六有《寄儿子世侃书》，末署：“庚申八月朔日，力疾书于吴门之桃花坞。”

八月，王楫六十初度，叔子为作序，称其“为人诚信，外和而内直”，遣儿辈以进之。

《魏叔子文集外篇》卷十一《王汾仲六十序》：“黟人王子汾仲隐居于金陵之上新河，余交之有年矣。庚申八月，王子六十初度，余适自金陵之吴门，不能为王子举一觞，于是为叙，遣儿辈登堂拜手以进之。……汾仲工于诗，其为人诚信，外和而内直。诗多悽音古节，得《骚》、《雅》之遗。”

《嘉庆黟县志》卷七《人物志·文苑》：“王楫，字汾仲，七都人。少年好义，尝被奇祸，拷讯备至，而默然不肯及一人。及事释，寓居金陵上新河，卖字给口食，若于世无所轻重。然所交游，多故老名士，如宁都魏禧、桐城钱澄之、江宁朱贞之、南昌彭士望、海宁查慎行、南丰汤来贺，皆有诗文赠答。汾仲工诗，有《江栖阁诗集》八卷。善书法，泰山‘巍巍荡荡’四字，乃其笔迹也。”《魏昭士文集》卷三《王汾仲诗集序》称其“当国变，弃诸生不能得，偕兄弟费千金方得弃之，家为之落”，诗“孤愤慷慨，如闻楚声”。

八月，病稍愈，与曾灿、彭士望游处，慷慨言天下事。

《六松堂集·曾青藜文集》卷十三《哭魏叔子友兄文》：“八月，两兄少瘥，而弟亦旋病，自悲夫老之将至，世愈穷而途愈蹙也。枫桥联床之夕，酒酣耳热，慷慨言天下事。”

八月，徐乾学五十初度，叔子应其子徐树谷、徐炯之请，为作寿序，彭士望亦有序。

《魏叔子文集外篇》卷十《徐健庵春坊五十叙》：“越三年，公初度，适予客吴门，公子孝廉树谷、炯以公与禧有故，奉书币来乞言。……予特为度量之说，以明公之所以贤于人者，以质于公，以为诸公子佐一觞焉。”

《耻躬堂文钞》卷七《徐健庵春坊五十寿序》：“庚申八月，予在吴门，昆山徐子艺初、章仲二孝廉遣书使因顾子景范迎予居其家。月望日，艺初、章仲肃衣冠作礼言曰：‘……今先生与魏叔子先生并客吴门，适介家大人寿，亦一时之遭。’”

《同治苏州府志》卷九十五《人物二十二》：“（徐）树谷，字艺初。康熙乙丑进士，山东道监察御史。时重逃人律，黜遣相继，树谷上疏力请，得从宽减。又疏请修三朝国史，条陈便宜，五事皆见施行。俸满外调，归卒。”据《江苏艺文志·苏州卷》，树谷著有《哀江南赋注》一卷、《李义山文集笺注》十卷。

同书卷九十六《人物二十三》：“徐炯，字章仲，乾学次子，树谷弟。登康熙壬戌进士，授行人。庚午，典福建试，擢工部主事，迁员外，晋刑部郎中。父艰，服阕补原官，出为山东提学佥事，葺李攀龙白雪楼。为书院拔士之尤者，肄业其中。明诸生王曦如欲殉甲申之变，至养母终，自缢。炯廉其事，表之。侍郎左懋第以使事死节，命有司建祠以祀。考最，进参议，假归，卜居郡城花溪，筑春晖堂，迎母居之。母丧，服除，补口北道，调通永，迁直隶巡道，寻罢归。”据《江苏艺文志·苏州卷》，徐炯著有《五代史记注补》七十四卷、《五代史记补考》二十四卷。

秋，叶奕苞数度来访，出示《金石录补》，叔子为作《金石录补题词》。时叶氏已试博学鸿儒报罢归。

《魏叔子文集外篇》卷九《金石录补题词》：“九来勤学好古，有名于当时。前年举博学宏词，以当路敦迫就道。既报罢，益自喜，归而搜访古人名迹益勤。……予与九来交九年。庚申秋，就医吴门，九来棹舟访予者数反，因出示此书，起夏禹《衡山碑》，终宋《周处庙像记》，凡若干种，皆汉、唐旧碣，为赵氏所未录者。……遂援笔题其首云。”

秋，朱昌周、朱昌绪兄弟介其宗人朱之赤，以状来乞叔子为其母作墓志铭。

《魏叔子文集外篇》卷十八《朱太宜人墓志铭》：“岁己未之八月，新安朱氏程太宜人年七十有五，告终于吴门之寓室。长子昌周治丧事，……将奉柩以还故乡。次子昌绪佐军事荆、辰间，方自奋于功名之会，乡里荣之，而昌绪以未及亲含殓为终天痛。……越六年庚申，禧就医吴门，昌周、昌绪介其宗人之赤以状来乞铭，禧辞不获。”

《光绪丹阳县志》卷二十四《人物志·流寓》：“朱昌周，字肇基。休宁岁贡生，顺治时迁丹阳，以画竹名。兄昌绪以书法名。弟昌年以画兰名。同居练溪，称‘朱氏三绝’。”《皇清书史》卷三：“朱昌绪，字缵庵，号骏文。休宁人。顺治十六年拔贡，官武昌知府。”《朱太宜人墓志铭》称“昌周候选知县，昌绪部主事”，“昌周年十五，随父经纪外事，太孺人诫以无因贾废学。昌绪年十五，补丹徒县弟子员。……己酉，昌绪以恩贡生卒业北雍”。

《江苏艺文志·苏州卷》：“朱之赤，字卧庵。清长洲人。顺治十六年（1659）

于开襟楼跋所见明杜琼画。康熙十九年（1680），曾介同里顾锌与彭士望交往。”

秋，抱病访汪森，旋离去，以诗留别，汪森和之。

汪森《小方壶存稿》卷八《魏叔子过草堂旋即言别次和原韵》：“闻到吴阊久，相期匪浃旬。病扶黄叶路，秋老翠微人。乱后情多感，宵分话更亲。如何遽回棹，怅望出烟津。”

按，《小方壶存稿》按诗歌体裁分类编排，但在每一诗体中仍寓有编年之意，《魏叔子过草堂……》前一首即《闰中秋夜同徐蘖庵、华羲逸、俞犀月集草堂次蘖庵韵二首》，据《近世中西史日对照表》，康熙元年（1662）至康熙十九年（1680）间，仅康熙十九年（1680）为闰中秋，故汪森此诗必作于本年。诗中有“病扶黄叶路，秋老翠微人”语，一可证时令为秋季，二可证叔子乃抱病过访。又，既是次和原韵，叔子当亦有诗，然叔子之诗未见今本之《魏叔子诗集》，或已佚。

应俞汝言之子俞炳之请，作《处士俞君墓表》。

《魏叔子文集外篇》卷十八《处士俞君墓表》：“岁己未之七月，嘉兴俞君右吉年六十有六，以病卒。其十二月，君子炳奉君葬于庆丰桥之左。明年，予客吴门，炳以通家子奉状来乞表君墓门。”

应陈启澄之请，为其父母作墓志铭。

《魏叔子文集外篇》卷十八《文学陈君暨配马孺人墓志铭》：“陈君讳若忠，字叔显，别号钝孩，娶同县马氏。君生万历癸巳九月，距其卒六十有九年。孺人生后君一年，其卒后君九年，年七十有七。孺人既没之十一年庚申，孺人葬有日矣。余客吴门，故人陈勋介其第四子启澄以状来乞铭。”马孺人“生子五：……启润、启澄并县诸生”。

按，陈勋名号及生平事迹未详，俟考。

作《许秀才传》，称其“以诸生死国难”，“震天地而泣鬼神”。

《魏叔子文集外篇》卷十七《许秀才传》：“于此有贫贱士，不食朝廷升斗之禄，无一级之爵，顾毅然舍其躯命，以争名义于毫末，震天地而泣鬼神，虽夷、齐何以加焉？”

按，文中称许秀才妻顾氏于丈夫亡后，“抚其三子悉成立，今庚申年七十有三云”，故系此文于本年。又，许秀才名王家，顺治二年（1645），清兵南下，颁剃发令，许秀才不屈，赴河而死。

抵仪真，与姜安节、实节相聚。时实节将以八月葬母，应其请，为其母作墓志铭。

姜埰《敬亭集》附录《墓志铭》有魏禧所作《姜贞毅先生副室王孺人墓志铭》，云：“孺人姓王氏，其先三原人。……年十五，以副室归莱阳姜贞毅先生埰，生子一实节。……生天启丁卯二月十九日，殁丙午正月廿四日，享年四十。……今年庚申，余来真州，值真州人士奉先生木主崇祀名宦，安节、实节偕来相聚尤密。实节将以八月二日葬孺人于吴门铜井山之原，涕泣道：‘孺人劳苦。’乞余为幽室之文，予不敢辞。”

按，《王孺人墓志铭》亦见《魏叔子文集外篇》卷十八，题为《姜母王少君墓志铭》，文字有较大差异。如“今年庚申”至“葬孺人于吴门铜井山之原”一段，为《王少君墓志铭》所无。

许任请叔子为其母作传，叔子诺之，然因病遽逝，未及作也，后魏礼续成之。

《魏季子文集》卷十五《许母传》：（许母）“三子咸遵母训，不妄交，喜与海内贤人君子游，佼然足自表见，遂迎母居仪真就孝养，年五十八而卒。……先是，任请母传于先兄叔子。既诺之矣，无何，先兄下世，任郁郁者累年。今春予有江南之役，过蓼洲，仲子曰：‘见君犹见叔子也，请续叔子之诺成母传。’情辞恒挚，予曰：‘此仁人孝子之用心也。’于是维舟江岸就其侨庐而传之。”

按，许任的字号及生平不详，《许母传》云“仲子任授州司马，醇雅工诗”，“尝操荚于江西之蓼洲，故与予兄弟交”。

秋，至无锡，与王畿游处，为其诗集作序。王畿慕叔子兄弟久，此次得尽读叔子所作诗文，极赏之。

《文瀫初编》卷十王畿《送魏叔子先生归翠微峰序》：“魏叔子先生隐金精山之翠微峰。……余慕先生兄弟，思一跻翠微峰不得。……庚申秋，先生来梁溪，余得尽读先生所为诗文若干卷，渊然以醇，顽廉而懦立。挫万物于毫芒，晰精微之极致，宜远近之请正于先生不能已也。”

周有壬《锡金考乘》卷十二《著述》：“《正己堂诗集》，王畿撰。初编、二编先有刊本，最后所编，魏禧序之。”

按，魏禧所作之序文，未见今本之《魏叔子文集外篇》；《正己堂诗集》亦未见传本，或已佚。

《江苏艺文志·无锡卷》：“王畿（1621—1703），字式九，号雪岫。清无锡人。赉父。诸生。与宁都魏禧及邑中顾祖禹交善，尝以诗寄邹溶于狱，极悲凉可诵。殁以子贵，赠中书舍人。”据此志，除《正己堂诗集》外，王畿尚著有《西溪草堂诗稿》、《西溪草堂词》。《梁溪诗钞》卷二十一收其诗十首，《全清词钞》收其词一首。

与梁份客秦松龄、秦松岱之园林，游锡山、惠泉山诸名胜。

《怀葛堂文集·送丁酉典试秦太史序》：“岁庚申，份从叔子魏夫子游锡山，主谕德秦太翁先生昆玉之馆舍，以其暇登慧山、望太湖、临源泉，世所谓曲水亭也。泉出于山石，……泉西有园，负山而面泉，室宇廊槛，亭台池沼，千岁之寿樟、万木之条达，高下大小，咸列其中。……明年辛酉，太翁典吾江右试，所得士捷南宫、跻膴仕者十人而九，天下号为公明最。”

按，据“明年辛酉，太翁典吾江右试”语，“谕德秦太翁”应指秦松龄。秦松龄，字留仙，号对岩，江苏无锡人。顺治十二年（1655）进士，授国史馆检讨。康熙初以逋粮案削籍。康熙十八年（1679），荐试博学鸿儒，列一等，复授检讨。二十年（1681），充日讲起居注官。寻充江西乡试正考官，历左赞善，迁谕德。二十三年（1684），充顺天乡试正考官，以磨勘落职还乡。归里后，耽研经训，尤深于《诗》。著有《毛诗日笺》、《苍岘山人集》、《微云词》等。考秦松龄之行迹，本年秋尚在京城任职，《苍岘山人集》卷四有《庚申八月三十日赐翰林詹事官太液池藕恭纪十韵》、《庚申九日曹峨嵋编修招同馆中诸公乌龙潭登高得九字》等诗可证。与叔子、梁份游处者当为秦松岱。

《光绪无锡金匮县志》卷二十一《人物志·儒林》：“秦松岱，字灯岩，松龄弟。国子生。幼读王守仁《传习录》、高攀龙《静坐说》，因有志于学。后师事族祖镛，镛故攀龙入室弟子，自是识解益进。时盩厔李颙、武进郓日初、慈溪黄宗羲皆前朝遗老，以讲学相应和。松岱驰书质证，往复累千言。家故丰而菲衣粝食，治家一守古礼。”

秦松岱为叔子道顾杲事，并出所藏顾杲之手札，叔子敬题跋语于卷末。

《魏叔子文集外篇》卷十二《跋顾子方手札》：“子方书法妙绝一时，与同里黄君汉臣交善，往还手札最多，汉臣悉藏弃珍重之。将死，卷束以授秦君灯岩，灯岩受之如奉拱璧。……先生名杲，……灯岩其姊子也，每与予道，未尝不呜咽。……因敬跋卷末志向往，且以见灯岩之意。”

按，顾杲，字子方，号遁人，江苏无锡人。顾宪成从孙。崇祯年间，加入复社，曾与陈贞慧、吴应箕等人为《留都防乱公揭》，声讨阮大铖。清兵攻陷南京后，顾杲尽散家财，募士数千人，起兵抗清。行至江阴，被人误杀身亡。顾杲为人豪迈负奇气，好击剑，善草书，诗文卓荦不群。著有《悟秋草堂诗集》。生平详见《光绪无锡金匮县志》卷二十三《人物志·忠节》。

十月，余思复、王炜过无锡，晤谈三日，各罄所怀，约以后会，时叔子已病。

《中邨逸稿》卷下《祭魏冰叔文》：“吾二人者，过子锡山。欲别未忍，出户复还。晤言三日，各罄其私。劳劳后会，但虑愆期。岂意三旬，奄忽长逝。”

《鸿逸堂稿·与魏和公书》：“其后叔子在梁溪，弟同余不远过之。叔子出龙脊相赠，时已病，以揖代拜，殷勤指数以尽其说。未几，遂殁于真州。”

十一月一日冬至，为顾有孝《纪事诗钞》作序，称其所录皆取“有关世道”。

《魏叔子文集外篇》卷十《纪事诗钞序》：“顾子茂伦以诗学名天下数十年，所论定古今人诗为类亦数十，最后选洪、永以来纪事诗凡十卷，缄其书来，属予为之叙。……顾子抱道衡门，身为匹夫而慨然有天下之虑，其所收录皆取有关世道，所谓‘言者无罪’而‘闻者足戒’，其庶几矣乎?”

按，据朱则杰先生《清诗总集版本丛考·〈纪事诗钞〉与〈骊珠集〉》（载《清诗考证》一书），浙江图书馆藏有抄本《纪事诗钞》，线装凡十册，册各一卷，该书卷首亦载此序，文末署“时庚申冬至，宁都易堂同学弟魏禧撰”。《魏叔子文集》则无此署款，且个别文字略有出入。又，《纪事诗钞》既有抄本尚存人间，《江苏艺文志·苏州卷》著录为“佚”，不确。再次，据《近世中西史日对照表》，本年冬至为十一月一日。

《乾隆吴江县志》卷十三《人物志·隐逸》：“顾有孝，字茂伦，少负才任侠，游华亭陈子龙之门。子龙死国难，有孝亦谢诸生，隐居钓雪滩。陋巷蓬门，四方宾至无虚日，有孝倾身揽结，赴人之急，虽尽其财，濒于难，不悔也。尤好汲引，人有寸长，必咨嗟叹赏，寒素多依以得誉。尝以吴中诗习多渐染钟谭，与徐白、潘陆、俞南史、周安、顾樵辈过从商榷，一以唐音为宗，遂选刻《唐诗英华》，盛行于时，诗体为之一变。继有《五朝诗英华》、《明文英华》诸选，远近争购，由是有孝名益著。康熙中，诏举博学宏词之士，公卿多欲荐引之，有孝坚以病辞，乃止。”顾有孝晚自号雪滩钓叟，见《雪桥诗话》卷一。

十一月，应华章志之请，为其父作志铭。

《魏叔子文集外篇》卷十八《处士华君墓志铭》：“君讳珑，字龙叔。……晚年自称华坡居士。……男子六人：章志，己亥进士，内阁中书舍人候阙主事。……庚申十一月日，章志等将启兆奉君柩合葬于大通桥之莲蕖。禧适客无锡，章志奉状四顿首，涕泣请铭君墓石。禧往客吴门，君与章志皆有交，不获辞。”

《光绪无锡金匮县志》卷二十《人物志·宦望》：“华章志，字惟贞。顺治十六年进士，由户部主事迁刑部郎中。擢贵州提学佥事，振兴文教，士林悦服。殁于官，祀名宦。”

为无锡马生题《北山草亭图》，此叔子绝笔也。

《魏叔子文集外篇》卷十有《题马生北山草亭图》，文后有门人沈兆隽评语，云：“呜咽淋漓，尺牍中无限深意，此余师绝笔作也。先生逃世，岂其兆哉！”

按，马生，其名号及生平事迹未详，俟考。

十一月七日，自无锡抵丹徒，访冷士嵋。留三日后将至仪真，冷士嵋送之江滨，以完神啬思劝之。时叔子病始瘥，气馁甚。叔子离无锡时，王巘以文送之，赞叔子之道德文章。

《江泠阁文集续集》卷下《书魏冰叔祭文后》：“叔子未死前十日，自梁溪来过余，适余读书江外舣舟河畔，遣伻报，余归，留三日夜，然后发，将之真州，余送之京口江滨，别。时叔子病始瘥，气馁甚，莫具揖，与余谈，犹娓娓罄衷曲事。余谓叔子宜绝笔墨、简言论，完神啬思以厚自爱。叔子肯余言，期来岁二月聚广陵。吁，讵八日而竟殁耶！”

《文潋初编》卷十王巘《送魏叔子先生归翠微峰序》：“今海内莫不知翠微峰魏叔子，其知先生以文章行义，非独以栖遁名山如古石隐而已。先生之文章，发挥道德，源本六经，上自龙门，下及庐陵、眉山。因以其所蕴藉与天下怀奇抱异、履仁蹈义之士更相酬答，舒其所不平，以是天下无远近贤愚显晦，莫不欲得先生一言以为折衷者。……且自沧海变革，风雅颓废，俗趋脂韦，当世率以忠耿节烈为苴梗，而古道久湮。先生操笔发响，援其气势，使天下士晓然知行义所在为文章根本，其功应不在昌黎、紫阳下，则先生当不独幽栖岩壑为石隐者流明矣。”

十一月十七日，应故人约，赴扬州，至仪真，病发，遽逝于舟中。

《魏季子文集》卷十五《先叔兄纪略》：“庚申十一月十七日，从无锡赴维扬故人约，舟至仪真，忽发心气病，一夕卒。时门人梁份从行。”

按，彭士望《祭魏叔子文》亦说叔子卒于仪真时“门人梁份从”，然梁份《哭魏勺庭夫子文》云：“门人梁份捧新刻夫子诗文集陈柩前，躄踊而哭曰：份奉命较雠，有成功矣，乃夫子遽至是耶！……昨仆夫自真州至，暮叩门，心动，从门间问夫子安，然后启而纳之。书中亦言体大健，以是份留数日，待此集之成。恶知二日内而病，病而如是哉！”据此可知梁份当时正为叔子校雠文集，并不在仪真舟中。又，康熙十九年（1680）十一月十七日，换算成公历，实已是1681年1月6日。

远近友人闻讣，皆走哭于殡所。顾祖禹先至，哭之。未能至者，皆于叔子昔经游处，设位而祭。

《魏季子文集》卷十五《先叔兄纪略》：“远近友人咸走哭于殡所，而常熟顾景范祖禹独先至。祖禹少先生七岁，先生与为兄弟，交比易堂。其未能至者，则于先生昔经游处，设位而祭。海内士识与不识，莫不惋惜焉。”

吴传鼎闻讣，为张吊三日。

《魏季子文集》卷七《吴瓶庵赠言序》：“及先叔兄不幸卒真州，瓶庵张吊三日，为主人朋从之来者馂余。”

唐甄闻讣，设位举丧，哭之恸。

《潜书》附录王闻远《西蜀唐圃亭先生行略》：“魏叔子，先生之知己也。闻叔子讣，为假吴氏之堂，设位举丧，陈《五形篇》以奠。哭之恸，曰：‘从魏子之爱也。’”

冷士嵋闻讣，与王待往哭之江滨。赴仪真，具果羞为文以祭，赞其义节、学术、文章泽被天下。

《江泠阁文集》卷四《祭魏冰叔文》："年月日，京江友人冷士嵋闻宁都魏叔子卒于真州之旅次，乃往具果羞，为文以奠而哭之于其灵曰：……惟君之行修于家，望重于国，义节炳于人人而教被天下。若夫学术之博备、论议之挺发、文章之卓荦，斯特其余绪，又不仅以此而见推。……故当其君之存也，士林有所矜式，人才有所造就，文章有所师承而宗尚。而逮今之没也，天下后世，廉贪立懦，犹得以闻风而兴起，用私淑于来兹。……至抗节砥义，遵养却聘，则易堂之上，即谓之以河汾之教授而何疑。故能屯一身而亨大道，屈一己而伸天下，晦一时而昭万世，学术赖以昌明，人心赖以救正，而名教赖以维持。"同书同卷《祭王季守文》："忆庚申岁，子师魏子冰叔没真州，子来讣，予痛甚，执子手往哭之江滨。"

嗣后，冷士嵋情犹未已，再作《书魏冰叔祭文后》，致悼惜之情。

《江泠阁文集续》卷下《书魏冰叔祭文后》："士不幸而生于兹，读万卷书，擅绝代才，遭时屯艰，日惟卧穷山中攻著述。出则落落四方，未有所展效以死。著述充笥箧而又无一息之胤可为托付。吁！天之报施善人，果若是耶？余少叔子三岁，凉德无才能，寡问学，离群索居，偷生活草土间。叔子德义气节、学术文章，皛皛若是，而犹不克享以报，若余者当又何如耶？虽然，叔子德义气节、学术文章声名满天下，死且不朽，天之报施叔子，已在于是。"

曾灿从杭州返苏州闻讣，哀恸之极，为文以哭之，赞其气节文章不朽，继又赴真州哭之。叔子灵柩返里，又哭之于舟次。

《六松堂集·曾青藜文集》卷十三《哭魏叔子友兄文》："计兄捐馆真州，即予发棹西泠之日。……古人有临终而见梦于数千里之外者，今大江南北，所隔止此一水，乃何以音问杳然。竟至越归，入门之顷，而始闻吾兄之讣也。……呜呼，吾兄往矣！兄之气节贯日月，文章垂天壤。虽经纶才略未得稍展其生平，而天下后世，孰不知宁都有魏叔子其人者，吾兄其可以无憾矣乎！"

同书同卷《彭躬庵先生与梁质人书跋》："叔子友兄之变，予哭之于吴门，再哭之于真州，又送哭之于舟次。哀恸之深，而于朋友始终之谊，怛然其未尽也。"

十二月二十三日，彭士望闻凶信，一号欲绝。即日冒雨过水庄，抚灵几痛哭。

《耻躬堂文钞》卷二《与门人梁份书》："庚申腊月廿三日，周士传冰叔先生于十一月十七日病卒仪真。讣至，一时天地崩裂，眼光堕地，五内无主，哭不得声，欹枕坐上，摽膺顿足。少顷，一号欲绝，赖家人扶持未僵也。即日觅舆，冒雨过水庄，见长松已肠断，入门抚灵几号恸，乃不绝踊仰呼：‘苍天！苍天！刻毒！刻毒！’更与和公把手哭久之。是夕宿水庄，与中叔、和公联榻，青藜远莫致之。所谓易堂者，仅此三人而已。……吾与叔之交非常交，其晚节风尘，卖文为活，都非本志。迁延旅食，不幸野死，复何言哉！复何言哉！”

梁份捧新刻叔子诗文集哭于叔子柩前，有《哭魏勺庭先生文》以致悲痛之情。

《怀葛堂文集》卷八《哭魏勺庭先生文》：“门人梁份捧新刻夫子诗文集陈柩前，擗踊而哭曰：份奉命较雠，有成功矣，乃夫子遽至是耶！……份今日茕茕数千里外，就灵几夫子理断简残编，而徒悲手泽之存也，谓之何哉！”

曾师度卒。

《魏季子文集》卷十四《曾益斋墓志铭》：“君未卒之前四年，以五行推，语人曰：‘吾庚申二月死，家居以待。’三月二十八日，果卒。”

沈昀卒。

清康熙二十年辛酉（1681）　卒后次年

余思复、王炜闻讣，正月六日，为叔子设灵位，作文哭之，称颂其才华。

《中邨逸稿》卷下《祭魏冰叔文》：“惟庚申之岁十一月十有七日，宁都魏子客死仪真。明年正月六日，将乐余思复、歙县王炜于虎丘寓舍为亡友冰叔魏先生之位，祭以鸡豚鱼酒而哭之以文。……惟子之生，天挺人杰。生也非时，不见施设。含英蕴奇，掩其光芒。风发泉涌，见之文章。惟子之文，源本经史。平揖昌黎，俯视余子。”

叔子妻谢季孙闻凶信，昼夜号呼，矢志饿殉。绝食十三日，至正月六日，卒。

《耻躬堂文钞》卷二《与门人梁份书》：“叔内闻讣，昼夜号呼，勺水不入口者旬余，矢志饿殉。戚友内外劝之，不得。望请俟棕归行志，不得。和公长跪榻前，号泣反复，引大义陈说万端，矢没齿以母事，终不能得。延至辛酉春正月六日，饿卒内寝。”

《魏季子文集》卷十五《先叔兄纪略》："嫂谢氏闻丧，勺饮不入口，绝食十三日死。"

魏礼闻叔子凶信，甚悲怆。正月，乃命魏世傚、赖韦二人前往仪真迎榇，然犹存希冀。及灵榇至，乃绝望。

《魏季子文集》卷九《答涂云石》："先叔兄旅变自天實坠，仆仿佛惊疑，情志都失。初虽以从人来告、梁友手书，万无可疑，而胸中时存妄想，钦钦似复有意外不然者。及舟榇既至，前和屹如，号呼不应，真绝望矣。"同书卷十五《先叔兄纪略》："是时礼闻讣，号恸，病几殆。乃遣长儿世傚、先生之门人赖韦偕行，扶榇归。"同书卷十二《长儿世傚三十一岁乙丑腊月示记》："吾叔子变于仪真，予闻遂得疾。正月，命傚往迎榇。"

《魏昭士文集》卷六《享堂记》："伯父死于兵乱。……仲父复以疾卒真州，(大人) 命世傚扶丧归葬，大人悲怆益甚，尝曰：'吾兄弟三人如一身，今已矣，复何言哉!'"

二月四日，魏世俨缮旧作，中多叔子评改者，感而作文哭之。

《魏敬士文集》卷六《哭勺庭仲父文》："辛酉二月四日，俨缮旧所作文，多勺庭仲父改窜点次，泪下不自禁，抚案顿足、一哭几绝，而拜伏于灵几曰。……今俨敬录所近作文若干首陈几上，仲父更能如昔日之抹勒校论，以指示笃切而定其学业之进退乎？呜呼哀哉!"

三月二十九日，叔子灵柩归故里，魏礼、彭任、彭士望及诸宗戚、门人迎哭于南郊。彭士望、彭任率易堂诸孤及河东友弟举哀肃拜，士望作祭文。后合葬叔子夫妇于南郊始祖墓旁。

《耻躬庵文集》卷九《祭魏叔子文》："病月念九日，榇至，停南郊外，季子迎谢孺人柩就之。诸宗戚友、门人咸奔迎，哭失声尽哀，为举奠。易堂友兄彭士望、友弟彭任率易堂之孤李萱，林东孙，邱成钰，林勋任之子仁方、仁立，望幼子厚下，偕河东友弟邱维宁举哀肃拜，望为文以告于叔子之灵曰。"

彭任《草亭文集·祭魏和公文》："庚申冬，叔子客仪真以卒。榇还，躬庵为文以祭，同予与君迎哭于南郊。"

《魏季子文集》卷十五《先叔兄纪略》："合葬于邑南郊下罗坪始祖墓旁。"

按，叔子卒后葬于祖墓旁，并未践行魏氏兄弟间的前约。按照约定，叔子当葬于勺庭。参见清康熙十四年（1675）条。

叔子灵柩还宁都时，黄对作诗送之。

《诗观三集》卷五有黄对《送魏冰叔旅榇还宁都》，云："闻君卧病几朝昏，过客殷勤每见存。白首向来余一老，青山何处泣孤魂。久知古道尘寰少，岂待人亡著作尊。行矣巨卿飞旐去，翠微峰顶乱啼猿。"

施闰章闻叔子凶讯，初以为讹传。继确认后，惊悼累日。三月，作祭文致魏礼，哀叔子心力劳瘁、年不及耆而无嗣。

《施愚山集·文集》卷二十四《寄祭魏叔子文》："温温恭人，卒无肆志。维恭则寿，曷云早逝？年不及耆，天啬其嗣，乌乎痛哉！高言可布，卖文已多。心枯腕脱，寝就沉疴。倦游客死，吞恨如何！"同书卷二十八《寄魏和公》："初传凶问北来，以为妄也，既而程子山尊数接广陵书皆云然，则果尔矣！为惊悼累日。"

按，《魏季子文集》卷八《答施愚山侍讲书》云："今夏五月，伏奉季春北来手书先叔兄哀辞又贱夫妇生日序文字二首。"可见施闰章此文作于本年三月，魏礼收到祭文已是本年五月。同书卷九《与汪舟次编修》亦云："日者谨寓书愚山先生，所谢垂吊先叔兄之雅兼略质史事，已妄刻拙集中。溯其时，盖辛酉夏仲也。"

徐介走千里抵仪真哭之，并手抄叔子未刊遗稿。

卓尔堪《遗民诗》卷一："徐介……短小精悍，而吐音清越。操甚孤洁，慕雷音道徽，终身以麻巾冠其首。魏禧死真州，走千里哭之，手抄其未刊遗稿。"

孙永烈闻凶讯，有诗哭之。

《淮海英灵续集·已集》卷二孙永烈《哭魏叔子》："风雪寒江缔旧盟，岂期长别在兹行。玉楼天上催文藻，薤露人间痛友生。七尺寄来原梦幻，千秋传处动心旌。最伤旅榇归乡日，泪眼婆娑老仲兄。"

姜宸英闻凶信，有诗悼之。

姜宸英《姜先生全集》卷二十六《苇间诗集》卷二《哭叔子二首》："鸾江哀挽一时闻，惜别他年怅离群。天末无因能致酹，夜台谁与共论文？江山寂寂归魂断，葭菼凄凄去路分。尚有蔡邕书籍在，独随秋草伴孤坟。""苦节谁云不可贞，翠微山共首山清。更无安道能求死，只有韩康解避名（原注：戊午鸿博之召，惟君不至）。远愧文章当纻缟，不教官爵污铭旌。临风一恸江天豁，未觉前贤畏后生。"

宋曹闻讣，寄挽诗四首以哀之。

《会秋堂集》卷四《寄挽魏处士冰叔四首》："布褐存知己，风期重易堂。素心真慷慨，古道即文章。一梦连江月，孤光照屋梁。有妻能饿死，携手话纲常。""感君己未岁，曾寄数行书。激切怜予老，飘零与世殊。生能扬正学（原注：冰叔著有《左传》并《易堂文集》行世），死不上安车（原注：时以博学鸿儒诏用，固辞不就，因致病）。叹息斯人去，真如丧古初。""投交三十载，聚散总扬州。经术因时绌，心肝与道谋。朴惟存太古，气不让高秋。多少平生恨，难将一死酬。""宁都魏处士，惜别自吴门。有弟曾倾箧（原注：庚戌冬，子稽湖上，和公曾倾囊为予整装），难兄尚伏冤。素怀高一世，浩气尽中原。遥寄招魂□，悲声托野猿。"

余光令闻凶讯，病中作诗哭之。

《渔郎诗集》卷二《忘情草》有《病中哭魏叔子》，中云："易堂奚必哭，汉阁愈添悲。欲泣翻成恨，眠疴更不支。魏君焉可死，斯疾固难医。莫抱他乡怨，□将魂梦归。丈夫原落落，寒雨正凄凄。孰若黄泉去，毋劳白雀啼。"

宗元豫闻讯，为文祭之，称道其道德文章。

《广陵思古编》卷一宗元豫《祭魏冰叔文》："呜呼！孝友名节，意气文章，苟获其一，没世贻芳。盱衡今古，鲜有兼长。君之文章，脍炙人口。君之气节，人仰山斗。兄弟怡怡，友朋谔谔。兼长推君，君真无怍。死于妻孥，死于他乡。同归于死，孰有否臧？君骨虽朽，君名愈彰。呜呼如君，死而不亡！"

徐乾学闻讣，赠以厚赙。

《魏季子文集》卷八《与徐健庵学士书》："先叔兄之变，重荷吊赙。"

丁炜闻讯，欲进翠微峰吊唁，因事未果，乃致挽诗及奠仪。

《问山文集》卷三《与魏和公书》："客秋行县过宁，获枉高士之驾，披挹绪论，虽相见未几而风雨鸣鸡，素心差慰。拟徒步翠微，式造子光之室，且以刍絮登堂，为令兄先生奠，而期会纷纭，匆匆旋郡。……顷因公务稍暇，却扫构一诔章，佐以涧藻，附昭士致唁令兄先生灵几。哀痛之语，不暇计其工拙。"

《问山诗集》卷二有《魏冰叔征君挽诗》，中云："别后临江关，严霜賈贞锋。咄咄龙蛇嗟，少微中夜落。犹子远单缞（原注：谓昭士），鹿车返荔幄。庐岳损精灵，长江悲绝涸。慨自风教微，处士多龃龉。月露争雕虫，道器浸衰薄。煌煌魏征君，树轨激贪弱。怅兹白日徂，斯文竟安托。雪涕叹藏舟，椒觞酹幽舄。遗书有子将（原注：谓和公），息壤期永诺。"

《魏季子文集》卷八《答丁观察书》："更宠以诔章多仪，下吊先叔兄。笃挚之辞，捧观泣下。陈示冥灵，均为愧戴。"

邵长蘅于赣江舟中作诗怀叔子。

《邵子湘全集·青门旅稿》卷二《赣江舟中忆亡友魏叔子三首》："十年踪迹怅离群，宿草青青黯墓云。苦忆毗陵秋雨夜，竹楼灯火对论文。"

冷士嵋闻谢秀孙卒，作诗悼之，中亦称道叔子"素秉高洁志"。

冷士嵋《江泠阁绪风吟》卷一有《吊宁都魏烈妇》，序云："烈妇谢姓，凝叔妻。凝叔客死真州，讣闻，不食十三日没。"诗云："谢媛巾帼人，而能识大义。临事辄不苟，致身率无愧。夫子魏草堂，夙秉高洁志。山中却玄缠，召之莫能至。滔滔颓波中，特立君独异。谢媛贤淑偶，早协鹿车意。夫子远出游，客死江东地。一闻所天没，恸绝即崩坠。酌水不入口，之死矢无二。惟期窆穴同，从一以终事。生偕老莱隐，没表黔娄谥。贤哉谢淑媛，千古同一致。"

汪沄闻谢秀孙卒，作诔哀之。

《文瀫》卷二十《魏冰叔夫人谢氏诔》："妻谢氏闻讣，惊号，气断复续，遂绝粒十四日而卒。……吴子瓶庵以其事讣汪子，汪子挥涕愊抑，已而大呼曰：'悲哉！是其素所蓄积也。'"

宋曹闻谢秀孙卒，作诗悼之，称道其“取义成仁”。

《会秋堂集》卷四有《吊魏夫人》，序云：“谢之死，期于三年以前，以叔子痛兄伯子之不得其死，郁郁于中，兼以征书猝至，有司坚迫就道，知叔子必不从，兼虑其不能久存，故从容矢志于三年之前，而慷慨自决于十四日之后也。嗟呼！取义成仁，纲常自负，岂非烈丈夫哉！”

诗云：“真州讣音至，半月只呼号。誓死期三载，甘心殉一儒。名贤知义重，旅榇倩魂扶。妇道通臣道，无惭两饿夫。”“夫子吾知己，幽魂怅夕阳。哀鸿声隐隐，孤榇夜茫茫。饿妇矜名节，捐躯并首阳。但明生死义，巾帼挽乾纲。”

清康熙二十二年（1683）　卒后四年

弟魏礼告祭叔子，以致哀伤、惋惜之情。

《魏季子文集》卷十六《告叔兄六十一岁文》：“呜呼叔兄，已矣！吾既有腆斯甲子矣，视吾兄之几筵而肴核酒浆徒陈矣，拜而献爵亦胡为矣，呜呼！……吾叔兄方六十一岁而舍我四年矣，吾安得不顾瞻而心摧矣！呜呼，尚何言哉！”

清康熙二十九年庚午（1690）　卒后十年

弟魏礼撰《先叔兄纪略》，书竟，忽忆当年兄弟相处时之情景，不禁悲从中来。

《魏季子文集》卷十五《先叔兄纪略》：“吾叔兄既卒之十年，季弟礼始得抑悲心编次其行实，以告于海内君子而为之纪曰。……书既竟，忽忆吾兄弟往坐谈至子夜，于时残月在山，天地空寂，伯兄曰：‘异日吾兄弟下世，吾愿先诸。想此际悲苦，谁复能任者？’各怃然罢，而伯兄竟先逝矣。呜呼，痛哉！夫孰意任悲苦者之独在礼耶！”

引用资料目

一、别集

[1]《魏叔子文集》，魏禧著，胡守仁、姚品文、王能宪校点，中华书局 2003 年版。

[2]《魏伯子文集》，魏际瑞著，《四库禁毁书丛刊》影印道光二十五年宁都谢庭绶绂园书塾刊《宁都三魏全集》本，北京出版社 2000 年版。

[3]《魏季子文集》，魏礼著，《四库禁毁书丛刊》影印道光二十五年宁都谢庭绶绂园书塾刊《宁都三魏全集》本，北京出版社 2000 年版。

[4]《魏昭士文集》，魏世傚著，《四库禁毁书丛刊》影印道光二十五年宁都谢庭绶绂园书塾刊《宁都三魏全集》本，北京出版社 2000 年版。

[5]《魏敬士文集》，魏世俨著，《四库禁毁书丛刊》影印道光二十五年宁都谢庭绶绂园书塾刊《宁都三魏全集》本，北京出版社 2000 年版。

[6]《魏兴士文集》，魏世杰著，《四库禁毁书丛刊》影印道光二十五年宁都谢庭绶绂园书塾刊《宁都三魏全集》本，北京出版社 2000 年版。

[7]《牧斋有学集》，钱谦益著，钱仲联标校，上海古籍出版社 1996 年版。

[8]《牧斋有学集文钞补遗》，钱谦益著，钱仲联编校，《钱牧斋全集》本，上海古籍出版社 2003 年版。

[9]《李介节先生全集 · 蜃园诗续集》，李天植著，《四库未收书辑刊》影印嘉庆十九年钱椒刊本，北京出版社 2000 年版。

[10]《钓璜堂存稿》，徐孚远著，《清代诗文集汇编》影印 1926 年金山姚氏怀旧楼刊本，上海古籍出版社 2010 年版。

[11]《楷园文集》，孔鼎著，《四库禁毁书丛刊补编》影印康熙刊本，北京出版社 2005 年版。

[12]《愚庵小集》，朱鹤龄著，《清人别集丛刊》影印康熙刊本，上海古籍出版社 1979 年版。

[13]《寒支初集》、《寒支二集》，李世熊著，《清代诗文集汇编》影印康熙四十三年檀河精舍刊本，上海古籍出版社 2010 年版。

[14]《白耷山人诗集》，阎尔梅著，《清代诗文集汇编》影印康熙刊本，上海古籍出版社 2010 年版。

[15]《陈璧诗文残稿笺证》，陈璧著，江村、瞿冕良笺证，上海古籍出版社 1984 年版。

[16]《水田居存诗》，贺贻孙著，《清代诗文集汇编》影印同治九年刻敕书楼水田居全集本，上海古籍出版社 2010 年版。

[17]《内省斋文集》，汤来贺著，《清代诗文集汇编》影印康熙刊本，上海古籍出版 2010 年版。

[18]《敬亭集》，姜埰著，《清代诗文集汇编》影印康熙姜氏念祖堂刊本，上海古籍出版社 2010 年版。

[19]《吴梅村全集》，吴伟业著，李学颖集评标校，上海古籍出版社 1990 年版。

[20]《半庐文稿》，李腾蛟著，民国南昌豫章丛书编刻局 1919 年版。

[21]《黄宗羲全集》，黄宗羲著，沈善洪主编，浙江古籍出版社 2005 年版。

[22]《耻躬堂文钞》、《诗钞》，彭士望著，《清代诗文集汇编》影印咸丰二年刊本，上海古籍出版社 2010 年版。

[23]《浮山文集前编》，方以智著，《清代诗文集汇编》影印康熙刊本，上海古籍出版社 2010 年版。

[24]《浮山文集后编》，方以智著，《清史资料》第六辑，中国社会科学院历史研究所清史研究室编，中华书局 1985 年版。

[25]《艾陵文钞》，雷士俊著，《四库禁毁书丛刊》影印康熙刊本，北京出版社 2000 年版。

[26]《笠翁一家言全集》，李渔著，《清代诗文集汇编》影印雍正七年芥子园刻本，上海古籍出版社 2010 年版。

[27]《嵞山集》、《嵞山续集》，方文著，《清人别集丛刊》影印康熙刊本，上海古籍出版社 1979 年版。

[28]《田间诗集》，钱澄之著，诸伟奇校点，黄山书社 1998 年版。

[29]《调运斋诗文随刻》，钱陆灿著，《四库未收书辑刊》影印康熙刊本，北京出版社 2000 年版。

[30]《确庵文稿》，陈瑚著，《四库禁毁书丛刊》影印康熙刊本，北京出版社 2000 年版。

[31]《宋琬全集》，宋琬著，辛鸿义、赵家斌点校，齐鲁书社 2003 年版。

[32]《邱邦士文集》，邱维屏著，《四库禁毁书丛刊》影印道光十七年刊本，北京出版社 2000 年版。

[33]《中郇逸稿》，余思复著，《四库未收书辑刊》影印康熙余士朴刊本，北京出版社 2000 年版。

[34]《谢程山集》，谢文洊著，《四库全书存目丛书》影印道光三十三年刊本，齐鲁书社

1997 年版。
[35]《慎墨堂诗拾》,邓汉仪著,《四库禁毁书丛刊补编》影印民国汉画轩蓝丝栏钞本,北京出版社 2005 年版。
[36]《施愚山集》,施闰章著,何庆善、杨应芹编校,黄山书社 1993 年版。
[37]《托素斋诗集》、《文集》,黎士弘著,《四库全书存目丛书》影印雍正二年黎致远刊本,齐鲁书社 1997 年版。
[38]《鸣鹤堂文集》,任源祥著,《清代诗文集汇编》影印乾隆十一年阳羡任氏刊本,上海古籍出版社 2010 年版。
[39]《朱中尉诗集》,林时益著,民国南昌豫章丛书编刻局 1915 年版。
[40]《西堂诗集》,尤侗著,《清代诗文集汇编》影印康熙二十五年刊本,上海古籍出版社 2010 年版。
[41]《吴嘉纪诗笺校》,吴嘉纪著,杨积庆笺校,上海古籍出版社 1980 年版。
[42]《小匡文钞》,毛先舒著,《四库全书存目丛书》影印康熙刻思古堂十四种书本,齐鲁书社 1997 年版。
[43]《会秋堂集》,宋曹著,赵山嶰辑,《中国稀见史料》影印稿本,厦门大学出版社 2007 年版。
[44]《溉堂集》,孙枝蔚著,《清人别集丛刊》影印康熙刊本,上海古籍出版社 1979 年版。
[45]《佳山堂文选》,王嗣槐著,《四库未收书辑刊》影印康熙青筠阁刊本,北京出版社 2000 年版。
[46]《堪斋诗存》,顾大申著,《四库全书存目丛书》影印雍正七年顾思孝刊本,齐鲁书社 1997 年版。
[47]《晴江阁集》,何絜著,《四库未收书辑刊》影印康熙刻增修本,北京出版社 2000 年版。
[48]《白茅堂集》,顾景星著,《四库全书存目丛书》影印康熙刊本,齐鲁书社 1997 年版。
[49]《居易堂集》,徐枋著,黄曙辉、印晓峰点校,华东师范大学出版社 2009 年版。
[50]《西河合集》,毛奇龄著,《清代诗文集汇编》影印康熙刊本,上海古籍出版社 2010 年版。
[51]《小方壶存稿》、《小方壶文钞》,汪森著,《清代诗文集汇编》影印康熙四十六年刊本,上海古籍出版社 2010 年版。
[52]《草亭文集》,彭任著,《清代诗文集汇编》影印清刊本,上海古籍出版社 2010 年版。
[53]《石松堂集》,余为霖著,《清代诗文集汇编》影印康熙刊本,上海古籍出版社

2010 年版。

[54]《改亭集》，计东著，《四库全书存目丛书》影印康熙刊本，齐鲁书社 1997 年版。

[55]《陈维崧集》，陈维崧著，陈振鹏校点，李学颖校补，上海古籍出版社 2010 年版。

[56]《六松堂集》，曾灿著，《四库未收书辑刊》影印清钞本，北京出版社 2002 年版。

[57]《街南文集》，吴肃公著，《四库禁毁书丛刊》影印康熙二十八年刊本，北京出版社 2000 年版。

[58]《燕峰诗钞》，费密著，《清代诗文集汇编》影印 1964 年江苏泰州古旧书店据乾隆钞本钞校本，上海古籍出版社 2010 年版。

[59]《鸿逸堂稿》，王炜著，《清代诗文集汇编》影印清初刊本，上海古籍出版社 2010 年版。

[60]《江泠阁诗集》、《江泠阁文集》、《江泠阁文集续卷》，冷士嵋著，《四库全书存目丛书》影印康熙刊本，齐鲁书社 1997 年版。

[61]《江泠阁绪风唫》，冷士嵋著，《清代诗文集汇编》影印 1936 年陶风楼影印本，上海古籍出版社 2010 年版。

[62]《渔郎诗集》，余光令著，《四库禁毁书丛刊补编》影印光绪二十九年乐善社刊本，北京出版社 2005 年版。

[63]《姜先生全集》，姜宸英著，《清代诗文集汇编》影印光绪十五年毋自欺斋冯氏刊本，上海古籍出版社 2010 年版。

[64]《曝书亭集》，朱彝尊著，《四部丛刊》影印康熙五十三年刊本，商务印书馆 1926 年版。

[65]《曝书亭集外稿》，朱彝尊著，王利民等编校，《曝书亭全集》本，吉林文史出版社 2009 年版。

[66]《屈大均全集》，屈大均著，欧初、王贵忱主编，人民文学出版社 1996 年版。

[67]《独漉堂集》，陈恭尹著，郭培忠点校，中山大学出版社 1998 年版。

[68]《健松斋续集》，方象瑛著，《清代诗文集汇编》影印康熙五十一年刊本，上海古籍出版社 2010 年版。

[69]《绩学堂文钞》，梅文鼎著，《清代诗文集汇编》影印乾隆刊本，上海古籍出版社 2010 年版。

[70]《瓯香馆集》，恽格著，《清代诗文集汇编》影印道光十八年蒋光煦刻二十四年补遗本，上海古籍出版社 2010 年版。

[71]《西斋集》，王仲儒著，《四库禁毁书丛刊》影印康熙三十九年刊本，北京出版社 2000 年版。

[72]《陪集》，方中通著，《清代诗文集汇编》影印康熙刊本，上海古籍出版社 2010 年版。

[73]《绵津山人诗集》，宋荦著，《四库全书存目丛书》影印康熙刊本，齐鲁书社 1997 年版。

[74]《问山文集》、《问山诗集》，丁炜著，《清代诗文集汇编》影印咸丰四年丁拱辰刊本，上海古籍出版社 2010 年版。

[75]《学文堂文集》，陈玉璂著，《四库全书存目丛书补编》影印康熙刊本，齐鲁书社 2001 年版。

[76]《山闻诗》、《山闻续集》、《京华集》，汪楫著，《清代诗文集汇编》影印康熙刊本，上海古籍出版社 2010 年版。

[77]《霞举堂集》，王晫著，《清代诗文集汇编》影印康熙刊本，上海古籍出版社 2010 年版。

[78]《邵子湘全集》，邵长蘅著，《四库全书存目丛书》影印康熙刊本，齐鲁书社 1997 年版。

[79]《说诗堂集》，诸匡鼎著，《四库全书存目丛书》影印康熙五十六年刊本，齐鲁书社 1997 年版。

[80]《百尺梧桐阁文集》、《诗集》，汪懋麟著，《清代诗文集汇编》影印康熙刊本，上海古籍出版社 2010 年版。

[81]《闲存堂文集》、《诗集》，张永铨著，《四库未收书辑刊》影印康熙刻增修本，北京出版社 2000 年版。

[82]《兼隐斋诗钞》，刘中柱著，《天津图书馆珍藏清人别集善本丛刊》影印康熙刊本，天津古籍出版社 2009 年版。

[83]《怀葛堂文集》，梁份著，《四库全书存目丛书》影印雍正刊本，齐鲁书社 1997 年版。

[84]《居业堂文集》，王源著，《续修四库全书》影印道光十一年读雪山房刊本，上海古籍出版社 2002 年版。

[85]《中江纪年诗集》，袁启旭著，《清代诗文集汇编》影印光绪十七年活字印本，上海古籍出版社 2010 年版。

[86]《蓄斋集》，黄中坚著，《四库未收书辑刊》影印康熙五十年棣华堂刊本、五十三年增修本，北京出版社 2000 年版。

[87]《柯庭余习》，汪文柏著，《四库未收书辑刊》影印康熙刊本，北京出版社 2000 年版。

[88]《且园近诗》，王岱著，《四库全书存目丛书补编》影印康熙刊本，齐鲁书社 2001 年版。

[89]《猎微阁诗集》，许承宣著，《清代诗文集汇编》影印康熙刊本，上海古籍出版社 2010 年版。

[90]《巢青阁集》,陆进著,《四库未收书辑刊》影印康熙刘愫等刊本,北京出版社 2000 年版。
[91]《江辰六文集》,江闿著,《四库禁毁书丛刊》影印康熙刊本,北京出版社 2000 年版。
[92]《瑞竹亭合稿》,王愈扩、王愈融著,《四库全书存目丛书补编》影印光绪三十一年刊本,齐鲁书社 2001 年版。
[93]《深秀亭集》,潘钟麟著,《四库全书存目丛书》影印康熙深秀亭刊本,齐鲁书社 1997 年版。
[94]《杨大瓢杂文残稿》,杨宾著,《清代诗文集汇编》影印光绪青山白云阁抄本,上海古籍出版社 2010 年版。
[95]《全祖望集汇校集注》,全祖望著,朱铸禹汇校集注,上海古籍出版社 2000 年版。
[96]《笠洲文集》,瞿源洙著,《北京师范大学图书馆藏稀见清人别集丛刊》影印乾隆十九年刊本,广西师范大学出版社 2007 年版。
[97]《柚堂文存》,盛百二著,《北京师范大学图书馆藏稀见清人别集丛刊》影印乾隆五十七年刊本,广西师范大学出版社 2007 年版。
[98]《大云山房文稿初集》,郓敬著,《四部丛刊》影印同治八年刻本,商务印书馆 1929 年版。

二、总集、诗文评

[1]《赖古堂尺牍新钞三选结邻集》,周在梁、周在浚等编辑,《四库禁毁书丛刊》影印康熙刊本,北京出版社 2000 年版。
[2]《文瀫初编》,钱肃润辑评,《四库禁毁书丛刊》影印康熙钱氏十峰草堂刊本,北京出版社 2000 年版。
[3]《遗民诗》,卓尔堪编,《四库禁毁书丛刊》影印康熙刊本,北京出版社 2000 年版。
[4]《诗持二集》,魏宪编,《四库禁毁书丛刊》影印康熙枕江堂刊本,北京出版社 2000 年版。
[5]《诗观》(初集、二集、三集),邓汉仪编,《四库全书存目丛书补编》影印康熙慎墨堂刊本,齐鲁书社 2001 年版。
[6]《诗风初集》,徐崧等编,《四库禁毁书丛刊补编》影印康熙十二年刊本,北京出版社 2005 年版。
[7]《昭代诗存》,席居中编,《四库禁毁书丛刊补编》影印康熙十八年刊本,北京出版社 2005 年版。
[8]《国朝诗正》,朱观编,《中国人民大学图书馆藏古籍珍本丛刊》影印康熙五十三年

刊本，北京燕山出版社 2012 年版。
[9]《离忧集》，陈瑚编辑，《四库禁毁书丛刊补编》影印清宣统至民国间峭帆楼丛书本，北京出版社 2005 年版。
[10]《明词综》，王昶编，王兆鹏校点，辽宁教育出版社 1997 年版。
[11]《全清词·顺康卷》，南京大学文学院编，中华书局 2002 年版。
[12]《江苏诗征》，王豫编，道光元年刻本。
[13]《国朝杭郡诗辑》，吴灏原本，吴振棫重编，同治十三年刊本。
[14]《广东文征》，吴道镕原稿，张学华增补，李棪改编，香港中文大学出版部 1973 年排印本。
[15]《江西诗征》，曾燠编，《续修四库全书》影印嘉庆九年赏雨茅屋刊本，上海古籍出版社 2002 年版。
[16]《两浙輶轩录》，阮元编，《续修四库全书》影印嘉庆刊本，上海古籍出版社 2002 年版。
[17]《淮海英灵集》，阮元编，《续修四库全书》影印嘉庆三年刊本，上海古籍出版社 2002 年版。
[18]《淮海英灵续集》，王豫、阮亨编，《续修四库全书》影印道光六年刊本，上海古籍出版社 2002 年版。
[19]《扬州足征录》，焦循编，许卫平点校，广陵书社 2004 年版。
[20]《广陵思古编》，汪廷儒编，田丰点校，广陵书社 2011 年版。
[21]《吴郡文编》，顾沅辑，《苏州文献丛书》第一辑影印原稿本，上海古籍出版社 2011 年版。
[22]《雪桥诗话余集》，杨钟羲著，《近代中国史料丛刊续编》影印民国吴兴刘氏求恕斋刊本，台北文海出版社 1975 年版。
[23]《静志居诗话》，朱彝尊著，姚祖恩编，人民文学出版社 1990 年版。
[24]《西江诗话》，裘君弘著，《续修四库全书》影印康熙裘氏妙贯堂刊本，上海古籍出版社 2002 年版。
[25]《广陵诗事》，阮元著，王明友点校，广陵书社 2005 年版。
[26]《桐阴论画》，秦祖永著，《无锡文库》影印光绪八年梁溪秦氏原刊本，凤凰出版社 2011 年版。

三、地方志

[1]《雍正山西通志》，《中国地方志集成·省志辑》影印雍正十二年刊本，凤凰出版社 2011 年版。

[2]《康熙大兴县志》,《中国地方志集成·北京府县志辑》影印康熙二十四年刊本传钞本,上海书店出版社 2002 年版。
[3]《同治饶州府志》,《中国方志丛书》影印同治十一年刊本,台北成文出版社 1975 年版。
[4]《道光宁都直隶州志》,《中国方志丛书》影印道光四年刊本,台北成文出版社 1989 年版。
[5]《乾隆宁都县志》,《中国方志丛书》影印乾隆六年刊本,台北成文出版社 1989 年版。
[6]《道光赣州府志》,《中国方志丛书》影印道光二十八年刊本,台北成文出版社 1989 年版。
[7]《乾隆赣州府志》,《中国方志丛书》影印乾隆四十七年刊本,台北成文出版社 1989 年版。
[8]《同治赣县志》,《中国方志丛书》影印同治十二年刊本,台北成文出版社 1989 年版。
[9]《同治建昌府志》,《中国方志丛书》影印同治十一年刊本,台北成文出版社 1989 年版。
[10]《乾隆南丰县志》,《中国方志丛书》影印乾隆三十年刊本,台北成文出版社 1989 年版。
[11]《同治新城县志》,《中国方志丛书》影印同治九年刊本,台北成文出版社 1975 年版。
[12]《乾隆新城县志》,《稀见中国地方志汇刊》影印乾隆刊本,中国书店 1992 年版。
[13]《同治广昌县志》,《中国方志丛书》影印同治六年刊本,台北成文出版社 1989 年版。
[14]《同治南城县志》,《中国方志丛书》影印同治十二年刊本,台北成文出版社 1989 年版。
[15]《光绪泰和县志》,《中国方志丛书》影印光绪五年刊本,台北成文出版社 1989 年版。
[16]《道光清江县志》,《中国方志丛书》影印道光四年刊本,台北成文出版社 1989 年版。
[17]《乾隆南昌县志》,《中国方志丛书》影印乾隆五十九年刊本,台北成文出版社 1989 年版。
[18]《乾隆广信府志》,《中国方志丛书》影印乾隆四十八年刊本,台北成文出版社 1989 年版。
[19]《同治贵溪县志》,《中国方志丛书》影印同治十年刊本,台北成文出版社 1989

年版。

[20]《同治金溪县志》,《中国方志丛书》影印同治九年刊本,台北成文出版社 1989 年版。

[21]《同治星子县志》,《中国方志丛书》影印同治十年刊本,台北成文出版社 1989 年版。

[22]《乾隆婺源县志》,《中国方志丛书》影印乾隆五十二年刊本,台北成文出版社 1984 年版。

[23]《光绪吉安府志》,《中国方志丛书》影印光绪元年刊本,台北成文出版社 1975 年版。

[24]《民国吉安县志》,《地方志人物传记资料丛刊·华东卷》影印 1941 年铅印本,国家图书馆出版社 2007 年版。

[25]《乾隆庐陵县志》,《中国方志丛书》影印乾隆四十六年刊本,台北成文出版社 1989 年版。

[26]《民国庐陵县志》,《中国方志丛书》影印 1920 年刊本,台北成文出版社 1989 年版。

[27]《道光泰州志》,道光七年刻本。

[28]《咸丰重修兴化县志》,《中国方志丛书》影印咸丰二年刊本,台北成文出版社 1970 年版。

[29]《民国宝应县志》,《中国方志丛书》影印 1932 年铅印本,台北成文出版社 1970 年版。

[30]《嘉庆高邮州志》,《中国方志丛书》影印道光二十八年刊本,台北成文出版社 1970 年版。

[31]《乾隆盐城县志》,据乾隆十一年刊本油印,扬州古旧书店 1959 年版。

[32]《雍正扬州府志》,《中国方志丛书》影印雍正十一年刊本,台北成文出版社 1975 年版。

[33]《乾隆淮安府志》,《中国方志丛书》影印咸丰二年重刊本,台北成文出版社 1983 年版。

[34]《同治重修山阳县志》,《中国方志丛书》影印同治十二年刊本,台北成文出版社 1983 年版。

[35]《乾隆江都县志》,《中国方志丛书》影印乾隆八年刊本,台北成文出版社 1983 年版。

[36]《同治苏州府志》,《中国方志丛书》影印光绪九年刊本,台北成文出版社 1970 年版。

[37]《乾隆吴江县志》,《中国方志丛书》影印乾隆十二年刊本,台北成文出版社 1975

年版。
[38]《民国吴县志》,《中国方志丛书》影印 1933 年铅印本,台北成文出版社 1970 年版。
[39]《乾隆昆山新阳合志》,乾隆十六年刻本。
[40]《光绪昆新两县续修合志》,《中国方志丛书》影印光绪六年刊本,台北成文出版社 1970 年版。
[41]《乾隆元和县志》,《续修四库全书》影印乾隆二十六年刊本,上海古籍出版社 2002 年版。
[42]《雍正昭文县志》,《中国地方志集成·江苏府县志辑》影印雍正刊本,江苏古籍出版社 1991 年版。
[43]《宣统太仓州志》,《中国方志丛书》影印 1919 年刊本,台北成文出版社 1975 年版。
[44]《光绪丹徒县志》,《中国方志丛书》影印光绪五年刊本,台北成文出版社 1970 年版。
[45]《光绪重修丹阳县志》,《中国方志丛书》影印光绪十一年刊本,台北成文出版社 1983 年版。
[46]《宣统丹徒县志续志》,《中国人民大学图书馆藏稀见方志丛刊》影印清钞本,国家图书馆出版社 2011 年版。
[47]《民国丹徒县志摭余》,《地方志人物传记资料丛刊·华东卷》影印 1918 年刻本,国家图书馆出版社 2012 年版。
[48]《嘉庆溧阳县志》,《中国方志丛书》影印光绪二十二年重刊本,台北成文出版社 1983 年版。
[49]《光绪无锡金匮县志》,《中国方志丛书》影印光绪七年刊本,台北成文出版社 1970 年版。
[50]《锡金考乘》,周有壬著,1931 年铅印本。
[51]《嘉庆增修宜兴县旧志》,《中国方志丛书》影印嘉庆二年刊本,台北成文出版社 1970 年版。
[52]《乾隆武进县志》,《稀见中国地方志汇刊》影印乾隆刊本,中国书店 1992 年版。
[53]《嘉庆松江府志》,《中国方志丛书》影印嘉庆二十二年刊本,台北成文出版社 1970 年版。
[54]《光绪青浦县志》,《中国方志丛书》影印光绪四年刊本,台北成文出版社 1974 年版。
[55]《乾隆上海县志》,《稀见中国地方志汇刊》影印乾隆十五年刊本,中国书店 1992 年版。

[56]《乾隆海宁州志》,《中国方志丛书》影印道光二十八年重刊本,台北成文出版社 1983 年版。
[57]《嘉庆嘉兴县志》,《故宫珍本丛刊》影印嘉庆刊本,海南出版社 2001 年版。
[58]《乾隆杭州府志》,《续修四库全书》影印乾隆四十九年刊本,上海古籍出版社 2002 年版。
[59]《民国杭州府志》,《中国地方志集成·浙江府县志辑》影印 1922 年铅印本,上海书店出版社 2011 年版。
[60]《康熙钱塘县志》,《中国地方志集成·浙江府县志辑》影印康熙五十七年刊本,上海书店出版社 2011 年版。
[61]《光绪金华县志》,《中国方志丛书》影印 1934 年铅印本,台北成文出版社 1970 年版。
[62]《光绪桐乡县志》,《中国方志丛书》影印光绪十三年刊本,台北成文出版社 1973 年版。
[63]《乾隆绍兴府志》,《中国方志丛书》影印乾隆五十七年刊本,台北成文出版社 1975 年版。
[64]《乾隆平湖县志》,《稀见中国地方志汇刊》影印乾隆十年刻本,中国书店 1992 年版。
[65]《民国歙县志》,《中国方志丛书》影印 1937 年刊本,台北成文出版社 1975 年版。
[66]《嘉庆黟县志》,《中国方志丛书》影印同治十年重刊本,台北成文出版社 1983 年版。
[67]《道光徽州府志》,《中国地方志集成·安徽府县志辑》影印道光七年刊本,凤凰出版社 2010 年版。
[68]《道光桐城续修县志》,《中国地方志集成·安徽府县志辑》影印道光十四年刊本,凤凰出版社 2010 年版。
[69]《嘉庆宣城县志》,《稀见中国地方志汇刊》影印嘉庆刊本,中国书店 1992 年版。
[70]《乾隆太平府志》,《中国地方志集成·安徽府县志辑》影印乾隆二十二年刊本,凤凰出版社 2010 年版。
[71]《嘉庆宁国府志》,《中国地方志集成·安徽府县志辑》影印 1919 年泾县清华斋影印本,凤凰出版社 2010 年版。
[72]《嘉庆芜湖县志》,《中国方志丛书》影印 1913 年重印本,台北成文出版社 1983 年版。
[73]《乾隆汉阳县志》,《稀见中国地方志汇刊》影印乾隆十三年刊本,中国书店 1992 年版。
[74]《光绪荆州府志》,《中国方志丛书》影印光绪六年刊本,台北成文出版社 1970

年版。
[75]《民国闽侯县志》,《中国方志丛书》影印 1933 年刊本,台北成文出版社 1966 年版。
[76]《乾隆福州府志》,《中国方志丛书》影印乾隆十九年刊本,台北成文出版社 1967 年版。
[77]《民国建宁县志》,《中国方志丛书》影印 1919 年铅印本,台北成文出版社 1967 年版。
[78]《乾隆晋江县志》,《中国方志丛书》影印乾隆三十年刊本,台北成文出版社 1967 年版。
[79]《民国尤溪县志》,《中国地方志集成·福建府县志辑》影印 1927 年刊本,上海书店出版社 2012 年版。
[80]《乾隆将乐县志》,《中国地方志集成·福建府县志辑》影印乾隆三十年刊本,上海书店出版社 2012 年版。
[81]《道光新会县志》,《中国地方志集成·广东府县志辑》影印道光二十一年刊本,上海书店出版社 2003 年版。
[82]《金陵待征录》,金鳌编,《中国方志丛书》影印道光二十四年刻本,台北成文出版社 1983 年版。
[83]《郭西小志》,姚礼编撰,周膺、吴晶点校,浙江工商大学出版社 2013 年版。
[84]《民国庐山志》,吴宗慈著,《中国名山胜迹志丛刊》影印民国刊本,台北文海出版社 1971 年版。
[85]《浮山志》,吴道新纂辑,陈焯修订,疏获点校,黄山书社 2007 年版。

四、纪传、编年、书目

[1]《南疆逸史》,温睿临著,中华书局 1959 年版。
[2]《清史稿》,赵尔巽等著,中华书局 1977 年版。
[3]《清实录》,影印中国第一历史档案馆藏大红绫本等,中华书局 1986 年版。
[4]《清史编年·康熙朝》,中国人民大学清史研究所编,中国人民大学出版社 1988 年版。
[5]《清通鉴》,章开沅主编,岳麓书社 2000 年版。
[6]《东华录》,王先谦著,《续修四库全书》影印光绪十年长沙王氏刻本,上海古籍出版社 2002 年版。
[7]《东华录》,蒋良骐著,鲍思陶、西原点校,齐鲁书社 2005 年版。
[8]《南明史》,钱海岳著,中华书局 2005 年版。

[9]《小腆纪传》,徐鼒著,中华书局1958年版。
[10]《皖志列传稿》,金天翮著,《中国方志丛书》影印1936年刊本,台北成文出版社1974年版。
[11]《昭代名人尺牍小传》,吴修编著,《近代中国史料丛刊续编》影印光绪三十四年上海集古斋石印本,台北文海出版社1980年版。
[12]《清代毗陵名人小传稿》,张惟骧著,《近代中国史料丛刊续编》影印1944年刊本,台北文海出版社1975年版。
[13]《明遗民录》,孙静庵著,浙江古籍出版社1985年版。
[14]《清史列传》,中华书局1987年版。
[15]《岭南画征略》,汪兆镛编纂,汪宗衍增补,广东人民出版社1988年版。
[16]《中医人物词典》,李经纬主编,上海辞书出版社1988年版。
[17]《复社姓氏传略》,吴山嘉著,《海王邨古籍丛刊》影印道光刊本,中国书店1990年版。
[18]《皇清书史》,李放著,《丛书集成续编》影印《辽海丛书》本,上海书店出版社1994年版。
[19]《清代朴学大师列传》,支伟成著,岳麓书社1998年版。
[20]《皇明遗民传》,阙名朝鲜人著,《二十五史外人物总传要籍集成》影印北京大学1936年影印本,齐鲁书社2000年版。
[21]《鹤征录》,李集、李富孙、李遇孙编,《四库未收书辑刊》影印嘉庆十五年刊本,北京出版社2000年版。
[22]《己未词科录》,秦瀛著,《续修四库全书》影印嘉庆刊本,上海古籍出版社2002年版。
[23]《国朝画征录》,张庚著,《续修四库全书》影印乾隆四年刊本,上海古籍出版社2002年版。
[24]《文献征存录》,钱林著,《续修四库全书》影印咸丰八年刊本,上海古籍出版社2002年版。
[25]《国朝画识》,冯金伯著,《续修四库全书》影印道光十一年刻本,上海古籍出版社2002年版。
[26]《望社姓氏考》,李元庚著,《国粹学报》第七十一期,影印民国初年分类汇编本,广陵书社2006年版。
[27]《大清畿辅先哲传》,徐世昌等编,《中国古代地方人物传记汇编》影印本,北京燕山出版社2008年版。
[28]《国朝先正事略》,李元度著,易孟醇点校,岳麓书社2008年版。
[29]《清儒学案》,徐世昌等编纂,沈芝盈、梁运华点校,中华书局2008年版。

[30]《初月楼闻见录》,吴德旋著,《中国古代地方人物传记汇编》影印道光四年刊本,北京燕山出版社 2008 年版。
[31]《东越文苑后传》,陈寿祺著,《中国古代地方人物传记汇编》影印本,北京燕山出版社 2008 年版。
[32]《胜朝粤东遗民录》,陈伯陶著,《中国古代地方人物传记汇编》影印 1914 年刊本,北京燕山出版社 2008 年版。
[33]《中国丛书综录》,上海图书馆编,中华书局上海编辑所 1959 年版。
[34]《四库全书总目》,永瑢等编撰,王伯祥断句,中华书局 1965 年版。
[35]《贩书偶记》,孙殿起著,上海古籍出版社 1982 年版。
[36]《中国兵书知见录》,许保林编,解放军出版社 1988 年版。
[37]《中国古籍善本书目》,中国古籍善本书目编辑委员会编,上海古籍出版社 1989 年版。
[38]《续修四库全书总目提要》(经部),中国科学院图书馆编,中华书局 1993 年版。
[39]《清人别集总目》,李灵年、杨忠主编,安徽教育出版社 2000 年版。
[40]《清人诗文集总目提要》,柯愈春著,北京古籍出版社 2001 年版。
[41]《常郡八邑艺文志》,卢文弨辑、庄翊昆校补,《地方经籍志汇编》影印光绪十六年刊本,北京图书馆出版社 2008 年版。
[42]《锡山历朝著述书目考》,高鏻泉编,《地方经籍志汇编》影印光绪二十八年活字本,北京图书馆出版社 2008 年版。
[43]《江苏艺文志·南京卷》,南京师范大学古文献整理研究所编著,江苏人民出版社 1995 年版。
[44]《江苏艺文志·苏州卷》,南京师范大学古文献整理研究所编著,江苏人民出版社 1996 年版。
[45]《江苏艺文志·无锡卷》,南京师范大学古文献整理研究所编著,江苏人民出版社 1995 年版。

五、年谱、宗谱、年表

[1]《梁质人年谱》,汤中著,商务印书馆 1933 年版。
[2]《方以智年谱》,任道斌著,安徽教育出版社 1983 年版。
[3]《归玄恭先生年谱》,赵经达著,《归庄集》附录,上海古籍出版社 1984 年版。
[4]《阎若璩年谱》,张穆著,邓瑞点校,中华书局 1994 年版。
[5]《屈大均年谱》,汪宗衍著,《屈大均全集》附录,人民文学出版社 1996 年版。
[6]《程山谢明学先生年谱》,谢鸣谦著,《四库全书存目丛书》影印道光三十三年刊

《谢程山集》附录本,齐鲁书社 1997 年版。
[7]《施愚山先生年谱》,施念曾著,《北京图书馆藏珍本年谱丛刊》影印清末活字本,北京图书馆 1999 年版。
[8]《朱竹垞先生年谱》,杨谦著,《北京图书馆藏珍本年谱丛刊》影印清刊本,北京图书馆 1999 年版。
[9]《陆辛斋先生年谱拟稿》,王简又编,崔以学补辑,《北京图书馆藏珍本年谱丛刊》影印清稿本,北京图书馆 1999 年版。
[10]《屈大均年谱》,邬庆时著,广东人民出版社 2006 年版。
[11]《徐俟斋先生年谱》,罗振玉著,《居易堂集》附录,华东师范大学出版社 2009 年版。
[12]《姜贞毅先生自著年谱》,姜埰著,《敬亭集》附录,《清代诗文集汇编》影印康熙姜氏念祖堂刊本,上海古籍出版社 2010 年版。
[13]《府君贞毅先生年谱续编》,姜安节著,《敬亭集》附录,《清代诗文集汇编》影印康熙姜氏念祖堂刊本,上海古籍出版社 2010 年版。
[14]《毗陵陈氏续修宗谱》,中华全国图书馆文献缩微复制中心影印清刊本,2000 年版。
[15]《清代人物生卒年表》,江庆柏著,人民文学出版社 2005 年版。
[16]《明清江苏文人年表》,张慧剑著,人民文学出版社 2008 年版。
[17]《清人室名别称字号索引》(增补本),杨廷福、杨同甫编,上海古籍出版社 2001 年版。
[18]《明人室名别称字号索引》,杨廷福、杨同甫编,上海古籍出版社 2002 年版。

六、笔记、杂著

[1]《今世说》,王晫著,古典文学出版社 1957 年版。
[2]《广阳杂记》,刘献廷著,汪北平、夏志和标点,中华书局 1957 年版。
[3]《扬州画舫录》,李斗著,汪北平、涂雨公点校,中华书局 1960 年版。
[4]《柳南随笔》、《续笔》,王应奎著,王彬、严应俊点校,中华书局 1983 年版。
[5]《清稗类钞》,徐珂编纂,中华书局 1984 年版。
[6]《啁啾漫记》,佚名著,《清代野史》第四卷,巴蜀书社 1998 年版。
[7]《阅世编》,叶梦珠著,来新夏点校,中华书局 2007 年版。
[8]《阅古漫录》,王国维著,《王国维全集》本,浙江教育出版社、广东教育出版社 2009 年版。
[9]《五石脂》,陈去病著,《陈去病全集》本,上海古籍出版社 2009 年版。

七、其他论著

[1]《清诗纪事初编》,邓之诚著,上海古籍出版社 1984 年版。

[2]《方以智著述知见录》,任道斌著,书目文献出版社 1985 年版。

[3]《清诗纪事》,钱仲联主编,江苏古籍出版社 1987 年版、1989 年版。

[4]《杨子书绎》,杨文彩著,《四库全书存目丛书》影印光绪二年文起堂重刻本,齐鲁书社 1997 年版。

[5]《易堂寻踪》,赵园著,江西教育出版社 2003 年版。

[6]《史讳举例》,陈垣著,中华书局 2004 年版。

[7]《五库斋清史丛稿》,何龄修著,学苑出版社 2004 年版。

[8]《方以智晚节考》(增订本),余英时著,三联书店 2004 年版。

[9]《制度·言论·心态》,赵园著,北京大学出版社 2003 年版。

[10]《清诗考证》,朱则杰著,人民文学出版社 2012 年版。

后　记

梁启超先生说："学者之谱，可以观一时代思想；事功家之谱，可以观一代事变，其重要相等。"（《中国近三百年学术史》）魏禧字冰叔，江西宁都人，清初著名作家、学者，以散文名重一时，与汪琬、侯方域并称为清初散文三大家；明清易代后，魏禧与兄魏际瑞、弟魏礼、姊丈邱维屏以及李腾蛟、曾灿、彭任、彭士望、林时益等人结庐宁都之翠微峰，研讨学问，切磋诗文，人称"易堂九子"，为江右地区最重要的文人团体之一。梁启超先生曾言"易堂学风，以砥厉廉节、讲求世务为标帜，豪侠任事而最喜为文，与王昆绳、刘继庄一派颇相类，其后辈有南丰梁质人份学于李恕谷，自此与颜、李学携手矣。"（《近代学风之地理的分布》）徐世昌亦云"叔子偕兄际瑞善伯、弟礼和公隐居翠微峰，筑易堂以居。提倡古文实学，一时从风，挽明末陈、艾帖括旧习，进之于古，为西江一代文苑开山。"（《晚晴簃诗汇》卷十二）

因此，作为一人之史的年谱，将魏禧以及易堂九子、清初散文三大家作为谱主，其学术意义是显而易见的。在本谱之前，温聚民先生有《魏叔子年谱》（商务印书馆1936年版）、邱国坤先生有《易堂九子年谱》（江西高校出版社1990年版）、李婵娟女士有《清初古文三家年谱》（世界图书出版公司2012年版）。邱著未能获见，温、李二种著作详略不一，均为研究作家生平与创作做了有意义的工作，笔者写作时都有所参考。本谱希继三种著作之后，进一步钩稽文献，详考谱主一生之行迹，尤其对其诗文创作、学术活动、政治遭际、交游等，作较为细致的考订，以便为魏禧研究提供更为翔实的资料。然而囿于学识和客观条件的限制，虽颇费心力，疏误或仍难免，恳请广大读者批评指正。

此书被列入暨南大学"广东省优势重点学科——中国史学科建设"的资助项目并得以完成，要感谢笔者任职的文学院、古籍研究所各位领导的大力支持和同事、友人的热情帮助。所长刘正刚教授从事中国古代史的研究，然而不计较学科之间的界限，欣然接受了书稿；校图书馆特藏部的罗志欢、王舒、雷春玲、袁旭老师，在我查找资料时，提供了许多便利；安徽师范大学的张宪华先生，慷慨地以未刊稿《芜湖沈士柱年谱》见示，谨此一并致以诚挚的谢意。齐鲁书社的刘强先生为本书的顺利出版付出了辛勤的劳动，责任编辑张文女士以良好的专业修养精心编校，在本书出版之时，我必须表达对他们的由衷的敬意。

业师章培恒先生不幸于2011年6月7日遽归道山。先生坚持陈寅恪先生倡导的独立之精神、自由之思想，在学术领域耕耘五十余载，强毅坚忍，虽处否悔而不易其操，著述精湛，成就卓著；又乐于育人，对学生怀有深厚的感情，悉心点拨，循循诱导，犹如春风化雨，点点滴滴沁入心田。“自古有死，皆归无物。惟圣与贤，虽埋不没。”先生的人格精神、学术品性、著作文章一定会长留人间，垂范后世。笔者忝列门墙，往事历历，难以忘怀，谨以这本小书表达对先生的深切怀念。

陆勇强

2014年7月于暨南园

图书在版编目（CIP）数据

魏禧年谱/陆勇强著. —济南：齐鲁书社，2014.9
ISBN 978-7-5333-3167-2

Ⅰ.①魏… Ⅱ.①陆… Ⅲ.①魏禧（1624～1680）—年谱 Ⅳ.①K825.6

中国版本图书馆CIP数据核字（2014）第197662号

魏禧年谱

陆勇强 著

主管单位	山东出版传媒股份有限公司
出版发行	齊魯書社
社　　址	济南市英雄山路189号
邮　　编	250002
网　　址	www.qlss.com.cn
电子邮箱	qilupress@126.com
营销中心	（0531）82098521　82098519
印　　刷	山东人民印刷厂
开　　本	787mm×1092mm　1/16
印　　张	19.75
插　　页	2
字　　数	410千
版　　次	2014年9月第1版
印　　次	2014年9月第1次印刷
标准书号	ISBN 978-7-5333-3167-2
定　　价	**65.00元**